教育部人文社会科学重点研究基地
北京语言大学国际中文教育研究院

国际汉语教学模式研究

国际中文教育知识体系丛书

姜丽萍 等◎著

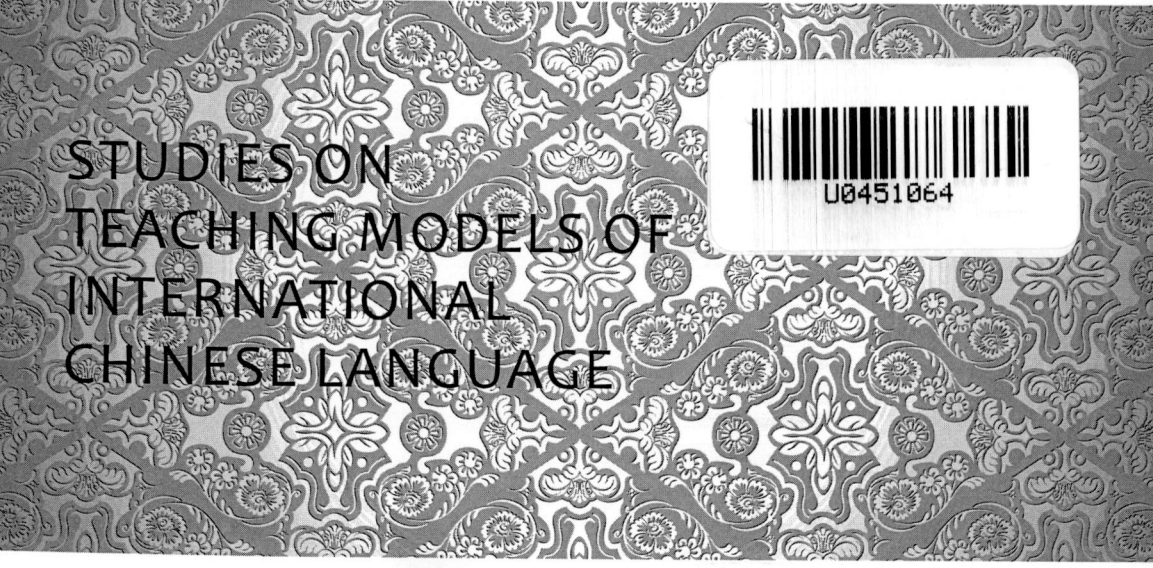

STUDIES ON
TEACHING MODELS OF
INTERNATIONAL
CHINESE LANGUAGE

北京语言大学出版社
BEIJING LANGUAGE AND CULTURE
UNIVERSITY PRESS

© 2023 北京语言大学出版社，社图号 23028

图书在版编目（CIP）数据

国际汉语教学模式研究 / 姜丽萍等著 . -- 北京：北京语言大学出版社 , 2023.11
（国际中文教育知识体系丛书）
ISBN 978-7-5619-6252-7

Ⅰ. ①国… Ⅱ. ①姜… Ⅲ. ①汉语—对外汉语教学—教学模式—教学研究 Ⅳ. ① H195.3

中国国家版本馆 CIP 数据核字（2023）第 158042 号

国际汉语教学模式研究
GUOJI HANYU JIAOXUE MOSHI YANJIU

责任编辑：	郑 炜	责任印制：	周 燚
排版制作：	闫海涛	封面设计：	春天书装

出版发行：	北京语言大学出版社
社　　址：	北京市海淀区学院路 15 号，100083
网　　址：	www.blcup.com
电子信箱：	service@blcup.com
电　　话：	编辑部 8610-82303670
	国内发行 8610-82303650/3591/3648
	海外发行 8610-82303365/3080/3668
	北语书店 8610-82303653
	网购咨询 8610-82303908
印　　刷：	北京富资园科技发展有限公司
版　　次：	2023 年 11 月第 1 版　印　次：2023 年 11 月第 1 次印刷
开　　本：	710 毫米 × 1000 毫米　1/16　印　张：31
字　　数：	445 千字
定　　价：	98.00 元

PRINTED IN CHINA
凡有印装质量问题，本社负责调换。售后 QQ 号 1367565611，电话 010-82303590

前　言

　　汉语作为第二语言教学历经对外汉语教学、汉语国际教育两个阶段后，如今已进入了一个崭新的历史阶段——国际中文教育阶段。无论是从学科还是从事业的角度，国际中文教育始终离不开"如何让世界各地的中文学习者既快又好地学会中文"这一主题。随着《国际中文教育中文水平等级标准》的实施，学界更加重视"教学有效性"原则，从教师、教材、教法、环境、文化、技术等影响国际中文教育教学有效性的因素入手，开展了新一轮的探索和实践，并取得了显著的成果。

　　教学模式是一种介于教学理论与教学实践之间的中层概念，它既是教学理论体系的具体化，又是教学实际经验的系统总结和提升。研究发现，教学模式对教学有效性的影响具有"系统有效"的明显特征。教师如果掌握了一套有效的教学模式，就可以直抵教育本质，省去重复无效的劳作和探索，站在巨人的肩膀上去思考问题、解决问题。可以说，"模式"是教师在教学实践中"怎样做"的"抓手"。对于急需大量教学实例和方法的国际中文新手教师来说，如果有了一系列优质的教学模式，就有了教学的武器和装备，就能随时"上战场"，就能"打胜仗"。因此，不断探索有效的教学模式，对提升中文教师的教学素养、增加教师的教学装备、提升课堂教学效果和质量都具有重要的意义。

　　把教学模式作为独立的领域和对象进行系统研究，是本书的出发点。全书分为理论研究和教学实践两个部分，从国际汉语教学模式构建的理论基础、典型模式、海外借鉴等方面展示我们的研究成果，以期为读者提供一个可资借鉴、较系统全面的学术性教学模式集成。

本书是教育部人文社会科学重点研究基地重大项目——"'任务—活动'型汉语课堂教学模式构建与应用"的成果之一。在项目研究与本书写作过程中，两者产生了互相促进的良好互动关系，也证明了对教学模式进行系统研究的必要性和重要性。同时我们也发现，业界对汉语教学模式的研究相对较少，理论、应用实践的积累还不厚重。因此，本书提出的理论观点、应用示例等肯定还有一些疏漏或错谬之处，敬请读者不吝赐教。

需要说明的是，本书书名中仍沿用了"国际汉语教学"这一提法，一是因为上述项目实施过程中，学科名称仍是"汉语国际教育"，教学时一般统称为"国际汉语教学"或"汉语作为第二语言教学"；二是因为本书涉及中外多位作者，如果改成"国际中文教学"，行文中较难实现统一。因此，除特殊时期的专门称呼外，全书仍以"国际汉语教学"来统称。

本书是项目组成员和一些优秀教师集体智慧的成果。有些内容是老师们对文献和教学访谈等的总结归纳，更多的则是老师们经过多年教学实践总结出来的方法和策略，并提升为教学模式。参与编写的作者是来自4个国家11所院校的17位教师，其中教授5人、副教授3人、讲师9人，均来自教学一线。真诚感谢老师们的精诚合作和辛勤付出！

姜丽萍

2023 年 11 月

目 录

理论研究篇

第一章　教学模式基础理论研究 / 003

　第一节　教学模式的概念及特征 / 003

　第二节　教学模式的作用 / 012

　第三节　教学模式研究的历史沿革 / 016

**第二章　教学模式在外语和对外汉语教学界的
　　　　应用研究 / 025**

　第一节　外语教学界教学模式 / 025

　第二节　国内对外汉语教学界开展的教学模式研究 / 032

　第三节　海外汉语教学模式 / 038

第三章　国际汉语课堂教学模式构建研究 / 046

　第一节　国际汉语教学模式的要素与结构 / 046

第二节　国际汉语教学模式构建的理论依据 / 052

第三节　国际汉语教学模式构建方法论 / 058

教学实践篇

第四章　各课型教学模式构建 / 069

第一节　综合课教学模式 / 069

第二节　阅读课教学模式 / 096

第三节　口语课教学模式 / 116

第四节　听力课教学模式 / 143

第五节　视听说课教学模式 / 163

第六节　写作课教学模式 / 189

第五章　语言要素教学模式构建 / 217

第一节　语音教学模式 / 217

第二节　词汇教学模式 / 241

第三节　语法教学模式 / 259

第四节　汉字教学模式 / 276

第五节　文化内容教学模式 / 305

第六章　海外汉语教学模式研究 / 329

第一节　美国中文教学模式 / 329

第二节　日本汉语教学模式（一）/ 359

第三节　日本汉语教学模式（二）/ 385

第四节　韩国汉语教学模式 / 418

第五节　法国"相对字本位"教学模式 / 442

第六节　拉丁美洲汉语教学模式 / 461

理论研究篇

第一章　教学模式基础理论研究

第一节　教学模式的概念及特征

一、教学模式的概念

（一）教学模式的基本定义

"模式"是指事物的标准样式，是英文 model 的汉译名词。英文中的 model 还可译为"范式""典型"等，其内涵一般指被研究对象在理论上的逻辑框架，是经验与理论之间的一种可操作性的知识系统，是再现现实的一种理论性的简化结构。其典型的表现形式是事或物的一种标准化的范式，其本质是人类对客观事物规律的认知或经验。模式被广泛应用于人类的各种活动，如思维模式、商业模式、运营模式等等。

最早在教学领域引入"模式"并加以系统、科学研究的人，当推美国的乔伊斯和威尔。20 世纪 60 年代，欧美教育界流行"有效教学"（effective teaching）研究，专家学者所提的教学原理、教学方法与教学策略十分庞杂，流派众多，对实际课堂教学的作用并不明显，甚至出现让教师无所适从的局面。业界普遍期望借助一种简化、实用的"范式"，教师就可以将教学活动或过程分解为某些关键要素或成分，进而指导教学过程，提高有效性。在此背景下，乔伊斯和威尔进行了专门研究，从上百种教学计划、策略、方法中挑选出 23 种，并将其归纳为信息处理、个人发展、社会相互作用、行为教学四大类具有"结构范式"特征的"教学模式"。1972年,他们出版《教学模式》一书,正式提出了"教学模式"这个具有独立内涵特征的概念及其相关理论。

乔伊斯和威尔在《教学模式》一书中给出了"教学模式"的基本定义:"教学模式是构成课程和课业、选择教材、指导教师活动的一种范式或计划。"这个定义既是原始意义上的概念,也是目前国内外该领域使用较为广泛的定义。当然,这并不意味着这个定义就是"终极权威"。

继乔伊斯和威尔之后,国际语言教学界的很多专家学者对教学模式进行了更深入、细致的研究,进而也出现了很多从不同角度诠释教学模式概念和定义的说法。在第二语言教学理论模式研究领域,Cambell、Spolsky、Mackey、Strevens、Ingram等都提出过相应的教学模式,其中以Stern(2000)的研究较为全面,其模式框架如图1-1所示:

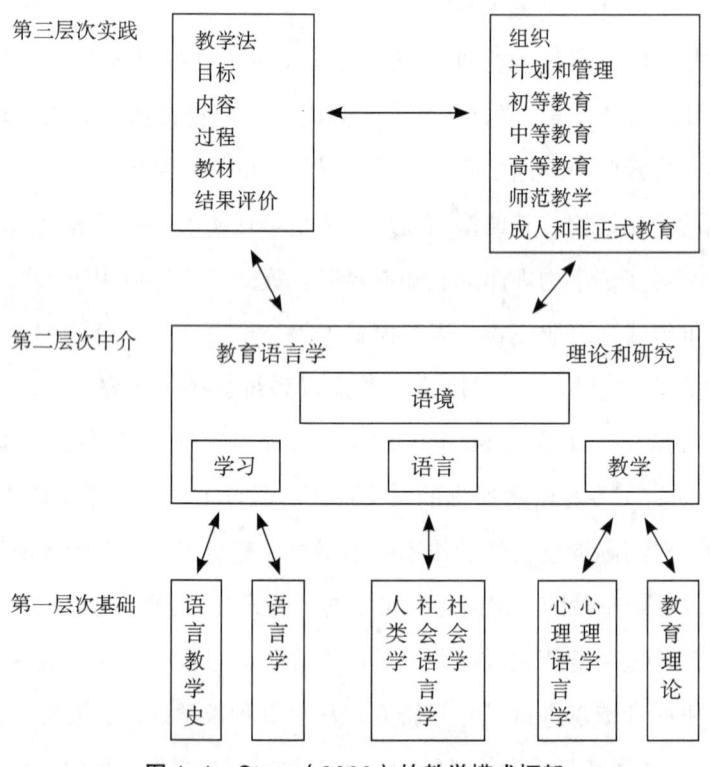

图1-1 Stern(2000)的教学模式框架

这个模式涉及语言教学的四个核心问题：某种语言教学理论中的语言观是什么？它如何看待语言学习者和语言学习？它赋予教师的角色和作用是什么？它怎样描写和分析教学？（杨里娟，2011）

美国的另一些研究者认为："所谓教学模式，就是为特定目标而设计的、具有规定性的教学策略。"（保罗·D.埃金等，1990）

其他专家虽然表述不同，但"教学模式"的概念内核已逐步显露：

第一，教学模式不同于教学理论，也不是单纯的教学方法，它是教学理论与教学实践的中介环节，是在一定的理论思想指导下，为实现特定教学目标而设计的较为稳定的教学程序和实施方法的策略体系。

第二，教学模式的表现形式是某种特定教学活动具有标准化意义的范式，即明确且较为固定的教学活动框架和程序。

第三，教学模式是系统工程，涉及教学设计、教学保障、教学管理、教学技术等教学活动的全要素、全环节，是理论、方法、手段、管理等各教学要素的优化组合。

第四，教学模式具有多元性。不存在放之四海而皆准的唯一有效的"样板式"教学模式，任何教学模式都具有特定的适用条件。

（二）国内研究对教学模式的定位

自20世纪80年代至今，教学模式研究和创新实践一直是我国教育界关注的重点。不同的专家学者、教师对"教学模式"的定义也有所不同。归纳起来有以下几种类型（黄甫全、王本陆，1998）：

1. 理论说

理论派认为：教学模式是在教学理念支配下，对在教学实践中逐步形成的、相对稳定的、较系统且具有典型意义的教育体验进行抽象化、结构化整理，从而形成的一种特殊理论形式。教学模式是在教学实践中形成的一种设计、组织教学的理论，这个理论是用简化的形式表现出来的，对教学行为具有标准化意义的指导作用。

2. 结构程序说

《教育大辞典》（顾明远，1998）给"教学模式"下的定义是："反映特定教学理论逻辑轮廓的、为完成某种教学任务的、相对稳定而具体的教学活动结构。"华东师范大学瞿葆奎教授1994年11月4日在全国目标教学理论研讨会上的总结讲话中也曾指出：教学模式从静态看是结构，从动态看是程序。

3. 系统说

这种观点把教学模式视为一个系统。一个完整的教学模式不仅是一种结构或流程、范式，而且是包括理论基础、教学目标、教学程序与方法、辅助条件、评价标准等要素在内的一个整体系统。

4. 层次中介说

这种观点侧重教学模式与教学理论、教学方法的关系，认为教学模式是向上沟通教学理论、向下沟通教学方法和教学策略的中介。一个完整、科学、有效的教学模式，应该是由理论基础、教学程序和教学方法这三个层次构成的。

纵观三十多年教学模式研究的成果，除《教育大辞典》外，目前国内较普遍采用的"教学模式"定义还有：

（1）教学模式是"在一定的教学思想或教学理论指导下建立起来的、较为稳定的教学活动结构框架和活动程序。它是教学理论的具体化，又是教学经验的系统概括。它既可以从丰富的教学实践经验中通过理论概括而形成，也可以在一定的理论指导下提出一种假设，经过多次试验后形成"（黄甫全、王本陆，2003）。该定义不仅解释了教学模式的含义，而且指出了其构建方法。

（2）"教学模式是在一定理论思想指导下，为实现特定教学目标而设计的比较稳定的教学程序及其实施方法的策略体系。"（李雁冰，1994）该定义认为教学模式是一种策略体系，既从宏观上突出了教学模式把握教学活动整体及各要素之间内部的关系和功能,又突出了教学模式作为活动程序的有序性和可操作性的特点。

(3)吴应辉(2010)认为:"教学模式是系统化、理论化、程序化的教学组织及管理策略体系,具有概括性、系统性、相对稳定性、可操作性、独特性等五个特点,主要包括理念、目的、任务、原则、程序、评估等要素。"这一定义是从教学项目的设计和实施过程角度出发的,应用性更强,更具可操作性。(转引自谷陵,2013)

(4)教学模式是"将教学理论以稳定的、简约化的形式表达出来,对教师如何组织课堂活动具有指导性作用,同时它又是教学经验上升为教学理论的转化环节,它将教学活动进行筛选、分析研究,再进行系统的归纳总结,然后提炼概括出具有普遍指导意义的教学范式"(周淑清,2004)。该定义在表明教学模式具有"范式"作用的基础上,突出了教学模式对教学实践的指导作用,并揭示了教学模式研究的方法论。

在对外汉语教学界,不同专家学者结合汉语及汉语教学特点,对教学模式从不同方面进行了定义。例如:

崔永华(1999)把教学模式概括为"课程的设置方式和教学的基本方法"。

马箭飞(2004)认为,所谓对外汉语教学模式,"就是从汉语独特的语言特点和语言应用特点出发,结合第二语言教学的一般性理论和对外汉语教学理论,在汉语教学中形成或提出的教学(学习)范式"。

赵金铭(2008)指出,对外汉语教学模式"是从汉语、汉字及汉语应用的特点出发,结合汉语作为第二语言教学理论,遵循大纲的要求,提出一个全面的教学规划和实施方案,使教学得到最优化的组合,产生最好的教学效果"。

吴勇毅(2014)把教学模式总结为"在一定的教学和学习理论指导下,以实现教学各基本要素(教学目标、教学大纲、教学内容、教材、教学技

/手段、教学方法/策略、师生角色、教学活动和教学环境等）之间组合为最优化方案的系统，优化组合的结果体现为一种可以拷贝的标准样式"。

李泉（2009）认为："所谓对外汉语教学的教学模式，就是从汉语独特的语言特点和语言运用特点出发，结合第二语言教学的一般性理论和对外汉语教学理论，在汉语教学中形成或提出的教学（学习）范式。这种教学（学习）范式以一定的对外汉语教学或学习理论为依托，围绕特定教学目标，提出课程教学的具体程式，并对教学组织和实施提出设计方案。它既是一种形而上理论的反射体，又具体落实到教学中的一招一式，是细化到课堂教学每个具体环节、具有清晰的可操作性的教学范式。"

综合最新的研究成果，笔者认为，对教学模式的认识要有系统的眼光。它不仅是一种教学活动的计划或范型，而且应是一套针对特定教学项目、具有标准化意义的整体解决方案，是以教学为核心、以所有与教学有关的因素为对象而设置的一整套方法体系。它既包括理论层面的设计，又包括实施层面的规划，兼具理论指导性和实践操作性的双重功能，是教学理论的操作化和教学实践的规范化。它既包括教学活动的框架和程序，也包括为确保教学活动顺利进行而采取的管理体系及保障体系（谷陵，2013）。

二、教学模式的特征

通过对大量相关研究成果的分析，我们可以发现其从不同角度揭示出的教学模式的基本特征。

（一）教学模式的理论属性

从本质属性上看，教学模式具有教学理论的性质，但又不能用"理论"来定义，因为它与我们熟知的"教学理论"概念具有明显不同的特点。"一种特殊的用于表现教学规律的形式"是教学模式的理论属性。

教学模式是"模式"在教学领域的应用。从"模式"这个主体本位的性质与根本特征上看，教学模式的本质是展现某一教学活动、教学过程现实的一种理论性、简约化的形式，其内容结构与教学现实或预料的现实结构应是相同的。模式反映并表现的是现实世界存在的、隐藏的规律关系，是从不断重复出现的事件中发现和抽象出规律。因此，从人类认知的角度来考量，模式与理论都是人们认识客观规律的产物。模式与理论的不同点在于，它们表现客观规律的形式或者载体方式不同，与"理论"相比，"模式"用一种更直接、更简约的形式来表现，其内容并不是对教学规律、原理的说明，而是描述了解决教学实际问题的具体操作程序、方法及活动安排方案，而且这个具有标准、范式意义的方案一定被实践证明过是有效的、高效的。

（二）教学模式的实践属性

从实践作用上看，教学模式具有可操作性、可重复性、可模仿性及高效性的鲜明特征。"范式"是教学模式的实践作用属性。通过这种"模式"，人们可以无数次地使用那些已有的解决方案，无须重复相同的工作。从实践上看，模式可视为对问题解决方案的高度归纳和总结，是对前人通过实践积累得到的经验的抽象和升华。其作用是指导人们高效地解决在生产生活实践中遇到的实际问题。

从实践角度来考量教学模式，最重要的一点是它能为从事某种教学活动并取得实际的、比其他方法更有效益的结果提供一整套解决方案。能取得并提升教学有效性，是教学模式作为一个独立研究对象的根本前提和动因。教学有效性表现为：一是这个模式用于教学活动，就能产生直接的、更好的教学效果；二是教师可直接采用这个模式，无须再做重复的探索实验等工作，提高了效率。

因此，一个教学模式对同类教学实践的作用将不仅是"借鉴、指导"，而是具有可直接采用或模仿使用的标准化、工具化、模板化的特质。所以教学模式必须是直接的、可遵循操作的、可重复使用的。使用者或许不知其中的原理、机制，但拿来即可用，用了就能达到预定的目标和效果。

（三）教学模式的内容属性

从内容上看，教学模式具有指向性、体系性或系统性、整体性的特点。系统性是教学模式的内容属性，也是教学模式与教学法、教学策略等概念的主要区别。就"解决教学问题，提高教学效果"而言，教学模式的确具有与教学法、教学策略等概念的相似之处。这也是造成目前教学模式与其他概念相混淆甚至互相通用这一局面的原因。那么，教学模式所独有的特点是什么呢？本研究认为，可以从解决问题的"作用点"上来细微把握。

严格来说，世界上并不存在一个独立的"方法、策略、模式"，它们都必须依据现实存在的某个特定的事物、活动、问题而成立，因为需要高效地解决问题、达到预定的目标而存在。所以，任何方法、策略、模式都要有明确的问题、目标指向性。在这个层次上，模式与方法、策略等概念没有差异。

细微差异在于三者解决问题、高效达到目标所关注的方面不同。一般而言，方法、策略是解决某个单一的、个体性的问题，侧重于对解决问题的工具、手段、技术甚至艺术的提炼，例如：国内小学的拼音教学、海外汉语教学中的语音教学，两者教学内容是一样的，但显然教学方法不同；即使在同一类教学中，因教学对象个体的差异，其方法亦应不同，即所谓"因材施教""法无定法"。而教学模式是从某个特定教学活动、过程的整体出发来关注提高教学有效性的问题，从理论演绎和实践经验总结两个方向进行研究，力求在时间与空间上、在特定教学活动过程中、在教学功能要素之间搭建一个科学合理的关系结构、程序安排和明确的操作标准体系，以使各教学功能要素、环节形成对教学目标的"合力"，形成针对特定教学活动"目标—方案—评价"的整体"闭环体系"，产生方法论意义上的"系统效率"效应。

据此，我们可以形成较为明确的概念区分，即：宏观教学理论、中观教学模式、微观教学方法。

（四）教学模式的功能属性

从功能上看，教学模式具有相对普适性、稳定性的特点。

成功的教学模式应上与教学理论吻合、下有教学实践佐证，其实质是教学客观规律的体现和应用。因此，教学模式具有"类比性"的特点，也就是说，对同类教学问题，教学模式具有普适性，是应该遵循的。同时，教学模式的形成建立在较长时间的研究、观察、实验的基础上，是大量教学实践活动的理论概括，在一定时期内具有客观的稳定性。普适性、稳定性产生了教学模式的推广价值。

但是也要指出，教学模式也不是一成不变的。教学活动本身及反映其规律的教学模式总是与特定文化背景及特定历史时期的社会政治、经济、科学、教育的水平、特点相联系，受到不同教育方针和教育目的的制约。当这些影响因素发生变化时，原有的教学模式就会"失效"，因此教学模式的普适性、稳定性又是相对的。同时，在遵循教学模式"范式"性的基础上，具体运用时也必须考虑到学科的特点、教学的内容、现有的教学条件和师生的具体情况，进行灵活的调整，从而实现教学模式与教学实践的双向互动适应。

（五）教学模式的形式属性

从表现形式上看，教学模式应具有简明性或简约性，即能用极其精练的语言来表明其顺序流程、操作环节等，形成具有"标准化操作手册"意义的可遵循范式。

以加涅的"九段教学法"（加涅，1999；徐晓雄，2009）为例，其标准化操作流程如下：

①引起注意 ➡ ②阐述目标 ➡ ③刺激回忆 ➡ ④呈现材料 ➡ ⑤提供指导 ➡ ⑥诱发学习 ➡ ⑦提供反馈 ➡ ⑧评价表现 ➡ ⑨促进迁移

第二节　教学模式的作用

一、教学模式之于教学实践——创造教学活动的"系统效率"

教学有效性是"有效教学"理论研究的核心内容。最近几十年来，有效教学理论作为一种世界性的教育改革诉求，在国内引起了广泛关注。追求教学活动的效果、效率和效益日益成为评价教学有效性的重要指标。"有效率"侧重从时间维度对教学的有效性进行评价，"有效益"侧重从价值维度对教学的有效性进行评价。（曹贤文，2014）就国际汉语教学来说，"有效果"强调具有积极的教学产出成果，即显著提高学习者的汉语综合运用能力；"有效率"指在短时间内取得尽可能好的教学产出成果，即"在最短的时间内能最快最好地学习、掌握好汉语"（陆俭明，1999）。

教学模式最大的作用或价值是创造了特定教学活动的"系统效率"，表现为：

第一，教学模式本身是对教学客观规律的应用并用最简约的形式表现出来。它为某一类教学及其涉及的各种因素和它们之间的关系提供了一种相对稳定的操作框架，这种框架有着内在的逻辑关系和结构，而且这种结构可能就是最能有效达到教学目标的最优安排或方案。通过对教学模式的遵循，可保证同类教学活动的整体效果。

第二，教学模式在教学理论与教学实践之间搭起了桥梁。对教学模式的应用，实际上就是教师在不自觉的状态下运用教学理论指导教学活动，使广大教师摆脱只凭经验和感觉在实践中摸索的困难局面，少走弯路，节省经验积累的时间，不再进行重复的工作，从而提高教学效果和效率。比如，海外汉语教学情况复杂，即使是接受过系统学科训练的教师，不缺乏教学法的理论知识，甚至对最新的教学思想了如指掌，在初到一个完全陌生的教学环境时，面对千头万绪的教学组织工作，也很难保证课堂教学的效果，更不用说新手教师了。要在短时间内将青年教师培训为能够迅速胜任海外汉语课堂教学的教师，一套易于操作和掌握的教学模式显得尤为重要。

第三，教学模式是教学观念、理论、原则、方法、技巧等的集中体现，是对具体教学实践活动的一个"标准"规范，是针对当前各方面条件提出的一种解决当前任务的最优化方案。创建科学高效的教学模式，对提高教学效率和教学质量、推动教学水平的整体发展起着关键作用。

二、教学模式助力教师专业持续发展

首先，教学模式对新教师快速成长具有明显的促进作用。新教师在教学实践方面普遍缺乏经验，对教学理论的应用也没有实际的教学体验和检验，难以达到理想的教学效果。新教师通过对教学模式的学习和自觉运用，可以很快在头脑中形成一个比抽象理论具体得多的样板式的操作范式，在教学实践中借助教学模式可以避免重复前人经历的摸索期，迅速进入角色，较快掌握教学技能，进而提高教学效果。乔伊斯和威尔在《教学模式》一书中就提出：新教师根据教学模式的基本步骤及其顺序反反复复地进行练习，就可以自我为师。

其次，教学模式对于促进教师快速、持续的专业发展具有重要作用。具体表现为：第一，教师要构建教学模式，就要学习教学理论，借鉴先进的教学模式，分析自己的教学实践，这一过程必定是一个迅速提高的过程。第二，教师适应不断变化的环境，洞察不同的教情与学情，构建新的教学模式，能够保证教师的教学水平持续稳定。第三，结合实际、因地制宜地学习借鉴先进的教学模式，可以更好地学习先进经验，提高自己，这将有利于教师成长为高水平的优秀教师。

三、教学模式促进教学理论和实践的双向互动

目前的研究一般认为，教学模式在抽象的教学理论和具体的教学实践

活动之间起着中介作用，通过这个中介能发挥教学理论对教学实践的指导效应，使教学活动更好地遵循教学规律。这无疑是正确的。

但如果只注意到教学模式对教学理论向教学实践的"单向"传动，那可能会降低人们对教学模式作用的认识。我们认为，教学模式不单是某种抽象教学理论的应用，它本身也是一种表现教学规律（理论）的形式，即使没有抽象的教学理论，对大量教学实践经验、方式进行优选、概括、加工，进而形成范式的安排或教学方案，也能产生教学模式。从这个意义上说，教学模式也是从教学实践到教学理论的"中介"，通过挖掘经验型教学模式内在的机理，可以抽象概括出教学活动的内在规律，从而形成更具普遍意义的教学理论，促进教学理论的丰富和发展。

以美国明德暑校模式为例。明德模式的核心是"语言誓约"，实施语言誓约意味着无论在课堂上还是在课外的学习和生活中，学生都只能使用所学的中文作为唯一的交际语言。暑校实行集训式的管理方式，所有的学生跟教师同吃同住，全体教师和学生均有义务互相帮助和监督，语言誓约得到了全面的、不折不扣的执行。这种模式从理论上考量，实际就是"沉浸式外语教学理论"，其实践是对全浸式（total immersion）目的语环境的精心构建和有效利用，是在一个非目的语大环境中采用全浸式强化语言学习的方式。明德模式的成功，证明了教学模式对教学理论和实践之间双向互动的促进作用。

四、教学模式创新教学研究和方法

教学研究是教育科学研究的重要组成部分。长期以来，人们在教学研究上比较重视对教学的各个要素、环节等进行"点"的研究，却忽视了各部分之间的联系或关系；此外，在研究中更多地关注抽象的所谓"理论描述"而缺乏操作性实践。通过把"教学模式"作为一个相对独立的领域进行研究，可以引导教学研究从整体上探讨教学过程中各因素、各环节之间的互相作用，以系统的观点去把握教学过程的本质和规律；同时，教学模式研究将极大缩短教学研究成果与教学实践活动之间的距离，提高教学研究的实用性和实效性。

例如，在近年来的国际汉语教学模式研究中，"语言教学项目"的概念及相关理论取得了进展。崔永华（2008）对汉语教学项目做过界定，认为"汉语教学项目是指一个在特定教学条件下、具有特定教学目标的汉语教学实体"，并列出了教学项目的五大特征。曹贤文（2016）认为，从语言项目视角考察教学模式的有效性，不能只看教学模式在理论上是否先进，更重要的是看哪一种教学模式最适合特定语言项目的师生和具体教学情境。

再如，随着教学模式研究的不断深入，国际汉语教学模式的实现条件和运行管理等因素逐渐受到重视，产生了许多新的理论。谷陵（2013）明确提出，应该把实施条件和管理因素纳入教学模式研究范围，从学生管理、教师管理和教学环境管理三个方面分析了精英式强化教学模式的管理体系，认为管理体系应该视为教学模式整体不可或缺的一部分。刘颂浩（2014）更明确指出，创建优秀教学模式需要重视管理机制的问题，认为"教学模式体现的不只是教学理论研究和实际教学水平，更是人才和资源管理水平"。

第三节　教学模式研究的历史沿革

一、国外教学模式研究历史阶段

从国际范围来看，教学模式研究的历史演变大致可分为起始、发展和现代化三个阶段。

（一）教学模式起始阶段

系统完整的教学模式是从近代教育学形成独立体系开始的，"教学模式"这一概念与理论在 20 世纪 50 年代以后才出现，不过在中外教学实践和教学思想中，很早就有了教学模式的雏形。古代教学的典型模式是"传授式"，其一般结构是"讲—听—读—记—练"，学生是靠机械的重复进行学习的。17 世纪开始，随着学校教学中自然科学的引入及班级授课制度的实施，夸美纽斯提出应当把讲解、质疑、问答、练习统一于课堂教学中并把观察等直观活动纳入教学活动体系之中，首次提出了以"感知—记忆—理解—判断"为程序结构的教学模式。这是出现教学模式的起始阶段。

（二）教学模式发展阶段

19 世纪是资本主义大工业迅速发展及科学实验繁荣兴旺的时期。社会、经济、技术、文化的发展必然会反映到教育教学的内容、方式上来。就教学模式及其影响而言，产生了以赫尔巴特和杜威为代表的典型模式。

早期，赫尔巴特从"统觉论"出发研究人的心理活动，提出了"明了—联合—系统—方法"的四阶段教学模式。之后，他的学生 W. 赖恩又将其改造为"预备—提示—联合—总结—应用"的五阶段教学模式。这对当时的学校教学产生了积极作用。但这个时期的教学模式都有一个共性，那就是它们都忽视了学生在学习中的主体性，片面强调灌输，不同程度上压抑和阻碍了学生的个性发展。所以在 19 世纪 20 年代后强调个性发展思想的潮流下，以赫尔巴特为代表的"传统教学模式"受到了挑战,以杜威为代表的实用主义教育理论得到了社会的推崇,产生了"以儿童为中心""做中学"等实用主义教学思想。这种思想主导下的教学模式强调活动教学,以促进学生获得探究问题和解决问题的能力,开辟了教学模式的新路径。实用主义教学模式在发展中也暴露出其缺陷,由于它片面强调直接经验的重要性而忽视知识系统性的学习,且降低了教师的功能作用,进而影响了教学质量,因此在20世纪50年代受到了强烈批评。

(三)教学模式现代化阶段

20世纪60年代以来,随着科学技术的引进和发展,教育面临着新的任务和挑战。现代心理学、思维科学及系统论、控制论、信息加工理论、信息技术等的发展,对教学实践产生了深刻的影响。在此背景下,客观上需要教学模式的变革、创新,以适应新时代的要求。因此,这个阶段催生了"教学模式"的概念,涌现了许多具有鲜明现代特征的教学模式。

国外的一些学者(乔伊斯、威尔等)根据教学模式的理论根源,把教学模式分为不同的类型,包括社会型教学模式、信息加工型教学模式、个人型教学模式、行为系统型教学模式等。其中很多教学模式的形成,如皮亚杰的认知发展模式、加涅的累积学习模式、斯金纳的程序教学模式等,都对第二语言教学产生过直接的作用或重大的影响。第二语言教学历史实质上也是教学模式的发展历史。以影响最大、流派众多的交际教学法为例,从20世纪70年代诞生至20世纪末,在功能语言学理论和社会学理论的影响下,交际语言教学先后形成并发展出多种教学模式,教学模式的创新和发展成为第二语言教学理论和实践发展的核心部分。(马箭飞,2004)

二、国内教学模式研究发展阶段

万伟(2015)对我国基础教育领域的教学模式研究状况进行了详细研究,把近30年的研究分成三个阶段,大致反映了国内教学模式研究的历史演变。

（一）第一阶段（20 世纪 80 年代）

国外教学模式的引进介绍和国内教学模式研究的起步。具体表现为：

（1）以翻译和介绍国外相关研究成果为主。这一阶段的研究主要介绍 1972 年乔伊斯和威尔出版的《教学模式》一书的相关内容。

（2）教学模式研究开始起步。在学习和借鉴国外理论的基础上，国内学者开始研究教学模式的价值意义、教学模式与教学过程的关系等，如吴恒山《教学模式的理论价值及其实践意义》（1989）、吴永军《当代教学论研究的新课题——教学模式简介》（1990）等，但数量很少。

（3）建构国内教学模式的尝试。有学者试图将国外的教学模式理论与国内的教学实践相结合，建构国内的教学模式，提出了"创造性教学模式""中学物理教学模式""中学语文教学模式"等。

（4）教育实验热潮中涌现了具有教学模式意义的"典型教学法"。20 世纪 80 年代，我国掀起了一股前所未有的教育实验热潮，实验的种类之丰富、涉及面之广泛、影响之深远，在我国教育史上是空前的。在基础教育领域涌现了一批具有广泛影响力的教学法，如邱学华的尝试教学法、李吉林的情境教学法、魏书生的语文六步教学法等。这些教学法既有一定的理论基础，又有清晰的结构和操作框架，已经具备了教学模式的特征，为后续发展奠定了坚实的实践基础。

（二）第二阶段（20 世纪 90 年代）

教学模式理论研究及学科教学模式建构实践形成气候。具体表现为：

（1）对教学模式的基本理论进行了比较深入、系统的探讨，如教学模式与教学方法的关系、教学模式与教学设计的关系、教学模式的有效选择与运用等。

（2）学科教学模式建构的实践开始繁荣。90 年代以来，教学模式的研究实践逐渐从高校向基础教育领域转移，以中小学学科教学为主，涌现了许多教学模式，如"先学后教"五步教学模式、读写结合导练教学模式、识字教学模式、以学为本教学模式等。

（3）教学模式中开始出现计算机、多媒体技术等信息技术教学手段的应用。

（三）第三阶段（21世纪初）

教学模式理论框架基本形成，教学模式建构实践在创新和反思中不断发展。具体表现为：

（1）新课程理念对教学模式产生明显的指导作用，教学模式建构实践中的"理论"指引更加突出。探究、对话、体验、自主学习、差异教学、合作、互动、问题解决、建构主义、多元智能、结构主义、主题教学等，是这个时期教学模式建构的关键词。其中"先学后教"类型的教学模式受到关注。

（2）教学模式的理论研究在反思中逐渐成型。这一阶段对20世纪90年代"百花齐放"式的教学模式进行了反思，在总结经验教训的基础上，对教学模式内涵、形式、建构等基本问题进行了较为系统的梳理。

（3）教学模式建构由热衷单点"创新"转向区域化推广，教学模式的作用得以充分彰显，出现了具有鲜明区域特征的教学模式。

此外，教学模式的研究向多学科及纵深方向不断发展，例如：何聚厚（2015）探讨了翻转课堂与信息化教学模式的创新、大学英语与基础英语教学模式的创新、思想政治和管理类课程教学模式的创新等内容，周健、陈群等（2011）专门论述了对外汉语教学理论和实践的创新，陈晨（2017）对"基于话语分析、任务法和多媒体网络技术的研究型汉语言本科外国留学生高级口语教学模式"的构建进行了实证研究，等等。这些研究均彰显出"教学模式"在本时期所取得的阶段性成果。

三、国内教学模式研究趋势

目前，国内教学模式研究处于快速发展的时期。分析近年来国内教学模式研究的热点，可以概括出如下趋势：

第一，日益强调教学模式的系统化、科学化。

用系统、科学的态度来对待教学模式的建构、推广与应用，是教学模式研究领域必须树立的原则。无论是归纳型教学模式还是演绎型教学模式，都不能只是"自圆其说"，必须要经过科学严谨的实践过程，尤其是大量的实证检验。

从操作层面而言，应注意三点：

一是坚决反对为创新而创新。教学模式的研究或建构是一个科学严谨的过程，不能简单地将树立"新模式"作为教学创新的途径，反对任何功利化倾向。

二是从追求完美到寻求合适。每一种教学模式都具有自己的优势与局限，不存在一种十全十美的教学模式。因此，教学模式研究不应该为了完美或者标新立异而去做"包装"，只要适合教学的需要、适合学生发展的需要，任何教学模式都是可以得到运用的。

三是注重多种模式的综合运用。随着对教学模式认识和实践的深入，人们越来越认识到单一的模式无法满足复杂的教学需要，应该自觉地从单一的模式建构走向多种模式的综合运用，吸取各种教学模式的精华，博采众长，在实践中优化模式组合，追求教学效果的最优化。

第二，从以"教"为主转向"教""学"并重。

教学模式是教师或教育工作者设置的，学习者很少参与，因此在教学模式研究中，大家会不自觉地从教师如何去教这个角度进行阐述，而忽视了学生如何学这个问题。这使得教学模式更多是"教的模式"，忽视了对学生学习特点与规律的研究。现代教学模式应跳出这个局限，突出并落实"以学生为中心"的教学理念，科学合理地设计"教"与"学"的互动结构关系。

进入21世纪以来，网络课程——慕课、微课、线上线下混合等新型教学形式的出现，给传统的教学模式带来了全新的挑战，学生的中心地位更加突出。一方面，学习者可以更加自主地控制学习的进度、更加灵活地进行选择性学习；另一方面，学习者可以根据自身的实际情况来有目标地构建自己的知识体系。由此带来的教学模式改革，更加注重学习者本身的学习感受，更加注重以学习者为中心的兴趣导向，越来越向有利于实现科学学习、自主学习、个性化学习的方向发展。

第三，重视现代科学技术成果的应用。

当今时代的最大特征是科学技术的迅猛发展，新理论、新技术、新模式、新产品层出不穷。这些既给教学模式带来了挑战，也给教学模式的发展提供了机遇。教学模式应更加自觉地运用当代科技成果，使教学模式具有鲜明的时代特征——用技术助力学习，促进信息技术与课程教学高度融合。

2010年，美国教育界提出要变革教育模式——用技术帮促学习，强调要"通过信息技术的支持来进行教学领域重大的结构性调整"。如今，信息化教学及管理平台得到了广泛运用，教师和学生可以利用网络化空间开展教学与学习活动，充分提升使用信息技术来学习的能力。在国际汉语教学界，郑艳群（2014）很有前瞻性地指出："与以往的汉语教学模式相比，信息时代的教学模式对技术的依赖是空前的。技术相关的汉语教学模式研究也就更具挑战性，因为它在已有相关因素中增加了具有多因素关联的技术成分，使得模式化研究更加复杂和必要。……在信息时代的汉语教学中，技术不再只是作为教学的组成部分融入教学，而是已经成为教学赖以生存的支柱；不再是单纯地充当辅助工具，而是已经引发了教学模式，乃至教学结构和学校形态的变革。"

第四，发展开放式教学，促进优质教育资源的高度共享。

随着当前各主要国家的教育迈向全球化与信息化，优质教育资源的共享已成为未来教学发展的重要趋势。从2001年开始，随着"开放式课程"这一项目在美国麻省理工学院的正式启动，教育资源的共享越来越呈现出井喷式的发展态势。近年来，随着我国教育信息化水平的不断提高和快速发展，优质教育资源的共享也引起了教育工作者的高度重视。2003年，中国开放教育资源协会成立,教育部启动高校精品视频课程建设项目;2010年,网易公开课、新浪公开课陆续推出;2011年,教育部决定开展国家精品开放课程建设工作;2013年,清华大学、北京大学成为慕课(MOOC)的积极倡导者和实践者,分别加入edX、Coursera平台,线上课程面向全球开放;2018年,教育部推出首批490门"国家精品在线开放课程";2020年,北京语言大学也有多门慕课面向全球开放。可见,课程的网络化、开放化,优质教学资源高度共享化已经成为当今教学实践中的一个重要趋势,传统的教学模式已远远不能满足现代学习者的需求。

总之,强调教学模式的系统化、科学化;面向学习者,促进教学"以学生为中心";用技术助力学习,促进信息技术与课程教学高度融合;发展开放式教学,促进优质教育资源的高度共享:这四方面都是在构建现代化教学模式时应考虑的重要因素。

∷ 参考文献 ∷

Joyce B. 等(2009)《教学模式》(第七版),荆建华等译,北京:中国轻工业出版社。

Stern, H. H.(2000)《语言教学的基本概念》,上海:上海外语教育出版社。

保罗·D. 埃金等(1990)《课堂教学策略》,王维诚等译,北京:教育科学出版社。

曹贤文(2014)《国际汉语有效教学研究》,北京:世界图书出版公司。

曹贤文(2016)试论语言项目视角下国际汉语有效教学模式研究,《华文教学与研究》第1期。

陈　晨(2017)《研究型国际汉语口语教学模式构建》,北京:对外经济贸易大学出版社。

崔永华(1999)基础汉语教学模式的改革,《世界汉语教学》第1期。

崔永华（2008）《对外汉语教学设计导论》，北京：北京语言大学出版社。

谷　陵（2013）美国名校在华汉语强化教学模式研究——兼谈国际汉语教学模式研究理论与方法，中央民族大学博士学位论文。

顾明远主编（1998）《教育大辞典》（增订合编本），上海：上海教育出版社。

何聚厚（2015）《高校教学模式创新与实践研究》，西安：陕西师范大学出版社。

黄甫全、王本陆主编（1998）《现代教学论学程》，北京：教育科学出版社。

黄甫全、王本陆主编（2003）《现代教学论学程》（修订版），北京：教育科学出版社。

汲传波（2006）论对外汉语教学模式的构建——由美国明德大学汉语教学谈起，《汉语学习》第4期。

加　涅（1999）《学习的条件和教学论》，皮连生等译，上海：华东师范大学出版社。

李　泉主编（2006）《对外汉语课程、大纲与教学模式研究》，北京：商务印书馆。

李　泉（2009）教学模式与分技能设课教学模式思考，见蔡昌卓主编《多维视野下的对外汉语教学研究——第七届国际汉语教学学术研讨会论文集》，桂林：广西师范大学出版社。

李雁冰（1994）简论教学模式，《山东教育科研》第3期。

刘颂浩（2014）中国对外汉语教学模式的创建问题，《华文教学与研究》第2期。

刘颂浩（2016）教学模式讨论和对外汉语教学学术环境建设，《华文教学与研究》第1期。

陆俭明（1999）关于开展对外汉语教学基础研究之管见，《语言文字应用》第4期。

马箭飞（2004）汉语教学的模式化研究初论，《语言教学与研究》第1期。

万　伟（2015）三十年来教学模式研究的现状、问题与发展趋势,《中国教育学刊》第 1 期。

吴恒山（1989）教学模式的理论价值及其实践意义,《辽宁师范大学学报》第 3 期。

吴应辉（2010）《国际汉语教学法专题研究讲义》,未出版。

吴永军（1990）当代教学论研究的新课题——教学模式简介,《江苏教育》第 6 期。

吴勇毅（2014）关于汉语教学模式创建之管见,《华文教学与研究》第 2 期。

徐晓雄（2009）论罗伯特·加涅学术思想及启示,《宁波大学学报》（教育科学版）第 1 期。

杨里娟（2011）对外汉语教学模式发展研究,西南大学硕士学位论文。

赵金铭（2008）汉语作为第二语言教学：理念与模式,《世界汉语教学》第 1 期。

赵金铭（2011）国际汉语教育研究的现状与拓展,《语言教学与研究》第 4 期。

郑艳群（2014）技术意识与对外汉语教学模式创建,《华文教学与研究》第 2 期。

周　健、陈　群（2011）《语感培养模式——对外汉语教学的理论与实践》,北京：外语教学与研究出版社。

周淑清主编（2004）《初中英语教学模式研究》,北京：北京语言大学出版社。

Ürey, M. & Çalik, M. (2008) Combining different conceptual change methods within 5E model: A sample teaching design of 'cell' concept and its organelles. *Asia-Pacific Forum on Science Learning and Teaching*, 9(2), Article 12.

（姜丽萍,北京语言大学教授；李俊芬,河北科技工程职业技术大学教授）

第二章 教学模式在外语和对外汉语教学界的应用研究

第一节 外语教学界教学模式

以英语、俄语为主的外语教学进入我国学校课程体系以来，外语教学研究取得了很大进展。研究过程中通过借鉴和创新，出现了很多教学模式，大致可以归纳为以下两类。

一、以借鉴吸收为主的教学模式

在外语教学发展和外语教学理论研究的过程中，1978年至1987年被称为教学法的"引进阶段"。这个阶段我国的外语教学理论研究才刚刚起步，国外的先进成果很多情况下都是经留学归国人员引入，或由少数国外专家在少数几家外语教学期刊撰文进行粗略介绍的，因此被称为"引进阶段"。引进的有论著，但更多的是在外语教学法研究上引入相关的教学法理念和操作模式。这一时期引进的典型的教学法有：语法翻译法、直接法、听说法、交际法、全身反应法、认知法和后期的任务型教学法等等。这其中的每一种教学法都有其相对固定的教学模式，也都是为了适应某种教学环境而采用的。下面是对各种教学法的简要归纳。

（一）语法翻译法

语法翻译法是一种通过学习语法规则和词汇，并且按照规则用本族语和目的语进行互译来教授语言的方法。一般教学步骤为：阅读／朗读—句子翻译—讲解语法／语言点—书面回答—理解性问题。该教学法的特点是：重视书面语，即写作和阅读；本族语起重要中介作用；语言知识多于语言技能的教学；教师是绝对权威。优点是学习者进入较快，符合外语学习者学习习惯；明显不足是知识多于技能，在听说上技能训练不足。

（二）直接法

直接法是一种通过实物、图画、动作、表情等手段把外语及其对应的意思直接联系，从而达到直接理解和直接应用的外语教学法。一般教学步骤为：用目的语讲解—提问—回答。该教学法的特点是：先听说后书面表达；禁止使用本族语翻译。优点是强调语言实践和运用，有利于听说，直接用外语思考，重视语言的交际作用；不足是语言知识教学不系统，对教师口语、教学组织技能要求高。

（三）听说法

听说法是一种运用句型操练形式学习外语的方法，其理论基础为结构主义语言学和行为主义心理学。一般教学步骤为：听外语对话—模仿—纠正语音语调—逐句背诵—对话练习—看书面材料—语法点归纳—替换／回答练习。这种教学法的特点是把学生外语语言技能的掌握建立在句型的模仿上，借助本族语但又不依赖本族语。优点是能引入语境，有利于掌握结构句型、词汇，既能学习语言知识，又能训练听说技能；不足是单纯的模仿使得学习的句型很难自如地转化为实际交际能力。

（四）交际法

交际法是把运用目的语进行有意义的交际作为学习语言的方法，也称为功能法或意念法。交际法的最大特征是它对语言结构和能力同等重视，学生不仅要知道语言规则的用法，还必须能够运用语言进行真实的交际。比较典型的教学步骤有：

（1）利用真实生活材料开展讨论：（源于材料）题目辩论—提供不同的

句型—小组讨论—总结。

（2）连环图片做交际性练习：抽出图片—猜测前后内容。

（3）设置生活背景进行交际：按照角色身份、年龄、地位、性别说出不同的内容等等。

该教学模式的教学理念突出了外语教学的目的是提升交际能力，突出学生中心，教学方法灵活多元。

（五）全身反应法

全身反应法（Total Physical Response，简称 TPR），也叫领悟法（Comprehension Approach），是一种把言语和行为联系在一起的语言教学方法。该方法通过身体各部分的活动来学习语言，由美国心理学教授阿歇尔提出。全身反应法与心理学的记忆部分的痕迹理论关系密切。根据研究，结合动作记忆的成功可能性是最大的。阿歇尔也吸收了人道主义心理学的观点，重视情感因素在语言学习中的作用。他提出的活动可减轻学生的紧张情绪，营造一种肯定式气氛，从而有助于学习。其基本的实施方法是：在课堂上，教师用英语发出指令，让学生一听到指令就做出相应的动作。指令从简单到复杂，从慢到快，从一组词过渡到一个句子或一段话。该模式的特征是强调口头语言的重要性，通过动作传达目的语的意义，让学生在观察、领悟中习得目的语。

（六）认知法

认知法（Cognitive Approach）重视培养学生的学习能力，提倡学生不能只局限于课堂学习，还要在课外自学，教师要教给学生科学的自学方法。以句型为主，进行句式结构的转换，可以激励学生创造性地运用语言；重视对学生的研究，因材施教；容忍错误，通过多种技能结合来加强学习。

（七）任务型教学法

任务型教学（Task-based Language Teaching）兴起于 20 世纪 80 年代，是一种借助任务进行教学的方法，要求学习者通过完成一个又一个的任务来获得知识和能力。体现了"在做中学"（learning by doing）的语言教育观念，被认为是交际法的发展，为世界范围内的语言课堂所采纳，并收获了丰富成果。一般在任务型教学的课堂上，教师根据特定的交际和语言项目，设计出符合学生认知规律的可操作的任务；学生通过表达、沟通、交涉、解释、询问等各种语言活动形式来完成任务，以达到习得语言、获得交际能力的目的。

20世纪90年代，外语教学研究进入了迅速发展时期。这一时期，大量专门针对外语教学的论著引进国内。从1999年开始，几家外语出版机构，如外语教学与研究出版社、上海外语教育出版社、人民教育出版社、世界知识出版社，先后从国外引进了"牛津应用语言学丛书"29种（1999—2000），"外语教学法丛书"20种（2002），"汤姆森英语教师丛书"19种（2004—2006）等系列书籍。其中"外语教学法丛书"专门收录了外语教学法理论、外语教学技巧及原则、教材教法、外语教学模式的改革与创新等等。该丛书不仅有理论深度，而且注重实践应用，实用性和操作性俱佳，有助于激励教师结合教学实际情况进行思考和探索，形成本土化高效的教学模式，提升教学整体质量。

二、国内具有创新特色的英语教学模式

在引进吸收并深入研究国外教学理论的基础上，结合我国的英语教学实际，很多专家、教师创建了别具特色的教学模式。下面介绍其中较有影响力的三种。

（一）王才仁：双重活动教学模式

1. 理论依据

外语学习及语言能力获得的本质是人主体的发展。人的发展，不是仅由遗传、环境和教育因素决定的，真正推动这种发展的是作为发展主体的人及其自主的、积极的、创造性的活动。活动是一种起决定性作用的影响因素。

只有通过活动，人的发展才能得以实现；没有活动，就没有主客体的相互作用，也就没有个体心理的内部矛盾，从而失去身心发展的内部动力，也就谈不上个体的发展。以英语学习为例，英语教学应使学生真正成为活动的主体，使影响学生主体形成和发展的各种因素达到优化，使各种不同的活动形式和决定着它们的诸多条件相互促进，紧密结合，从而使外语学习者通过活动实现外语能力的发展。

2. 模式结构

（1）教学双目的。英语教学目的包括两个方面：培养学生运用外语的综合能力和提高人的整体素质，即外化为言语行为，内化为多层人格。它们是相互联系的，但并非完全自然地相互促进，而应在教学过程中，把握该双重目的，通过转变教学方式，组织情景交融的活动，发挥语言教学"言为心声"的优势，使这两个方面有机结合，互为因果，双向同步推进。

（2）教学双主体。在外语教学中，教师是揭示语言规律和语言教育教学规律的主体，学生是认知规律和进行言语实践的主体。师生互为主体，同时作用于英语这一客体。英语教学应充分发挥双主体的作用，不能只强调教师的主导作用而忽视学生的主体作用，要在两者结合上下功夫，以求取得相得益彰的效果。

（3）英语双信息。英语信息自身具有双重性：观念操作性和物质操作性。英语语言、语用规则从内化到外化都是通过行为操作实现的。教学是一个 competence（能力）与 performance（表现）反复交替、循序渐进的过程。只强调操作而忽视创意和超越，以为"熟能生巧"或片面重视讲解，信奉"举一反三"，都难以全面奏效。

（4）输入双渠道。英语信息是通过双层渠道输入的，即外在信息刺激和原有认知结构的融合。青少年学生学习英语，每项教学活动都应有新的认知内容，教师不可把学生看成"白板"，要重视学生已有的认知结构，挖掘学生潜能，千方百计地设计出行之有效的活动，使教学处于积极主动的输入状态，一开始就培养学生良好的学习习惯和独立自主的能力。

（5）输出双环境。以言语行为为中心的信息输出受到内部和外部环境的制约。内部环境指学生通过学得而建立的"信息库"，外部环境指运用语言交际的人、地、时的环境。输出要考虑到学习的阶段性，不同阶段应有不同侧重和输出要求，一切从实际出发，实事求是；输出活动要求精心设计，保证学生学中有乐、乐中有学、学有所获、学中创新。

（6）交际双层次。教学交际是在两个层次上进行的，即内容层次和情感层次。教师在组织教学活动时要"目中有物，心中有人"，重视学生的心理需要，尊重学生的人格，形成和谐的师生关系，相互沟通，增进理解，增强课堂凝聚力，保证学生的自我观念得到健康发展。

3. 操作程序

双重活动教学模式由"引入—启动—语言信息输入—信息加工—语言输出"五步构成。在此模式中，教师与学生均是主体。教师是"引导者"和"顾问"，同时又是"参与者"。教师必须精心设计活动，通过活动让学生广泛参与，容忍学生出错，不要过早打断学生行为，要努力给学生创造说英语的机会，让学生在愉悦的活动中学习英语、体验英语、品味英语。

（二）张正东：外语立体化教学模式（24字教学法）

1. 理论依据

学生在学校学习外语主要依靠的是"由形及意"的学习，而不是无意学习的习得。教学模式的任务就是要兼顾学生（学习主体）、目的语（教学客体）、教学环境（母语、教师、设备、社区对目的语的价值观），发挥三者"合成立体"的积极作用，以最合适的方式促进学习者外语能力的发展。

2. 模式结构

自学为主——培养学生愿意学外语的动机，训练拼读，讲解语法。

听读先行——先听后读，然后理解性说写或写说。

精泛倒置——精读、粗读、泛读、熟读合理搭配。

知集技循——集中讲授语言知识，言语技能螺旋循环，在新语境中加深。

整体多变——教与学都着眼于整体的言语材料，同时材料要体现信息变化，保持新鲜性。

用中渐准——不是一次学完全部内容，而是先学概要，渐次充实，逐渐全面、准确。

（三）周淑清整理推广的七种初中英语教学模式

在我国英语教学界较有影响的教学模式建构研究者，当属周淑清老师及其团队。他们基于对北京及华东地区 30 多所中学的实地调研，筛选其中比较成功、具有特色的初中英语教学模式原型，然后通过升华其理论基础并概括其教学程式，提炼出七种可推广的教学模式，分别是：(1)分层教学模式；(2)和谐教学模式；(3)信息技术与英语学科整合教学模式；(4)任务型教学模式；(5)自主学习教学模式；(6)活动—交往教学模式；(7)情景—互动教学模式。

第二节　国内对外汉语教学界开展的教学模式研究

我国对外汉语教学肇始于上世纪50年代，历经波折直到上世纪末才基本形成一门相对独立的"学科"，自1950年清华大学筹建东欧交换生中国语文专修班开始，迄今已经走过了70多个年头。我国教学理论界对教学模式的研究则是从20世纪80年代中期开始的，90年代日渐丰富起来。虽然有关对外汉语教学模式的研究，无论是理论研究还是实践成果均不够系统，但也为本世纪开始蓬勃发展的国际汉语教育事业及汉语教学实践提供了丰富的经验。在此过程中，一些专家学者、一线教师对教学模式进行了可贵的探索。

一、对外汉语教学模式发展阶段

第一阶段：从1973年至1980年的"讲练—复练"模式。

该模式奠定了对外汉语教学"精讲多练，反复巩固"的教学原则。上世纪70年代，国外的教学法理论如功能意念大纲、交际法等相继进入中国，对国内的对外汉语教学产生了重要影响。1979年初开始进行教学改革，大多采取交际法和功能法进行教学，主张从多个角度培养学生运用汉语进行交际的能力。

第二阶段：从1980年至1986年，汉语教学模式发展为"讲练—复练＋小四门"。

即在"讲练—复练"基础上，加上听力、口语、阅读和写作四门课。

第三阶段：分技能教学模式。

分技能教学模式以综合课为主，辅以听力、口语、阅读和写作课，这是我国大多数高校至今普遍采取的课程设置模式。

二、对外汉语教学模式研究综述

20世纪90年代以来，随着对外汉语教学的不断发展，对教学模式的研究也逐步丰富起来，我们将较有影响的教学模式分类归纳如下。

（一）以语言要素为出发点的教学模式研究

这类研究是以拼音、汉字、词汇、语法、文化等汉语教学要素为落脚点的教学模式研究。

鲁健骥（2003）提出了"口笔语分科，精泛读并举"的教学模式，即将口笔语综合训练课分为口语和笔语两门课，将听说转变为听读，笔语课在中高级阶段改为精读课，与强有力的泛读课结合，特别要求编写专门的泛读材料。

李晓琪（2004）提出了"以虚词为核心的词汇—语法教学模式研究"，主张加强词语搭配的学习，着眼语篇，在语法与语篇之间建立起有机联系。

吕必松（2005）主张"字本位，语文分离"的教学模式。他认为以往的"语文一体、词本位"的教学模式背离了汉语的特点，"不严格区分口语和书面语，对阅读训练，尤其是对大量和快速的训练重视程度远远不够"。

张宝林（2008）针对语法知识课教学提出了"用法主导"的教学模式，强调以学生为中心，教学内容主要是词类和语法、虚词、语段。强调练习的重要性、交际的目的性，以结构形式、语义、语用作为考评的内容。

张朋朋（2007）提出了"语文分开、语文分进"的教学模式。这是针对欧美学生初级学习阶段的一种教学模式，借鉴了中国传统汉字教学的理念，主张把口语和汉字分开，先教口语，后教汉字，将识字教学和写字教学分开，先教写字，再教识字，采取集中识字的方法。这种模式对重视实用主义的欧美国家具有一定的借鉴意义。

陈贤纯（1999）提出了词语集中强化教学模式。这是针对中级汉语教学的一种教学模式。它借鉴了认知心理学和语言习得理论的研究成果，主张以词汇教学作为重点，将词汇按照语义场进行分类，通过多次循环、强化记忆来达到让学生掌握大量词汇的目的。

孟国（2003）提出了实况视听教学模式。这是针对高级汉语教学阶段的一种教学模式，旨在培养学生的新闻视听能力。它借鉴了交际教学法和话语分析理论，主张让学生通过视听实况材料进行练习，以提高实际应用能力。

张莹（2004）对基于三种不同文化教学观的教学方式下的三种文化教学模式——知识文化传授模式、交际文化训练模式和多元文化互动模式——进行了比较分析，认为最后一种具有优势。

谢玲玲（2012）提出了以文化为核心的汉语教学模式，理论上借鉴了中国传统语文教育教学的精神和方法，以《三字经》《千字文》《弟子规》等传统经典的童蒙书籍作为教材，采用小班综合课教学的方式，收到了良好的效果。

（二）不同课型的教学模式研究

该类别是基于某种课型的教学模式研究，如综合、听力、口语、阅读、写作课等。比较有代表性的有：

谭春健（2004）的中级对外汉语教学听力课"理解后听"教学模式。他主张教学中应讲求从意义到语音的匹配教学和语流教学，这样做有利于集中培养学生听力能力，但需要注意多样化的训练方式。

胡德明（2016）指出，目前中级汉语阅读教学的两种方式——放任式和讲读式，不利于学生阅读能力的提高。他提出要从培养阅读兴趣、技能、养成良好阅读习惯三个方面改进阅读教学模式。

邹鹏（2016）通过借鉴口语能力测试 OPI 评价体系，提出在汉语口语教学中应做到以下三个方面：完善过程设计，兼顾动机保护；转变教师角色，刺激语言输出；增补反馈要素，突出交际功能。

（三）以特定教学法为特色的教学模式研究

在众多基于教学法的教学模式研究中，以任务型教学法的相关成果最为丰富。马箭飞（2000）构思出以交际任务为基础的汉语教学模式。这是针对短期汉语教学的一个模式，借鉴了交际教学法中的任务式教学大纲模式，以提高汉语交际能力为目标，以交际任务为教学组织单位，通过让学生进行大量的交际性练习来实现教学目标。

陈作宏、田艳（2008）提出了以任务为中心的体验式对外汉语教学模式。该模式下的课堂由准备环节（热身加语言形式）、活动环节（环环相扣的任务）、追踪环节（学习成果汇报展示）三部分组成。他们指出：制定一个以需求分析为基础的任务大纲，在此基础上建立一个与之联系的语言结构的教学系统和词汇大纲，使语言形式和任务合理地结合在一起，是建立以任务为基础的体验式对外汉语教学模式的基本任务。

（四）基于多媒体、现代信息技术的教学模式研究

蒙小凤（2015）根据近几年的翻转课堂教学模式进行了实证研究，使用弗兰德斯互动分析系统，对两节对外汉语实践课翻转课堂的师生话语互动情况进行定量研究，发现该课堂师生之间、生生之间具有丰富有效的话语互动，认为这是提升学生汉语技能水平的好方法。

金素英（2015）根据 NIE（Newspaper in Education）理论，对对外汉语报刊阅读课进行研究，介绍了利用网络报纸新闻和利用网络报纸漫画的教学方法，谈到了网络报纸的运用、注意点及具体的教学方案和模式。

郑艳群（2023）分析了基于网络技术产生的教学模式改变的原因，提出了值得关注的技术应用形式：线上与线下相结合（翻转课堂和混合式教学）、直播和录播相结合等。她指出，应树立开发、连接和适切的智能化教育理念，变革传统的教师角色定位，使教育服务于多元化、个性化和差异化的需求。

邹小青（2015）构建了包括教师前端分析、互动活动开展、过程控制等环节的基于微信的对外汉语教学互动模式，具有较高的参考价值。

此外，混合式教学模式是近几年教育界颇为关注的热点。车和庭

（2012）根据混合式学习（Blended learning）的理论背景、教材及网络平台的分析结果设计了教学案例，针对高中阶段初级汉语学习者进行多媒体作为辅助手段的混合式学习，发现该模式能提高学生的自主学习能力和协作学习能力，有助于达到教学目标。

（五）综合研究

除了以上列举的研究方面之外，还有许多学者就教学模式的研究进展进行了综述性梳理研究。崔永华（1999）对1973年至20世纪末我国对外汉语的基础汉语教学模式进行了总结，指出其经历了"讲练—复练"到"讲练—复练+小四门"再到"分技能教学模式"的变迁。马箭飞（2000）创造性地构建了"对外汉语短期教学新模式"，明确指出了对外汉语教学的重点应该从关注学习的最终结果转移到关注学习、教学的过程上来，使教学从"产品式"（product）转变成"过程式"（process），突出对外汉语教学的交际性、实用性和兴趣性。鲁健骥（2003）根据20余年的教学实践经验和对外汉语教学理论，在分析对外汉语教学模式得失的基础上，提出将目前的"口笔语综合训练课"分为口语、笔语两门课的设想，二者分工协作，以迅速提高学习者的口笔语能力。赵金铭（2004）总结出北京语言大学"对外汉语短期速成强化教学模式"，提出对外汉语教学应将"学生为主体、教师为主导"作为基本教学原则。

三、对外汉语教学模式研究中的问题

截至目前，国内虽然出现了不少对外汉语教学模式，但真正产生影响并得到成功推广的还不多。从教学模式研究角度来考量，其症结主要有以下几个方面：

第一，缺乏对汉语作为第二语言或外语的"本体研究"。汉语言文字是具有特殊形态、形式的语言，与西方语言有明显的不同。如果我们拿教英语等外语的方式来教汉语，难免会出现种种不适，近年来孔子学院在海外的教学实践充分证明了这个基本判断。因此，我们要加强对汉语作为外语教学的"本体"研究，为对外汉语教学模式研究和构建提供基础理论的指导。

第二，需要更科学严谨的教学模式研究。在近年对外汉语教学模式研究的热潮中，出现了两种倾向：一种是主要依据某种理论的实践演绎，缺乏大量的、科学的教学实践的检验，实证性严重不足；另一种是主要依据教师实际教学经验的总结，有实践证明但缺乏理论的升华和支撑，推广价值不大。这就迫切需要进行更加科学严谨的教学模式研究，按科学程序进行构建研究，提升教学模式的推广价值。

第三，在教学实践中缺乏对教学模式作用的重视。一线教师有很多成功的经验，但缺乏将其升华为模式的意识；在教师培养上，注重一对一经验型"传帮带"，但没有把教学模式作为培养教师的重要载体，造成了教学模式在教学实践中没有发挥应有作用的尴尬局面，没有形成实践对教学模式的刚性需求，客观上影响了教学模式的研究及推广。另外，高校或孔子学院缺乏把成功教学模式作为"品牌"进行推广的意识和动力，好的教学模式"墙内开花墙内香"，宣传、推广力度均不够。汲传波（2006）从宏观层面指出了对外汉语教学模式研究的四个问题：缺乏理论总结，缺乏危机意识，缺乏品牌意识，宣传、推广力度不够。

第三节　海外汉语教学模式

提出"海外汉语教学"是为了区别在国内目的语环境下的"对外汉语教学",所谓海外汉语教学,是指在国外学习者母语环境下所开展的汉语教学。两者的教学对象虽然都是"外国学习者",但由于环境的差异,其教育者、教学方式都不同,由此形成的教学模式必然也有所区别。近年来,随着我国以"孔子学院"为代表的国际中文教育事业的飞速发展,汉语教学"本土化"战略的实施,国外汉语教学界也提出了一些汉语教学模式,比较有影响且有代表性的有如下几种。

一、美国明德暑期中文学校的教学模式（简称"明德模式"）

明德暑期学校（Middlebury Summer Language Schools）,是美国明德学院（Middlebury College）利用每年暑假在校园举办的外语学习学校,按语种分,目前共有12个暑校:俄语、德语、阿拉伯语、日语、法语、意大利语、西班牙语、希伯来语、葡萄牙语、韩语、阿布纳基语和中文。其中最早的德语暑期学校开设于1915年,中文暑校开设于1966年。经过历届暑校校长和教师的倡导和实践,这一模式渐趋成熟、定型,不仅在明德中文暑校沿用多年,而且近年来已经影响到其他项目尤其是中国国内的对外汉语教学,如普北班（普林斯顿大学在北京师范大学的暑期项目,简称PIB）、哥北班（哥伦比亚大学和北京大学联合举办的暑期项目,简称CIB）、哈佛北京书院（简称HBA）等。

明德模式是以沉浸法为内核,借鉴了听说法、功能法、任务法等因素的一种短期强化教学模式。该模式在教学理念、教学方法、教学管理方式、课堂教学技巧等方面都有独特之处。从教学模式角度看,汝淑媛（2006）在亲身体验教学的基础上概括为四条:实践性、阶段目标的明确性、反复性和渐进性。汲传波（2006）将明德模式的特点概括为六点：整体性、理论性、简明性、可操作性、创新性和明晰的目的性。也有从认识上理解明德模式的，如以下提法："全面浸入式"（施仲谋，1994）、"听说法"（崔永华，1999）、"结构—功能—文化相结合"（张和生，1997）、"操练法"（汲传波，2006）、"以任务为基础的结构教学法……以沉浸法为内核，并在发展中逐步加入了听说法、功能法和任务法的合理元素"（曹贤文，2007）。

明德模式从课程、课型、教法、教材、评估以及教师、管理等几个方面勾画出其汉语教学模式的基本框架。包括：（1）语言誓约：学生在入学之初签署该誓约，保证只使用汉语作为交际语言。（2）汉语环境：校园内完全没有英语电视、广播和报刊。（3）课堂有严格的操作程序和管理机制，具体教学采取大班课（讲解课）与小班课（操练课）相结合的方式，并配有大量丰富的课外活动来调动学生的学习兴趣。（4）集体备课：保证同一年级教学步调一致，实现教学目标。（5）教材繁简对照，要求学生能够做到认读繁简两种字形等。

明德中文暑校从来没有自我定义出一套教学模式，但能凭借了解情况的人们总结出来的这套教学模式立足一方，就是因为其教学效果是有目共睹、令人信服的。明德模式的效果首先体现在培养出的学生的汉语水平和由此形成的声誉上。"语言教学驰名于世"，"美国境内学习中文的首选之地"，"培养外语专门人才的理想场所之一"，"全美一枝独秀"，"汉语教学蜚声已久"，"在美国汉语教学界有口皆碑"，"美国在华中文项目所遵从的圭臬"……这些评价已清楚表明了该模式的效果。

目前，这种教学模式的影响已经走出美国，来到了汉语教学的大本营——中国，并带来明显的影响。"明德暑期学校的汉语教学，启发我们重新认识听说法。也许我们应当重新评价'讲练—复练＋小四门'的教学模式。"（崔永华，1999）以此为代表的观点认为：明德模式使我们对已有的教学模式、教学技巧可以重新思考，同时对构建新的具有中国特色的汉语教学模式具有促进作用。曹贤文（2007）提出研究思路：将明德模式这一精英模式和中国高校汉语教学的常规模式进行对比，找出二者的差异，同时探讨了二者互补的可能性。

总之，明德模式不仅在明德中文暑校不断发展，而且其影响不断扩大，大有影响今后全球汉语教学之势。通过对明德模式的深入研究，我们更加清晰地认识到了教学模式的重要性，增强了研究和推广国内对外汉语、海外汉语教学模式的紧迫感。

二、美国 AP 中文教学模式

AP（Advanced Placement）课程，即大学先修课程，AP 考试是由全美大学理事会主办的全国统一考试。随着美国国内汉语热的升温，2006 年秋季 AP 中文课程开始在全美中学实施，2007 年 5 月开展第一次 AP 中文测验，标志着美国正式学校教育中中文教学的开始。它以美国外语学习的 5C 标准为理论依据，以培养学生的交际能力为核心，特别突出文化的作用，利用具有中国文化特质的话题来培养学生的交际能力，并注重与其他课程的融合。AP 中文目前是海外汉语教学中比较系统化、规范化的教学体系和模式。其教学模式的特点可以概括如下：

（1）以语言能力为教学目标，以全美外语教学标准中的三种沟通模式[①]为 AP 中文的训练标准，以此规定测验、教材和教学方式。

（2）坚持以学生为中心的教学原则。强调学生的学习主体性，规定无论是教学还是测验都要使用真实的语言，创设真实的中文环境。

（3）强调在教学中激发学生的学习动机，注重引导学生利用科技手段来学习作为外语的中文。

（4）对教材、教师资格以及中学与大学的衔接都进行了详细规定。

---

① 三种沟通模式指《语言与儿童：美国中小学外语课堂教学指南》（海伦娜·柯顿、卡罗尔·安·达尔伯格，2011）中提到的人际沟通模式、理解诠释沟通模式、表达演示沟通模式。

三、法国白乐桑字本位教学模式

白乐桑教授坚守在法国汉语教学的第一线，为汉语国际教育做出了重大贡献。特别是他提出的汉语教学"法式字本位"模式，在国际汉语教学界独树一帜，具有很强的代表性。

白乐桑认为，汉语教学应该以重视汉语个性为出发点。他从一个外国学者的视角和立场出发，指出在汉语教学界、汉语言应用方面还存在一些不太合适的做法，如盲目跟从国外学术界的一些做法、套用印欧语的表达方法等，却严重忽视了汉语语言文字自身的特性。他认为这是极不明智的做法，其中最主要的就是"汉字教学"问题，以此为起点开始了对汉语教学模式的探讨。

概括来讲，"法式字本位"教学法是从"字"和"词"两个维度来考虑的。它主要针对的是法国初级水平的汉语教学，遵循的是"汉语教学以尊重汉语特性为前提"和"以学生为中心"这两条教学理念，强调的是"字"和"词"这两个教学单位缺一不可。在重视"字"的同时，也强调"词"的教学，只是汉语教学要以"字"为本位。"关注'字'是由汉语的性质决定的"，白乐桑认为，汉语最基础的东西是语素的组合，汉语教学必须要从汉字这个核心出发。"特别是对初级和基础水平的汉语学习者，必须要以汉字为基本单位组织教学。到了中高级阶段，汉语教学就跟英语、法语等其他语言教学差不多一样了，可以以词为中心了。"（白乐桑、李义海，2021）

白乐桑的字本位教学模式从教汉字入手，而教汉字不是只简单地教一笔一画的书写，而是对研究确定的 400 个常用汉字，讲每个字的笔画、笔顺、偏旁，讲每个字的汉字部件与结构组合，讲每个字的字源，讲每个字从甲骨文到楷书的形体变化，讲字里的文化，讲每个字的字义字音，讲由字到词的组合。这样的教法可以让学生得到解开汉字之谜的满足感，引起学习者的兴趣，培养学习者认识、掌握汉字的自豪感，从而有利于汉语学习。

白乐桑提出的字本位汉语教学模式是一项成功的创举。这一教学模式与理论自 1998 年引入中国之后，立刻受到对外汉语教学界的关注与重视。不少学者发表评论表示赞赏（张朋朋，2007；吕必松，2012；王若江，2017），并有逐步推广之势。

四、其他国家的教学模式

泰国的"体验汉语"模式遵循泰国教育部制定的四大外语教育目标——交际、文化、联结和社区，融合任务式和活动式教学法，受到了泰国师生的高度认可。

日本早稻田大学 Tutorial 汉语远程教学模式（Tutorial Chinese Distance Instruction，简称 TCDI）基于远程网络技术，使用网络聊天和视频会议的方式教学。该模式以交际法为理念，以学生为中心，强调个别化教学，善于利用影像和声音来协助教学。

韩国三星公司模式针对企业员工培训，特征是短期速成，以交际任务为主线，采用"结构—功能—文化"相结合的方式进行融入式交际教学。该模式的特点是：(1) 在教学中穿插"三星戏剧表演"，学生需要模拟情景表演；(2)"背囊旅行说汉语"，即公司资助学生去中国进行两周的自助旅行，回国后做旅行报告。

俄罗斯莫斯科大学亚非学院的汉语教学也是海外较为成功的教学模式之一。该模式在注重技能训练的同时，开设中国历史、哲学、文化、语言学等课程。技能知识和理论并用，适用于学历教育。

虽然国内外的专家学者对教学模式进行了不断完善和创新，但分技能教学模式仍然是目前中国高校最流行的模式（刘颂浩，2016），其他模式的使用范围和影响力远不及分技能教学模式。

:: 参考文献 ::

白乐桑、李义海（2021）关于汉语二语"字本位"教学的对话——汉语二语教学理论建设系列对话·河南漯河篇，《漯河职业技术学院学报》第6期。

曹贤文（2007）明德模式与中国大陆高校基础汉语教学常规模式之比较——兼谈汉语教学的精英模式与大众模式的差异和互补，《暨南大学华文学院学报》第4期。

曹贤文（2016）试论语言项目视角下国际汉语有效教学模式研究，《华文教学与研究》第1期。

车和庭（2012）韩国高中汉语课程混合式教学模式研究，山东师范大学硕士学位论文。

陈贤纯（1999）对外汉语教学中级阶段教学改革构想——词语的集中强化教学，《世界汉语教学》第4期。

陈作宏、田艳（2008）探索以任务为中心的体验式对外汉语课堂教学模式，《民族教育研究》第4期。

崔永华（1999）基础汉语教学模式的改革，《世界汉语教学》第1期。

海伦娜·柯顿、卡罗尔·安·达尔伯格（2011）《语言与儿童：美国中小学外语课堂教学指南》（第4版），唐睿译，北京：外语教学与研究出版社。

胡德明（2016）完善国际汉语中级阅读教学模式，《中国社会科学报》2月23日，第3版。

汲传波（2006）论对外汉语教学模式的构建——由美国明德大学汉语教学谈起，《汉语学习》第4期。

金素英（2015）基于NIE理论的对外汉语报刊课教学模式研究，山东师范大学硕士学位论文。

李晓琪（2004）关于建立词汇—语法教学模式的思考，《语言教学与研究》第 1 期。

刘颂浩（2016）教学模式讨论和对外汉语教学学术环境建设，《华文教学与研究》第 1 期。

鲁健骥（2003）口笔语分科　精泛读并举——对外汉语教学改进模式构想，《世界汉语教学》第 2 期。

吕必松（2005）《语言教育与对外汉语教学》，北京：外语教学与研究出版社。

吕必松（2012）我们怎样教汉语——兼谈汉字教学在汉语教学中的地位和作用，《汉字文化》第 1 期。

马箭飞（2000）以"交际任务"为基础的汉语短期教学新模式，《世界汉语教学》第 4 期。

蒙小凤（2015）翻转课堂教学模式下的对外汉语课堂话语互动模式研究，广西大学硕士学位论文。

孟　国（2003）关于实况汉语教学的几个问题，《语言教学与研究》第 4 期。

汝淑媛（2006）美国明德中文暑期的教学理念特点与教学策略评介，《国际汉语教学动态与研究》第 2 期。

施仲谋（1994）明德中文暑校经验的启示，《世界汉语教学》第 1 期。

谭春健（2004）"理解后听"教学模式探讨，《云南师范大学学报》第 4 期。

王才仁（1998）我缘何倡导"双重活动教学法"，《广西教育》第 6 期。

王初明（2016）"学伴用随"教学模式的核心理念，《华文教学与研究》第 1 期。

王若江（2017）对法国"字本位"教学法的再思考，《国际汉语教学研究》第 3 期。

王学松（2005）加强中外合作汉语教学项目模式的研究，《中国高教研究》第 6 期。

谢玲玲（2012）以文化为核心的美国汉语教学模式探析——兼论对我国对外汉语教学的启示，华中师范大学博士学位论文。

许希阳、吴勇毅（2016）"产出导向法"理论视角下的对外汉语写作教学模式之探索，《华文教学与研究》第4期。

张宝林（2008）对外汉语语法知识课教学的新模式，《语言教学与研究》第3期。

张和生（1997）美国明德大学的汉语教学，《中国高等教育》第1期。

张朋朋（2007）语文分开、语文分进的教学模式，《汉字文化》第1期。

张述娟、徐新伟（2014）对外汉语听说一体化教学模式新探——以初级阶段听说教学为例，《华文教学与研究》第1期。

张　莹（2004）对外汉语中的文化教学模式比较和策略分析，《合肥工业大学学报》（社会科学版）第5期。

张正东、杜培俸主编（1995）《外语立体化教学法的原理与模式》，重庆：重庆出版社。

赵金铭主编（2004）《对外汉语教学概论》，北京：商务印书馆。

郑艳群（2023）在教育变革和技术变革中思考国际中文教育的前景，《天津师范大学学报》（社会科学版）第2期。

周　健（2016）试论汉语语感培养教学模式的确立，《华文教学与研究》第1期。

周淑清主编（2004）《初中英语教学模式研究》，北京：北京语言大学出版社。

邹　鹏（2016）基于口语能力测试（OPI）评价体系的汉语口语教学模式探究，《四川师范大学学报》（社会科学版）第2期。

邹小青（2015）基于微信的对外汉语互动教学模式探究，《教育与职业》第25期。

Bullough, R. V., et al.（2003）Teaching with a peer: A comparison of two models of student teaching. *Teaching and Teacher Education*, 19(1).

（庞晨光，西安外国语大学副教授）

第三章　国际汉语课堂教学模式构建研究

第一节　国际汉语教学模式的要素与结构

一、国际汉语教学模式的构成要素

教学模式的核心表现是一种标准化的教学活动范式，对教学活动涉及的各种要素、环节都有规范性的规定。影响教学活动有效性的要素很多，为研究方便，在教学模式构建中对其进行分类，然后对每一类构成教学模式的要素进行描述和设计，即可形成一套系统、完整的教学模式。

教学模式的构成要素，学界有不同的表述，大致分为四要素说、五要素说、六要素说三种。下面介绍比较全面的六要素说。

（1）教学理论/理念

任何教学模式都是由一定的教学理论或思想做支撑的。教学理论是模式构建者对该教学活动本质、规律的认识。国际汉语教学模式的理念层面主要包括语言观、语言教学观和语言学习观，是对"语言应该教什么和怎么教"的全面认知，而这两个问题与模式构建者关于"语言是什么和语言是怎么学会的"这两个方面的理论认识有着直接的关系。

教学理念是教学模式构建的出发点，为模式构建指明方向、明确范围，为教学策略、程序、技巧等设置提供最基本的依据。

（2）教学目标

教学目标是教学活动的最终指向，是教学活动的核心，对其他要素起着导向作用。教学目标是教学模式构建的基准点，必须明确内容、项目和标准。

（3）教学活动标准的操作程序

操作程序是指师生在教学时间、空间上的顺序安排，以及对方式方法的规定，其中还包括对资源的分配和组织。

操作程序是教学模式最具体的表现和内容，它既是教学理念的体现，又是教学目标的保障，也是体现教学模式特色的具体方面，是教学模式构建的主要内容。

（4）师生关系

教师和学生是教学活动的两个能动主体，如何看待并处理两者关系是设计和实施教学活动的关键环节。教学模式构建中应对教学活动中的师生关系做出明确、具体的规定，以此展开教学策略、技巧、方法等规范设计。

（5）实现条件

即教学模式实施并取得目标效果的各种条件、因素应具备的状态和水平。教学模式构建要建立在对教学资源、环境条件充分调研的基础上，包括教师、学生、教学环境、教学设施、教学手段等。优秀的教学模式不是理想化的模式，而是实用的，易于操作的，与资源、环境条件相匹配的，而且能促进教学目标顺利实现的。

（6）教学评价

即对教学达到教学目标的程度进行评价。教学模式构建要完成从教学目标到目标评估的闭环设计，制定科学、完备的方法、过程及标准评价体系，对教学质量、教学效果进行检验。同时，这种评价也是对模式本身的优劣、有效性的间接评估。

需要强调说明的是，这六个构成要素虽然各不相同，各自起着独特的作用，但在教学模式构建中一定要关注它们之间环环相扣、相互影响、相互协调的内在统一关系。

近年来，在关于国际汉语教学模式构建研究中，有一种"国际汉语教学模式的创建"提法（刘颂浩，2014），其中的一个主要观点是把语言教学"管理"作为国际汉语教学模式的一个构成要素，对此，很多学者参加了研讨，发表了不同的见解（吴勇毅，2014）。"管理"是否为教学模式的构成要素目前还没有定论。笔者认为，"教学模式创建"和"教学模式构建"可以作为两个不同的视角，"构建"是"从教学出发"的；"创建"外延较宽，既包括构建，也包括与模式创新、实施管理的体制和机制。

二、国际汉语教学模式的结构

（一）教学模式内部的结构关系

根据乔伊斯和威尔《教学模式》一书的架构（见图 3-1），教学模式、教学策略、教学方法、教学技巧等四个教学活动要素之间的关系是逐级包含、逐级规定的，即：教学模式包括教学策略但规定教学策略，教学策略包括教学方法也规定教学方法，依此类推。这样就形成了教学模式内部的结构关系。

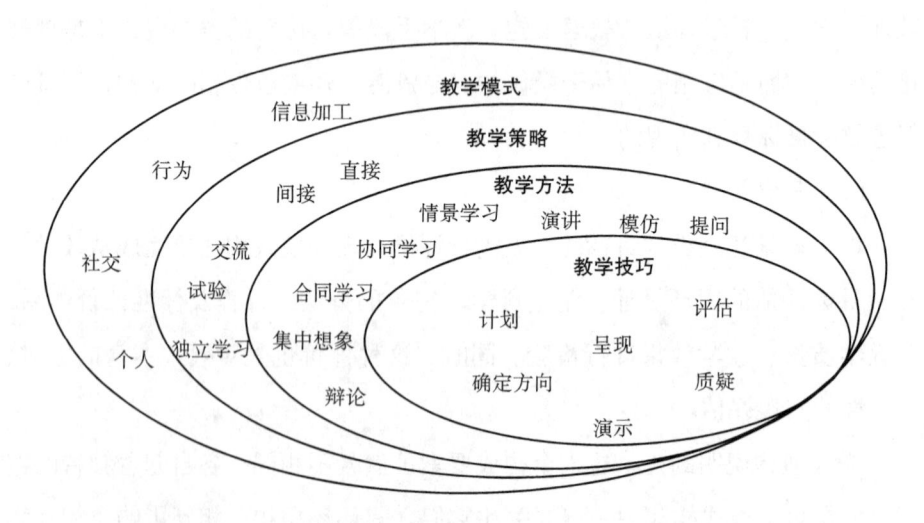

图 3-1 乔伊斯和威尔《教学模式》一书的架构

通过这个简单的模型可以看到：教学模式可以是不同的（分为信息加工模式、行为模式、社会交往模式和个人模式等四个理论派系），教学策略、教学方法、教学技巧也都有很多不同的方式；但在一个教学模式中，教学理念（模式特色）、教学策略、教学方法、教学技巧是统一的，由大到小是规定关系，由小到大是保证关系，形成了一个教学活动整体。

（二）教学模式的层级结构

教学模式是目标导向的诸多教学活动要素组合并发挥作用的整体系统，模式的构建具体来说无非就是在理念、目标的指导下，对教学活动涉及的因素以及它们之间的相互配合关系做出安排，对方式、方法进行标准化的规范。因此，教学模式的构建应明确构建要素以及它们之间的层级关系。

国际汉语教学模式的诸多构成要素大致可分为三层：宏观层面、中观层面和微观层面。

宏观层面是从大的活动类别来看，包括教学模式理念、目标标准与方案设计、实施条件与组织策略等。中观层面是对教学活动中过程、环节等的设计和规范，主要包括教学安排、管理措施两个方面。微观层面是各具体活动应采取的方式、方法以及程序/流程、技巧、措施等规定规范。我们在谷陵（2013）研究成果的基础上，结合目前的教学实际整合出国际汉语教学模式基础结构层级（见图3-2）。

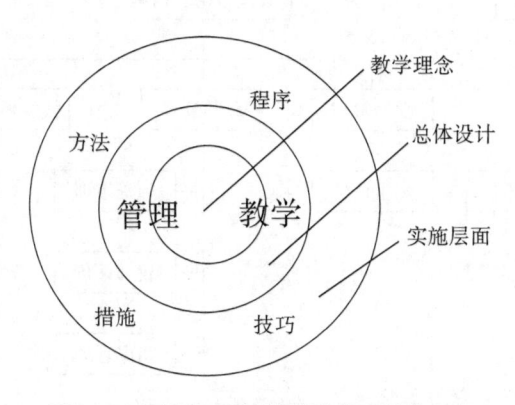

图 3-2　国际汉语教学模式基础结构层级

国际汉语教学模式的结构还可以更具体详细地进行分级,即明确同一层面各要素之间的上下位关系。教学理念、总体设计、实施三个层面的分级如图 3-3、图 3-4、图 3-5(谷陵,2013)。

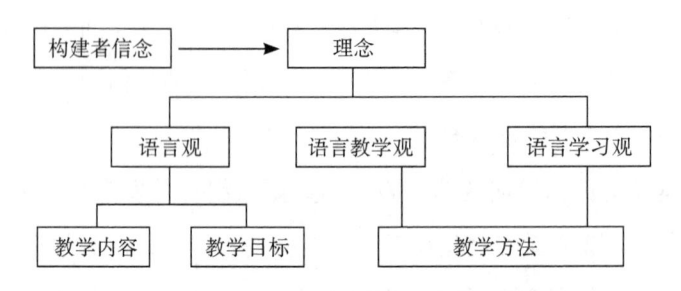

图 3-3　教学模式理念层面结构示意图

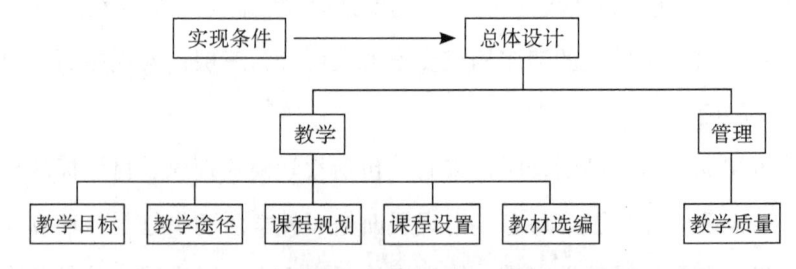

图 3-4　教学模式总体设计层面结构示意图

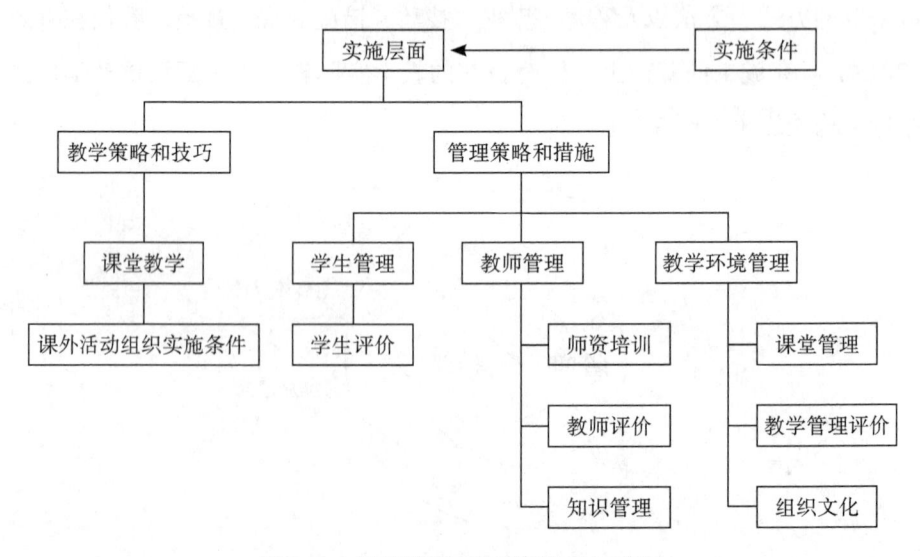

图 3-5　教学模式实施层面结构示意图

三、国际汉语教学模式文本描述结构

一般从如下几方面对教学模式进行文本描述：

（1）阐述教学模式的理论依据。

（2）指出教学模式可达成的教学目标。

（3）对模式中的核心概念进行详细解释。

（4）详细描述教学的步骤、环节、方式、教师与学习者行为。

（5）指出教学模式实施时涉及的各种关系及处理原则，如：生生、师生之间的互动等。

（6）列举教学模式实施所需要的环境、手段、设备、工具等支持条件。

（7）指出本模式的适用场景，如：课程、知识技能点、学习者特征等。

（8）用对比实证、数据统计分析等方法展示本模式的教学效果。

（9）对容易出现问题之处进行预防性说明。

第二节　国际汉语教学模式构建的理论依据

国际汉语教学理念反映的是对汉语作为第二语言或外语的本质以及教与学的基本认识，理念层面是教学模式设计和实施的理论基础，反映了教学模式的构建者对语言、语言教学、语言学习和教学管理的认识，也是教学模式构建的起点或出发点。

一、构建教学模式的一般理论依据

（一）行为主义理论

该理论认为只要通过"联系—反馈—强化"这样反复循环的过程就可以形成有效的自动化的行为目标。尤其是以斯金纳为代表的操作性条件反射的训练心理学理论，强调控制学习者的行为达到预定的目标。所以早期的教学模式"传递—接受"式教学模式，由凯洛夫等人进行改造并传入我国后，在我国广为流行，很多教师在教学中自觉不自觉地都运用这种方法教学。该模式以传授系统知识、培养基本技能为目标，强调教师的权威性和指导作用。

（二）认知心理学理论

以布鲁纳为代表的认知心理学派认为，学校教学的主要任务就是要主动地把学习者旧的认知结构置换成新的，促成个体能够用新的认知方式来感知周围世界。他强调，"不论我们选教什么学科，务必使学生理解该学科的基本结构"，也就是基本概念、原理和规律。古德诺和奥斯汀也认为分类是把不同的事物当作相等看待，是将周围的世界进行简化和系统化的手段，从而建立一定的概念来理解纷繁复杂的世界。

"概念获得模式""发现学习模式（六步骤）"及基于奥苏贝尔的有意义学习理论形成的"意义学习"教学模式（包括表征学习、概念学习和命题学习），都是在认知心理学理论基础上形成的教学模式。这些模式的目标是使学习者通过体验所学概念的形成过程来培养他们的思维能力。它强调学习是认知结构的组织与重组的观点。在界定概念的时候需要五个要素：名称、定义、属性、例子，以及与其他概念的相互关系。

（三）信息加工理论

1974年，加涅利用计算机模拟的思想，坚持利用当代认知心理学信息加工的观点来解释学习过程，展示了学习过程中的信息流程。加涅认为，学习的模式是用来说明学习的结构与过程的，它对于理解教学和教学过程，以及如何安排教学事件具有极大的应用意义。

20世纪70年代，巴特勒的"自主学习模式"提出了教学的七要素，并提出"七段"教学论（设置情境—激发动机—组织教学—应用新知—检测评价—巩固练习—拓展与迁移），在学界影响很大。巴特勒从信息加工理论出发，非常注重元认知的调节，利用学习策略对学习任务进行加工，最后生成学习结果。

（四）人本主义理论

人本主义教育家认为，教育的根本目标是帮助发展人的个体性，最终帮助学生实现其潜能。人本主义注意发挥学生的主体性，强调学生在学习过程中的主要作用，以提高学生的学习能力为终极目标。"自学—辅导式"就是在此理论基础上形成的教学模式。"自学—辅导式"教学模式是在教师的指导下学习者自己独立进行学习的模式，这种教学模式先让学生独立学习，然后根据学生的具体情况教师进行指导。它承认学生在学习过程中试错的价值，培养学生独立思考和学会学习的能力。在教学实践中也有很多教师在运用这种模式。

（五）建构主义理论

该理论认为学习者是以自己的经验为基础来建构现实的，或者至少说是在解释现实的，应当把学习者原有的知识经验作为新知识的生长点，引导学习者从原有的知识经验中生长出新的知识经验。皮亚杰和布鲁纳的建构主义理论，注重学生的前认知，注重体验式教学，培养学生的探究和思维能力。维果茨基的文化历史发展理论、"最近发展区"理论和"内化说"理论对当今建构主义的发展起到了重要的推动作用。维果茨基的理论使建构主义者们开始考虑，教学的实质不仅是强调结果和各种外部变量，而是开始注重教学的过程和教学的有效性。（陈琦、刘儒德，2007）在维果茨基理论的基础上，社会建构主义的代表人物列昂季耶夫进一步强调"活动"在内化过程中的关键作用，强调学习是一个文化参与过程。探究式教学模式、抛锚式教学模式、现象分析教学模式都是在建构主义理论基础上形成的教学模式。这些模式以问题解决为中心，注重学生的独立活动，教师要调动学生的思维，让他们去发现问题背后的规律，在教师的启发下揭示事物背后的规律。

建构主义教学观主要体现在：一是教学设计和实施要符合学生的"最近发展区"，要引导学生"发现"与"顿悟"，要让学生在"跳一跳、摘桃子"的过程中体验成功的快乐；二是创设真实或接近真实的情境，引导学生在真情实景中体验和感悟，使学生能快速地学以致用；三是强调学习是在互动中、在小组活动中完成的。

（六）任务型教学理论

任务型教学理论的核心思想是要模拟人们在社会、学校生活中运用语言所从事的各类活动，把语言教学与学习者在今后日常生活中的语言应用结合起来。纽南是任务型教学的标志性人物和积极倡导者，威利斯是研究任务型教学法的专家。他们以话题为主线，采取任务型语言教学模式，兼顾交际功能和语言知识结构的学习，以循序渐进的生活化的学习程序，引导学生学会运用英语有目的地做事情。任务型教学模式最显著的特点是"做中学、用中学"，"用语言做事"。

在对外汉语教学领域，马箭飞基于交际任务大纲，从交际范围、话题和任务特性三个层次对汉语交际任务项目进行分类，并提出尽力以汉语交际任务为载体的新教学模式的构想。

除了以上这些教育心理学理论以外，二语习得理论、语言学习理论等都对教学模式构建发挥了支撑作用。

需要注意的是，这些理论对教学有指导作用是毋庸置疑的，但对国际汉语教学模式构建而言，仅仅机械理解、照搬这些理论而"依葫芦画瓢"则是不可取的。这里必须有一个结合教学活动实际的转化，即转化为构建者的具体理念。以实例来说，王初明（2016）以深厚的理论功底，归纳出四个高效促进语言学习的条件——交际意图、语境相伴、理解与产出相结合、互动协同。这些理念就构成了其"学伴用随"教学模式的核心指导思想，为解决对外汉语教学和学习效率问题提供了一个新思路。又如，周健（2016）认为语言综合运用能力的培养是外语教学的目的，这种能力可以概括为学生的语感能力，因此，发展语感应该成为语言教学的终极目标。基于此理念，他提出了语感培养教学模式的四条主要原则：扩大输入、熟读背诵、交际语境、教师点拨式的讲解。

二、实践层面应遵循以汉语、汉字特点为指导的原则

无论是汉语作为第二语言教学还是作为外语教学，都会受到很多因素的影响，如教学环境、教学对象、教学条件、教学目标等。模式的构建者——专家、学者或教师，更会受到其自身语言观、语言教学观和语言学习观的影响。但构建的核心是要"从汉语、汉字及汉语应用的特点出发"，"教学模式创新应体现汉语与汉字特点"（赵金铭，2007）。这是国际汉语教学模式构建的基本指导原则。

从国际汉语教学模式构建角度，吴勇毅（2009）具体列举了国际汉语教学模式构建中的若干基本问题，具体包括：（1）设定什么教学目标/学习目标，培养何种能力（语言能力、交际能力、跨文化交际能力）；（2）在教学中，如何处理语言和文化的关系；（3）在教学中，怎么解决语言和文字的关系；（4）在教学中，如何协调语言知识传授和语言技能训练的矛盾，包括

知识传授的核心和技能训练的重点；（5）在教学中，怎么解决课型设置与技能训练的配合问题。

此外，在教学中，如何解决现代教学（育）技术手段合理运用的问题（郑艳群，2006；仇鑫奕，2006；孙雁雁，2009）、如何利用教学环境——包括社会环境与课堂环境的问题（郑艳群，1999；邱军，2009）等，都涉及国际汉语教学模式的构建与创新。

汉语是一种独特的语言，在语言要素上具有很多与众不同的特点。以汉语的声调为例，既不同于无声调语言（英语、西班牙语、法语等），又有别于有声调但与汉语声调不同的语言（泰语、越南语等）。汉语无严格意义上的形态变化，所以语序和虚词就极其重要。汉语也不同于拉丁文字的文字系统，这使得国际汉语教学模式的构建者们必须统筹考虑这些特点，从汉语、汉字及汉语应用的特点出发，才能构建出真正符合汉语特点，尤其是不同于印欧语言教学的教学模式。（吴勇毅，2014）例如，白乐桑（1996、2018）提出的"字本位教学模式"，就是根据汉语"语""文"分离的特点提出来的；李晓琪（2004）提出的以虚词为核心的"词汇—语法教学模式"，也是依据对汉语语法特点的深入思考而提出的；邓守信（2015）提出的汉语信息结构的教学模式，同样是从汉语特点、从汉语句子结构的表达特点出发而形成的。

三、国际汉语教学模式构建应正确处理好理论与经验的关系

教学理念来源于理论，这是正确理念的重要来源。但对于教学这个实践性极强的活动而言，长期的实践积累也可以产生对教学活动本质和规律的认识，形成一定的教学理念，也称"隐形理论"。因此，国际汉语教学模式的构建也要尊重教学经验，同时研究我们的对外汉语教学、海外汉语教学的经验，使之上升为教学理论，还要把我们本土的理论和国外的教学理论结合起来，最终形成我们自己的国际汉语教学理念，进而形成我们的教学模式。

"我们只有创造出自己的教学模式、教学法体系，才有资格跟世界对话。"（鲁健骥，2016）

经验是人们基于亲身经历所形成的知识和技能，这些知识与技能具有"直接现实性"的特点，经验不是理论，却可以发挥理论的作用并通向理论。如果教师在长期的教学实践中，从某种基本的理念甚至直觉出发，积累了大量经验，形成了明确、系统的认识，并使其发挥某种方法论功能，那么即使这种认识只对特定教学活动有效，也可以认为它发挥了理论的作用。同时，实践经验本来就密切地联系着甚至表现着理论，具有上升为理论的条件。

国际汉语教学已经积累了大量的经验，无论是对外汉语教学、海外汉语教学还是华文教学，都产生了很多具有"教学范式"意义的教学策略和教学方法。我们应当研究、应用这些经验，一方面使之成为系统的"教学模式"，发挥更大的作用；另一方面也应注意挖掘其中的理论内涵和机理，使之成为具有鲜明国际汉语教学特色的教学理论。这无疑将会对国际汉语教学模式的构建产生积极而持久的影响。

第三节　国际汉语教学模式构建方法论

一、国际汉语教学模式构建的定位

如前所述，任何教学模式都是对应特定教学活动和场景的，换言之，不存在一个能适用于所有教学活动的"模式"，任何一种教学模式必然与一种特定的教学场景、条件相联系、相匹配。因此，教学模式的构建必须以明确的教学目标定位为前提，国际汉语教学也不例外。

（一）国际汉语教学模式的场景定位

国际汉语教学可以粗分为两个类别：国内的"对外汉语教学"和海外的汉语教学。随着汉语走向世界进程的加快，以中外联合举办孔子学院（课堂）为主要形式的教学体制已经形成，对外国人的汉语教学逐步由国内转移到国外。为区别对外汉语教学，这类教学称为"海外汉语教学"。同时，在海外汉语学习者中有很大一部分为华裔，区别于真正的"外国人"，对这一群体开展的汉语教学称为"海外华文教学"。也就是说，国际汉语教学涵盖国内的对外汉语教学、海外汉语教学和海外华文教学三个不同的场景。

很显然，三个场景具有迥异的教学要素特质：

（1）承担教学任务的教学机构性质不同，其教学理念、资源支配等政策也不一样。

（2）教学环境不同，涉及教育体制、教学标准、语言文化及跨文化交际等一系列影响教学的要素。

（3）教学对象、基础条件不同，教学法、教材必然也存在差异。

（4）测试评估的标准方法不同。

国际汉语教学模式构建必须指明该模式的应用场景。我国对外汉语教学起步相对较早，形成了很多行之有效的教学模式，但这些教学模式在海外教学实践中却遭遇了水土不服，即使是海外华文教学也不能完全适用。同样，在海外非常知名的教学模式，比如明德模式，也不能机械地用于对外汉语教学。汉语国际教学模式的构建必须建立在对其所应用场景深刻把握的基础上。

（二）国际汉语教学模式的国别定位

对国际汉语教学而言，不同的国家和地区不仅仅意味着地域的差别，更深层地蕴含着对汉语教学有巨大影响的语言、文化的不同。目前，人类所使用语言达几千种之多，国家体制、民族信仰也是千差万别。不同国家和地区就产生了汉语教学的不同背景。谈到教学模式，大家往往从语言要素和语言技能切入，似乎对这些进行教学范式的研究就能以不变应万变了，但海外汉语教学的实践证明这是极不现实的想法，那种只从语言本身展开而忽略教学对象背景的教学模式，注定是失败的。目前，海外汉语教学师资以国内公派教师、志愿者为主，公派教师可以说都是经过系统学习、教学经验丰富的国内优秀教师。但当他们到海外开始进行汉语教学时就惊讶地发现，原来那些在国内行之有效的模式、方法似乎突然失灵了，他们甚至会对教学中出现的问题一筹莫展。因此构建国际汉语教学模式，应明确国别定位，具体分析本土语言、文化的特点，尤其是加强中外语言、文化的对比研究，明确二者之间的共性和差异对构建教学模式的基础性影响。国际汉语教学界围绕国别化教材的研究，对教学模式构建研究具有借鉴意义。

二、国际汉语教学模式构建的视角选择

由于研究视角和层次的不同，国际汉语教学模式的构建可以有不同的视域和层面，具体表现为不同教学活动或要素的切入点。以我国对外汉语教学领域为例，有从教学模式总体方面进行构建的（马箭飞，2000；崔永华，1999）；也有从教学法视角进行构建的（付继伟，2005）；有从汉语言文字特点进行构建的（白乐桑，1996；张朋朋，2006、2007）；还有从教学技

切入的（郑艳群，2014）……

视角的选择不仅限定了教学模式的范围，也直接影响到教学模式的命名。基于不同视角的教学模式，概括起来主要有以下几种：

（1）基于"国际汉语语言项目"的教学模式

国际汉语教学项目一般是指在特定教学条件下、具有特定教学目标的汉语教学实体。比如美国明德暑校的短期强化汉语培训就是典型的"国际汉语教学项目"；又如笔者在厄瓜多尔为厄方外交人员开设的汉语班，以及商务人士高级汉语口语班、HSK考前辅导班等。从语言项目视角来看，教学模式是一个系统性的模式，涉及的因素很多，需要从整体上考虑系统内各个要素及其之间的互动。除课堂教学以外，教学模式还包括项目系统中的课程设置、学时安排、教学环境、师生员工、项目管理、经费支撑、测试评估等相关因素，以及项目效益等目标因素。

（2）基于教学法的教学模式

这是以课堂教学为中心、以某种教学法实施为载体而形成的教学模式。教学模式可依据教学法来命名，比较典型的有任务模式、主题模式、跨文化模式等。这种教学模式是教学法的升华和规范，相对比较简单，一般不用过多考虑课堂教学之外的因素。

（3）基于教学对象特征的教学模式

教学对象，即国际汉语学习者，其年龄、职业、语言文化背景等存在较大差异。针对特定的教学对象特征，可以构建相应的国际汉语教学模式。

（4）基于语种的教学模式

学习者母语与汉语的关系是影响汉语学习效果的重要因素，因此可以在学习者母语与汉语比较研究的基础上构建相应的国际汉语教学模式。

（5）基于课型的教学模式

这种教学模式是基于不同课型所构建的教学模式，如综合课、口语课、听力课、写作课等的教学模式。

（6）基于汉语语言要素或汉语分项技能培养的教学模式

这是专门用于汉语语言要素或语言技能教学的教学模式，如汉字、词汇、语法、听说、阅读、写作等的教学模式。

（7）基于教学技术的教学模式

电化教学、多媒体教学、网络、电子黑板、智慧教室等信息技术在国际汉语教学中的应用日益广泛，也产生了与之匹配的教学模式。

"教学模式研究的未来发展趋势是从追求创新到寻求合适，从单一模式建构到多种模式的综合运用，从以'教'为主的单维建构向'教''学'并重的双维建构发展，结合课程内容特点进行教学模式分类建构。"（万伟，2015）。

三、国际汉语教学模式构建的路径

典型的教学模式构建路径有两种：演绎法和归纳法。

（一）演绎法

演绎法是指从一种教育教学科学理论假设出发，先推演出一种教学程序范式，然后用实验证实其有效性。其起点是科学理论假设，形成的思维过程是演绎推理。

1. 主要特点

演绎法的思维方向是由一般到个别、由抽象到具体。演绎的前提是一般性知识，但其结论或结果是具体的。演绎法是做出科学预见的手段，因为运用演绎法可以把一般的理论运用于具体场合进行正确推论。在科学研究中，它是形成概念、检验和发展理论的重要思维方法。

2. 操作步骤

演绎法的一般操作步骤包括：提出问题、做出假设、演绎推理、实验验证、得出结论。

3. 注意问题

第一，使用演绎法须首先确定演绎前提的真实性问题，如果前提不可靠，演绎结论就不可能正确;第二,使用演绎法得出的结论或结果必须要经过实践的检验,只有经过科学严谨的实践检验,才能说明模式的正确和有效。

(二)归纳法

归纳法是指通过对大量教学实践经验进行总结、概括、优化,进而归纳出教学模式。这种方法的起点是大量的教学实践经验。

1. 主要特点

归纳法又称归纳推理,是一种由个别到一般的推理方法。其实质是由一定程度的关于个别事物、现象的观点而形成范围较大的、一般性的观点,其表现是由特殊的事例推导出一般的原理、原则或公理。归纳法有三种方式:完全归纳法、简单归纳法和判明因果关系(科学)归纳法。

2. 主要手段

归纳法采用的主要手段有观察、实验和调查。通过对材料的整理,找出普遍性或共性,进而形成一般原理或定律公式。

3. 注意问题

第一,归纳法是一种或然性推理方法,因为在现实中不可能做到对现象的完全归纳,总有许多因素没有被观察到,因此,归纳法会出现结论不可靠的问题;第二,归纳法往往对揭示线性的、简单的因果关系有效果,对非线性、随机的、较为复杂的因果联系作用不大。归纳法是从特殊到一般,且建构在已经证明其有效性的基础上,其优点是能更多地体现事物的共性,操作性强,不足是容易出现不完全归纳的问题。

归纳法和演绎法各有千秋。在教学模式构建研究中,往往不是单一地使用一种方法,而是将两者结合起来应用。

四、国际汉语教学模式构建的一般步骤

(一)教学模式构建的环节

教学模式的构建一般包括理论体系建构、操作程序和标准创制、教学实

验和优秀成果推广四个环节。

（二）构建教学模式所需的支持系统

教学模式的构建是一个科学、严谨的研究过程，需要建立全面完整的支持系统。

（1）对相关基础理论，特别是当代新理论观点、成果的深入研究。教学模式的构建离不开基础理论、学科理论的支撑，如认知心理学、教育学、社会学、语言学等。

（2）对已有教学模式的研究和借鉴。教学模式构建要在前人研究的基础上创新、发展，已有的教学模式有重要的借鉴意义。不仅研究借鉴同类教学模式，还要汲取其他学科、课程教学模式的成功经验，同时更应该有国际视野，注意学习借鉴国际上先进的教学模式。

（3）团队合作。构建教学模式，单靠个人的力量是不行的，需要集体的协作与配合。教学模式构建需要不同专业背景的专家学者、一线教育管理工作者，特别是一线教师的共同配合。同时教育行政管理部门、教学机构的支持也非常重要。

图 3-6 是基于任务型教学理论构建的"任务—活动型"课堂教学模式的操作流程，经过团队成员连续 5 年的教学实践和课堂评估，实现了预期的教学目标，收到了良好的教学效果。

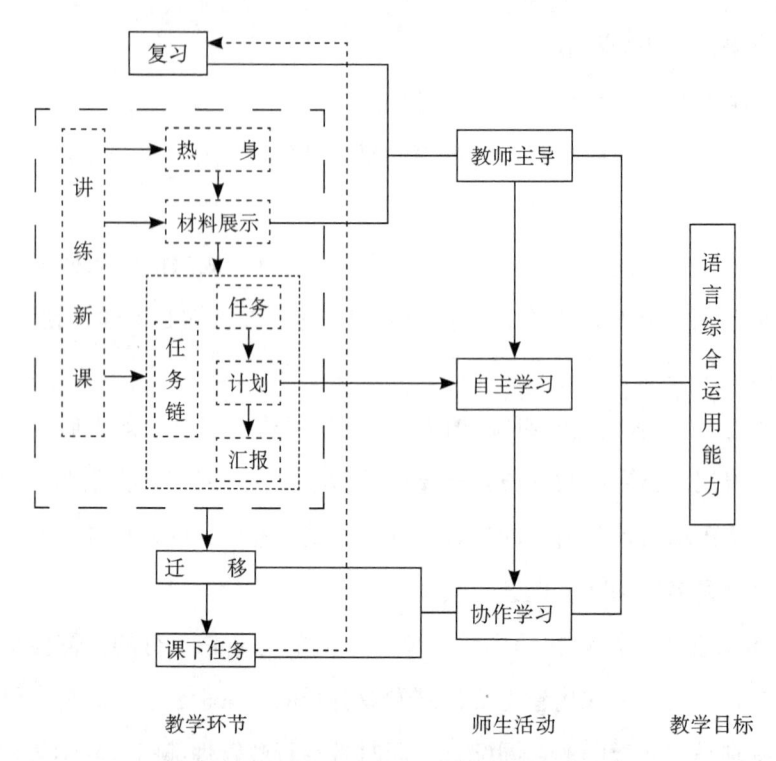

[图：教学环节（复习→讲练新课：热身→材料展示→任务链：任务→计划→汇报→迁移→课下任务）；师生活动（教师主导→自主学习→协作学习）；教学目标（语言综合运用能力）]

教学环节　　　　　　　师生活动　　　　教学目标

图 3-6 "任务—活动型"课堂教学模式操作流程

:: 参考文献 ::

白乐桑（1996）汉语教材中的文、语领土之争：是合并，还是自主，抑或分离？,《世界汉语教学》第 4 期。

白乐桑（2018）汉语教学的根本选择,《国际汉语教学研究》第 4 期。

曹贤文（2016）试论语言项目视角下国际汉语有效教学模式研究,《华文教学与研究》第 1 期。

陈　琦、刘儒德主编（2007）《当代教育心理学》（第 2 版），北京：北京师范大学出版社。

崔永华（1999）基础汉语教学模式的改革,《世界汉语教学》第 1 期。

崔永华（2008）什么是好的语言课堂活动——汉语课堂教学策略探讨，《海外华文教育》第2期。

邓守信（2015）汉语语法三个平面及信息结构（学术报告），http://news.blcu.edu.cn/info/1024/10925.htm。

付继伟（2005）直接法与高级汉语教学的模式，《云南师范大学学报》第2期。

谷　陵（2013）美国名校在华汉语强化教学模式研究——兼谈国际汉语教学模式研究理论与方法，中央民族大学博士学位论文。

姜丽萍（2013）"任务—活动"型汉语课堂教学模式的构建，《语言教学与研究》第6期。

李晓琪（2004）关于建立词汇—语法教学模式的思考，《语言教学与研究》第1期。

刘颂浩（2014）中国对外汉语教学模式的创建问题，《华文教学与研究》第2期。

鲁健骥（2016）关于对外汉语教学模式的对话，《华文教学与研究》第1期。

马箭飞（2000）以"交际任务"为基础的汉语短期教学新模式，《世界汉语教学》第4期。

邱　军（2009）环境、模式及其关联性分析，《世界汉语教学》第2期。

仇鑫奕（2006）虚拟现实技术支持下的对外汉语教学模式，《外语电化教学》第1期。

汝淑媛、冯丽萍、李　红（2011）对短期来华美国大学生的汉语教学调查及教学策略探讨，《语言文字应用》第3期。

施仲谋（1994）明德中文暑校经验的启示，《世界汉语教学》第1期。

孙雁雁（2009）基于多媒体初级汉语口语课堂的"互动—理解—输出自动化"教学模式，《长江学术》第4期。

万　伟（2015）三十年来教学模式研究的现状、问题与发展趋势，《中国教育学刊》第1期。

王初明（2016）"学伴用随"教学模式的核心理念，《华文教学与研究》第 1 期。

吴勇毅（2009）汉语作为第二语言／外语教学模式的演变与发展，《华东师范大学学报》(哲学社会科学版)第 2 期。

吴勇毅（2014）关于汉语教学模式创建之管见，《华文教学与研究》第 2 期。

张朋朋（1999）语文分开、集中识字的思路和具体做法，见北京语言文化大学汉语速成学院编《汉语速成教学研究》(第二辑)，北京：华语教学出版社。

张朋朋（2006）应该从根本上转变中文教学的理念，《汉字文化》第 5 期。

张朋朋（2007）语文分开、语文分进的教学模式，《汉字文化》第 1 期。

赵金铭（2007）对外汉语教学模式创新与教材编写，见《第八届国际汉语教学讨论会论文选》，北京：高等教育出版社。

郑艳群（1999）虚拟现实技术和语言教学环境，《世界汉语教学》第 2 期。

郑艳群（2006）多媒体汉语课堂教学方法，《语言文字应用》第 1 期。

郑艳群（2014）技术意识与对外汉语教学模式创建，《华文教学与研究》第 2 期。

周　健（2016）试论汉语语感培养教学模式的确立，《华文教学与研究》第 1 期。

Nunan, D. (1989) *Designing Tasks for the Communicative Classroom*. Cambridge: Cambridge University Press.

Nunan, D. (2004) *Task-based Language Teaching*. Cambridge: Cambridge University Press.

（姜丽萍，北京语言大学教授；李俊芬，河北科技工程职业技术大学教授）

教学实践篇

第四章　各课型教学模式构建

第一节　综合课教学模式

对外汉语综合课是由20世纪七八十年代的"讲练—复练"模式的讲练课发展而来的（崔永华，1999）。它的名称先后经历了几次变化：讲练课→精读课→综合课。前两种名称更强调教学方法，讲练、复练本身就是一种相互配合的教学方法；精读课更强调"精"字，"少而精"，"精讲多练"等。但是以"精读"为主就会带有一定的片面性和局限性，而精读课是一门培养综合能力的课程，所以综合课更加名副其实。综合课是从语音、词汇、语法和汉字等语言要素和语言材料出发，结合相关的文化知识，对听、说、读、写等语言技能和语言交际技能进行综合训练。（王钟华，1999）综合课的教学一般分为三个阶段：初级阶段综合课教学、中级阶段综合课教学、高级阶段综合课教学。本节主要探讨初级阶段的综合课教学。

"综合"，顾名思义是把多种要素或事物组合在一起。初级汉语综合课体现了多方面的"综合"：一是教学内容的综合，综合课的内容，既有语言知识方面的内容，也有语言技能方面、文化方面、策略方面的内容；二是语言训练技能方面的综合，即在综合课上要训练学生听、说、读、写等多项言语技能和言语交际技能；三是培养目标的综合，综合课要培养学生的交际能力和语言综合运用能力；四是方法上的综合，对学生而言综合课要运用多种方法进行学习，对教师而言综合课要运用多种教学方法进行教学。

一门课中要教这么多内容，教师既要做到统筹安排、全面周到，又要突出重点和难点，提高教学效率，这就需要有效的教学方法和策略。本章结合相关教学理论和教学实践，以初级阶段汉语综合课为切入点，构建初级阶段综合课的教学模式。

初级阶段按照教材内容来划分，主要包括语音、词汇、语法、汉字、课文、练习等；但是语音和汉字多采用初级阶段集中授课的形式，一般在开学初的几周进行，有专门的方法和技巧，本章不包括该项内容，而是从句型教学开始。教材内容一般包括词语（生词）、语法、课文、练习，我们称为四个模块，即词语模块、语法模块、课文模块、练习模块。它们之间既有联系，又各自独立。（见图4-1）

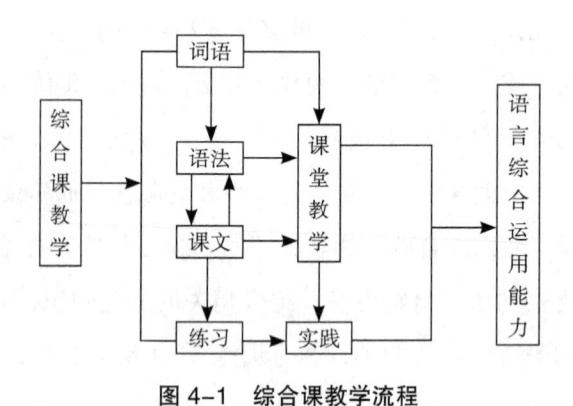

图4-1 综合课教学流程

一、综合课的教学环节

初级汉语综合课共分七大教学环节，即：组织教学、复习检查、词语（生词）教学、语法教学、课文教学、课堂小结、课后练习。

（一）组织教学

组织教学通常只需要1—2分钟的时间，不过，这对汉语教师来说却是一项十分重要的能力。上课铃声响过，学生能否集中注意力、迅速地进入学习状态，关键就在于教师是否实施以及如何实施组织教学这一环节。

组织教学的形式可以是点名,可以是问候,也可以是结合学习内容的简单日常生活问答。在这个环节,最重要的是教师要精神饱满,从容自如,应该面带微笑,和学生进行眼神的接触、语言的交流,让每个学生都感觉到老师在关注自己。

(二)复习检查

对于语言学习来说,复习是不可缺少的一环。通过对已学知识的检查与巩固,学生的记忆能够得到强化,知识可以掌握得更加牢固;教师也可以根据学生知识的掌握情况,查漏补缺,及时对教学计划进行调整;有的时候,教师还可以通过温习旧知引出新知,为新课的学习做好铺垫。如果教师自己表现出对复习的重视,还可以对学生起到督促的作用,帮助学生形成良好的学习习惯。

复习环节通常安排在组织教学之后、新课开始之前,复习的内容可以是词语、语言点、课文等内容。复习的形式可以是提问、听写、朗读和任务汇报等。

1. 提问

提问是复习环节常用的教学方式。复习环节的提问要由浅入深,一般可以按照记忆性问题、归纳性问题、迁移性问题、开放性问题的顺序,逐渐提高问题的难度。

(1)记忆性问题

记忆性问题一般和上节课的学习内容相关,学生只要认真复习就能回答,是不需要过多加工的问题。比如刚学习一篇介绍留学生安娜的课文,教师可以根据课文内容串讲式地向学生提出若干问题,如:安娜哪一年出生?安娜今年多大?安娜属什么?

(2)归纳性问题

在记忆性问题的基础上,教师可以将这几个问题进行归纳,向某一个学生集中发问。比如:安娜哪一年出生?今年多大?属什么?或者直接让学生介绍一下安娜。

（3）迁移性问题

迁移性问题是指在对不同于课文原有情境的新情境下提出的问题。比如询问班级里的某个学生：你哪一年出生？你今年多大？你属什么？或者询问学生熟悉的一位明星、球星的情况。

（4）开放性问题

开放性问题是指教师在前面问题的基础上设计的没有固定答案的问题。比如：属龙的人有什么特点？当然，在初级阶段，由于学生掌握的词汇量和句型有限，我们应该尽量少提开放性问题。

这种提问设计是一个由简单到复杂、由封闭到半封闭再到开放的过程，符合学生的认知规律，也符合学生的"最近发展区"。

2. 听写

教师听写主要是为了检查学生对汉字形音义的掌握情况。听写的内容可以是词语，也可以是句子或语篇。复习环节的听写以句子为主。听写的句子可以是课文里的原句，也可以是根据课文、语言点提炼出来的句子。每天听写的句子不需要太多，三四个就可以了。听写的句子跟提问的设计一样，也是由课文句、归纳句、迁移句组成的。初级阶段尽量不要听写开放的句子。

听写最重要的是坚持。如果教师坚持每天听写，并不断总结学生书写中的问题和错误，日积月累，学生的读写能力一定会有很大的提高。

3. 朗读

在复习环节，教师可以安排学生朗读听写的句子或者课文。教师也可以对课文进行加工，把对话体的课文变成叙述体，或者把叙述体的课文变成对话体，让学生朗读。

4. 任务汇报

是否进行任务汇报是由教学计划决定的。如果教师在上节课布置了任务，那么在复习环节就可以安排学生进行任务汇报。需要注意的是，任务汇报要有成果性，如学生自己制作的表格、PPT、视频等。

复习的内容和形式可以有多种，教师可以根据教学计划和时间选择相应的复习内容。

（三）词语（生词）教学

词语（生词）教学是一种语言输入和输出的过程，它既离不开词语的解释和讲解，也离不开词语的体会和运用。因此词语教学既有输入也有输出，既有讲也有练，是讲练结合、以练为主的过程。教学中，我们可以按"预习—听写—认读—讲解—练习"的流程进行教学，这样推进能收到较好的教学效果。

1. 预习

预习是培养学生自觉学习和自学能力的必要手段，是引导学生学会学习的策略之一。教师给学生布置作业时，要把预习生词作为一种习惯延续下来。但是怎样预习，教师要提出一些具体要求。

（1）能借助拼音准确地读出生词的发音。比如："陌生"——mòshēng。

（2）能借助翻译理解该词的大概意思。比如："陌生"——strange, unfamiliar。

（3）能对照生词表准确抄写该词语，一边抄写一边记忆。

（4）能听写。

2. 听写

听写是对前一天预习的检查，也是生词的呈现过程。听写时，教师可以根据课文的内容和训练的侧重点重新安排生词的听写顺序，尽量不要按照课文生词表的顺序。这样做的目的，一是改变学生的记忆习惯，有的学生在预习时，可能按照课文生词顺序预习，打乱顺序会增加记忆难度；二是便于训练重点内容；三是教师可利用听写环节为后边的词语扩展、语法讲解、复述课文提供板书，即一个板书多种用途。

以《新概念汉语》第1册（崔永华，2012）第15课为例，教师设计的听写内容（板书见图4-2），既有利于学生加工记忆生词，也有利于进行词语、语法和课文的教学。

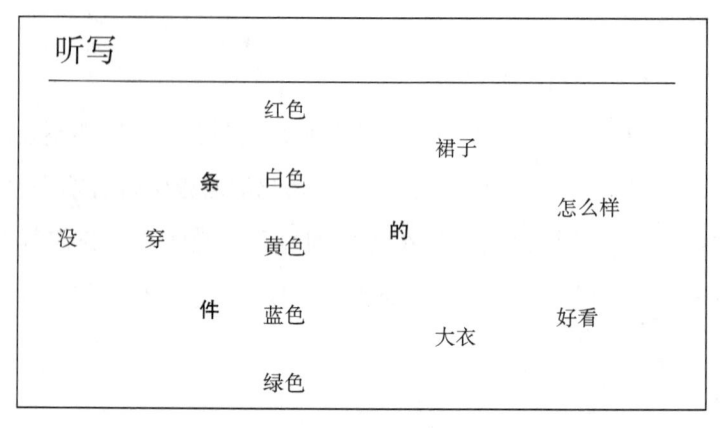

```
听写
                    红色
                              裙子
            条   白色
                         的        怎么样
  没   穿         黄色
            件   蓝色
                         大衣    好看
                 绿色
```

图4-2 《新概念汉语》第1册第15课听写内容

3. 认读

听写完词语以后，教师要带领学生认读。一般来说，认读要有以下步骤：

（1）改错

教师对学生听写中的汉字错误进行纠正，可以是教师带领学生改错，也可以是让其他学生改正。改正时尽量使用颜色醒目的粉笔或白板笔，最后教师对容易写错的字词进行提示，避免学生今后再犯同样的错误。

（2）找读

即让学生自己读，但不是齐读。这种方法是为了让学生巩固预习的成果，同时也是以学生为中心，调动学生的积极性。当学生读得不准时，教师可以纠正。

（3）领读

即教师带领学生读，目的是纠音、正音。

（4）学生自己练习读

（5）学生一个一个读

一般来说，每个学生读四五个词为宜。学生认读时最好采取变换顺序的方式。如果一个班 20 人左右，可按座位分成 5 组，每组 4 人，具体如下：

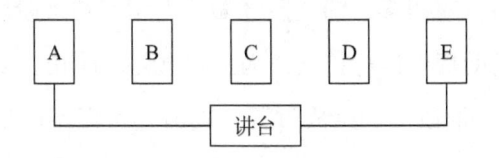

```
  A    B    C    D    E
  └────┴──讲台──┴────┘
```

A 组：纵向读，每人读三四个词语

B 组：顺序与 A 组相同

C 组：横向读，每人读三四个词语

D 组：顺序与 C 组相同。

E 组：随机读，即教师指哪个词，学生读哪个词。

这种认读方式能使学生的注意力较为集中，同时也会使一些识记较差的学生没有时间去翻书看自己应该读哪几个词而忽略了听别人读的机会，使每个学生都处于紧张的准备状态。

（6）齐读

紧张过后，可以让大家有个相对的缓冲，即最后齐读一遍，以便进入下一个环节。

在初级阶段，语音语调是教学的重点，教师不能放松要求。而生词的语音练习是重中之重，只有在词语语音正确的基础上，才能做到词组、句子、对话、短文等语音语调的正确。课堂是学生练习发音和声调的重要场所，因此认读生词的每一个步骤都是一种提升，不能流于形式。

4. 讲解

由于大多数教材没有标注重点词、非重点词、常用词等，所以教师要对生词表中的词语进行筛选，什么样的词要重点讲，什么样的词可以不讲，以及不同程度的词应该怎样讲，要有一个基本思路。一般要重点讲解的词是跟课文相关的主题名词、常用虚词、文化词、文化附加义的词、口语词、新词、离合词、反义词、近义词等。掌握了基本的选词原则后，再进行词语教学时，可以突出重点、层次分明。

词语讲解的方法有很多，前文已经做了介绍。初级阶段教学中，除了讲解以外，也可以借助板书进行扩展，因为扩展是一个由少到多的过程，符合"词—短语—句子—语段"的生成过程，同时还可以不断地以旧带新，强化重点词语和短语等。在扩展过程中，重要的短语和句子要能达到自动化，以便于口语表达。比如：白色—白色的—白色的裙子—白色的裙子怎么样—白色的裙子很好看。扩展的原则：一是尽量不要出现课文以外的生词；二是要扩展一些常用搭配；三是要有规律，即扩展要符合词语搭配的原则；四是扩展的最后一个句子应该是课文中的句子。如果课文中的大部分句子都达到自动化了，学生很容易就能把课文背下来。

5. 练习

词语要经过反复的练习、运用才能记得牢、用得好。一般来说，教师可根据自己的需求采用以下一些常用方式进行设计：（1）朗读；（2）看图说词；（3）听写；（4）A、B两列连线搭配；（5）选词填空；（6）根据提示写一个学过的词；（7）把括号中的词语填在适当的位置；（8）造句；（9）综合填空；等等。

（四）语法教学

汉语语法教学从20世纪50年代《汉语教科书》开始，几十年来已形成了一套语法教学体系。该体系突出了汉语的特点，在语法的选择、切分及编排上又注意到了外国人学习汉语的难点及特点。比如：量词、副词、动词/形容词/数量词重叠、把字句、"是……的"句、存现句等。又如：汉语复杂的补语系统，还有称数法、时间表达、方位等。这些都是外国学生学习的难点，需要有针对性的教学。对外国学生的语法教学要体现一定的规范性（即哪些语法是对的，哪些是错的）、稳定性（即多数人所接受的语法，不是一家之言）与实践性（即能指导语言的实际运用，在教学中是可行的）。

我们主张在初级阶段用归纳法，但这种归纳法是在理解基础上的归纳，是引导学生去发现、去顿悟，符合学生的认知发展规律。一般来说，语法教学可以分为导入、操练（熟巧练习）、归纳、情境练习、课后练习5个步骤：

1. 导入

（1）通过复习导入

① 提问

提问是常用的复习方法，具有检查、引起学生注意等功能。此外，教师也可以借助精心设计的提问导入语法点。比如：

> A：你哪一年出生？
> B：我1988年出生。

由此引出时间词做状语的语法点。

② 听写

听写也是复习的重要方法之一，教师在进行听写时，可以有意安排与当天所学内容相关的句子，以引起学生对比或注意。

比如，今天要讲副词"都"的另一个用法——表示已经，先让学生听写"都"的第一个用法——表示全部："今天我们班的同学都来了？"

③ 任务

有些教师会布置一些课下任务，以便让学生实践、运用。一般来说，第二天讲新课前要让学生汇报完成任务的情况。比如，布置学生课下去买一些小的学习用品、生活用品等，第二天向老师和同学们汇报昨天了买什么，然后学习表省略的"什么的"的语法。

（2）设计对话导入

在讲解比较抽象、无法用形象直观的事物引入的语法时，教师可以使用对话进行导入。在导入时，教师通过已经学过的结构或词语唤起学生的回忆，然后再引入所学的语法点。例如，在讲把字句时，可以进行如下对话：

老师：桌子原来在教室里，现在在教室外，怎么说？

学生：桌子搬到教室外边去了。

老师：谁搬的呢？

学生：马克。

老师：对。马克把桌子搬到教室外边去了。

（3）通过实物、图片导入

导入离不开形象化手段，在语法教学中也是如此，实物、图片、PPT等是教师常用的教学辅助手段。

①实物

教师讲"在长城照的照片洗好了"一课时，准备了大量的照片：

A.风景照片（长城、故宫、香山等），讲语法点"张张"，即量词重叠表示"每一张"。

B.可爱宝宝睡着了的照片，讲语法点"像……一样"。

C.老师自己的照片，讲语法点"结果补语"，如：人照小了，帽子没戴好等。

D.老师爱人的照片，讲语法点"快让我看看"中"快"的用法。

精心准备几类照片，就把这堂课上活了。

②图片

教师在讲"V+着"句式时，展示下面三幅图片，问学生：A和B分别戴着什么？C穿着什么？引出句型。

A   B   C

（4）通过动作演示导入

动作演示能使行为和语言融为一体，便于学生理解和运用。语法中很多动作性强、具有操作性的语法点（如各种补语、把字句等）都可以运用动作演示法。比如讲"可能补语"，教师先在黑板上轻轻地写一个小小的字。

老师：这是什么字？你们能看见吗？
学生：我们看不见。

教师再清楚地写一个比较大的字，再问大家。

老师：你们看得见看不见这个字？
学生：看得见。
老师：这是什么字？
学生：……

（5）情境设置

教师讲副词"竟然"时，根据学生特点设置情境。比如，了解一个学生会7种语言，课上让她展示，引导学生说出"她竟然会说7种语言"。再比如，有一个学生觉得写汉字很难，但是这次听写都写对了，引导他说出"今天的听写我竟然都写对了"，以此引导学生理解"竟然"是表示结果出乎意料。

（6）对比

教师在讲比较句时，可以通过对比的方法导入。可以对比的内容有身高、天气、胖瘦、高矮、贵贱等。但是对比的双方要意义积极，不能使用对被比者不利的句子。比如，明明知道对方身高1米65（男性），还要问对方的身高，然后跟老师的1米78进行对比，说出"他没有老师高"这样虽然真实，但是意义消极、学生不愿意接受的句子。

（7）比较

汉语中有些语法点是相对的，如"又"和"再"、"就"和"才"、"从"和"离"、"突然"和"忽然"等，可以通过比较的方法进行导入。

2. 操练（熟巧练习）

（1）操练的原则

①操练时要注意语法形式的一致性。

②应坚持从易到难。

③操练应建立在理解的基础上，反对大量的机械性练习。

④一般以三四个句子为宜。

⑤操练的最后一个句子应为课文中的句子。

（2）操练的方法

①替换（图片、PPT 等）

请看下列图片说说他是怎么来的，操练"是……的"句式。

请看 PPT 做句子替换练习，操练兼语句。

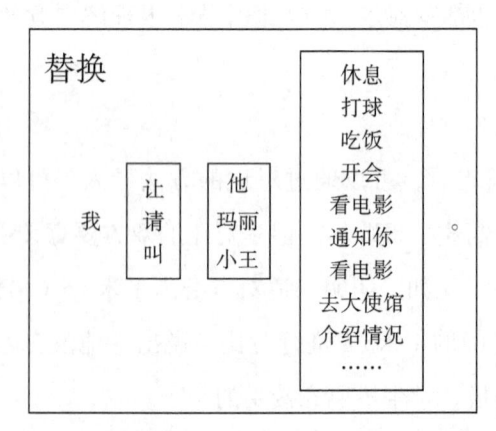

替换			
我	让 请 叫	他 玛丽 小王	休息 打球 吃饭 开会 看电影 通知你 看电影 去大使馆 介绍情况 ……	。

②提问（定向回答）

　　黑板上的字你看得清楚看不清楚？
　　刚来北京的时候，出租车司机的话你听得懂听不懂？现在呢？
　　《人民日报》你看得懂看不懂？
　　综合课的作业你们做得完做不完？
　　今天这一课的生词你们记得住记不住？

③活动

学生分成两组或三组，每人发一张卡片，上面有一个可能补语的短语，卡片有重复。教师说句子，请拿到相应短语的同学举手并读出来，看谁做得又快又准。

　　李奶奶年纪大了，耳朵不太好，你声音太小的话，她＿＿＿＿＿＿＿。
　　我去了好几家书店，就是＿＿＿＿＿＿＿你要的那本书。
　　这里太黑了，又没有灯，什么也＿＿＿＿＿＿＿。
　　这么多作业，你今天＿＿＿＿＿＿＿吗？
　　你的衬衣怎么这么脏？我洗了好几遍都＿＿＿＿＿＿＿。
　　你手机号码太长了，我总是＿＿＿＿＿＿＿。

如此往复，使语法知识和语言技能螺旋上升，达到自动化程度。

3. 归纳

在语言操练的基础上进行点拨，引导学生归纳。如果归纳得巧妙恰当，可以加深学生对所讲授句型的理解，帮助学生对原有知识进行有效的迁移。归纳的原则如下：

（1）在形式上，尽量给学生一种便于记忆的形式，比如：表格、公式。

（2）可带简单的英文缩写，比如：形容词（adj.）。

（3）在语义解释上，尽量用学生学过的词语。

（4）在功能上，尽量给学生提供情景。

如对把字句进行归纳：把字句，指某个动作使某个确定的人或事物移动位置或者处于某种状态，产生某种变化或者结果。

公式：S 把 O + VP

说明：S 是动作的发出者，O 是动作的接受者，VP 是包括动词和补语、宾语或其他说明结果的词语。

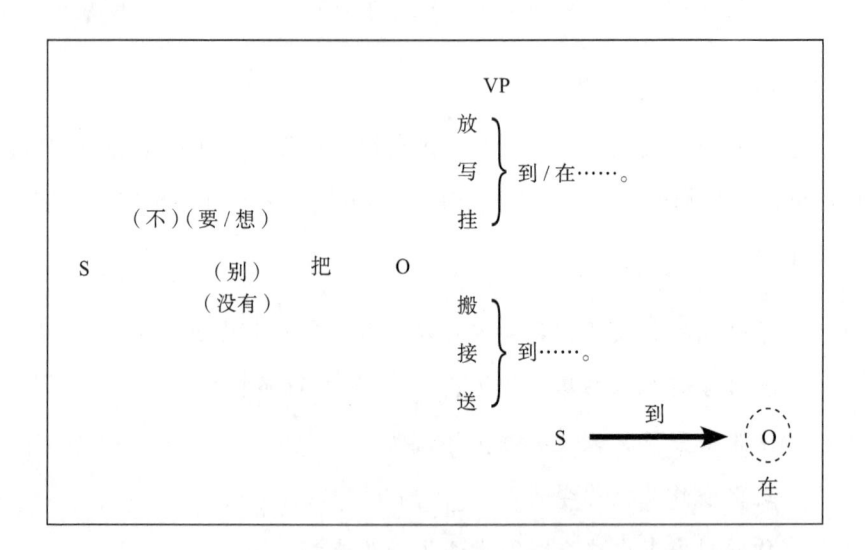

```
                              VP
                              放 ⎫
                              写 ⎬ 到/在……。
                              挂 ⎭
         （不）（要/想）
  S              把    O
         （别）
         （没有）
                              搬 ⎫
                              接 ⎬ 到……。
                              送 ⎭
                              
                           S ——→ O
                              到      在
```

4. 情境练习

即让学生用语法去"做事"，在有意义的交际情境中进行大量的语言实践，培养学生举一反三、灵活运用规则进行言语交际的能力。一般来说，最好从学生的学习生活和社会实践中挖掘教学情境和素材，尤其是发生在学生身边的事情，让学生有话想说、有话可说、有话能说，形成即学即用的习惯。教学中可通过PPT、班级情景、校园环境等较真实的情境进行迁移练习，引导学生在新的情境中运用所学的语法。请看下面的练习（选自国际汉语课堂教学研究课题组，2016）：

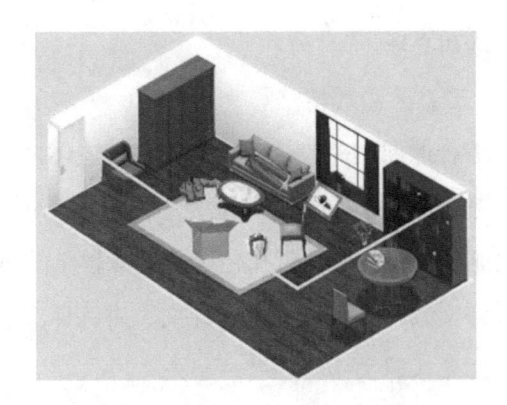

这个房间有点儿乱，请你收拾一下，尽量用刚刚学习的把字句。

5. 课后练习

语法也要经过大量的练习才能记得牢、用得对。一般会采用课后作业的方式进行巩固练习，常用的练习形式有：

（1）仿照例子，把下面的句子改成……（把字）句。

（2）把下列词语连成句子。

（3）指定问答。

（4）选择正确答案（从给出的A、B、C、D四个选项中选出最合适的语言点填空）。

（5）改错。

（6）用……（的、地、得）填空。

（7）看图说话。

（8）根据画线部分提问。

（9）遇到下面情况怎么说？

（10）模仿造句。

（11）完成对话。

如果把整个语法教学步骤串联起来，就会成为一个完整的"故事"，构建起"认识理解—情景操练—归纳总结—练习巩固—任务活用"的教学模式。这样的教学模式实施起来具有轻重缓急适度、搭配自然的特点，符合学生的认知心理。

(五)课文教学

综合课课文一般分为对话体和叙述体两种。但是不管哪种文体,初级阶段的综合课教学主要以句型为主,语法和词语都融入了课文这个大语境中,因此抓住了课文,也就抓住了综合课教学的重点和难点。

课文教学大致分为导入课文、讲练课文、表演课文、活动4个步骤。

1. 导入课文

导入课文是课文教学的一个重要组成部分,它如同电影、戏剧的序幕一样,起到吸引人的作用。它能在极短的时间内稳定学生的情绪,引发学生与课文内容相应的感情,激发学习的兴趣,让学生带着强烈的求知欲和孜孜以求的心理进入学习的情境中。我们以《汉语教程》第三册(上)(杨寄洲,1999)第65课《成语故事》"滥竽充数"为例,通过教师提问进入成语话题。

(1)离别时,爸爸向我挥手,妈妈在擦眼泪,看到父母什么(恋恋不舍)的样子……(第61课)

(2)看到两位老人那么热心地帮助一个什么样(素不相识)的孩子,我感到惭愧。(第62课)

(3)正在我什么(左顾右盼)的时候,身后有两个小伙子主动跟我打招呼。(第63课)

(4)我有一个邻居,她丈夫怎么样(喜新厌旧),提出和她离婚。(第64课)

通过让大家说出学过的成语,引导到当天要学习的课文,也就是成语"滥竽充数";然后简单介绍中国的成语:四个字的固定结构,一般来源于历史人物或事件,在故事的背后,往往含有深刻的道理。

2. 讲练课文

讲练课文的最终目的是让学生能复述课文,或者把课文背下来,但是过程是以有意义的学习为主，而不是机械的死记硬背。以"滥竽充数"为例，具体步骤如下：

（1）播放"滥竽充数"视频，整体感知课文。

（2）借助图片和关键词提示说课文。

（3）给出关键词，复述课文或背课文。

3. 表演课文

在重点句子达到自动化的基础上，组织学生表演课文，这样不仅能加深学生对课文的理解，而且兼顾了教学目标中认知领域、情意领域和技能领域等方面的培养，具有很强的综合性。还是以"滥竽充数"为例，表演课文的步骤如下：

【要求】

（1）四人一组，每人扮演一个角色——齐王、南郭先生、齐王的儿子、讲故事的人。

（2）把课文中的人称变成第一人称"我"，并填写在教师发放的表格中。

（3）把改好的故事表演出来。

（4）分组练习5分钟，然后请两组同学上台表演。

【表格】

人物	说的话
齐王	
南郭先生	
齐王的儿子	
讲故事的人	

4. 活动

活动是课文教学的延伸，许多教师在处理课文时，只要求学生能复述课文、背诵课文、流利回答课文问题就结束了。其实这只是课文教学的一部分,甚至只进行了一半,学生对课文掌握得如何、是否会用,是在活动中体现的。因此活动是课文教学的有机组成部分,不能忽视。但是活动的开展不能凭教师心血来潮,而是要精心设计,要使活动开展得有层次、有效果。比如,表演完课文以后,教师可以组织学生说一说,身边有没有滥竽充数的人或东西。如果学生不能马上回答,教师可以在朗读或集体活动的时候适当进行提示。

(六)课堂小结

课堂小结是在完成了课堂教学任务后,对整个教学进行归纳的环节。在这个过程中,通过系统地对所学知识进行梳理,提纲挈领地对重点、难点加以强调,在巩固知识和技能的同时,可以帮助学生建构知识的网络。示例见图 4-3:

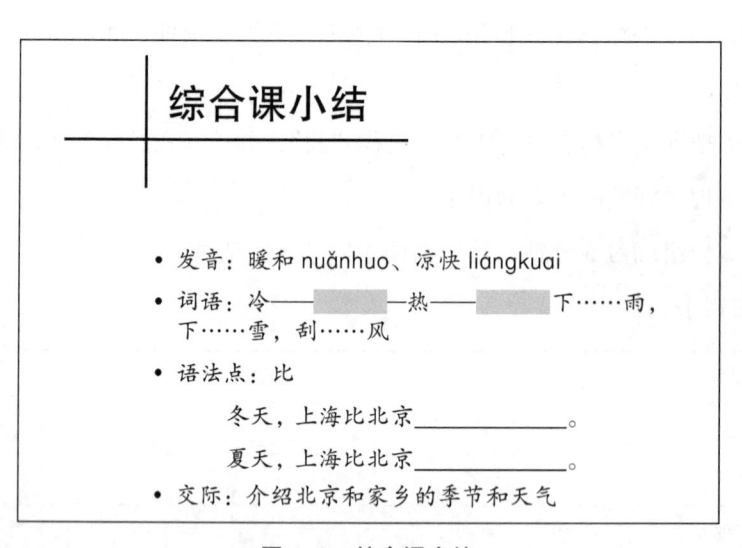

```
综合课小结

• 发音:暖和 nuǎnhuo、凉快 liángkuai
• 词语:冷——■——热——■ 下……雨,
       下……雪,刮……风
• 语法点:比
       冬天,上海比北京_____。
       夏天,上海比北京_____。
• 交际:介绍北京和家乡的季节和天气
```

图 4-3　综合课小结

(七)课后练习

语言教学的基本原则是"精讲多练","练"除了课堂上的操练、讲练、活动练习以外,更重要的是课后的练习。好的练习能巩固所学的语言知识,帮助学生建构知识体系,延伸学习内容;能促进学习知识的"内化",实现言语技能向言语交际技能的转化；能帮助教师获取学习者的反馈信息，为下一步学习计划的制订提供可靠依据。因此教师要认真分析课后练习，有针对性地布置课后作业。

1. 练习的特点

（1）题量多

一般来说，综合课是培养学生听说读写综合能力的课型，在练习的设计上围绕着所教的内容，如语音、词语、语法、课文、汉字等，都有针对性练习和综合性练习。练习题少则七八种，多则十多种、二十几种，教师若不加以选择，容易使学生陷入题海中不能自拔，有时可能还会引起学生的反感。

（2）形式多样

为了激发学生做练习的兴趣，许多教材都在练习形式上进行了设计，形式多样，注重实用性和交际性。一般有三种：

①语言知识类练习

比如："熟读词组和句型""替换练习""词语搭配练习""以词组句""以词组成语段""完成句子""综合填空"等练习项目。

②语言技能类练习

比如："听后或读后判断""复述""快速阅读""回答问题""分角色讲述课文的故事""写话"等。

③语用练习

比如："看图说话""造句"，在规定情境下完成某种交际任务，用规定的词语或句子表达某一种交际功能，说出某个句子或词语的使用语境等。

（3）阶段侧重

综合课分为语音、句型、短文三个教学阶段，每个阶段练习的侧重点是不同的。比如，语音阶段侧重朗读、纠音、听说训练，以及汉字的各种知识和能力的练习；句型阶段侧重词语和语法操练与知识的巩固；短文阶段除了侧重词语和语法外，还要训练学生的成段表达、语篇连接能力等。教师要引导学生把握练习的这些特点，选择重点、难点进行训练和练习。

2. 练习的取舍

教材中，每篇课文的后面均配有练习题，但由于受到编者对汉语教学规律认识不同、实践经验不同以及教材适用对象不同等因素的影响，练习编写的质量良莠不齐。因此，教师在备课过程中要能甄别并舍弃那些低效的、有悖学习目标的练习。

比如，在语音教学阶段，"给下列音节标调号"这种练习就偏离了声调教学的目标，因为声调教学的根本目标是使学生能听辨并掌握四个声调的准确发音。学生按要求写出调号很容易，但它不能提高学生听辨声调的能力或准确发音的能力。再如，很多初级水平的学生在做改错练习时，常常将正确的答案与错误的内容相混淆，甚至最后记住的是那个错误的知识点，这就降低了练习的有效性，教师可以选择不做。总之，教师应根据学生的学习需求及教学要求对练习内容进行取舍。

3. 练习的使用

（1）把握做练习的时机

教材练习通常是按从简单到复杂、从单项技能训练到综合性技能训练的顺序编排的，这和课堂教学环节的安排在大方向上是一致的。

比如，课后练习往往是从语音、汉字、词语练习到语法练习，再到关涉课文的练习和综合交际性练习。然而，教师如何根据练习的目标和练习要求决定练习的时机呢？

①练习的目的和目标

一套好教材的练习设计一定是练习目的和目标明确的，因此教师在通读练习时，首先要看练习的目的是什么。若与课堂教学某个环节的教学目的、目标一致，就可将这部分练习植入课堂教学的相应环节当中，使之为教学服务。

比如，练习中的替换练习部分通常是为机械操练本课的重点句式或语言点而设计的，如果在一课都讲完后的练习课上做，其效果远没有在语言点讲练环节中使用的效果好。因为替换练习属于机械性训练类练习，它只有在学生初步理解了一个语言点项目且需要进一步熟练掌握其结构时才有必要做。只有在恰当的时机做恰当的练习，才能激发学生的练习动机，达到练习的目的。

对于练习目的为巩固知识、加强记忆、自查学习效果或对课堂教学内容进行综合运用训练的练习，教师可布置为学生的课下作业。比如"根据括号里的拼音写出汉字并组词"，这种练习的目的是让学生自查对汉字书写的掌握情况，同时也是对汉字书写的巩固过程。再如，课后练习中的写作或阅读短文练习均属于对课堂知识进行综合运用训练的练习，这样的练习在课下做较适宜。

②练习需要的条件

首先，是否需要教师即时的评判分析或纠正。有些练习需要教师即时给予判断或给出正确答案。比如，"朗读下列词语"等语音部分的练习需要教师对学生的错误发音给予及时的纠正，否则学生若形成错误的发音习惯便很难改正。所以需要教师即时指导的练习应该在课堂教学中或练习课上处理。

其次，做练习所需要的时间和实现练习的客观环境。由于不同题型的练习要求不同，做练习所需要的时间也有所不同。比如，"用所给词语回答问题""画出下列两组词语的正确搭配关系"等练习，学生基本可以即读即做，教师可考虑课上处理；"用所给词语造句""组词成句"以及写作练习等，学生完成所需时间相对较长，则可以考虑留成作业，让学生在课下完成。当然，学生在什么时候做练习也不完全取决于所需时间，教师要综合考虑练习的目的、课堂教学时间、学生的学习状况等因素，以教学需要为根本出发点安排练习的时机。

最后，做练习所需要的客观条件。比如，任务式练习要求学生课下做相应的功课，课上展示给老师和同学，这种练习需留成作业，课下完成；而一些小组合作性的活动类练习，如"对话练习：约你的朋友去看电影"等，需要有合作伙伴共同完成才能达到理想的效果。如果是海外的教学环境，学生在课下很难找到合作伙伴，那么就应该在课上处理。

（2）练习的再加工

汉语教师不仅要能够把握做练习的时机，也要能对一些有效性不高的练习进行加工处理。

①对练习内容的加工

例如：

将下列句子改成"不是……吗"的反问句。

我有汉语词典。

小王不喜欢踢足球。

该练习的设计初衷可能是使学生学会使用反问句"不是……吗"，但学生实际得到的信息是：普通的肯定句、否定句都可以变换成反问句来表达。该练习并未使学生获得应该在什么时候使用这些反问句的信息。我们可以将练习加工如下：

用反问句"不是……吗"完成下列对话。

A：借你的汉语词典用一下。

B：（B知道A有汉语词典）你不是有汉语词典吗？

A：我和小王去踢球，你跟我们一起去吧。

B：（B知道小王不喜欢踢足球）小王不是不喜欢踢足球吗？

该练习通过添加语境的办法进行加工以后，学生可以体会到使用"不是……吗"反问句式的前提是说话人对某事物已经有了自己的认识（或对或错），说话人因为在交际当中获得的新信息与自己原有认识不同而发出疑问，表示疑惑、惊讶、不满等态度。

②对练习方式的加工

除了对练习内容本身的改造外，教师对练习的方式也应灵活把握。比如，很多综合课教材中都有下面这样的替换练习：

我们谁也不<u>认识</u>谁。

了解
笑话
责怪
……

如果教师让学生照本宣科，按照学生的座次一个个轮流读出来，学生大概不会动脑记忆句子的结构，也不会思考什么时候使用到这些句子。这样练习既无趣又无效。

我们可以改为：教师提问，学生用该句式抢答。教师尽量问一些贴近学生实际情况的问题。比如："刚入学的时候，你了解大卫吗？""同学说错了的时候，你会笑话他吗？""比赛输了，你会责怪队友吗？"等等。在回答教师问题的过程中，学生不但会积极动脑记忆句式，而且会集中注意力听老师的问题，然后作答，同时也了解了该句式的使用情境，可谓一举多得。

由此可见，无论是对练习内容的改造，还是对练习方式的灵活把握，都能优化练习，提高练习的有效性。

二、综合课的模式构建

教学环节或教学步骤经过长期的教学实践会形成稳定的教学结构，最后形成固定的教学模式。所谓教学模式，是指教学理论应用于教学实践的中介环节，在具体的层次上将教学理论以稳定的、简化的形式表达出来，对教师如何组织教学活动具有指导性作用。同时，它又是教学经验上升为教学理论的转化环节，它先对教学活动进行筛选、分析和研究，再进行系统的归纳总结，然后提炼概括成具有普遍指导意义的教学范式（周淑清，2004）。任何模式的构建都是在一定教学理论的指导下，经过教学实践的提升、总结而形成的具有示范性、可操作性的教学系统，这一系统实现了教师、学生、教材、环境、教学策略和手段的最优化组合，形成了有效的教学操作程序，能最有效地实现教学目标。

我们根据上述对初级汉语综合课课堂教学中各个环节的分析和描述，构建了初级汉语综合课课堂教学模式流程图（见图4-4），图中清晰地展示了课前、课堂教学和课后三个方面的内容，呈现了综合课课堂教学的整体框架和各个教学环节。这一模式也可以称作"北语模式"。"北语模式"是在长期的教学实践中，在汉语作为第二语言教学理论的指导下，经过数代人的努力逐渐形成的。这种模式很传统，但很实用。

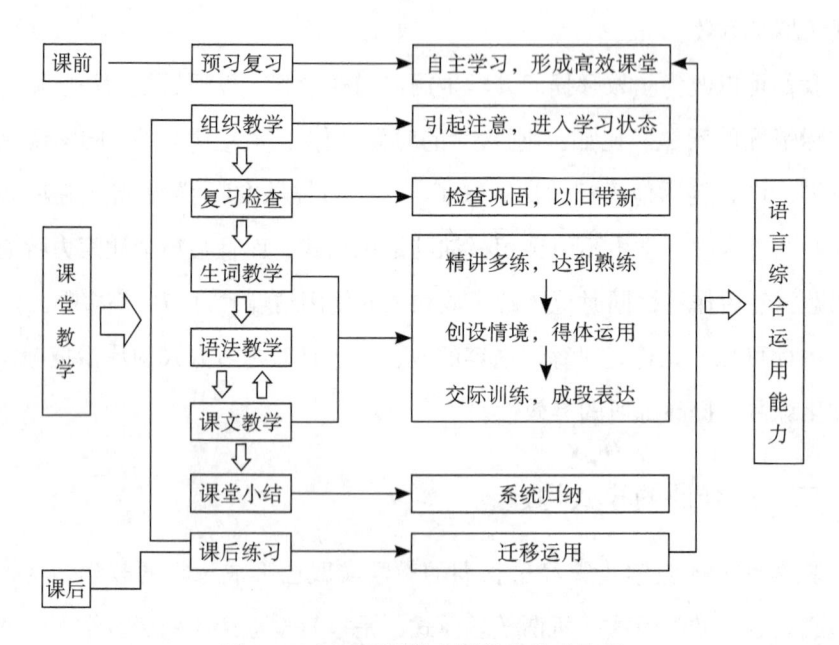

图 4-4　初级汉语综合课教学模式流程

从具体的教学安排来上说，主要包括：

（1）应当重视通过"组织教学"导入新课的环节，将学生的注意力集中到学习之中，调动他们参与课堂的积极性。

（2）"复习"要全面、充分，以学生的练为主，以旧带新，促进知识迁移。

（3）"精讲多练"、交际性原则应贯穿"生词""语法"和"课文"教学始终，技能训练以听说为主，兼顾读写，通过点拨式的讲解使学生听懂，在难度递增的练习中使学生会用。

（4）结课时，教师应当带领学生在"总结"中系统地梳理知识，强化巩固记忆。

（5）教师要利用好"布置作业"的环节：强调预习，培养自学能力；强调输出，重视课内外结合。在作业中，应有确保听说读写得到全面训练的内容。

需要说明的是，作为一种传统的教学模式，"北语模式"发展至今，教学中仍然以知识讲授和技能训练为主，以语法学习为主。尽管也注重引入新的研究成果，但仍需不断完善和创新，比如：

（1）根据海内外的教学实际和教学对象的需求，不断进行调整，加强针对性。

（2）注意吸收教育学、心理学和语言学相关的研究成果，加强教学实践与理论的联系，以适应不断变化的教学实际。

（3）加强对自身的反思，敢于突破和改变。

（4）进一步总结、归纳出综合课的"混合式教学模式"。

三、模式构建的理论基础

（一）建构主义的教学理论

苏联心理学家维果茨基的"文化历史发展"理论、"最近发展区"理论和"内化说"理论对当今建构主义的发展起到了重要的推动作用。在维果茨基思想的启发下，教育研究者对教学和学习进行了大量理论建设和实践探索。比如，强调学生在教师指导下的发现学习，教师要给学生提供处于其"最近发展区"的难度适当的学习材料，教学是交互作用的动力系统，强调合作学习以及在社会互动中获得知识和技能等。

在维果茨基理论的基础上，社会建构主义的代表人物列昂季耶夫进一步强调了"活动"在内化过程中的关键作用（陈琦、刘儒德，2007），强调学习是一个文化参与过程，学习者通过借助一定的文化支持参与某个学习共同体的实践活动来内化有关的知识，知识不仅是在个体与物理环境的相互作用中建构的，社会文化互动更重要，知识的建构过程常常需要通过学习共同体的合作互动来完成。

建构主义的教学观主要体现在以下几个方面：

（1）教学设计和实施要符合学生的"最近发展区"，要引导学生发现、顿悟，要让学生在"跳一跳、摘桃子"的过程中感受成功的快乐。

（2）创设真实或接近真实的情境，引导学生在真情实景中体验和感悟，使学生能快速地学以致用。

（3）强调学习是在互动中、在小组活动中完成的。

（二）任务型教学理念

任务型教学最显著的特点是"做中学，用中学"，强调"任务链"，有明确的结果性，强调语境和内容的真实，强调用语言做事。综合课设计的每个环节都应注重引导学生主动参与、体验，并注重在情境中生成新的语言和对学生创造能力的培养。

（三）认知心理学的知识重组和加工理论

认知心理学认为，陈述性知识的获得一般经历如下三个环节。

（1）联结：无论是语音教学、语法教学还是词汇教学，都不要呈现孤零零的知识，而要采用相互联结的方法，形成知识网络。

（2）精加工：精加工是将新旧知识联系起来，形成知识组块，促进新知识的理解。例如，教学中培养学生的概括能力、总结能力等。

（3）组织：组织是将信息进行整理，并按照其间类属关系进行编码，从而为一组信息建立一个有序的知识结构，使之成为一个整体。在教学中，教师要打破原有呈现方式和课文的提示，根据学生的实际情况重新组织和整理，以便于学生理解和记忆。例如，重新组织课文，把课文分解成具有相对独立意义的组块；用关键词和语法结构构建课文框架等。

∷ 参考文献 ∷

陈　琦、刘儒德主编（2007）《当代教育心理学》（第2版），北京：北京师范大学出版社。

崔永华（1999）基础汉语教学模式的改革，《世界汉语教学》第1期。

崔永华主编（2012）《新概念汉语·课本1》，北京：北京语言大学出版社。

国际汉语课堂教学研究课题组编（2016）《国际汉语课堂教学参考案例：初级综合课》，北京：北京语言大学出版社。

李　珠（1998）关于初级阶段综合课的词语教学，《世界汉语教学》第3期。

王钟华主编（1999）《对外汉语教学初级阶段课程规范》，北京：北京语言文化大学出版社。

杨寄洲主编（1999）《汉语教程》第三册（上），北京：北京语言文化大学出版社。

周淑清主编（2004）《初中英语教学模式研究》，北京：北京语言大学出版社。

（姜丽萍，北京语言大学教授）

第二节 阅读课教学模式

阅读教学是对外汉语教学的重要组成部分，阅读课是汉语日常教学的重要课型之一。该课型以培养学生阅读理解能力、阅读技巧为目的，对帮助学生巩固已有语言知识、扩展词汇、养成阅读习惯，具有不可替代的作用。（周健，2000）

然而，在对外汉语教学实践中，阅读课却是一门不易上好的课型。如果教师没有理清教学目标、课程特点，没有针对学生的学习痛点做好教学设计，阅读课往往会上成精读课、口语课，不免出现过于偏重词语和语言点讲练、过分强调听说训练，甚至把大量时间花费在课文复述上等现象。如此教学带来的结果是，学习者的阅读量不能满足现实需要，汉语阅读能力难以得到有效提高，教学效果大打折扣。

鉴于此，本节将从学生的实际需求和课程特点出发，探讨对外汉语阅读课的教学重点和策略，并以一堂中级汉语阅读教学观摩课为案例，呈现笔者在多年教学实践中摸索出的一套行之有效的线下教学模式，力求将教学理念和方法还原到真实的教学场景中。

另外，近年来随着互联网技术的飞速发展，以及汉语教师利用最新技术开展汉语教学能力的逐步提升，各种基于网络教学平台的教学模式不断涌现，加速了汉语教学从线下延伸到线上的发展步伐。因此，本节将以翻转课堂教学理念为基础，结合北京语言大学线上汉语阅读教学的最新实践，构建出基于北语慕课的新型汉语阅读教学模式。

一、汉语阅读课的学习需求及教学策略

教学对象的特点是教师制定教学策略、设计教学内容的重要依据。结合前人的总结和个人多年的教学观察，笔者将外国学习者在汉语阅读中的难点

归纳为以下三类,并给出针对性的教学策略。

(一)词汇量不足,词汇掌握度不够

学习者阅读能力的高低不仅取决于词汇量的大小,还与对词语意义的理解深度有关。词汇量不足、词义理解深度不够严重影响阅读的速度、流畅度和理解度。因此,帮助学习者扩大汉语词汇的"量"并加深对词语意义的"理解深度",是汉语阅读教学的重要任务,也是提高阅读速度和理解度的根本所在。

汉语词汇可以分为实词和虚词两大类。动词、形容词、名词等实词中,近义词、反义词、一词多义、一词多性、一词多音的现象极为普遍,如"表达—表示""激烈—热烈""数据—数值"等,这些词属于近义词,如何准确区分细微差异和恰当使用它们,一直困扰着汉语二语学习者。

在没有形态变化的汉语中,虚词的作用尤为重要。虚词词义较虚,学生难以理解和掌握;而虚词的使用频率却较高,掌握不好会直接影响阅读效率。如副词"毕竟、差点儿、简直、倒"等,连词"尽管、从而、反而、则"等,这些词用法复杂,有些还表示多种语法意义,往往具有"只可意会,不可言传"的意味,因此虚词教学也非易事。

针对以上学习难点,我们就明确了汉语阅读课的词汇教学重点,即在保证必要词汇严格筛选的前提下,突出词语的搭配和用法教学,加强词语的语用和语体教学,以及固定用语的训练。

1. 词语的搭配和用法教学

词语搭配教学可以在生词学习环节和词汇复习环节中实施。比如生词学习中,可以为形容词"豪放"给出"性格豪放、豪放不羁"的常用搭配;而对于动词"腾",教师可以给出"腾房间、腾不出手"的词组示例。

进入复习环节时,教师可以挑选出本课重点词语,带领学生朗读复习。比如,有的教材就在每个单元的总复习里设置了词语搭配朗读练习,搭配中有词组,也有小句。有些词语虽不属于生词,但却是学习重点难点,也应放在此环节一并复习。如此反复教学，学生的词语搭配意识会日渐形成。

2. 词语的语用和语体教学

词语的褒贬色彩、语义轻重、比喻义、语境等教学都属于此类教学。教师可以通过生词讲解或者设置针对性练习达到教学目的。

比如讲解生词"羡慕"，就可引出近义词"嫉妒"，告诉学生前者是褒义而后者为贬义。再如，课文出现了"政府部门应坚决消灭狗肉黑色产业链"这句话，教师如要考查学生对"黑色"一词比喻义的理解，就可在重点词"黑色"下面画线，并给出"A.不干净的；B.黑社会的；C.不正规的；D.非法的"四个选项，让学生通过具体情境下的阅读理解掌握词语的引申用法。

3. 固定用语教学

固定用语教学也称词块教学。目前学术界将词块分为凝固结构（固定语和插入语）、半凝固结构（框架词语块、短语构造语词块、句子构造语词块）、自由结构（高频搭配组合）几类。词块作为语言的半成品，结合了语法、语义和语境，这种整体性的预制板块，在使用时能够被直接提取，因而能在阅读中大大提高语言输入的效率，提升阅读流利度，从而进一步保证阅读的速度。所以在阅读教学中建构学生词块知识框架，培养学生的词块意识，是让学生进行快速阅读的有效方法。

近年来新出版的阅读教材愈加重视词块的学习，比如在《实用汉语阅读教程·中级（下）》（张美霞、吴霄岳，2018）中，出现了"重……轻……、以……为荣、集……于一身、宁……毋……"等固定构词格式，"走过场、站不住脚、井水不犯河水"等惯用语，以及"久而久之、一夜之间、日复一日"等四字格。教师可通过改写句子、完形填空等练习形式帮助学生理解掌握。

（二）阅读技能欠缺

通过教学观察，笔者发现初中级汉语水平的学习者大多未曾接受过阅读技能的专门训练。所谓阅读技能，主要包括词语学习、句子理解、篇章把握等方面的阅读技能和微技能。阅读技能在阅读过程中的作用显而易见，好的阅读技能不仅能加快阅读速度、提高对文章的理解度，还能够提高读者的阅读掌控感，增强学习语言和运用语言的兴趣和信心。因此阅读技能的训练在课堂教学中不可缺少。

需要学习者逐步掌握的阅读技能，主要包括快速阅读、猜读、句子理解、提炼观点、锁定标志词、检索细节信息、预测、评读、扩大视幅、组读等（周健，2000）。下面简要介绍三种，其他几种将会在下文的观摩课教学设计中具体展示。

1. 快速阅读

首先，在快速阅读教学中，要培养学生的默读习惯，快速浏览，遇到不认识的生字生词，不要翻阅词典，继续阅读，减少回视，这样有利于理解文章大意，不局限于逐字逐句的翻译，从而提高阅读速度；其次，对学生进行限时阅读训练，让学生阅读时有紧迫感，使学生注意力更为集中。经常练习限时阅读，可有效提高阅读速度。

2. 猜读

在众多阅读技能中，猜读是最常用的学习策略。在教学过程中，教师要引导学生利用语境知识、句法知识、语素知识、汉字知识、语际知识（母语、其他语言）、背景知识等猜测词义，培养学生的猜读意识。

3. 缩句找主干

阅读中常会遇到结构复杂的单句，如果不能抓取出句子的主干，给句子"瘦身"，将会影响句意理解，形成卡点，拖慢学生阅读速度。所谓句子主干，是指句子的主语、谓语和宾语。教师首先要让学生知晓汉语句子的一般语序，即：定语+名词主语+状语+动词谓语+补语+定语+名词宾语。然后根据定语标志词"的"锁定主语，再找到与主语语义上有逻辑关系的第一动词或形容词，即谓语（动词谓语常常出现在状语标志词"地"的后面）；

有了主语和谓语,找到与它们有语义逻辑关系的宾语就不困难了。

(三)阅读兴趣欠缺

相较于精读课、口语课,学生上阅读课的动机不强、兴趣不大,这是常见现象。究其原因,或是教材内容陈旧乏味,或是教师授课方法呆板无趣。因此在课堂上,教师要善于发现学生兴趣所在,给学生以"跳一跳、摸得着"的挑战和即时鼓励,激发他们的学习热情。

吴平(1995)认为:"当学生产生了阅读兴趣后,他们对文章的理解程度更高,而且敢于越过那些影响阅读的障碍词,敢于推测不熟悉的句法结构的意义。"然而兴趣的产生和发展是以需要为基础的,阅读材料越能满足学生汉语生活的需要就越能激发其阅读兴趣。因此,选编阅读材料时要考虑学生的实际需求,从生活中提取真实语料,让学生读后能学以致用,理解生活中的文字材料,甚至解决生活中的问题。有的学生希望借助阅读了解中国国情,那选择反映当代中国社会百态的文章就好;有的学生有志于将来从事商业贸易,那商贸财经类内容就是最佳选择;还有的学生想为汉语水平考试过关做准备,那针对HSK考试的专项阅读训练是不二之选。当然,多数时候学生的学习需求是多元的,教师应做好学习内容的多样化组合。

教学方法的优化也可以提高课程的趣味性。阅读课要想不沉闷,必须融入听说。比如在阅读课文《该不该吃狗肉》前,可以设置读前热身问题,问学生:"你认为人们养猫养狗的原因是什么?"学生通过思考和讨论,既热了身,又对话题产生了兴趣,学习动力大大加强。而在完成读后练习和课文分析之后,教师还可以安排讨论话题,比如让学生从传统文化、动物保护、食品卫生、养生健康等角度,谈谈对食用狗肉及其他非常规动物肉类的看法。这样习得的语言知识马上就能用起来,会让学生有较强的得到感。

另外,利用多媒体技术也能让阅读课变得"有声有色"。以商务汉语阅读课为例,当学习服装品牌"ZARA"案例时,学生通过课文阅读掌握了相关信息和必要词汇,也通过读后练习检查了阅读效果、扫清了阅读障碍,如果接下来再安排相关材料的阅读训练,则信息超载不可避免,学生易产生倦怠感。此时教师不妨换一种方式,播放一个事先备好的视频,如《3分钟带你了解ZARA》的小动画。由于切换到有声有色的视频观看模式,学生的注意力被更强的信息刺激所调动,学习效果往往较好。毫无疑问,在网络资源日益丰富和便捷的今天,利用多媒体技术、手机社交软件等科技手段辅助阅读教学已成为教师必须具备的能力。

二、线下课堂教学模式

下面,笔者将结合自己在北京语言大学所做的一次阅读教学观摩课,来呈现中级汉语阅读课的整体设计和授课方法。教学内容选取的是《汉语阅读速成·中级篇》(朱子仪,2011)第十课的课文《网虫状态》。

该课的教学目标有两个:一是围绕"网络"进行主题阅读,把握篇章结构,理解文章内容,熟悉相关词语,让学生学后能就话题表达观点;二是帮助学生熟练使用几项阅读技能,包括寻找关键句、识别路标词、提炼观点和猜词等。

教学过程分为课前预习、课上学习和课后拓展三个阶段,基本流程如图4-5所示:

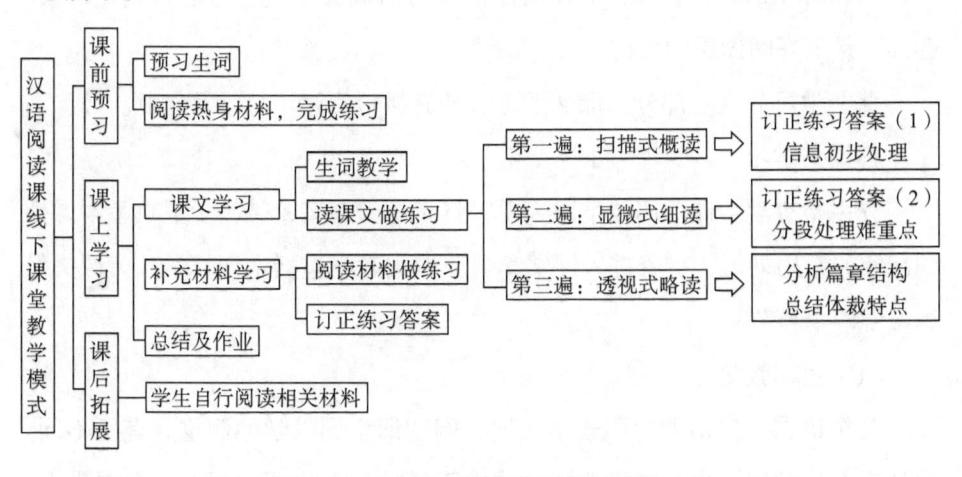

图 4-5 汉语阅读课线下课堂教学模式

（一）课前预习

课前预习包含两项任务：一是预习课文涉及的生词；二是阅读热身材料并完成练习。课堂教学时间有限，为了提高教学效率、扩大学生阅读量，笔者改写了一篇题为《青少年网络成瘾问题》的小文章（453字），作为热身材料课前发给学生，要求学生在规定时间内读完，并完成读后练习。预习文章的选择必须紧扣课文话题，最好能"剧透"话题涉及的高频词语，读后练习则要考虑与本课所授阅读技能的协同性。根据这个原则，笔者设计了三项练习：

①画出文章中与网络相关的词语；

②根据上下文填写出文中缺少的词语；

③读后选择正确答案。

按照教学设计，学习者在完成预读任务后不仅熟悉了部分生词，也对表示分说功能的路标词（首先、其次、再次、最后）建立了感性认知，实现了热身目的。

（二）课上学习

课上学习是教师指导学生完成阅读任务的核心环节。阅读课在课程设置中往往课时比例不大，如何利用有限的学习时间让学生尽可能多读、巧读、会读，是上好阅读课的关键。

课上学习分为三部分：课文学习、补充材料阅读、总结及作业。

1. 课文学习

先由检查学生课前阅读情况入手，订正练习答案，带领学生熟悉本课话题涉及的常用词语，接着进入课文学习。课文教学包括生词教学、读课文做练习学两个环节。

（1）生词教学

与精读课、口语课生词教学相比，阅读课生词教学的侧重点有所不同。教师应充分发挥学生自主学习的能力，引导他们做好课前预习。在课堂上，教师教授生词要做到"两个突出"。

一是突出难词、重点词。学生课前要预习生词，因此学习生词不需要面面俱到，而是要聚焦重点。选择标准是那些不易猜测却对课文理解至关重要的词语，可采用以练代讲的方式检查学生的掌握情况。比如，本课中教师只选取了"虚幻""流言""截然不同""引人入胜"四个词，通过单项选择题的方式检查学生对词义的掌握情况。

二是突出课型特点。阅读课学习生词，更重视词语字形与含义的联系，词的发音和用法相对次要。因此不能采用精读课的生词讲练方式，而要设计练习，让学生通过阅读掌握词义。比如，教师可以编制"给生词选择恰当解释"的练习，学生通过题干上下文和已知词语就可以猜出生词的大概含义，既掌握了生词，又练习了猜词技能。

例：只要一直努力，梦想就不再虚幻。（　　）
　　A. 不真实　　　　B. 不可能

（2）读课文做练习

该环节无疑是阅读课的重中之重，笔者通常采用"三遍阅读法"来实现教学目标。所谓"三遍阅读法"，就是每篇课文一共读三遍，每遍要求的阅读速度不同，学生需要完成的信息处理任务也不同。通过三遍阅读，学生对文章不仅能观其大略，也能查其细微，还能窥其深意。

第一遍：扫描式概读。

第一遍阅读是引导学生对篇章做初步的整体感知，视野可以观照整篇文章，通过对每段内容的粗略扫读，大致了解文章脉络，避免"只见树木，不见森林"。在本课中，笔者是这样设计的：

请快速阅读课文，阅读时间：8分钟（字数：1162字）。

任务：①请画出整篇课文的主旨句。

②请画出或总结出每段的主旨句。

这个练习的设计初衷，是训练学生在快速略读中寻找关键句的能力。关键句就像一篇文章或者一个段落的灵魂，只有找到了关键句，我们才能初步了解作者的写作思路和文章大意，摸清文章的整体框架。

关键句按照功能划分，可分为主旨句、文中结构句和作者观点句。

a. 主旨句

主旨句分为全文主旨句和段落主旨句。

全文主旨句是阐明文章主要内容和主体思想的句子，一般位于文章开头或结尾处，甚至有时候文章的题目就是主旨。这种句子就像文章的灵魂，位置醒目，容易被读者发现。教师要告诉学生主旨句经常出现的位置，经过训练后学生一般都能找到。

段落主旨句即段落中心句，表明段落中心大意，一般出现在段首或段尾。段落主旨句有时候不明显，有时候隐藏起来，需要学生自己组织语言总结出段落主旨。这要求学生具有一定的分析概括能力。

b. 文中结构句

文中结构句是指对文章整体结构走向有影响的句子，一般出现在各段段首，很多情况下也是该段落的主旨句。比如《网虫状态》第四段的结构句是"致使青少年上网成瘾的原因主要来自四个方面"，它交代了本段的内容，也是总分结构的标志。第六段中的"然而网瘾现象并不能掩盖网络给我们的生活带来的诸多好处"也是结构句，它起到了承上启下的转折作用，改变了文章的走势，表明了作者的态度。

c. 作者观点句

作者观点句主要表明作者对文章所谈内容的态度，一般出现在文章末尾，也可能在开头。作者的观点态度往往是文中的主要态度，带有感情色彩，常常决定着整篇文章的感情基调。抓住了这一点，就能更准确、更轻松地理解文章。

要求学生第一遍阅读《网虫状态》时找出文章主旨句和文中结构句，是基于学生此前接受过相关训练，清楚寻找方法。如果学生第一次接触这个阅读技能，教师需要适当降低任务难度或延长阅读时间，最好给学生一些提示。

此外，笔者会把寻找作者观点态度的任务放在第三遍阅读里，一是避免给第一遍阅读造成过重的阅读负担；二是经过两遍阅读，尤其是第二遍细读，学生可以获得关于作者态度更多的细节信息。

第二遍：显微式细读。

要求学生在规定时间内，阅读课文的某一段或某几段，并完成练习。分段细读肩负着两个使命：一是引导学生聚焦每段内容，通过完成特定练习来掌握重点词语和语句的含义和功能；二是结合该段出现的语言材料帮助学生习得常见的阅读策略和技巧，为"阅读工具箱"添置合手的"工具"。

本课中，笔者先通过单项选择题、判断对错、连线和回答问题等练习形式，帮助学生挖掘课文信息，加深理解。然后在每段中挑出包含阅读技巧的典型句，带领学生观察、分析和思考，尽量让学生自己归纳总结出有价值的阅读技巧。最后带学生归纳总结出这些技巧的使用场景，形成可举一反三的理性认知。

a. 识别路标词

比如在细读课文《网虫状态》第三、四、五段时，列出了下面这些典型句：

①太奇妙了，这就**像**乡下人第一次乘电梯的感觉。

②**但**在网上，没有人会看到你脸红。

③"大虾"**即**"大侠"，**由于**网虫们总是弯着腰坐在电脑前，**更像**"大虾"。

让学生留心观察加粗的词语，希望他们说出该词的作用，比如："像"表示比喻，"但"表示转折，"即"表示前后意思相同，"由于"表示因果。进而再让他们联想表示比喻、转折、因果的词语还有哪些，最后通过大家共同总结，形成路标词一览表。通过该项阅读训练，学生们有了识别路标词的意识，也能主动利用路标词判断前后语义关系，进而提高阅读效率。

b. 找句子主干

上文提到，过长的句子是学生阅读的拦路虎。句子的主、谓、宾、定、状、补中一项或几项比较复杂，导致学生断句不准、理解困难，教师要有意识地拎出这样的复杂单句，鼓励学生删繁就简，提炼出句子的主干。

例如本课课文中有这样一句话："网络成瘾者若被迫离网一段时间，会出现不舒服的症状，例如情绪低落、烦躁、容易发脾气、坐立不安、注意力难以集中等等问题。"学生一开始看到该句时容易被后半句的各种症状牵扯过多注意力，但在教师的启发下，他们找出了句子的主干，即"网络成瘾者会出现症状"。

以上仅以识别路标词和找句子主干为例，介绍了阅读技能教学的讲授方法。实际教学中，教师要根据阅读素材的特点安排教学内容，并复习巩固以往学过的阅读技能。

第三遍：透视式略读。

读第一遍放眼全篇，读第二遍着眼局部，读第三遍又要调远焦距，俯瞰全文。只是这一次对文章整体的把握要求更高，要超越细枝末节，要透过皮肉看到文章的骨架，要揣摩出作者的写作意图和态度，要深化对主题的理解。

a. 确定作者的观点态度

作者态度的呈现有两种情况：一种是作者在文章中用比较明确的语句点明观点态度，学生经过训练比较容易找到；另一种是作者的态度隐含于某些词句中，需要学生自己提炼并表述出来，难度大于前者，但如果学生之前的阅读理解到位了，做出正确判断也非难事。

b. 分析文章结构

一般文章都是作者按照某种特定结构谋篇布局的。了解这些常见结构对学生提高阅读速度、加深内容理解，甚至增强逻辑思维能力都有益处。

教师应该结合日常教学，将常见的结构类型介绍给学生，比如金字塔式（总分式）、倒金字塔式、PREP 式（观点＋原因＋例子＋观点）、时间轴（时间顺序）和空间顺序等。刚开始训练时，教师可以带领学生边分析边把结构图画在黑板上，让学生一目了然地掌握文章结构。等学生逐渐熟悉后，可鼓励学生自己制作文章结构图。待到熟练掌握后，可省去画图，直接让学生说出文章采用了哪种结构类型。通过这种训练，学生就能有意识地以宏观视角审视文章，理清文章脉络，在阅读和写作中拥有框架思维。

总之，"三遍阅读法"是一种符合学习者认知心理、兼顾宏观与微观、点面结合的阅读教学法。教学中强调以学生为中心，充分发挥学习者的主观能动性，知识学习和能力培养并举，教学效果比较理想。

2. 补充材料阅读

本次观摩课中，教师在完成课文教学后，利用剩余时间让学生阅读了《网络带走了什么》和《如何防止孩子沉迷手机》两篇文章。篇幅都不长，第一篇侧重于阅读技能路标词的训练，第二篇属于生活热点，引起了学生的热烈讨论。

3. 总结及作业

最后 5 分钟进行课堂总结并布置作业。总结时，利用思维导图工具跟学生一起回顾本课重点；作业内容一般包括复习本课和预习下课，教师可让学生自行上网搜索与本课主题相关的内容拓展阅读，并要求下次上课向全班汇报阅读收获。

三、翻转课堂教学模式

多年的教学实践证明，上文呈现的汉语阅读线下课堂教学模式有效提升了学生的阅读能力，是一套广受师生欢迎的可行好用的教学方法。然而，时代在不断向前发展，我们对教学模式的探索和创新也要与时俱进。众所周知，新技术的诞生与推广必然会带来效率的提升。近年来，信息技术的进步和互联网的普及让线上教学成为可能，基于线上的教学模式不断涌现。

在北京语言大学，包括笔者在内的不少教师也做出了积极尝试。我们基于"北语慕课"平台，运用翻转课堂相关理念，结合汉语阅读教学的特点，逐渐形成了一套课前学生自主学习阅读资料和生词、课上教师答疑讲解与训练阅读技巧兼顾的教学模式。从教学实践的效果和学生的反馈来看，该模式教学效果显著。

（一）翻转课堂理念及其对汉语阅读教学的适用性

1. 翻转课堂理念

"翻转课堂"（Flipped Classroom）教学模式发源于美国，最早由美国学者提出。与传统课堂"教师课堂教授，学生课后内化"相比，翻转课堂变为"学生课前学习，课堂内化吸收"的模式。这种模式不仅翻转了传统教学的教学时间安排，也使其中的教学要素发生了变化。（宋朝霞、俞启定，2014）

一是教师角色及能力发生了变化。一直以来，教师在教学中处于中心地位，是知识的传授者。翻转课堂则将教师定位为教学的指导者和引导者。在教学过程中，教师是教学活动的组织者和推动者，应用自己的教学知识制定教学策略，协助学生顺利完成学习任务，帮助其构建知识体系。

与此同时，为适应翻转课堂的需要，教师也要具备新的能力。为了成为学生获取教育资源的"脚手架"，教师需具备搜集、制作优秀教学材料的能力。鉴于学生课下已经自学了相关知识，为了高效利用课堂时间，教师须有能力设计出丰富的教学活动，并在活动中及时洞察并排解学生困难，促进学生对知识的学习与强化。

二是学生角色发生了变化。学生由课堂上的被动接受者转变为主动学习者和积极参与者,课前在教学资源中获取自己所需的知识,课上与同学老师交流、讨论、解决问题等。学习内容的载体不再是即时消失的教师语言动作等,而是融合了教育技术的教学资料,学习者可以根据自身情况,自行决定学习速度、进程以及复习的间隔。

三是评价方式发生了变化。传统教学模式主要以学生的作业和考试成绩作为学习评价的依据。而翻转模式下的学习评价贯穿整个教学过程,包括课前评价、课中评价和课后评价。当意识到学习过程与教学评价高度相关时,学生学习的积极性就会增强,在整个学习过程中就会保持较高的投入度。另外,对学生的评价除了教师参与,也可采用学生自评、同学互评等方式。教师在对学生平台交流、课堂表现、拓展练习完成情况做出评价时,应充分考虑学生的个体差异,根据学生的学习基础、努力程度、进步幅度等对学生进行考查,对他们的每一点进步做出及时的正向反馈。

2. 翻转课堂理念对汉语阅读教学的适用性

教过阅读课的教师都知道,传统教学模式下阅读课教学有个绕不开的难题——时间不够用。学生阅读理解需要时间,教师订正讲解、讲练阅读技能需要时间,围绕话题展开讨论交流还需要时间,即使教师不断优化教学流程,时间仍不够用。

因为时间紧张,教师不敢课上安排过多的阅读材料,往往是一篇材料一堂课。缺少阅读量的支撑,学生阅读能力就难以快速提升,阅读技巧也得不到有效训练。

翻转课堂的出现,很好地解决了这个难题。通过现代化教学手段,比如利用北京语言大学近年开发的"国际中文智慧教学平台",教师可以安排学生在课前登录平台,在限定时间内完成资料阅读和配套练习,平台的自动批改功能会帮助学生锁定难点,也能给教师备课提供重要的参考信息。有了课前学生的自行学习,课上的宝贵时间就被释放出来,教师可以按照上文所介绍的"线下课堂教学模式",有条不紊地订正和处理读后练习,从容地梳理阅读材料的体裁、题材和结构,细致地分析阅读材料中的重点和难点。与此同时,有了先进教学技术的加持,教师对学生课后的学习也有了更多的掌控,可以安排拓展阅读来加大阅读量,进一步提升学生的阅读能力。

(二)翻转课堂教学模式

结合语言教学的特点,参考传统的对外汉语阅读教学流程,并借鉴之前研究者的研究成果(王磊,2016),笔者设计出了基于翻转课堂理念的汉语阅读教学模式,其基本流程如图4-6所示。

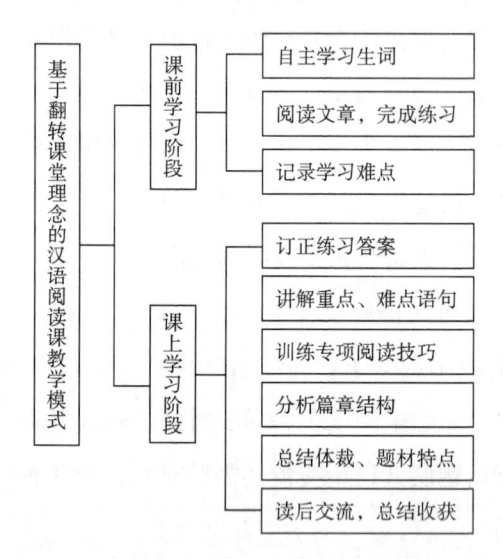

```
基于翻转课堂理念的汉语阅读课教学模式
├── 课前学习阶段
│   ├── 自主学习生词
│   ├── 阅读文章,完成练习
│   └── 记录学习难点
└── 课上学习阶段
    ├── 订正练习答案
    ├── 讲解重点、难点语句
    ├── 训练专项阅读技巧
    ├── 分析篇章结构
    ├── 总结体裁、题材特点
    └── 读后交流,总结收获
```

图4-6 基于翻转课堂理念的汉语阅读课教学模式

1. 课前模块的设计

(1)阅读材料的选择与编写

阅读材料的质量直接决定了阅读教学的效果,因此甄选符合标准的教材是教师的首要任务。在选择教材时,应遵循以下原则:

①适用性。控制材料的长度和难度,紧密结合主课型所学的语言知识。前后学习的阅读材料应由浅入深、由短到长,实现科学的梯度化设置。

②时效性。尽量选择最新出版的教材,保证所选话题及文章内容不过时。

③趣味性。阅读材料尽可能贴近学生的生活实际，实用性强，角度新颖。当学生拥有与话题相关的生活经验时，才会有话可说。

④多样性。文章类型丰富多样，可涵盖记叙文、议论文、说明文、新闻报道、文言文等。多样化的类型可以帮助学生了解不同文章的结构特点、行文习惯和组织层次。

⑤练习形式丰富，题量充足。针对字、词、句、篇章的各项练习各有不同的训练目的，既能让学习者得到充分的阅读训练，又能最大限度地满足课堂教学需要，减轻教师的备课压力。

然而，如果严格按照以上原则筛选材料，结果常常令人失望。大多数时候，教师还是要对现有材料进行删减、改写、补充、替换，甚至另起炉灶，重新选取和编写材料。只有这样，才能保证学生良好的阅读体验和学习效果。

（2）学习媒介的制作

目前，基于翻转课堂的教学模式中，知识的传授一般由教师提供的教学视频来完成。教学视频虽可以由教师自行摄制，但为了保证视频效果，教师往往要与专业拍摄团队合作完成。以笔者参与的中级汉语阅读慕课建设为例，教师需事先写好脚本，做好课程PPT，然后与制作慕课的技术人员约定时间，在配备专业设备的教室拍摄教学视频。

但并非所有教学机构有这样的专业条件。根据对外汉语阅读教学的特点，教师可以为学生提供制作精良的PPT，帮助学生课前自学。

PPT通常包括两个部分。第一部分是生词展示。在这一部分，教师先整体展示阅读材料涉及的所有生词，让学生自测。然后选取重点词语逐页展示，每个重点词语提供字形、拼音、常用搭配、典型例句等项目，形容词可给出反义词，有的词可配上相关图片，以增强学习的趣味性。第二部分是阅读材料展示。这里可以根据"三遍阅读法"设置学习环节，同时利用PPT的动态计时功能，给每遍阅读限制相应的阅读时间，训练学生的快速阅读能力。学生在计时阅读后完成相关练习。最后，再次完整呈现阅读材料，学生深入精读，查找难点语句。与此同时，学生也可以对前面的练习进行复查，确定练习的最终答案。

（3）生词与阅读材料的学习

学生课前可利用线上教学平台的 PPT 和录制好的教学视频自行学习。学生自学中难免会遇到学习障碍，教师应鼓励学生通过查找工具书、与同学线上交流、合作学习等方式解决难题。

2. 课上模块的设计

（1）订正练习答案

教师将全班同学分成若干小组，在学生完成课前任务的基础上，引导学生组内合作学习，对练习答案进行分析讨论。此时教师可全场巡视，发现并记录学生的学习难点和表达问题。最后，教师集中订正练习答案，并对答案进行解释。

（2）讲解重点、难点语句

首先请学生提出自己在课前阅读中记录下的难点语句，教师可将其板书到黑板上，让全班同学观察、分析和讨论。有些语言点对部分同学是难点，对另外一些同学则是已知知识，因此这里也可以引入互助学习。此外，教师要查漏补缺，将全班学生没有意识到的重点、难点词语展示出来，配以有针对性的练习，强化学习效果。

（3）训练专项阅读技巧

教师应根据本次阅读材料中出现的有代表性的专项阅读技巧进行强化训练。每堂课集中训练 1—2 项阅读技能，切勿贪多求快。

（4）分析篇章结构

教师引导学生分析阅读材料的篇章结构，通过提取段落主旨句，帮助学生快速了解短文大意。与此同时，启发学生总结各种文章体裁和题材的特点，提高学生对各种阅读材料的理解能力，也能为学生写作能力的发展奠定基础。

（5）读后交流，总结反思

教师设计一个围绕本课话题的讨论题目，鼓励学生使用新学词语表达观点。

在课程结尾，引导学生总结本课的学习收获，包括学到了哪些有用的词语、哪些可以举一反三的阅读微技能，同时反思自己的阅读策略是否需要调整，等等。

四、结语

本节从二语学习者在汉语阅读方面的实际困难和真实需求出发，提出了对外汉语阅读教学的几点教学策略。在此策略的指导下，笔者结合北京语言大学汉语阅读课多年的教学实践，总结出了一套能有效提升教学效果的线下课堂教学模式。该模式在生词学习、练习订正、课文处理等方面较好体现了阅读课的课型特点，受到了广泛肯定和好评。

然而，传统教学模式仍然存在不少难以克服的局限，比如有效课堂教学时间不足、课堂学习气氛沉闷、学生阅读量较小等问题。有些难题的解决需要等待时机的成熟。随着信息技术的蓬勃发展和以翻转课堂为代表的新型教学理念的兴起，基于线上教学平台的新型教学模式方兴未艾。以翻转课堂为理论基础的教学模式打破了传统教学中以教师为中心的指导思想，充分激发了学生的主动性和自主学习能力，并有效利用合作学习的方式，使课上教学的效率和效果达到了新的水平。

当然，本节介绍的阅读课教学模式还不尽完美，仍存在一些亟待解决的问题，比如：教师如何利用多种信息渠道快速找到适合学生阅读的有趣内容；教师如何独立制作出高质量的、可供学习者课前使用的多媒体资源；教师如何监控学生课下的自主学习并及时给予有效的反馈；等等。这些问题都对新时期对外汉语教师的综合能力提出了更高的要求，也有待后来者不断探索，积极实践，提供更有价值的解决方案。

∷ 参考文献 ∷

陈　怡、赵呈领（2014）基于翻转课堂模式的教学设计及应用研究，《现代教育技术》第 2 期。

崔永华（2008）《对外汉语教学设计导论》，北京：北京语言大学出版社。

戴雪梅、付玉萍、邹燕平（2013）元认知策略与对外汉语阅读教学，《首都师范大学学报》（社会科学版）第 S1 期。

洪　炜、徐霄鹰（2016）中级汉语阅读课词汇教学行动研究，《汉语学习》第 1 期。

李　静（2012）对外汉语中级阅读教学策略研究，《语文学刊》第 3 期。

刘　珣（2002）《汉语作为第二语言教学简论》，北京：北京语言文化大学出版社。

乔印伟（2001）汉语阅读教学任务及其量化分析，《世界汉语教学》第 2 期。

宋朝霞、俞启定（2014）基于翻转课堂的项目式教学模式研究，《远程教育杂志》第 1 期。

王　红、赵　蔚、孙立会、刘红霞（2013）翻转课堂教学模型的设计——基于国内外典型案例分析，《现代教育技术》第 8 期。

王　磊（2016）翻转课堂理念下的初级汉语阅读教学模式，见《第十届中文教学现代化国际研讨会论文集》，北京：清华大学出版社。

王尧美、张学广（2009）图式理论与对外汉语阅读教学，《语言教学与研究》第 6 期。

吴　平（1995）浅谈对外汉语阅读课教学，《北京第二外国语学院学报》第 3 期。

吴晓露（1999）阅读技能训练——对外汉语泛读教材的一种模式，《语言教学与研究》第 1 期。

徐霄鹰、周小兵（2011）《中级汉语阅读教程 II》（第二版），北京：北京大学出版社。

徐子亮（2010）回顾与探讨：近五年的对外汉语阅读教学研究，见《第九届国际汉语教学研讨会论文选》，北京：高等教育出版社。

张金磊、王　颖、张宝辉（2012）翻转课堂教学模式研究，《远程教育杂志》第4期。

张美霞、吴霄岳（2018）《实用汉语阅读教程·中级（下）》，北京：北京语言大学出版社。

周　健（2000）探索汉语阅读的微技能，见《第六届国际汉语教学讨论会论文选》，北京：北京大学出版社。

周小兵、张世涛、干红梅（2008）《汉语阅读教学理论与方法》，北京：北京大学出版社。

朱子仪（2011）《汉语阅读速成·中级篇》（第二版），北京：北京语言大学出版社。

（吴霄岳，北京语言大学讲师）

第三节　口语课教学模式

　　口头沟通与交流是人类使用频率最高的基本交际形式。口语表达的交际技能是汉语学习者最迫切希望掌握的技能，因此如何提升汉语口语教学的效果、效率、效益、效应、效能（简称"五效"）的研究就显得尤为重要而迫切，一直以来备受学界关注，并取得了较为丰富的研究成果。梳理分析带有不同时代特征的口语教学模式，反思其利弊，以任务型理念下汉语口语课构建为案例，探讨后方法时代汉语口语教学模式，可助力面向多元学习需求和多元教学环境的汉语口语课教学模式构建。

　　众所周知，语言技能培养分为"听、说、读、写、译"几项，"说"是最复杂的一项，它是把"听、读、写"三项技能综合应用以后直观地表现出来的结果。从语言服务于交际的视角来看，听说技能的培养显得更为重要，大量的交际活动是通过口头表达实现的。所以，口语课是语言教学中重中之重的课型。口语课的重要性首先体现在它是一门基础课；其次，它是二语学习者从课本知识到具体的实际运用之间的一座桥梁，具有强烈的实践意义和功利色彩。汉语口语课是以培养汉语"说"的能力为核心目标而展开的口语技能专训教学，即作为培养口头表达技能的主要课型。因此，提升汉语口语课的效果、效率、效益、效应、效能，探寻适合"因时、因地"的最佳口语课教学模式，是教学中永恒的话题。当前，汉语口语课教学如何有效开展线上线下互动模式，也是值得我们思考与探索的。这就需要我们反观新中国成立后对外汉语教学界对汉语口语教学的研究，提供历时性总结，以史为鉴，在文化全球化的背景下，把握后方法时代的语言教学特征，探索以任务型教学原则为主导的汉语口语课教学模式的构建。

一、汉语口语教学模式研究述评

（一）20世纪80年代之前的汉语口语教学研究

新中国成立后，对外汉语教学步入初创时期，教学模式单一，基础汉语课一统天下，对外汉语教学模式是不分课型的，普遍使用一本教材在一种课上解决几种技能的培养问题。20世纪50年代到70年代，国内各高校对外汉语教学基本如此。对外汉语教学模式从单课型到多课型是一个渐变的过程，从60年代汉语教学开始强调实践性，到70年代显露出分课型教学的端倪，个别学校在综合性教学占绝对优势的情况下，增设了极少量的口语课和听力课，以此作为主课程的补充。这种分技能教学模式的出现，打破了以"一"包揽多项的僵硬的教学模式。

分技能教学模式发端于80年代北京语言大学的教学改革，是当时基础汉语教学阶段的一种教学模式。该模式基于听说法、功能法、交际法的理念，认同交际技能的培养是语言教学的根本目的，认为分技能教学模式是语言教学的最佳途径，主张以汉语交际能力为培养目标，以汉语综合课为教学核心内容，按照语言技能项目分类设置课程。随着我国改革开放形势的迅猛发展，国内各类大学纷纷开展对外汉语教学，开始全面采用分课型教学的模式，实现了课程基本格局的转型。

80年代，虽然课程基本格局全面转变了，口语课的地位已同综合课并驾齐驱，成为汉语教学的核心课之一，但也只有少数几篇论文涉及针对我国少数民族的汉语口语教学。之前关于汉语作为第二语言的口语教学没有专门性研究，对汉语口语教学的思考仅在有限的几篇文章中有所体现。比如金竹花（1980）在《用句型法教好口语》一文中谈到，汉语教学应先从"口语"教起，用"句型"教口语，即从无数句子当中抽象出一定数量的典型结构，然后教师要从语法结构、词的搭配关系、虚词的语法作用及语气等方面，对句子进行分析。教师在"精讲"完之后要让学生"多练"，用"句型法"教口语,就是要让学生在反复练习中达到对知识的巩固和熟练运用。

总之,80年代之前,一些人偏颇地认为"教学法"是一门附属科学,并不重视它;直到80年代,第二语言教学法专家们指出,"教学法"是一门独立的科学,它是一门研究教学理论和教学实践、教学过程和教学规律的科学。意识觉醒后,"教学法"研究才有了自己独立的科学体系。可见,汉语口语教学方法研究起步晚也是因为受到了学界大环境的制约。

(二)20世纪80年代之后的汉语口语教学研究

1. 80年代到90年代

从80年代到90年代,汉语课在国外听说法理念的直接影响下,大多突出听说的技能训练,这对传统教学法产生了冲击。学者们展开了与传统教学法如何进行有效合作的探索,对口语教学的研究也有了突破性进展。十年间,可见的相关论文有10篇,虽为数不多,但关注视角是多维的,涉及了口语教学实践的各个层面:练习题、测试题、教学展示路径、口语教学语言特色、具体教材分析运用处理、教学方法等等。如何将语法翻译法、演绎法、相对直接法等传统教学法融入听说法,进而取得良好的口语教学效果是讨论所取得的核心成果。总结分析汉语口语教学长期以来未收到良好效果的原因:一是教师、学生都不重视口语练习;二是教学观念陈旧,教学方法落后。为了提高学生的汉语口语表达能力,必须引进一些新观念、新方法。口语交际是非常复杂的活动,"交际法"能够很好地帮助学生设身处地应付真实情况,解决实际问题,能更好地改进汉语口语教学。石佩雯(1983)指出,要增强口语教学的真实感就要到真实的环境中进行语言实践,使非真实环境具有真实感。徐子亮(1987)指出,在汉语口语课堂上,要注意口语教学语言特色,经常运用描述性语句,语言应简洁明了,语言重复要适当,节奏控制要注意学生的适应性,灵活停顿,把握口语课堂语言特点。金路(1989)认为,在对外国学生讲授汉语口语语体知识时,应设置具体、生动的汉语语境，提供真实、有用的语言材料，强调语音的造型和整体结构。周小兵（1989）提出了口语课上"说"与"听"结合的观点，认为口语教学中要注重听话训练，促使学生发音准确、说话流利，帮助他们形成正确的言语习惯；在听的基础上进行有效的模仿，有助于学生发音标准化、话语表达流利化，所以在听话训练中要注意消除学生的紧张感和焦虑感，让他们放松听；听话训练的具体方法有 8 种：听辨法、听解法、听读法、听译法、问答法、完成法、复述法、讨论法，有充分的输入才会有适时的输出。

总之，这一时期的汉语口语教学研究已经深入到对口语技能培养的理念及理念观照下具体方法的探讨，为汉语口语教学质量的提高提供了理论支撑。

2. 90 年代至 2000 年

进入到 90 年代，专题研究得到加强，汉语口语教学研究也有了长足进步。在可查阅的相关资料中，我们发现"等级"这一观念开始引入汉语口语教学，学界认识到汉语口语教学与其他课型一样必须分等级进行，根据不同的等级确定学习目标和训练策略，进而因材施教。这一共识的达成使汉语口语教学的目标性、层次感有所增强，汉语口语课堂的教学效率、效能、效益明显提升，汉语口语技能培养的效果更为显著。

教学分等级之后，主张初级阶段口语教学应如"慈母"般循循善诱，于生动、灵活、直接、浅显中使学生对汉语口语形成一定的感性认知，尽可能避免板起面孔在有限的课堂教学时间中机械性地给学生填充大量规律性的条条框框。进入第二阶段学习的学生，"慈母式"的循循善诱已远远不能满足其日益强烈的求知渴望，同时，理性的渐进也使得他们逐渐摆脱了那种渴望得到老师肯定的虚荣。此时的口语教学，应有计划地逐步向"严父式"过渡，以适应学生在知识、技能等方面已经发展了的需求。而在中高级阶段口语课实行话题汉语学习交际的原则是正确的，但是应该改变以介绍中国传统的思想文化观念和中国人的现代生活为主的做法，把学生变为主体，提出年轻人真正感兴趣的话题，话题的领域亟待开发。这一时期，汉语口语教学理念主张发挥功能导入法和分组训练法对汉语口语教学的作用，认为课堂上除讲解一定的口语语言知识外，主要是进行交际性训练，让学生注意每句话的功能都是结构、语义和语用的统一体。分组训练是要把不同国家的学生分到一起，小组成员汉语水平相差不宜太大，分组练习的内容要贴近学生的生活。口语教学训练方法可变为读说训练、背诵训练、联想造句和联想说话训练、主题说话训练。训练意味着重复，训练还包含着施教的技巧，训练也隐含着改变某种习惯。在不断探索改变训练技能的前提下，必须根据学生的智能和接受能力组织教学，结合课文设计情景会话，单句、复句训练与成段训练相结合，结合语用环境进行对比练习，课堂实践和社会实践相结合，最后达到用汉语自由交谈的目的。

这一时期的研究，从课程总体设计上提出了专门开展口语教学的必要性和可行性，较深入地探讨了不同阶段口语教学的方法及特点。其时，整个对外汉语教学界对口语教学的性质、任务、目的，以及教学方法、教材编写等方面的认识尚不完全一致。1995年，吕必松先生撰文阐释单独开设口语课的重要意义，提升了大家对口语教学的认知，彰显了这一期汉语口语教学研究的水准。

3. 2000年至2010年

进入2000年后，对汉语口语教学的研究可谓发展迅猛，探索的深广度远超之前各个时期，研究角度立足"交际""功能"，紧扣口语教学的目的和原则。

研究资料表明，这一时期，教师对汉语口语课的重要性、指导思想、目的、任务、教学原则、教学方法及教材编写等问题有了更为清晰的认识。主张课本知识和实际需要相结合，师生合作互动，口语教学中适当地融入文化教学，针对不同性格的学生采取不同的教学手段，帮助学生运用所学语言规则自由地表达，充分发挥教师在课堂中的引导作用。对外汉语中高级阶段口语教学的要求是增强成段表达和交际的训练比重，对语速、词汇扩展有更高的要求，一些教师采用由学生轮流准备大家感兴趣的话题的做法，取得了良好的教学效果。然而也存在一些不可忽视的现象，虽然大家从理论上研究交际、功能、情景教学法在口语教学中该如何实施，但实际情况和认识之间还存在着相当大的距离，往往是口语课的课型特点难以体现，一到真实语境中就不知所措。人们已经认识到，中高级阶段口语教学的训练重点应放在培养学生的成段表达能力及表达的得体性上，将话题导入置于第一步，要让学生能用较为复杂的词汇和句式，有一定的活用语言的能力，但中高级阶段课堂操作却仍是生词解释、课文串讲、练习处理、作业布置等老一套程序，学生对口语课丧失了信心，感觉口语课和精读课教学方法差不多。

4. 2010年至今

在这一时期，人们在教学实践中意识到了传统口语教学模式的僵化，开始逐步探索新的教学模式，比如"任务型"。吴中伟（2016）对任务型教学的内容及教学途径进行了详细分析讨论，郭鹏（2016）对影响任务型教学有效性的若干因素做了缜密分析，吴勇毅（2016）对任务型教学的"任务"进行了深入探索。相关研究表明，以任务型教学法为指导，高度契合学习者的学习需求，非常适用于口语教学。任务型教学法突破了模仿操练等机械化训练，在任务完成中落实语言知识学习，在用中掌握语言规则，任务交际过程大大提高了开口率，不再是学以致用，而是边用边学，体现了"语言能力是手段和基础，交际能力才是目的和归宿"（赵金铭，2004）。任务型教学改变了传统口语教学中以听说法为代表的强调语言规则与语言知识的学习和操练，教材提供口头交际的范本，学生练习用正确的目的语说话，口语课堂以模仿教材提供的对话或独白为主要教学形式。

近些年有关汉语口语教学的讨论主要集中在两个方面：一是交际式教

学法理念观照下汉语口语课堂教学模式的构建,二是在任务教学法理念下对汉语口语教学相关问题的探讨。以交际法为代表的口语教学强调运用已学的语言知识完成交际目标,教师根据学习者实际交际需求,设计模拟真实的交际场景或交际活动,学习者通过协商、合作等活动方式完成任务。以任务法为代表的口语教学将语言学习与交际能力培养相结合,要求学习者通过完成特定的交际任务学习语言知识。教师选取一些语料或练习供学生进行任务前的模仿或任务后的强化,这些语料可以来自教材,也可以来自真实语境。

目前,汉语口语课教学的常见模式,依据教学法理论基础的不同可概括为三大类:以听说法为代表的口语教学模式、以强势交际法为代表的口语教学模式、以任务法为代表的口语教学模式。其中,以任务为核心构建汉语口语教学的模式是主流趋向。

随着技术水平的提高和思想观念的革新,汉语口语的教学形式、教学方法、教学模式等各方面都在不断更新,出现了在建构主义学习理论指导下的"体演文化教学法"、慕课与课堂教学相结合的模式。按照POA的教学流程,构建了口语课的新模式,出现了主要依靠网络,运用多媒体、辅助动画教学、网络论坛、Facebook群组等方式的多种教学模式。受到学生好评的翻转课堂现已引进汉语口语课的教学,但是该教学模式目前还未成熟。汉语口语课堂教学研究已经有了一定的基础,在今后的研究中可尝试目前线上教学普遍采用的互动平台,如腾讯会议、超星学习通、钉钉等,探索线上线下混合式汉语口语教学新模式。

二、任务型汉语口语课教学模式构建理念

任务型语言教学法在20世纪80年代兴起后,便以其独有的理念与方法迅速引起国内外有识之士的关注。任务型语言教学强调在任务的完成过程中主动学习,它关注的焦点是语言内容的落实,强调在"做中学",一边用

一边学，在习得过程中掌握语言规则。有别于交际法"学以致用"的原则，在课堂上以完成各种各样的任务为目标，任务实施过程就是运用目标语进行交际的过程，所以语言课堂上的"任务"是指用目标语完成教师设计的教学活动。在语言课堂上，任务活动的安排不仅要激发学生的积极性，而且要能促使学生在完成任务的同时习得语言并且学会运用语言，最后达到提高目标语交际能力的目的。任务型语言教学法的实施关键是对"任务"的正确认识，语言课堂上所谈的任务是"教学任务"（pedagogical task），指在语言课堂教学中，为培养学习者具有运用目标语进行真实交际的能力而有意识设计的、与现实交际行为有着不同程度相似性的活动，是现实交际行为在语言教学过程中一定程度的再现，目的是提升学习者的中介语能力。例如：在语言课上，让学生分组表演，扮演航空公司的售票员和乘客，询问订票信息。这是对真实世界里事件的模仿，在真实世界里询问如何购买飞机票本身就是一个任务，即"真实任务"（real world task）。"真实任务"指在现实生活里，人们通过真实的语言交际活动而实现某种目的的任务，简单地说，就是运用语言做种种事情，完成种种任务。用语言做事，实现交际目的，完成一个事件，这个事件也是语言交际最自然的单位，真实任务就是人们在真实世界中运用语言实现交际目的的基本单位。真实任务为教学任务提供模拟原型，但不是所有原型都是学习者需要的，语言课堂上的教学任务来自对真实任务的模仿，且是对学习者具有典型意义的真实任务。这个具有典型意义的真实任务就是教师基于学习者的需求分析而确定的目标任务，教学活动就是目标任务的实施落实。"任务"的本质如 Ellis（2003）所言："任务是一个活动，它要求学习者达到某个目标而使用语言，并在使用中把重点放在意义上，选择该任务是为了给师生提供有助于他们学习的信息。"分解认识这个本质正如 Lee（2004）所说，任务是"（1）一个课堂活动或练习，它具有一个只有通过参与这个互动才能取得的目标，一个建构和排序的互动机制，并且把焦点放在意义交流上；（2）一种语言的学习，它要求学习者在实施一组计划的时候能够理解目的语、处理目的语和/或用目的语表达"。建构任务型课堂首先要创建真实的交际场景，以目标任务为导向，完成用目的语交际的活动，让学生在实践中进行言语知识的学习及运用，在完成任务的同时学会了真实的交际任务。课堂任务链包括任务前（pre-task）、任务环/中（task-cycle）和任务后（post-task）。践行任务型理念的汉语口语课堂，要让学生真正"活"起来、"动"起来，体现汉语口语课本身的属性，使汉语口语课堂始终聚焦"说"的能力的培养。任务型教学所依托的理论基础如程晓堂（2004）所言："交际法的发展和第二语言习得研究成果是任务型教学的两大理论来源。如果从哲学心理学的角度来看，那么，任务型教学还反映了建构主义的学习观和认知观。"具体任务型课堂操作有两种情况：（1）在"3P模式"（presentation、practice、production，即展示、操练、表达）下吸收任务型教学的精神，结合一定的任务设计和安排，从而既保证语言形式教学的系统性，又加强语言教学的交际性，提升教学效果。这属于以改良思想为导向执行"任务后"的落实，可称为"结合任务型的教学"。（2）"基于任务的教学"，这是彻底贯彻"用中学"思想，以任务为主体建构课堂，课堂环节是完整的任务链闭环，与前者在方法技术层面存在诸多不同。如何实现任务型汉语口语课堂构建，扬长避短，发挥出任务型教学"用中学"的优势，实现课堂效益最大化，是我们亟待讨论的问题。

任务型汉语口语教学模式的构建，以罗杰斯提出的"以学生为中心"的教育理论为根本，体现了建构主义思想观，汲取了"有效教学理论"精粹。其核心指导原则，就是"强调学生对知识的主动探索、主动发现和对所学知识意义的主动建构。教师是意义建构的帮助者、促进者，而不是知识的传授者与灌输者"（李恋，2014）。有效教学理论是从教育经济学的角度出发，结合教学投入和教学产出进行分析，认为教学有效性包括有效果、有效率、有效益三重意蕴（蔡宝来、车伟艳，2013）。有效教学可以从三个层面上进行剖析：表层是教学形态，中层是教学思维，深层是教学理想、境界。有效教学是从"理想"到"思维"再到"形态"的动态转化过程（龙宝新、陈晓瑞，2005）。通过对教学投入和教学产出的分析可得到汉语口语教学有效性评估标准。"效果"是对有效输入与有效输出的评估，"效率"是对课堂高效的"学"与"教"的评估，"效益"是对"学"和"用"的评估。同时，对于表层教学形态的评估标准可以等同于教学投入和产出的"效果""效率""效益"，即对"教""学""用"的评估；中层的评估标准是看学生个体发展需求是否得到满足的"效应"，即"i+1"需求供应是否合适；深层的评估标准是整体及长期教学目标实现与否的"效能"，即课堂教学目标及语言教学目标的契合度。这"五效"教学理论为我们提供了任务型汉语口语教学模式建构的评估标准。

以"五效"教学理论为任务型汉语口语课堂评估圭臬，任务型汉语口语课堂内部结构观察指向的三个层面具体如下：汉语口语课堂的表层形态就是教师行为，表现在任务前语言材料的输入与任务后学习者新语言知识的输出过程，可评价为效果的好与差，"教"与"学"效率的高与低，"学"与"用"效益的大与小；汉语口语课堂的中层思维表现在课堂教学内容的教学设计，即任务环过程中，任务完成可否体现出"i+1"的效应，任务过难或过易都不会取得良好的效应，只有适合才能圆满完成任务；汉语口语课堂的深度设计表现在任务后是否为学习者搭建了自由交际平台，即检验是否将课堂所学作为交际工具，以此促进实现汉语口语课堂语言教学的效能。据此，我们依据 Willis（1996）提出的三步骤框架（任务前、任务环/中、任务后，即新语言材料的引入、语言的练习和新语言材料的输出）架构课堂环节。在此实施框架中，采用不同的任务类型，任务链展开操作中步骤减少或顺序排列不同，会形成不同任务教学模式，适合不同汉语水平的教学对象；所以，任务型实施框架根据实际应有不同的框架变体（即不同的教学模式）与之对应。

三、任务型汉语口语教学模式的构建与应用

汉语口语课堂是培养学生实际交际能力的平台，任务型口语课教学的教师是课堂总设计师、导演、管理组织者、语言知识供应商，课堂以学生为中心，以提升学生的现实口语交际能力为目标，设计课堂目标任务要考虑到跨文化交际中的文化因素、学习者的个体差异因素，以及学习者汉语水平程度，任务难度要适合学习者。为此，我们要针对不同汉语水平的学习者，运用任务型教学理念建构不同模式，建立不同着重点的任务型汉语口语教学课堂支架。Willis（1996）指出，任务实施需要遵循以下原则：要接触有意义且实用的语言，要使用语言，在任务环的某一点要关注语言本身，在不同阶段关注语言的程度也相应不同。这一原则为教师在课堂上进行任务型教学实践提供了实用操作指导。因此，面向初级水平的汉语口语课堂适合"结合任务型的教学"的构架模式；针对中高级水平的汉语学习者，则适合"基于任务型的教学"的构架模式。

（一）初级阶段"结合任务型的教学"的汉语口语课教学架构

"结合任务型的教学"语言教学模式以建构主义理论及二语习得的相关理论为依据，首先体现听说法思想，在掌握语言结构的基础上重视落实语言功能，使学生逐步接近真实交际。任务前阶段可以说是3P教学法的精华版，了解任务、完成任务的词汇学习和重要语言点的认知，激活学生认知图式，通过展示、操练、表达三个阶段，使学生习得语言的形式；在任务环、任务后两个环节的交际活动中，关注语言意义，学习者在完成任务合作的过程中，领悟掌握文化、语用问题；在任务延展时查漏补缺，巩固语言知识。

"结合任务型的教学"语言教学模式是结构主义和功能主义理论支撑下的教学，适合初级汉语学习者。初级学习者掌握的词汇有限，处于语言知识学习和技能训练的基础阶段，科学准确地掌握语言知识是首要目的，课堂活

动任务难度不能太大，活动开展是"学以致用"之后再"用中学"。在任务完成过程中加强合作互助，以掌握语言意义为主，同时重视语言结构功能，使学习者的语音能力、用词造句能力、成段表达能力和语用等四个方面的口语能力得到综合发展。

按照此模式的理念，我们以《汉语口语速成·入门篇（上）》（第3版）（马箭飞，2015）第12课《要红的还是要蓝的》为例，展示初级汉语口语课堂"结合任务型的教学"教学模式架构，以供参考。

1. 任务前

（1）导入话题

设计交际对话，导入本课话题，激发学生产生使用新言语的动机。基于本课内容，我们可在多媒体课件中展示图片：商店的蔬菜货架，上面摆着各色蔬菜并标有价格。与此同时介绍背景：保罗今天要去商店买东西。然后提问："保罗想要买东西，该怎么和售货员说呢？""他想买哪种颜色的东西呢？"在师生有效交际过程中，激活学生预习内容。

（2）操练新语言点，对学生预习进行补充

此阶段是语言知识的机械化训练，通过范读、齐读、跟读、点读、讲练等形式，使学生加深对重点词语和重要句型的掌握，如"别的、卖、一共、给、零钱、东西、酸、自行车、铅笔""西红柿多少钱一斤""一斤三块八""我要四瓶啤酒再要两瓶可乐"等。设置情景，学生分组反复操练。

（3）示范并介绍目标任务，学生可以尝试使用刚学的语言材料进行真实的交际。

教师通过实例展示，让学生了解本课语言材料的真实运用。教师准备好各种商品作为教具并标注价格，例如：红色圆珠笔一盒、蓝色圆珠笔两盒、大橘子（三块一斤）、小橘子（十块钱四斤）。教师请两名同学做售货员，自己演顾客，通过一系列问题引导学生用完整的句子及本课生词、句型进行对话交际，直至成功售出商品。

这里也要考验教师的演技，教师示范得好，才能让学生理解任务用意并代入角色进行交际，才能营造真实语境，让学生在轻松愉快的气氛中加深对语言的内化。

任务前阶段总的原则是要注重在输入新语言材料的同时，激活学生已有的生活和学习经验，将新语言的使用环境及与任务话题相关的思维脉络、思维发散方向也一并提供给学生。

2. 任务环

这是任务实施阶段，学生在教师的指导下展开真实交际，进行自然、有意义的言语交际活动。目标任务完成的过程，就是增进目的语习得的过程。这一过程也能营造出各种任务类型，实现信息和情感的交流，促进语言功能的实现。

（1）任务分配

学生分为两大组，一组顾客（顾客两人一小组）、一组售货员（售货员两到三人一小组），每个小组发放一张表格记录交际信息。顾客组和售货员组所填信息不同，围绕本课学习内容，模拟大型展卖会。顾客组成员需要确定自己想买的商品，设定每个"顾客"有50块钱，通过和售货员的交际确定自己想买的商品在哪里、价格是多少、最后买了多少、最后还剩多少钱等等。售货员组成员需要根据自己的商品特征做出吸引顾客的设计，并将自己的商品成功卖出。每种商品数量不等，其中一名同学销售，一名同学收银，另一名同学统计本组原有商品数量和最后销售额，填入表格。教师事先设计好表格（见表4-1、表4-2）发放给每组进行信息记录。

表4-1 顾客组表格

想买什么？	谁是售货员？	每件多少钱？	购买数量	还剩多少钱？

表 4-2　售货员组表格

销售什么？	有多少件商品？	每件多少钱？	销售数量	卖了多少钱？

（2）计划实施

展卖前，教师将当日展卖会所有商品在 PPT 上呈现，将事先准备好的商品卡片分发给售货员小组。售货员小组根据本组商品的特征讨论设计本店吸引顾客的方法，可以是海报，也可以是叫卖。顾客组每人将自己想要购买的商品名称及数量填入表格。

展卖时，教师也是一个顾客，在展卖会场和其他同学一样运用本课语言点与售货员交流，也可与其他顾客交流或协助顾客之间交流，同时关注学生在交际中出现的问题，以便任务后进行总结。

展卖完成后，同学们需对自己的成果进行讨论，将表格填写完整。每个售货员组推选一名同学上台运用本课知识进行汇报，展示销售成果；顾客组则展示购物经历。

（3）总结汇报

各代表上台汇报本组成果，教师根据表格统计信息为销售额最高的售货员小组颁发"销售冠军奖"，并请同学们在顾客组中推选出"最佳购物狂"，表达最流畅的小组则颁发"购物小能手"奖章。要注意，这个过程也是一个由重复到流利的过程，是有意义的练习。为了保证表达的准确性，学生的注意力往往会集中在形式上，出现语言形式问题时，教师也不要打断，避免学生产生心理压力，影响其语言表达效果。我们要给学生创造重复表达的机会，力求达到流利，在后面的表达中学生会越来越多地注重内容。

这个阶段的主要目标是基本技能的练习，使听、说、读、写技能得到有机结合。重要的是如何使语言技能的训练能够吸引学生积极主动参与，让学生的任务角色多元化，使学生通过真实语境下的练习，准确地模仿和重复说出新学的语言。

3. 任务后

这个阶段是新语言材料输出成果检验阶段，学生用所学的知识和技能完成一个交际性的任务。语言材料的输出要贴近生活中真实的语言使用环境，交谈双方要有信息差，要解决实际问题并且注意发挥学生的自主性或创造性，教师只是一个观察员和记录员。

在本课中，教师给学生10分钟时间两两结对读课文，并进行自由对话，讨论最近的购物计划，邀请同伴一起逛街，教师给予充分的肯定和必要的指导。随后，针对学生语言使用的实际效果，对选择疑问句的意义和用法进行精讲和操练。通过交际活动完成练习，达到语言知识的输出与运用。学生通过真实环境中的语言点练习，达到巩固的目的。针对不明白的地方，教师加以解释说明，最终达到使学生掌握课程内容的目标。

"结合任务型的教学"汉语口语教学模式的本质就是Willis（1996）提出的三步骤框架的变式，变在任务前和任务后的两个环节的操作过程中，花费时间和精力操练语言结构，强调精确掌握语言形式，夯实语言基础，语言结构优先，意义交际紧随其后。

（二）中高阶段"基于任务型的教学"的汉语口语课教学架构

汉语学习者到了中高级阶段，已掌握汉语语法的基本格式，单词量在1200个以上，可以独立开展交际活动，在教师指导下顺利完成目标任务。课堂上，教师应积极营建任务支架，建立起任务难度等级，促使学生循序渐进，不断挑战新高度的目标任务。这个过程落实了任务型语言教学的主要观点：在教学的过程中，通过了解学习者的学习需求设计真实的任务，激活学习者已有的知识和认知结构，并在此基础上激发他们对于新知识、新信息的学习欲望，任务的成功完成即意味着新知识的成功构建。"基于任务型的教学"中高级汉语口语课教学就是教师设计目标任务,学习者以"同化"或"顺应"的方式,在"用中学"的途径里建构新的认知图式,实现语言教学意义优先的任务教学思想。

整个教学过程可以概括为:教学以学生为中心,教师充当组织者、指导者、帮助者和促进者的角色,利用情境、协作、会话等学习环境要素充分发挥学生的团队协作力、主观能动性及开拓创新力,学生通过有效的参与互动完成对所学知识的意义建构。中高级汉语口语课堂架构可将建构主义所提倡的几种教学模式以任务活动形式随机融入课堂任务。

(1)随机进入式(random access instruction)。指对同一教学内容通过不同的教学途径和方法,在不同的场合,针对不同的目标,开展不同的教学活动,以便使学习者对学习内容有一个全方位、多侧面的理解和认识上的飞跃。

(2)支架式(scaffolding instruction)。这一教学理念以"最近发展区"理论为依据,该理论由维果茨基首先提出。他认为教学应该注重开发学生的潜力,持续发掘"最近发展区",通过支架作用不断发展学生的智力,循序渐进地将其推向更高的层面。在教学活动中,应该将复杂的任务分解为若干小任务,从局部到整体,由简到繁,帮助学习者逐步建构起对教学内容的全局性、整体性认知。

(3)抛锚式(anchored instruction)。这一模式的理念是主张学习者自己到现实的生活情境中去体验、去习得,以完成对所学知识的意义建构。即学生要想深入理解事物的本质以及各事物之间的内在联系,仅仅通过听取别人的经验和介绍是远远不够的,必须自己亲自去体验、去感受,从而获取直接经验,这才是形成意义建构的最佳方式。

(4)自上而下式(top-down)。"自上而下式"是直接展示整体任务,指导学习者解剖对象,分解任务,认识事物内部的网络结构,并培养学习者分析问题、解决问题的能力。

皮亚杰是最早提出建构主义观点的，他认为"认知是一种以主体已有的知识和经验为基础的主动建构"，这一思想已成为建构主义的核心观点。皮亚杰认为儿童的智力和知识是通过同化和顺应两种方式与外界相互作用而形成的。"同化"是指外界环境刺激产生的新知识被整合到已有认知结构中，并成为其中的一部分；"顺应"是指外界环境发生变化，使儿童不得不调整原有认知结构，重新达到一种平衡。随后，科尔伯格在皮亚杰的理论基础上，对认知结构的性质和认知结构的发展条件做了更深层次的研究；斯滕伯格和卡茨等人则着重从个体的主动性这一层面深入探讨认知过程，认为充分发挥个体的主动性在认知结构过程中起着关键作用；维果茨基的"文化历史发展理论"注重学习者的社会文化历史背景，认为不同的背景文化积累会导致认知结构的差异，并且还在这一基础上发展出了维列鲁学派。建构主义理论就是在这些理论的基础上慢慢发展起来的。

建构主义的理论精髓是学习者利用旧的知识经验习得新的知识经验，而新习得的知识经验又反过来加深学习者对于旧的知识的理解，通过这样循环反复的相互作用最终完成对所学知识的意义建构。建构主义的理论精髓与任务教学思想异曲同工，都是为了促进学习者更加积极主动地学习语言，自主完成新旧知识的意义建构。另一方面，建构主义还主张"学习共同体"的思想，而任务型教学也强调在教学活动中通过互动、协作、意义协商来完成任务以促进语言的习得，在这一点上，二者也是共通的。

依托建构主义的思想，我们以《尔雅中文：沟通—任务型中级汉语口语（下）》（赵雷，2013）第15单元《职业选择》中的第1课《工作职责》为例，展示中高级汉语口语课堂"基于任务型的教学"这一模式架构。

1. 课前预习

学生课前通过字典等学习工具完成课前预习内容，通过本部分内容的学习可以自主掌握本课相关生词。

2. 热身

（1）引入话题

通过观察课本中有关职业的图片，引导学生想一想图片中的职业名称各是什么，并引出本课话题——"职业及工作职责"。通过对图片的描述，学生会对本课的学习内容有大致的了解。

（2）头脑风暴

学生通过头脑风暴活动，扩展有关"职业"的词语，并通过领读、跟读、个别朗读等形式掌握这些词语，如"警察""老师""医生""护士"等。

3. 演练与交际

活动一：人物采访

（1）任务前

a. 引入话题

通过提问，引导学生说出某些职业应该具备的基本条件、主要工作职责及利弊，如向学生提问："记者应该具备的基本条件是什么？""记者的主要工作职责是什么？""记者的工作中有利的一面是什么？""记者的工作中不好的一面是什么？""你喜欢记者这个职业吗？"提问之后，让学生完成教师事先设计好的表格，整理话题中谈及的相关信息。

职业及其相关信息			
职业名称	基本条件	工作职责	利弊分析

b. 介绍任务

让学生尝试听一篇关于记者金珍珠的电话采访录音，边听边记录要点（特别是刚学的词语），通过这篇电话采访引入正题，并在轻松愉快的气氛中加深学生对语言的内化。

> 1. 记者金珍珠采访了谁？
> 2. 被采访人的职业是什么？
> 3. 金珍珠为什么要进行这次采访？
> 4. 这个职业的主要工作职责是什么？
> 5. 做这项工作需要具备什么条件？
> 6. 被采访人工作的乐趣和苦恼分别是什么？
> 7. 金珍珠是怎么结束自己的采访的？她是怎么说的？（百忙之中）

（2）任务环

任务：全班分成三个大组，每个大组内分成若干两人组。自定角色：A 为某电视台记者，负责采访 B；B 为下图中的一个人物（教师／导游／外交官）。

（教师）　　　　　（导游）　　　　　（外交官）

> 采访内容：
> 1. 具体工作职责（如：你／您每天的主要工作是什么？）
> 2. 该职业应具备的基本条件（如：你／您觉得怎样才能做一名合格的……？）

> 3. 这项工作的意义和乐趣（如：这项工作带给你/您的最大乐趣是什么？）
> 4. 做这项工作的困难和烦恼（如：你/您的最大烦恼或困难是什么？）

要求：采访内容1和2是核心任务。开始时，A要简单自我介绍，说明采访目的；采访结束时，A要表示感谢。A要注意B的身份，礼貌提问。采访时请参考课本中的提示词语。

计划：采访时或采访后汇总并核实信息，并从每个大组中推选两名同学准备进行汇报。汇报形式为以录像形式在北语电视台选播。

采访信息表	
采访人：	被采访人：
采访时间：	采访地点：
被采访人职业：	被采访人工作年限：
具体工作职责：	
该职业应具备的基本条件：	
这项工作的意义或乐趣：	
做这项工作的困难或烦恼：	

汇报：各大组代表模拟采访并进行录像，并由北语电视台展播，展播的同时各小组进行点评，最后选出最佳采访大组、最佳台风大组、最佳主持人大组，并给每个大组发一张奖状。这个过程也是学生由半自动化到自动化输出的过程，一般来说，学生开始的时候会更加注意如何表达正确，但在后面的使用中，学生会越来越多地注意内容，并力求表达流利。

（3）任务后

将刚刚使用过的语言材料运用到新的采访任务中，新的采访对象为足球运动员、律师和警察。采访时注意核心任务并注意礼貌用语。通过任务后的延展，使学生从半自动化达到自动化全输出的过程，把学过的语料运用到真实场景中，做到有效输出。

活动二：留学生未来职业选择小调查

（1）任务前

a. 引入话题

课前通过课本中的"个人调查任务单"调查学生周围的各国留学生，引出新的任务环话题——留学生未来职业选择。

要求：学生每人调查6—8人，填好调查表，并思考其中反映的问题。

b. 介绍任务，并让学生熟悉语料中的词语

听取2—3名学生汇报"个人调查任务单"内容，并搜集任务单中的有用语料，教师书写在黑板上，并通过领读、跟读、个别朗读的形式让学生熟悉词语。

（2）任务环

任务：4—5人一组，各小组成员包括组长（1名）、分析员（2名）、统计员（1—2名）。

计划：

a. 根据"小组调查汇总、分析单"，组长负责组织汇总工作，小组成员提交各项调查结果，统计员进行数据统计。

b. 根据调查数据，分析员分析数据结果，共同讨论其中反映的问题，并根据上述问题，提出"给……的几点建议"，记录在"小组调查报告单"中。

c. 共同讨论、完成"小组调查报告单"。小组代表向全班报告调查结果，或小组成员同期录音，每人报告小组调查结果。

汇报：全班选听 1—2 名同学的报告，集体讲评。

（3）任务后

设立任务后延展话题——他们的职业选择，让学生到真实场景中去调查其他人的职业选择，把刚刚学到的语料运用到真实场景中。

活动三：故事会——看图讲故事

（1）任务前

a. 引入话题

两人一组，分别看图片 A、B，根据"讲述提示"回答问题并梳理故事线索，引出故事题目——话题。

b. 介绍任务

根据问题答案，整理并进行信息汇总。

（2）任务环

与另一组同学组成一个大组（A1、B1 + A2、B2），以 4—3—2 的方式互相给对方讲述准备的故事，每人讲三遍。

a. A1—A2、B1—B2，每人给对方讲 4 分钟。

b. A1—B1、A2—B2，每人给对方讲 3 分钟。

c. A1—B2、A2—B1，每人给对方讲 2 分钟。

汇报：随机请两名同学在全班面前讲故事 A、B。集体讲评。

（3）任务后

设立新的故事大纲，要求学生在新故事中运用刚刚学会的语料，讲述一个故事，要求故事具有真实性，不能天马行空，要用上新学的语料，达到有效输出。

此外，还要进行任务延展，即进行"聚焦于形式"（focus on form）的练习。通过完成练习，达到语言知识的输出与运用，最后完成听说读写各技能的训练。学生经过语言点练习，达到再次巩固的目的。针对学生不明白的地方，教师加以解释说明，最终达到使学生掌握课程内容的目标。

"基于任务型的教学"汉语口语教学模式强调任务活动是课堂教学的本质，任务连续展开，任务环拉长，分解为若干个小任务，在交际过程中掌握语言结构形式，意义优先，以交际流畅为核心。任务前和任务后的两个环节中，投入时间和精力要比任务环少，任务前热身的语言知识内容建议放在课下预习完成，聚焦语言结构形式的练习可在任务延展阶段完成。

　　总之，任务型语言教学能够调动学习者的积极性，激发学生开口说话的欲望，语言学习过程中需要教师灵活解决好课堂教学习得语言与自然习得语言之间的矛盾，恰当处理提高语言流利性和准确性之间的矛盾。虽然任务型教学仍存在亟待解决的上述问题，但目前任务型教学不失为汉语口语教学的主流教学思想，正如 Harmer（2003）所指出的：任务型教学法和传统教学法的最大不同在于，任务型教学法能使语言在真实的交际中得到运用，其模式是把听说读写各种技能结合起来并从流畅到准确和流畅；而传统教学法只是把重点放在某一形式上，其模式是从准确到流畅。

　　任务型教学是提高对外汉语口语教学质量和效率的有效途径，转变教学理念，我们应针对不同汉语水平的学习者，建立任务型汉语口语课堂教学框架并付诸教学实践，以提升国际汉语口语教学的实践性和"五效"性。

∷ 参考文献 ∷

蔡宝来、车伟艳（2013）课堂有效教学：内涵、特征及构成要素，《教育科学研究》第 1 期。

蔡整莹（2009）《汉语口语课教学法》，北京：北京语言大学出版社。

常玉钟（1991）用"结构—功能法"进行听力口语教学，《世界汉语教学》第 4 期。

程晓堂（2005）《任务型语言教学》，北京：高等教育出版社。

崔维真（2015）初级汉语口语课堂教学研究，《现代汉语》第 12 期。

杜　欣（2006）对外汉语口语教学模式面面观，《语言文字应用》第 S2 期。

龚亚夫、罗少茜（2003）《任务型语言教学》，北京：人民教育出版社。

郭　鹏（2016）影响任务型教学有效性的若干因素，《国际汉语教学研究》第 1 期。

江傲霜（2003）对外汉语高级阶段口语教学浅析，《蒙自师范高等专科学校学报》第 4 期。

金　路（1989）怎样对外国学生讲授汉语口语语体知识，《当代修辞学》第 1 期。

金晓艳、王嘉天（2015）汉语口语教学模式研究，《辽宁师范大学学报》（社会科学版）第 1 期。

金竹花（1980）用句型法教好口语，《汉语学习》第 2 期。

李海燕（2001）从教学法看对外汉语初级口语教材的语料编写，《语言教学与研究》第 4 期。

李兰英（1988）谈使用《新汉语三百句》进行口语教学，《世界汉语教学》第 1 期。

李　恋（2014）以"学生为中心"教育理念的内涵解析，《黑龙江教育》（高教研究与评估）第 3 期。

李维东（2009）皮亚杰的建构主义认知理论，《中国教育技术装备》第 6 期。

李晓琪主编（2004）《博雅汉语·初级起步篇》，北京：北京大学出版社。

李　燕（2006）任务型教学法与对外汉语初级口语教学，《云南师范大学学报》（对外汉语教学与研究版）第 3 期。

李园园（2020）翻转课堂教学模式在中级汉语口语课中的应用研究，上海师范大学硕士学位论文。

刘红英（2000）初级后期阶段的口语交际训练法，《沈阳师范学院学报》（社会科学版）第 4 期。

刘颂浩（2005）我们的汉语教材为什么缺乏趣味性，《暨南大学华文学院学报》第 2 期。

刘晓雨（2001）对外汉语口语教学研究综述,《语言教学与研究》第 2 期。

龙宝新、陈晓端（2005）有效教学的概念重构和理论思考,《湖南师范大学教育科学学报》第 4 期。

陆佳幸（2019）汉语口语移动学习用资源的设计与开发,暨南大学硕士学位论文。

吕必松（1995）对外汉语教学概论（讲义）（续十三）,《世界汉语教学》第 3 期。

罗青松（1996）谈对外汉语初级口语课堂教学的交际性,《中国人民大学学报》第 5 期。

马箭飞主编（2015）《汉语口语速成·入门篇（上）》（第 3 版）,北京：北京大学出版社。

钱季玉冰（2006）任务型中级汉语口语课的任务研究,华东师范大学硕士学位论文。

申修言（1996）应该重视作为口语体的口语教学,《汉语学习》第 3 期。

沈　燕（1995）高级口语的课堂教学,《清华大学学报》（哲学社会科学版）第 4 期。

石佩雯（1983）谈如何增强口语教学的真实感,《语言教学与研究》第 1 期。

苏　焰（1995）谈谈外国留学生中高级口语教学,《武汉大学学报》（哲学社会科学版）第 3 期。

孙海丽（2005）对外汉语初级阶段口语教学浅析,《齐齐哈尔大学学报》（哲学社会科学版）第 5 期。

汪静娜、陶国霞（2009）任务型教学法在对外汉语口语课堂的实践浅析,《喀什师范学院学报》第 3 期。

王　楠（2010）阅读《交际式教学法在汉语口语课堂教学中的运用》引发的思考,《文教资料》第 10 期。

王若江（1999）对汉语口语课的反思，《汉语学习》第 2 期。

王振来（2002）汉语口语教学略谈，《锦州师范学院学报》（哲学社会科学版）第 5 期。

吴勇毅（2016）再论任务型语言教学的"任务"，《国际汉语教学研究》第 1 期。

吴中伟（2008）输入、输出和任务教学法，《华东师范大学学报》（哲学社会科学版）第 1 期。

吴中伟（2014）口语课教学模式分析，见北京语言大学对外汉语研究中心编《汉语应用语言学研究》（第 3 辑），北京：商务印书馆。

吴中伟（2016）任务：作为教学内容还是作为教学途径，《国际汉语教学研究》第 1 期。

吴中伟、郭鹏（2009）《对外汉语任务型教学》，北京：北京大学出版社。

武惠华（2002）谈口语课课堂活动及课下练习的设计，《汉语学习》第 5 期。

徐子亮（1987）口语教学语言特色浅谈，《当代修辞学》第 3 期。

徐子亮（2002）汉语作为外语的口语教学新议，《世界汉语教学》第 4 期。

杨寄洲主编（1999）对外汉语教学初级阶段教学大纲，北京：北京语言文化大学出版社。

杨娟（2005）自主式交际性口语教学活动初探，《南通航运职业技术学院学报》第 3 期。

尹谦（2005）初中英语任务型语言教学研究，西南师范大学硕士学位论文。

于芳芳（2006）近十年来对外汉语口语教学综述，《现代语文》第 5 期。

张若莹（2000）试论高级口语教学中的几个基本问题，见《第五届国际汉语教学讨论会论文选》，北京：北京大学出版社。

张云艳（2003）对外汉语口语教学策略研究，《云南师范大学学报》第 6 期。

章纪孝（1994）关于高年级口语教学的思考和构想，《世界汉语教学》第 1 期。

赵金铭主编（2004）《对外汉语教学概论》，北京：商务印书馆。

赵　雷（2008）建立任务型对外汉语口语教学系统的思考,《语言教学与研究》第 3 期。

赵　雷主编（2013）《尔雅中文：沟通——任务型中级汉语口语（下）》,北京：北京语言大学出版社。

周继圣（1988）高级汉语口语课的新尝试,《语言教学与研究》第 4 期。

周小兵（1989）口语教学中的听话训练,《世界汉语教学》第 3 期。

Ellis, R. (2003) *Task-based Language Learning and Teaching*. Oxford: Oxford University Press.

Harmer, J. (2003) *The Practice of English Language Teaching* (3rd Edition). Harlow: Longman.

Lee, C. (2004) *Language Output, Communication Strategies and Communicative Tasks: In the Chinese Context*. New York: University Press of America.

Willis, J. (1996) *A Framework for Task-based Learning*. New York: Addison Wesley Longman.

（曲文吉，吉林外国语大学教授）

第四节 听力课教学模式

听力教学在不同的课程设置中扮演着不同的角色。汉语教学的课程设置根据实际需要和不同的教学目标存着不同的模式，大体来说，一般是"主干课（综合/精读课）+支干课（技能课/复练课）"。主干课以语言知识讲练为主，兼顾各项技能。支干课的内容和搭配方式非常多样，有的支干课只有一门复练课；有的支干课按听说和读写分为两类；有的支干课按听、说、读、写四项技能分为四门课。本节介绍的建构型听力教学模式是在"主干课+四项技能课"课程设置的实践中总结出来的，在该课程设置下，听力课是一门相对独立的课程，有较为宽裕的课时安排（4课时/周）与较为完整、独立的教学内容（配套的听力教材）。课时和内容上的充沛是教学模式得以实施的基础，不过本节提出的变"输入"为"输出"、变"被动"为"主动"的听力教学思路对各类听力训练都有一定的参考价值。

一、综述

"听"在四项技能中位于首位，其重要性不言而喻。Cooper（1988）调查了日常生活中四项技能的分配时间，发现42%的交际活动需要"听"的参与，"说"占了32%。在教学中，学习者在交际中存在输出困难，很大一部分原因在于输入出了问题，即没有听明白问题。可见，"听"是一项常用的语言活动，并且会极大程度影响语言的表达。

但是，现实中学生常常不那么重视听力课。主要是觉得相较于"写"和"说"，"听"似乎没有那么难。另外，听力课的吸引力往往还不够，既没有做报告的成就感，又被一大堆错题打击。高彦德等（1993）调查了三类人（来华留学生、在华外交人员、在华商贸人员）对四项技能难度的看法，其中，56.7%的留学生认为"听"是最难的，但走出校园的两类人中分别有

79.3%和75.0%将"听"摆在了首位。这表明在实际工作和生活中,"听"实际上是语言交际的最大障碍。

另一个现实情况是:自听力作为一门独立的课型进行授课以来,听力课的教学效果常常受到质疑。刘颂浩(2001)认为很多汉语听力教学的效果不理想,学生实际听力水平比较差。Starr(2000)通过对来华英国学生的调查发现,尽管学生普遍认为听的能力非常重要,但他们对听力课的评价很低,认为自己听力能力的提高主要是得益于课外因素。通过调查得出类似结论的还有刘超英(1993)、沈燕(1998)等。

在提出质疑的同时,很多教师在教学方法上不断改进,诸多新理论被引入听力教学。李冬梅(2002)与任海波、朱顿(2015)等探讨了关联理论与汉语教学的结合途径,张晋涛(2005)借鉴关联理论提出了4项教学策略,李幼飞(2006)通过实验证明图式理论指导下的听力教学能取得较好的效果,莫烦(2011)、寇喜珠(2015)对语篇分析引入到听力课堂教学的有效性做了研究调查,施仁娟(2015)、雷倩(2019)讨论了话语标记理论在听力教学中的作用,戴云、吕佳(2019)尝试将图式理论运用到高级阶段听力教学。除了语言学理论之外,将新的教学方法或理念引入听力教学的尝试也不少。如陈钰(2006)、杜欣(2012)讨论了如何在听力课堂中实施任务型教学法,章欣、孙俊(2016)尝试了基于翻转课堂的听力教学,袁帅(2019)、张丽明(2020)讨论了多模态教学模式与听力教学结合的可能。这些理论的引介极大拓宽了听力教学的视野,提升了教学效率,促进了汉语听力教学向着专业化、高效化、科学化的方向发展;但同时我们也注意到,大部分的研究仅仅是在单个方法或理论上的尝试,尚未形成博采众长、较为成熟系统的教学理论模式,探索符合汉语特色的国际汉语听力教学模式仍然是一条需要不断求索的道路。

二、建构型听力教学模式的理念

"聆听"是一种输入的过程,是一个将语音信息接收、识别、解码为可理解信息的认知过程。听力教学就是培养、提高这种"聆听"的能力。杨惠元（1992）提出，在分技能设课初创的20世纪60年代，"听力课的教学目的是通过多种形式的听力训练，培养学生听懂用正常语速进行日常生活会话的能力和听专业课的能力"。这一教学目标明确、清晰，解决了从无到有的问题，它基于这样一个认识：听力课是一种输入，教师的任务是帮助学生理解听到的语言，在学生听前或听后扫清听力材料中的语言"障碍"，达到听懂的目标。

实际上，在真实的语言交际中，"聆听"并不止于"听懂"。随着认识的深入，不少学者提出了不同的听力教学目标。王小珊（1997）认为，初级听力课的基本任务是积累言语信息。李红印（2000）认为："听力课的教学目的不主要是技能训练，而主要是传授知识、扩大词汇量和增强学生的语感。"刘颂浩（2001）认为，应该通过听来学习词汇、语法。谭春健（2001）提出，初中级听力课应该采用"理解后听"的模式，即在学生理解了语料之后进行多种声音的反复输入，或对同一句法结构负载的不同意义在理解之后进行反复输入。

这些更多样化的教学目标的共同特点在于：听力教学的任务是帮助学生通过听来积累、学习、激活新的知识。听力课需要听力理解，但不能止于理解，听力理解是一个建构的过程，因为在交际中，听的本质目标是获取新信息，以推进交际互动的持续。"聆听"这一过程看似被动，但本质是主动的，是交际者接收新信息后重新构建下一步话语的出发点。

基于此，建构型听力教学模式是将"聆听"视为学习者以"听"为输入渠道重新调整、建构信息的过程，听力理解是学习者运用已有相关知识主动对语音信息进行加工并内化的过程。听力教学的目标是帮助学习者在已有的语言基础上，通过语言知识、听力技能和认知策略的训练，在真实情境下开展任务式学习。这一过程应以学生为中心，充分考虑到学生的主动性，引导学生建构汉语的语言、文化、情感体系。在这一模式下，学生不是被动的听力录音接收者,而是汉语知识与能力的自我建构者。教师不是听力理解障碍的"清除者",而是学生认知建构的"搭建者"和"引导者"。

三、建构型听力教学模式的应用

教材决定了教学内容,也在很大程度上决定了教学形式。综观现有的听力教材,从形式上基本可以分为试题类和课文类两种。前一类的基本形式是各种客观化试题,大多参考汉语水平考试(HSK)的形式,试题与试题之间并无关联,若干试题组合成一个教学内容;后一类近似传统的综合课教材,每一个教学内容都有生词、语法和课文,区别在于听力课文采取录音形式,听后有若干相关训练。以下针对这两种形式分别介绍不同的处理方法。

（一）技术准备

"工欲善其事,必先利其器。"听力教学内容大多为录音,教师应对教学录音做到信手拈来,为我所用。在语音材料的获取及处理上,一些现代化的工具为教学提供了极大的便利,简要介绍如下。

1. 音频编辑工具

常用的音频编辑软件有 Cooledit、Audacity、Adobe Audition（见图4-7）等。听力教师可以将课文录音（mp3、wav 格式均可）导入这些音频编辑器,然后根据需要进行复制、剪切等操作来编辑录音。

图 4-7　音频编辑软件 Adobe Audition 界面

利用音频编辑软件，课文录音可以分解成若干小段，供教师插入课件，还可以实现很多其他功能，如删减录音中不需要的部分，将不同的录音合成到同一段录音之中，增加录音的播放次数，增加或减少录音后空白时间，实现声音的渐强渐弱等。

音频编辑软件的另一大功能是声音的录制，配备话筒就能获得专业的录音效果，极大方便了教师自己制作教学录音或考试录音。

2. 视频编辑工具

除了声音文件，有些课程也会涉及视频文件，例如新闻听力、影视听力等，这时可以使用的视频编辑软件有会声会影、爱剪辑（见图 4-8）、快剪辑等。

图 4-8　视频编辑软件"爱剪辑"界面

视频编辑软件的使用方法和音频编辑软件类似，通过简单的操作就能制作出供教学使用的视频文件，同样也能嵌入课件。

3. 其他相关软件

音频和视频编辑软件对文件格式都有一定的要求，这导致有时教师采集到的文件无法导入软件编辑，这时需要使用相应的软件进行格式的转化，最简便、最常用的格式转化软件有格式工厂（见图 4-9）、闪电音频格式转换器等。

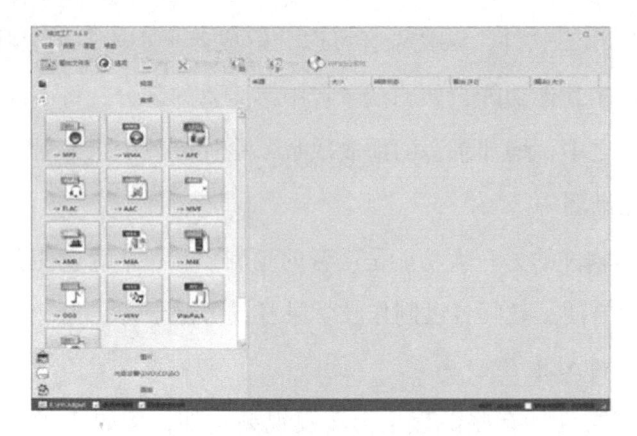

图 4-9　格式转换软件"格式工厂"界面

　　有心的教师会随时捕捉语音信息，使用手机、专业录音笔采集的信息常常是 m4a 格式，这时就需要使用格式转换软件将其转化为常用的 mp3、wav、wma 格式。

　　在信息化时代飞速发展的大背景下，网络资源、社交媒体等信息化资源日益丰富，本节仅列举了当下常用的软件，可供教师使用的资源远不限于此，如果说磁带、录音机是听力教学手段的 1.0 版，计算机、投影仪是 2.0 版，那么未来教学手段的 3.0、4.0 版等会接踵而来，不断翻新的技术手段极大提高了教学效率，丰富了教学形式，改变了传统教学和学习的形态。汉语教师，尤其是听力教师，在多模态教学化的发展方向上需要不断学习和更新。

　　（二）试题类教学内容的教学

　　试题类教学内容由客观化的试题组成，以选择题为主要形式，辅以判断、配对等。各试题较为独立，并无关联，教材中往往不会明确给出生词、语法或者需要训练的听力技能。这就要求教师结合学生水平对录音材料进行评估，事先总结出每个试题的重点词语、语法、侧重的听力技能，将试题分解成潜在的教学内容，然后按照听前、听中、听后的顺序，先后进行预热激活、聆听理解、灵活运用的训练，以达到变输入为输出、变被动为主动的建构型听力教学目标。这部分的教学采取自下而上的加工方式，从词汇入手，逐渐通过语音激活，在学习者认知中逐步建构并加深相关的句子、对话等语音联结，具体流程如图 4-10 所示：

听前预热 ➡ 精听 ➡ 听后再现及运用

图 4-10　试题类教学内容教学流程

1. 听前预热

听前预热是对听力教材进行的词汇准备。常用的形式有：

音—形联结：听音找词（课件上呈现若干词，听生词录音找出对应的词）；听音排序（课件上给出序号，让学生听生词录音在序号中补充出词语）。这两种方法主要是帮助学习者建构起词汇表层的音—形联结。

音—义联结：选词填空（见图 4-11）。这种方法一是检查学习者的预习效果，二是帮助学习者建构起词汇深层的音—义联结。

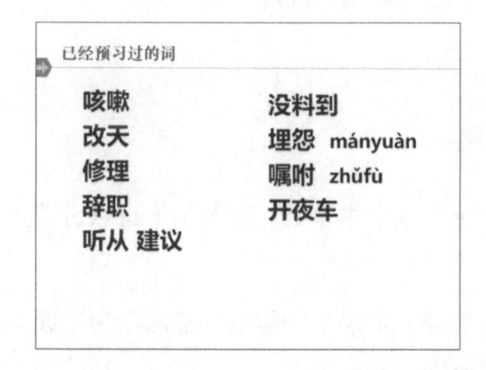

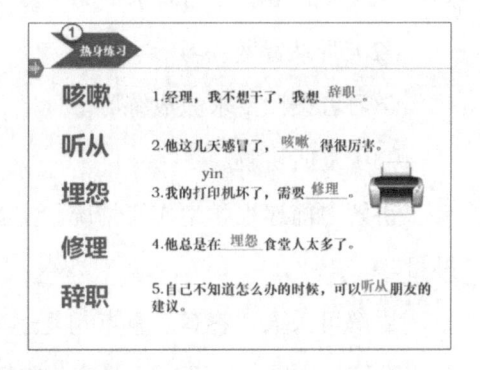

图 4-11　听前预热阶段课件举例

2. 精听

事先帮助学习者建立起生词的语音对词性和词义的联结后，该词语在学习者的心理词汇中已被简单地激活，但如何在句子或对话中进行识别和理解，还需要进一步的精听练习。这一部分可按照猜测问题、听录音做练习、复听讲解的步骤进行。

（1）猜测问题

猜测问题属于正式听力试题训练之前的听前准备，即让学生学会通过快速浏览选项猜测问题。同时，教师可对相似选项进行必要的提示。听的题量和次数根据需求决定。一般采取一次听5题、每题听两遍的做法。

教师可将ABCD选项全部呈现在课件上，引导学生猜测问题，预测关键信息，训练其应试能力。从一些形式上的特征可以迅速推断问题，例如，选项都是把字句，那问题很有可能是"做什么"。需要注意的是，教师不必对选项进行过多的讲解，否则会引起对录音材料理解的干扰。Yanagawa & Green（2008）的实验表明，在"听之前预览题干和选项""只预览题干"和"只预览选项"三种模式下，"只预览选项"的错误率是最高的，其他两项的错误率没有显著差异。题干对水平不同的学习者影响不一样，水平低的学习者没有题干的提示就只能依赖选项，尤其容易受到选项中与录音吻合的词或其否定形式的影响，而高水平的学习者受这种影响的程度不大。

（2）听录音做练习

学习者按照要求完成练习。

（3）复听讲解

讲解之前巡视学生作答情况，主要是引起学生重视，以及了解重点讲解题目。

讲解可采取"答案+重点句复述+解释+扩展"的做法。前两项为每题都应进行的步骤，后两项视录音材料而定。

解释，一般针对的是语法结构、重点词（主要是虚词）。很多研究证明，二语学习者对听力的处理策略是关注语义线索，而非句法线索。其实，这些句法线索主要是一些语法结构和虚词，学习者大部分都已经在综合课里学习过，不是不懂，而是识别能力不足。因为它们常常是非重读音节，不易被识别出来。学习者会不自主地将注意力分配到那些易于捕捉的、更有节奏的音节（实词）上，实词能建构意义，更容易被感知。而母语者则不同，他们对使用频率相当高的虚词非常熟悉，所以在听的过程中只需要极少的注意力就能识别出虚词。因此在初级阶段，应该要求学生从关注意义转向关注形式。在自下而上的教学方式下，教师需要求学生注意到每一个似乎没有实在意义的词，把注意力从单个的、孤立的实词转移到经常出现的语块上，如"说不下去了""没怎么看过"等，这些承载着语法意义的虚词或构式应是这部分听力教学的重点。

扩展，针对的是重点词的其他语音形式、专项的听力微技能等。例如，根据上下文猜测词义能力、完句意识、语流切分能力、理解隐含会话含义能力、捕捉关键词的能力、根据称呼推测人物关系、根据语气词推测语气等。

图 4-12 的课件主要训练的是"根据关键词猜测下文的能力"，学习者听到了"那可不"，应能猜测出后面的话语是对前一说话人话语的肯定或重复。

图 4-12　精听阶段课件举例（一）

3. 听后再现及运用

该阶段可采取的形式有：重点句听后复述 + 各种听力活动。

重点句听后复述是选择已听录音中包含重点句型和词汇的句子，以文字形式呈现出来，边听边看，听后复述（见图 4-13）。文字形式的刺激在学习者的听力输入中起着重要作用。靳洪刚等（2021）通过实验表明，字幕对视频材料的听觉部分起到输入加强的作用，对语言的加工、使用、习得起着重要的辅助作用。因此，在听力教学中，语音材料的文字复现是非常有必要的。

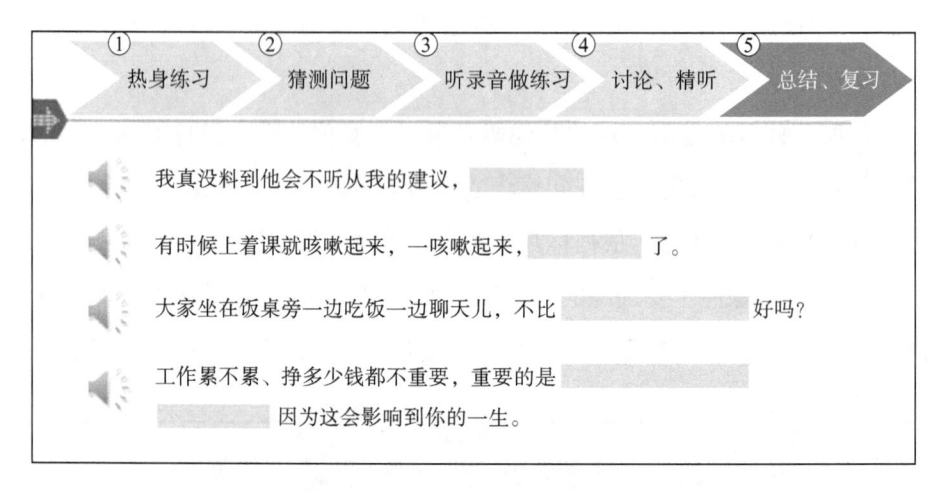

```
① 热身练习  ② 猜测问题  ③ 听录音做练习  ④ 讨论、精听  ⑤ 总结、复习
```

🔊 我真没料到他会不听从我的建议，＿＿＿＿＿

🔊 有时候上着课就咳嗽起来，一咳嗽起来，＿＿＿＿＿了。

🔊 大家坐在饭桌旁一边吃饭一边聊天儿，不比＿＿＿＿＿好吗？

🔊 工作累不累、挣多少钱都不重要，重要的是＿＿＿＿＿因为这会影响到你的一生。

图 4-13　精听阶段课件举例（二）

　　整个试题类教学内容的听力训练都是注重培养学生自下而上的听力能力的，自下而上的能力与词语识别的自动化程度紧密相关。尤其对于初级学习者来说，他们在听的过程中需要投入大量的注意力进行词语识别，只有提高词语识别自动化的水平，才能很好地通过自下而上的方式理解所听内容。

　　在学生复述时，需要强调学生对录音中语气、语速、重音等的模仿。跟读也能提高听力能力，这是因为对语音的正确分词能力是听力理解能力的一个重要部分，不同的语言对语流中词汇的边界感知是不一样的，汉语主要依据音调，也就是感知词汇的声调来分别意义，而英语主要是分别双音节词的重音位置。另外，在重音模式上，英语母语者倾向于"重—轻"的语音模式，但汉语母语者对"轻—重"模式的词反应最快。也就是说，汉语母语者通过一个"轻—重"的语音搭配形式能很快准确地划分为一个词，而其他学习者没有这种敏感性。通过对录音的模仿，甚至夸大声调和轻重模式，能帮助学生内化汉语语音感知特征，有助于他们对语流进行快速准确的切分。

该阶段的听力活动形式可以多种多样，目的是让学生运用通过听习得的词汇或语法，对刚听到的重点句型和词汇能听会用。常见形式有你说我猜、同音字搭桥、传声筒、出题能手、微信听写等。

（三）课文类教学内容的处理

此类教学内容常常以一个话题、场景或功能为主导，包含短文或对话，或长或短，往往有着明确的生词、语法，课文后附带客观化或主观化练习，练习形式多样，听、说、读、写各项技能都能覆盖。在听、说结合的课程设置中，此类教学内容常常占主导。在试题类教学内容的教学中，教师容易被试题主导，成为放录音、对答案的配角。而在课文类教学内容的教学中，教师容易弃录音不用，成为讲语法、说话题的主角。这时，听力课容易变成综合课或者口语课，听力课的特色无法突出。在建构型听力教学模式中，教师处理课文类教学内容时应保持一个建设者、辅助者的角色，通过语音材料的逐层引导，帮助学习者构建其自身的言语体系。这一部分的教学可采用自上而下的方式，以话题为主导，先通过讨论激活与话题相关的词汇，然后通过引导让学生在语境中理解词汇和语法，再通过进一步精听巩固，最后回到话题进行运用和拓展。具体流程如图 4-14 所示：

听前准备 ➡ 精听 ➡ 听后运用及扩充

图 4-14　课文类教学内容教学流程

1. 听前准备

课文的听前准备包括两个方面：一是话题的准备，二是生词和语法的准备。

（1）话题导入

教师使用图片、听小故事或者看一段视频导入与课文内容相关的话题。

此时的听前准备以短时间的口语讨论为主,一是有助于调节课堂气氛,二是有助于激活学生大脑内已有的话题相关词汇。图式理论认为,图式是知识在人脑中的存储形式,是连接概念和对象的纽带。图式对人们听懂和记忆起着预测、补充作用,以及对信息选择性加工的作用。这一部分的讨论旨在激活话题相关的语言图式和内容图式。讨论时教师可鼓励、引导学生多说,如果学生说出录音中即将出现的生词或重点词,教师应及时板书下来。

(2)情境听辨生词和语法

这部分的主要目的是在话题或情境的导入下,在句子或语篇中激活生词在学习者认知中的语音形式,并建立起语音—词形—词义的联结。具体做法为:以问题为导入,激发学生回答,然后让学生听录音寻找答案。录音中包含生词或语法结构,学生通过语境加深对生词或语法的理解。以这种带情境的语音形式呈现生词后,老师再进行简单的讲解。把词义讲解清楚后即可戛然而止,不要旁生枝节,马上过渡到下一个生词或语法结构的自上而下的处理。

在呈现完所有词汇和语法结构后,再听一遍生词录音,让学生一边听一边看生词表,强化学生语音—词形—词义的联结。引导学生再将听到的语法结构对应到课本中的讲解部分。

2. 精听

学习者按照课文的要求,听录音完成练习。经过听前准备的铺垫,程度好的学生应该已经把握了课文的主要脉络和关键句,练习时往往不会存在太大的问题。

教师需要对学生的错误有所准备,在课件录音进度条中标记出来,复听时马上切入。另外,教师还需要根据常见错误,准备答题策略训练。

3. 听后运用及扩充

听后运用的形式有论点归类、故事表演、情景重现等,具体步骤为:

首先进行课文篇章框架的总结。一般对于信息说明和讨论类的课文,会展示两个人话轮互换的过程，以话轮为单位让学生再听一遍并总结。此时，教师带着学生养成边听边记的习惯，教师板书或者借助课件呈现，听完后让学生总结出整个课文的框架。对于故事独白类的课文，再播放一遍录音后要求学生记录下时间节点，之后以节点为单位再次播放，要求学生总结每个时间节点内发生的事情。

然后根据教师和学生一起总结的对话信息框架和故事节点框架，要求学生进行情景重现或者故事表演。至此，完全是通过听的方式就建构起了学生自身对课文话题或内容的再创造。

在扩充阶段主要采取泛听的形式。教师补充1—2篇与课文相关的录音材料。需要注意控制录音难度，同时要降低理解考核要求，听1—2遍即可。泛听的目的主要在于扩大词汇量、补充观点、扩展视野，帮助学习者建构已激活语言或内容图式的外延辐射。

（四）复习和作业

无论是哪种类别的教学内容，一个完整的课堂还需要包含复习和布置作业环节。下面介绍一些建构型听力教学模式常用的复习或作业方法。

1. 复习

复习环节可置于正式上课环节之前，时间不长，目的在于集中学生注意力，为其认真聆听做准备。具体形式有：

（1）听后辨词

听后辨词用于复习生词及训练听力工作记忆。（见图4-15）

具体做法为：先由教师朗读若干词，然后再呈现出若干词，让学生判断哪些词听过。从2个词开始挑战到7个词。在学生习惯了这种方式后，教师可改成呈现课文里的句子，让学生判断哪些词听过。这样可以让学生感受到，有意义的情境中的词语比单个的散乱的词语更方便记忆；也能让学生感受到，听力是需要短时工作记忆的。

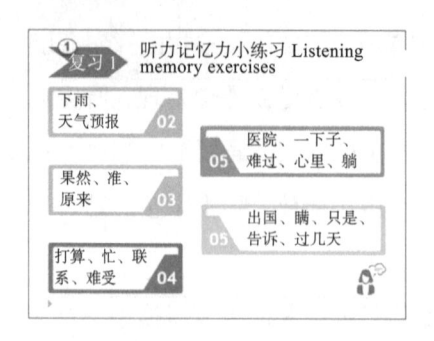

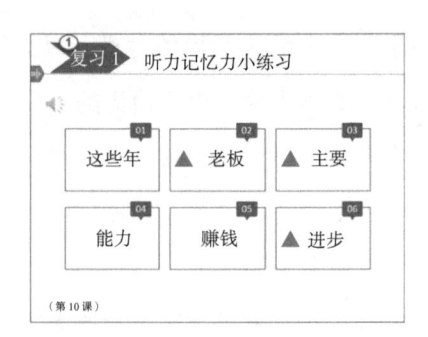

图 4-15 听后辨词课件举例

有意识地训练听力工作记忆是非常有必要的。学生经常会说，听了就忘，刚刚听到的内容很快就忘了。Goh（2000）的一项对学习者听力难点的分析发现，"听后就忘"是听力五大难点之首，26%的学生反映有这个问题。工作记忆有储存和处理双重功能，容量有限。在工作记忆中，要记住某一内容，首先要对它进行处理，并把处理结果储存起来。就听力过程来说，这种处理的基本层面是语音的识别和解码。如果要提高处理效率，就要提高基本层面处理的自动化程度，减少对大脑资源的消耗，使更多资源分配到高一级的句子、篇章的意义处理。提高自动化过程是需要训练的，需要通过多次重复而形成固定反应。

（2）听后辨错

听后辨错的目的在于复习已学语篇，以及训练语境中音—义快速对应能力。

具体做法为：从已学课文中摘一段录音，找出发音相同或相近的易混淆词，让学生边听边找出错误。（见图 4-16）

学生常常说听不出来已经学过的词。根据 Goh（2000）的研究，"听不出来已经学过的单词"位于听力五大难点的第二位。实际上，在听的过程中，学习者听到的是把握不到的声音信息，这种声音信息在工作记忆中被识别并连接到长时记忆中的某个意义；但是，这种声音和意义的对应往往不是唯一的，需要听者根据接收到的句子或者语篇信息进行甄别，这种语境中的音—义对应关系的快速建立有助于提高大脑对语音信息深层处理的自动化水平。

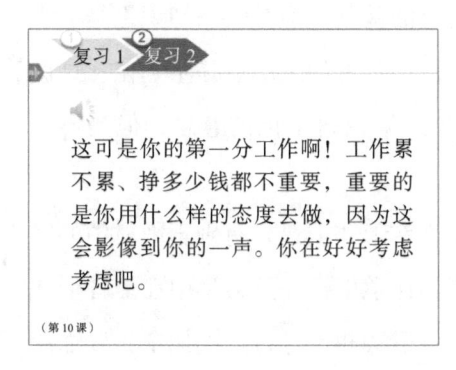

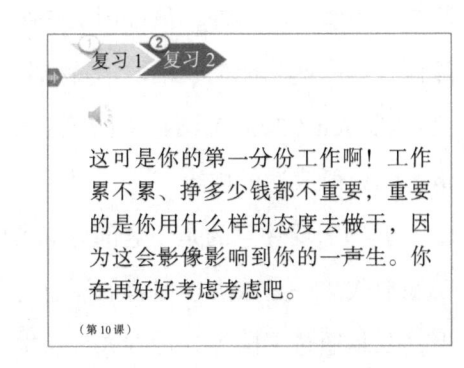

复习1　复习2

这可是你的第一分工作啊！工作累不累、挣多少钱都不重要，重要的是你用什么样的态度去做，因为这会影像到你的一声。你在好好考虑考虑吧。

（第10课）

复习1　复习2

这可是你的第一分份工作啊！工作累不累、挣多少钱都不重要，重要的是你用什么样的态度去做干，因为这会影像影响到你的一声生。你在再好好考虑考虑吧。

（第10课）

图 4-16　听后辨错课件举例

另外，这种训练方式还关涉到音—形的对应。在实际交际中，由于手机或者键盘输入造成的错误是比较常见的。因此，在学生对这种练习方式比较熟悉之后，可以换一种练习方式：让学生只听 1—2 句比较短的录音，然后让学生现场拿出手机在微信班级群里输入，看谁输入得最快、最准确。

（3）听后选择

听后选择的目的在于复习已学句型，以及训练听后推理能力。

具体做法为：选择上一节课中的重点句型或重点词，变换考查形式，重复听。（见图 4-17）

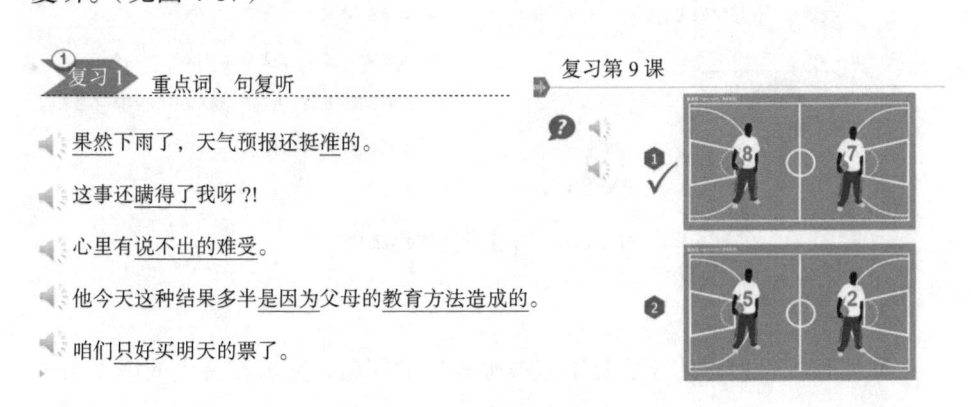

复习1　重点词、句复听

果然下雨了，天气预报还挺准的。

这事还瞒得了我呀?!

心里有说不出的难受。

他今天这种结果多半是因为父母的教育方法造成的。

咱们只好买明天的票了。

复习第9课

图 4-17　听后选择课件举例

虽然教材内容比较丰富，但自身的复现率还不够，往往是听过一遍不会再听到，或者等到好几课之后才会复听，这种复现率对于加强语音和意义的联结是不够的。另外，虽说词汇是听力理解的基础，但是语法知识也是一大障碍，如一些功能词、语块、特殊句型等，学习者的理解总是不到位。这就会造成 Goh（2000）调查中的第三个难点："知道每个词的意思，但是不知道整句话所表达的内容。"

教师需要注意的是，这部分练习的设计在形式上最好有别于教材中的客观题形式。一是减少学习者的注意力负荷，让学生把注意力集中在语音形式上；二是通过图画等处理方式，帮助学生对语法知识进行二次加工，以加深印象。

（4）听后对话

听后对话的目的在于复习已学句型，以及训练地道的交际表达。

具体做法为：选择上一课内容中交际性较强的对话，让学生听一个人的对话，进行回答；或者听某一个说话人的一部分话，对下一部分进行预测。如果时间紧张，也可采用"集体"处理的方式。（见图 4-18）

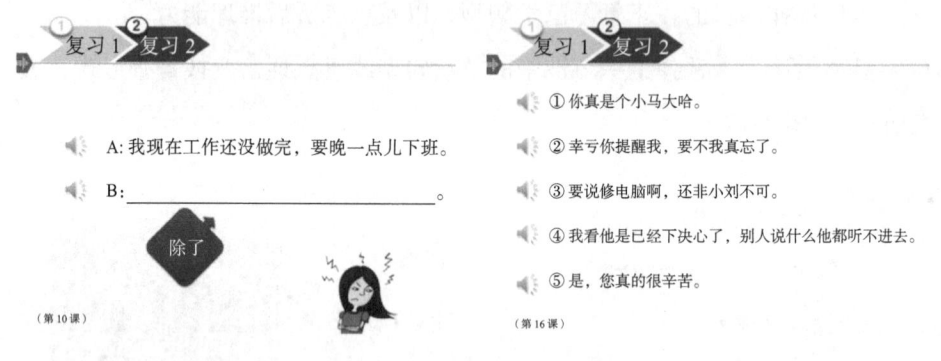

复习1　复习2

A: 我现在工作还没做完，要晚一点儿下班。

B: ＿＿＿＿＿＿＿＿＿＿＿＿＿＿＿。

除了

（第10课）

复习1　复习2

① 你真是个小马大哈。

② 幸亏你提醒我，要不我真忘了。

③ 要说修电脑啊，还非小刘不可。

④ 我看他是已经下决心了，别人说什么他都听不进去。

⑤ 是，您真的很辛苦。

（第16课）

图 4-18　听后对话课件举例

2. 作业

如何布置听力课的作业是很多教师头疼的问题，完成教材中的练习是一种常见形式，但除此之外，似乎没有更多的选择。对学生来说，大量的听对汉语水平的提高有着不可估量的作用。多听，尤其是多听水平相符的录音是非常有必要的。因此，除了听力课外，综合课、口语课等其他课程的录音都是非常好的听力材料，都应该要求学生课后多听。除此之外，给学生布置的听力作业还可以有以下形式。

（1）听力日记

要求学生将听到的真实内容记录下来，几句话即可，需要记录地点、时间、任务。督促学生在课下主动听、主动学习。尤其对目的语环境中的学习者来说，这是调动学习者利用目的语环境学习的好方法。

（2）听音分词

训练学生语流分割能力。一般不长，以书面或微信的方式提交。

（3）补充听力材料

可选取与课文内容相关的材料，让学生先听。下次课上听前讨论环节提问，这样可以起到检查的作用。

四、反思

建构型听力教学模式认为，听力不是被动输入的过程，教师在课堂中的每个环节都应该有着"变被动听为主动听，变语音输入为建构知识"的意识。

根据布鲁姆的教育分类，学习的最高层次是创造。教学的终极目标应该是学生运用所学创造出自己的东西，所以听后活动的设计也应以创造性为最高标准。上文介绍的各项活动，例如学习者自己编制试题、呈现情境等，都是基于"听"所建构的语言知识而创造的，听力学习做到"创造"应该有更多的途径。

从学习者的角度来说，教师做好听前和听后两头的工作，学生对听的畏难情绪就会得到极大缓解。在输入部分做好听前准备，无论是自下而上的方式，还是自上而下的方式，都是在正式精听前为学习者建立起"语音—形式—意义"的联结，使之成为话语理解的台阶。在输出部分设计好听后的活动，为已建构好的语言、内容图式联结搭建与其他认知图式相连的阶梯，充实学习者的言语认知系统，增强学生的成就感，都有助于提升听力教学效果。

在实际操作中，教师要把握好课堂节奏。听是脑资源耗费极大的活动，注意力需要高度集中，学习者很容易疲惫，因此听力课应该做到张弛有度。反思上文介绍的两种教学内容的处理方法，可以看到这样的节奏：

试题类教学内容：弛—张—弛

课文类教学内容：弛—张—弛—张

张弛有度的课堂不仅是教师课堂掌控能力的体现，也反映出特定教学理念下不同方法运用的融会贯通。建构型听力教学模式是结合了建构主义、关联理论、图式理论等学习和语言学理论的教学模式。随着国际中文教育事业的发展和现代信息技术的不断革新，此教学模式在变"被动听"为"主动听"的道路上还需继续探索。

∷ 参考文献 ∷

陈　钰（2006）对外汉语中级听力课堂任务的设计研究，华东师范大学硕士学位论文。

戴　云、吕　佳（2019）图式教学法与对外汉语高级汉语听力教学，《继续教育研究》第4期。

杜　欣（2012）对外汉语任务型听力教学研究，四川师范大学硕士学位论文。

高彦德、李国强、郭　旭（1993）《外国人学习与使用汉语情况调查研究报告》，北京：北京语言学院出版社。

靳洪刚、金善娥、何文潮（2021）视频字幕研究及其对二语习得和教学的启示，《世界汉语教学》第1期。

寇喜珠（2015）体裁教学法在对外汉语听力教学中的应用，广东外语外贸大学硕士学位论文。

雷　倩（2019）新 HSK 听力会话话语标记与教学建议——以韩国金海第一高中为例，兰州大学硕士学位论文。

李冬梅（2002）近十年来国内英语听力理解研究述评，《外语界》第 2 期。

李红印（2000）汉语听力教学新论，《南京大学学报》（哲学·人文科学·社会科学）第 5 期。

李幼飞（2006）图式理论在对外汉语听力篇章理解中的作用探析，暨南大学硕士学位论文。

刘超英（1993）从留学生入系听课的困难看中高级听力教学，北京大学硕士学位论文。

刘颂浩（2001）对外汉语教学听力研究述评，《世界汉语教学》第 1 期。

莫　烦（2011）从语篇分析角度看对外汉语中的听力教学，浙江大学硕士学位论文。

任海波、朱　颌（2015）中级汉语听力理解的基础、要素和目标——基于关联理论的认识，见张建民主编《国际汉语教育研究》（第三辑），北京：高等教育出版社。

沈　燕（1998）谈汉语听力教学中的针对性，见赵金铭等编《对外汉语教学探讨集》，北京：北京大学出版社。

施仁娟（2015）话语标记与留学生听力理解，《绍兴文理学院学报》（哲学社会科学）第 1 期。

谭春健（2001）"听后理解"还是"理解后听"——初中级汉语听力教学模式探讨，见《中国对外汉语教学学会北京分会第二届学术年会论文集》，北京：北京语言文化大学出版社。

王小珊（1997）初级阶段听力课教学的基本任务——积累语言信息，见李杨主编《对外汉语教学课程研究》，北京：北京语言文化大学出版社。

杨惠元（1992）中国对外汉语听力教学的发展，《世界汉语教学》第 4 期。

袁　帅（2019）基于多模态教学模式的对外汉语初级听力课教学设计，沈阳大学硕士学位论文。

张晋涛（2005）关联理论在对外汉语听力教学中的应用，吉林大学硕士学位论文。

张丽明（2020）文本视听多模态材料在听力理解中的作用，《西安外国语大学学报》第4期。

章　欣、孙　俊（2016）基于翻转课堂的汉语听力教学初探，见《第十届中文教学现代化国际研讨会论文集》，北京：清华大学出版社。

Cooper, P. J. (1988) *Speech Communication for the Classroom Teacher* (3rd Edition). Arizona: Gorsuch Scarisbrick Publishers.

Goh, C. (2000) A cognitive perspective on language learners' listening comprehension problems. *System*, 28(1).

Starr, D. (2000) Some issues in the teaching of British students at Chinese universities. Paper presented at Symposium on the teaching of Chinese to native speakers of English. 18 July, 2000. Oxford University.

Yanagawa, K. & Green, A. (2008) To show or not to show: The effects of item stems and answer options on performance on a multiple-choice listening comprehension test. *System*, 36(1).

（李靖华，北京语言大学副教授）

第五节　视听说课教学模式

随着互联网和移动终端的发展，移动学习和场景化学习方式正在成为一种新兴的学习形态。语言载体也从平面纸质媒介逐渐扩展到新媒体，越来越多基于纸质出版物的衍生产品和网络媒体交互融合，成为新的知识载体，以满足不同应用场景下阅读、学习和社交的需求。社会学领域将这些伴随信息时代成长起来的数字原住民称为"Z世代"，他们传递与获取信息的途径更加多元化、个性化。教学对象、学习环境的改变也促使我们从学习者需求出发，在教学理念、教学手段等方面做出相应的调整和创新，将信息技术和媒体产业转型升级的成果更好地应用于语言教学。

视听说的特点是视在先，观看先于言语。作为教学手段，"视+听+说"可以充分发挥信息加工和认知方面的优势，通过视频资源将教学内容可视化，弥补单一输入通道在传递信息路径上的不足，尽可能增加有效输出。将视听说手段广泛应用于语言本体教学和其他文化课、专业课教学，可以满足不同层次语言教学的需求。就一门课程而言，视听说课拥有独立的课程大纲、课程结构体系和教学模式，学习者能够在教师的引导下积极、自主地完成由言语输入到言语输出的过程，分阶段完成语言综合技能的培养目标。

从学习理论范畴与方法来看，视听说教学综合体现了建构主义、联通主义、翻转课堂、混合学习模式、多模态话语分析、互动语言学理论在语言教学方面的研究成果，在汉语作为第二语言教学的课程体系建设、语言技能教学研究、立体化教材出版、教学资源开发、教学模式创新等方面，已逐渐成为汉语国际教育领域关注的前沿课题。

一、综述

（一）基础理论研究

语言教学模式本质上反映的是对语言观和教学观的认识，是教学法、教学设计、教材编写、教学手段等方面的综合体现。从文献检索分布来看，汉语视听说教学领域的研究主要集中在教材分析、教学设计、影视资源利用等微观操作层面，关于视听说课程和教学模式的研究并不多见。这与长期以来国内对外汉语教学形成的"综合+分技能"教学模式有关，听、说、读、写被作为四种语言分技能通过单独课型进行训练。实际上，这种单项技能课型的课程设置、教材内容和编写方式，在一定程度上割裂了语言技能间的横向联系，实际教学操作层面不可能只听不看、只说不写。崔永华（1999）、马箭飞（2004）、李泉（2006）、赵金铭（2007）、吴勇毅（2009、2018）、汲传波（2014）、刘颂浩（2014）、鲁健骥（2016）、宗世海（2016）等都对分技能教学模式进行了重新审视和探讨，焦点主要集中在教学理念、课程设置、教材和教师几个方面，在此不再赘述。潘先军（2019）提出对视听说课程的作用与地位应该再认识，认为视听说课并不是直接从视听法中衍生出来的，而是一门较之听力、口语课的单一技能训练更为科学的综合技能课程，且更符合人类认知与语言学习规律。

一方面，从语言教学目标来看，语言知识教学由于多采用文本语言材料，教师讲解语言结构的同时缺乏具体语境的使用实例，教学中难免存在一定的局限性，容易导致学生的理解偏误，影响学习动机，降低学习兴趣，不利于第二语言习得。学生在语言技能类课程中接触到的语篇也多为人工编写的教学语言，与现实生活中使用的自然语言在语流、重音、韵律、语序、语体等方面存在较大差异。

另一方面，语言知识教学只是语言教学目标的一个组成部分。除了语音、词汇、句法等语言本体教学之外，还涉及学习者心理认知过程、言语交际行为、社会语境和文化因素等其他教学层面。真实交际活动中对语言综合运用能力的要求往往比"语言知识+语言技能"的模型要复杂得多。一旦脱离了语境，语言交际也就失去了意义，不利于为学习者提供创造性运用语言的环境，从而影响文化认知的形成过程。Jewitt（2009）指出，语言与其他模态的结合是常态，而不是例外。将语言人为地提取出来孤立地进行分析很难看到意义建构与人类交际的全貌。Fairclough（1995）认为，就语篇分析而言，研究者一方面关注基于语言的意义建构与交际策略，另一方面关注的是语言所体现的社会关系、意识形态等问题。（转引自冯德正，2017）

与传统语篇不同的是，视听语篇本质上是一组多模态语言实例，包含语音、文字、场景、表情、肢体动作、交际身份、文化背景等不同符号系统。呈现情景语境和社会语境的同时，还可以还原交际过程中的语言要素和非语言要素。从视听语篇的构建来讲，视听说教学可以把功能语言学与认知心理学、教育学、计算机科学、社会学领域更好地融合起来。总体来说，视听说教学涉及的交叉学科主要集中在以下几个领域：语言学理论、语言习得理论、教学法理论、跨文化理论、计算机科学和传播社会学。

（二）语言教学应用

随着中国国家实力和国际影响力的提升，国际中文教育也面临着新的机遇和挑战。全球范围内汉语学习人数的整体增长、"一带一路"倡议与中国文化"走出去"的任务都对汉语作为第二语言教学法体系、教师培养体系、汉语知识体系和文化体系建设提出了更高的要求。非目的语环境下的汉语教学需求呈现出多元化、职业化发展趋势，教学对象、教学环境的差异对外派汉语教师、汉语国际教育志愿者提出了不同层面的要求。针对汉语国际教育未来的发展，李宇明2019年1月10日在《世界汉语教学》编辑部举办的"汉语国际教育知识体系的特色与构建研讨会"上指出，要站在汉语学习者的立场上，以学生为中心；应当关注汉语学习者"低龄化"现象，倡导"语言生活"理念，充分认识互联网和语言智能以及网络资源建设的重要性。

融媒体时代下，技术手段与新媒体的融合为教育行业的发展提供了原动力。移动通信、互联网大数据和人工智能的应用使得信息知识传播途径具有更多可视化、场景化的表现形式，给传统课堂教学带来了新的活力，从而倒逼教学创新改革的落实。如何使教学模式和课型设置更好地满足学习需求，让语言课堂教学活动更丰富、更具有互动性和吸引力就显得尤为重要。相对于传统纸质教材和 PPT 图片素材，视听说教学采用的是鲜活的语料和真实的交际场景，是汉语母语者生活中使用的语言。视频为学习者呈现了虚拟自然的目的语教学环境，将语音、词汇、语法功能、语体特征、语篇类型、文化要素融入不同的教学场景，构建师生双方共享的认知环境，从而在实现可理解性输入的前提下，为学习者创造了"有意义输出"的机会。基于语料库语言学下的大规模视频语料库建设，不仅可以应用于语音、词汇、语法、文化教学，还可以和移动学习技术相结合，让课堂教学延伸到课前、课后环节，丰富教学手段和教学设计内容，弥补常规课堂教学模式和平面教材的不足，进一步将以"结构—功能—文化"为核心的教学理念场景化、话题化、实例化。

二、视听说教学模式的构建理念

语境是人们运用自然语言进行言语交际的环境，包括情景语境、社会语境和语篇语境。狭义上的语境指的是言语环境，而不是语言环境。与语音、词汇、句法层面不同，语篇理解过程对语境依赖程度更高。视听说教学从语境入手，针对视听语篇的特点，采取"自上而下"的路径，由语篇到句法结构，再延伸到语流中的句法—语音接口特征。利用视频资源为学习者搭建基于自然语言的课堂教学环境，通过虚拟教学情境促进语言学习和认知发展过程，满足学生兴趣和个性化学习发展需求。

刘珣认为，视听法是对听说法的改进，其实质是把句型操练情景化，强调有意义的刺激，也形成了完整的操作程序。视听说从汉语教学的特点出发，力图体现新的语言教学理论和习得理论；同时继承了传统教学法的精华，符合"结构—功能—文化"相结合的教学思路，成为构建中的汉语作为第二语言教学法体系的重要组成部分。对视听说教学的进一步研发，有可能成为化解汉语难、突破汉语教学瓶颈的一条正确路子。

崔永华对视听说课程的性质、功能、教学原则、发展趋势做出了归纳总结，指出视听说课主要的教学目标和听说课相同，都是培养学习者的听力理解和口语表达能力。但视听说课和听说课的区别在于"视"，并认为"视"比"听"更有利于听说能力的培养。[①]

（一）现代语言教学理念

吕必松（1997）认为，语言教学既要传授知识，又要训练技能。技能训练大纲对汉语本体研究提出了新的要求，需要开展关于语境和意念表达的研究。这些都是技能训练大纲不可缺少的内容，也是编写各类新教材不可缺少的内容。归纳起来，语言技能教学需要面对以下三个层面的问题：（1）语言知识与言语技能的关系；（2）单项言语技能间的关系；（3）言语技能和言语交际技能的关系。

现代第二语言/外语教学理念强调将语言知识转化为语言能力，由语言能力过渡到语言交际能力，最终实现单项技能向综合技能、以知识为中心向以问题为中心的教学模式的转变。汉语作为第二语言教学从早期的词汇与汉字等级大纲到通用课程大纲，也体现了现代语言教学理念的发展过程：强调从学生兴趣、生活经验和认知水平出发，倡导体验、实践、参与、合作的学习模式；注重学生语言综合运用能力以及自主式学习能力的培养，使语言学习成为学习者形成主动学习策略、提高跨文化意识的过程。

[①] 2017年11月4日，由北京第二外国语学院汉语学院、北京语言大学出版社、《国际汉语教学研究》编辑部联合主办的"第一届汉语视听说教学理论与应用研讨会"在北京第二外国语学院举行，以上刘珣、崔永华的观点选自大会主旨发言。

（二）整合式学习理念

视听说采取的是一种整合式学习路径。课目与语言整合式学习（Content and Language Integrated Learning，简称 CLIL）起源于 20 世纪 90 年代的欧洲，是一种以学习者非母语语言为中介语来进行不同学科课目教学的方式。库玛（2013）在语言教学的宏观策略中强调了语境化语言输入和整合语言技能的重要性。胡壮麟（2008）介绍了整合语言学（Integrational Linguistics）的观点：语言符号具有整合特性，是人的认知与语境和功能对话的结果。随着现代科学技术的发展，人们交际的手段正在多模态化，可以预见人们对语言的理解也将重新整合。黄国文（2009）认为，系统功能语言学的研究路径是多维的、整合的；对于语言结构的解释，也是从功能的角度进行的。鲁子问等（2017）认为，在外语教学领域，整合学习（Integrative Learning）更多是指学生在主题语境中，基于语篇，通过语言技能活动，运用学习策略，获得、梳理、整合语言知识与文化知识。

（三）主题式教学理念

视听说教学采取基于内容的主题式教学理念（Content-based Instruction，简称 CBI），将语言教学内容通过一定的主题形式组织起来，在具体的交际维度框架内实现以听说为主、兼顾读写的综合技能练习。视听说课程整体遵循"言语—语言—言语"的结构模式，在帮助学习者理解外部言语材料的基础上，不断建构自身的语言知识结构体系，继而促进文化认知形成过程，满足自身言语表达的需要。

Stryker & Leaver（1997）指出，主题式教学是一种理念，没有固定的教学模式。这种理念在于将语言教学和某个主题内容或学科内容有机地融合到一起，把教学重点从学习语言本身转变到学习学科知识，从而获得目标语言能力。这种方法由于接近母语学习方式，以及不是单纯地通过学习语言来获得语言能力而被认为是发展语言能力更为自然的一种方式。

张璐（2019）将主题式视听说课教学操作程序归纳为以下 7 个环节

（见图 4-19）：

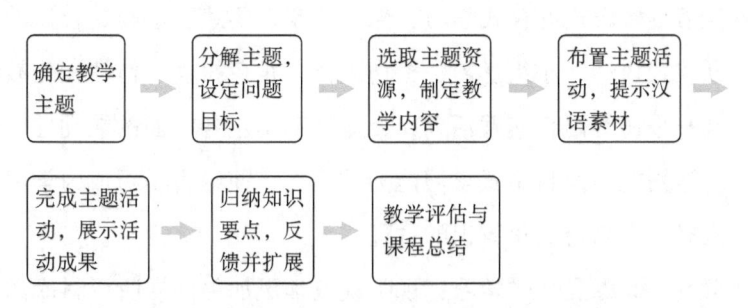

确定教学主题 → 分解主题，设定问题目标 → 选取主题资源，制定教学内容 → 布置主题活动，提示汉语素材 →

完成主题活动，展示活动成果 → 归纳知识要点，反馈并扩展 → 教学评估与课程总结

图 4-19　主题式视听说课教学操作程序

（四）混合式学习理念

何克抗（2005）认为，所谓 Blending Learning，原义是混合式学习或结合式学习，即各种学习方式的结合。传统教学模式由教师备课、课堂授课、学生听讲、课堂课后练习几个主要教学环节构成，当前学习者获取知识信息途径的变化让教学模式、师生关系发生了改变。如何引导学生充分利用好课堂外的移动学习空间，让他们有准备、有思考、带着问题走入课堂是教学模式改革首先要关注的内容之一。

近年来，随着教育理论实践的发展，混合式教学定义逐渐清晰化。课程内容与教学设计的联系更为紧密，教师利用视频等网络教学资源将部分课程内容前置，改变了传统课堂教师主导的教学模式，使学习者通过明确的教学目标完成课前、课后的任务环节，提高了课堂教学的参与度，增加了师生互动、生生互动的机会，从而使混合教学模式成为具有可操作性和评价依据的一种新型教学模式。

视听说教学中的混合式学习理念应用主要关注以下几个层面：

（1）同步/异步混合式学习：教师可以把一般认知水平的记忆、概念性知识前置到课前预习环节，通过教学平台或微信群将视频分发给学生课前预习。课堂教学环节中，学生在教师指导下完成分析、讨论类高级认知过程。课后，学生完成应用、创新型任务活动，提交自己的视频作业。通过同步＋

异步混合教学模式，实现传统语言课堂教学流程的优化。

（2）交互/协作式混合式学习：倡导体验、实践、参与、合作的学习模式，通过开放式讨论、小组学习、模仿朗读、角色扮演、体演文化教学法运用，以及调查采访等语言实践活动，充分调动学生各方面的能动性。注重学生语言综合运用能力及自主式学习能力的培养，使语言学习成为学习者形成主动学习策略、提高跨文化意识的过程。

（3）教材/资源混合式学习：视听说教学更加关注视听语料库的开发和新型立体化教材的研发、编写，它通过二维码、公众号、资源网站等多种形式，探索语言教学与媒介形态更加紧密结合的融媒体传播方式，加快以"内容+"为核心的融合型汉语教学资源的开拓与创新。这将进一步对提升国际中文教育学科建设质量起到引领示范作用。

三、视听说课教学模式

（一）教学目标

1. 总体目标

视听说课程不同于传统意义上的视听法，不再停留在教育技术手段和教学法层面，而是作为一门语言综合技能课程，完善了汉语作为第二语言教学课程体系的发展。王涛（2018）将视听说课程定义为"寻求不同语境中话语意义的准确理解和恰当表达，并以特定的教学模式组织、呈现出来。在教学过程中把语音/文字本身承载的意义和它们的使用者联系起来，对语言事实提供一些具有实际意义的、功能方面的解释。也就是说，视听说课程不是从语言系统内部（语音、词汇、句法）去研究语言本身，而是从语言的外部观察、审视，研究言语活动在具体语境中所表达的真正含义"。

2. 分级目标

视听说言语理解与表达能力六级分级描述，详见表4-3（王涛，2018）：

表 4-3　视听说言语理解与表达能力六级分级描述表

级别	表述
初级（上）相当于 HSK 二级	能理解视频展示出的日常生活中一些简单、具体的功能语句；可以介绍自己的个人情况，进行简单情感表达；初步理解语言教学中的交际文化现象，培养对汉语学习的愿望，逐渐对中国文化产生兴趣。 语言维度方面能掌握 300 个汉字、300 个常用词语、基本语序以及常用句型；能跟读、复述或背诵所学到的词语和句子，读音、声调基本正确；每分钟语速 160—180 字，平均句长 6 字，每百字生词率 5。
初级（下）相当于 HSK 三级	能理解视频展示出的日常生活中一些常见的交际场景，可以独立进行简单交流，模拟完成简单的交际过程练习；能对感兴趣的内容主动请教，积极参与课外活动，学会利用环境和学习资源，更多接触社会文化。 语言维度方面能掌握 600 个汉字、600 个常用词语、基本句式结构；能正确进行分词，辨别句子结构成分；每分钟语速 180—200 字，平均句长 8 字，每百字生词率 6。
中级（上）相当于 HSK 四级	能在设定的生活或工作交际场景中听懂对话和叙述性故事内容，并能根据提示词进行概括总结和复述；能根据语境说出句子，加深对目标词汇与语义功能的理解；通过注释了解更多知识文化内容，通过讲解及自主学习方式理解更深层次交际文化的含义，初步掌握自我监控的学习策略。 语言维度方面能掌握 1000 个汉字、1200 个常用词语、常用复句结构；每分钟语速 200—230 字，平均句长 9 字，每百字生词率 7。
中级（下）相当于 HSK 五级	能根据包含多场景转换下的综合话题内容对语言进行整体捕捉，理解、归纳每个分场景及总话题的中心思想；能就熟悉的生活话题进行简短说明，表达个人想法和意见；能合理计划和安排学习任务，积极探索适合自己的学习方法；加强语体意识和跨文化意识。 语言维度方面能掌握 1500 个汉字、2500 个常用词语、各种复句结构；每分钟语速 220—250 字，平均句长 10 字，每百字生词率 7。
高级（上）相当于 HSK 六级	能根据具有不同主题、语体风格和语篇类型的视频语料，深入了解中国社会生活和文化特点；提高自己的语言逻辑表达能力，能够根据设定的主题，清晰地阐述自己的观点并进行相关讨论；具备较高的文化对比和跨文化交际能力。 语言维度方面能掌握 2500 个汉字、5000 个常用词语，具备基本语篇结构理解能力；每分钟语速 240—280 字，平均句长 11 字，每百字生词率 8。
高级（下）HSK 六级以上	能流利表达较为复杂的言语内容，具备一定的语篇分析、受众情感、预设判断能力，以及话题结构转换能力；能根据不同语境和言语输出目的采取相应合理的语用策略。 语言维度方面达到 HSK 六级以上，具备常见的语篇分析能力；每分钟语速 250—300 字，平均句长 12 字，每百字生词率 8。

（二）课程结构体系

《欧洲语言共同参考框架：学习、教学、评估》（欧洲理事会文化合作教育委员会，2008）将语言交际能力归纳为语言能力、社会语言能力和语用能力三个组成部分，不再将听、说、读、写视为外语教学的四种独立技能，而是强调通过输入输出型、互动型语言活动运用语言完成任务。王涛（2018）从语言的多模态视角出发，提出建立以学习者需求为中心、以言语理解与表达为目标的视听说理论框架，从多个维度对视听说课程属性进行分类界定和描述，以期保证各维度表之间互相关联、互为操作。与通用课程大纲的不同之处在于，视听说课程大纲将语言综合技能作为总体目标，将其分解为言语理解能力和表达能力的同时增加了交际维度。视听说课程目标结构如图 4-20 所示。

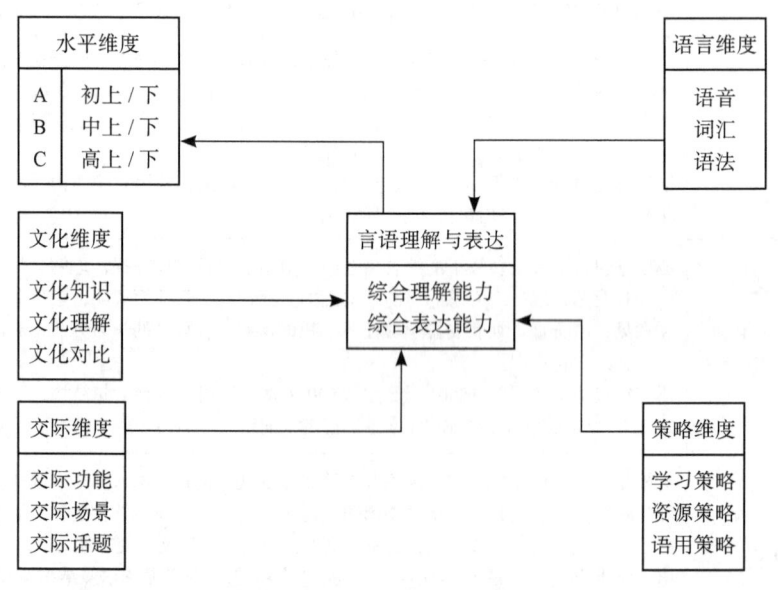

图 4-20 视听说课程目标结构图

1. 水平维度

视听说课程开发系统建立在以视频语料库驱动下的语言学基础之上，教学内容全部来自真实语料，是汉语母语者生活中使用的语言。水平维度的设定不仅可以保证语料选取、加工过程的系统性、科学性，还可以根据统计分析数据，服务研究者从词汇、语言点、文化知识以及教材难易度、测量评价等视角进行相关研究。视听说课程水平维度标准见表 4-4（王涛，2018）：

表 4-4　视听说课程水平维度标准

级别	已掌握词汇量（个）	视频语速（字/分钟）	视频平均句长（字）	视频每百字平均生词数（个）	当前汉语水平（已达 HSK 等级）
初级（上）	300	160—180	6	5	HSK 二级
初级（下）	600	180—200	8	6	HSK 三级
中级（上）	1200	200—230	9	7	HSK 四级
中级（下）	2500	220—250	10	7	HSK 五级
高级（上）	5000	240—280	11	8	HSK 六级
高级（下）	5000 以上	250—300	12	8	HSK 六级以上

2. 语言维度

崔希亮（1992）将口头言语交际能力划分为说、谈、述、讲四个层次，并以此区分在言语活动中运用和组织语言、语篇的难易程度。从参与者成分来看，视听说课程语言形式总体上可以分为单人说话和多人会话模式。视频节目类型包括影视剧、情景剧、纪录片、演讲、讲座、新闻、访谈、综艺、广告、歌曲等，涉及社会、经济、文化、教育、生活、爱情、艺术等多个主题。本节将视频节目与语篇类型、语体程度、具体语言形式相对应，进一步明确视听说语料选篇原则，用于指导视听说素材选篇、资源加工和教材编写工作。具体分类标准见表 4-5：

表 4-5　视听语篇对照表

序号	视频节目	语篇类型	语体程度	语言形式
1	电影、电视剧	对话	初级，通用语体	情景对话
2	情景剧、电影、电视剧	谈话	中级，非正式语体	日常谈话
3	综艺访谈	访谈	中高级，偏正式语体	公众谈话
4	微电影	叙述、谈话	中级，偏非正式语体	口述/独白
5	纪录片	叙述、说明、描写	中高级，偏正式语体	旁白/口述

续表

序号	视频节目	语篇类型	语体程度	语言形式
6	专题片	访谈、评价、说明	中高级，正式语体	访谈/旁白
7	朗读/讲座/演讲/演示	演讲、说明、论证	高级，正式语体	独白
8	辩论	说明、论证	高级，正式语体	辩论
9	新闻（谈话式）	叙述、新闻报道	中高级，非正式语体	新闻谈话
10	新闻（播报式）	新闻报道	中高级，正式语体	新闻播报

从语言本体来看，汉语属于高维度语言。作为声调语言的同时，汉字在结构、表意功能方面也具有特殊性。这也使得汉语在最小语言单位内能负载更多的信息内容，具有更高的编码效率。语音和书写系统下的语调、重音、韵律、语序、语气词、副词、语用标记成分等都可以作为实现词汇语法意义的手段。然而，长期以来从"音、形、义"维度对汉语语言符号系统的研究大多集中在语言书写系统。视听说课程更加关注词汇语法在口语中的表现形式，即意义是如何通过音系层表达的。视频语料在词汇层、句子层和话语层的多模态呈现方式，涉及汉语句法—语音接口以及语篇韵律接口，相关领域的研究成果可以给以"结构—功能—文化"为核心的教学理念带来新的课题和研究方向。

3. 交际维度

王涛（2018）将交际维度分为交际话题、交际场景和交际功能三层结构，并参照《国家广电总局编目规范》[①]设定了30个交际话题。不同等级的话题可以重复，以保证语言水平维度螺旋上升；交际场景层以生活中的常用度区分先后顺序。

视听说初级阶段首先进行语音、词汇、基本句法和正常语序的语法体系教学；中级阶段掌握基本语法规则以后需要大量接触自然语言的话语内容，

---

① 《国家广电总局编目规范》（GY/T 202.2—2016）将音视频元数据标准分为节目层、片段层、场景层、镜头层。

可以通过视频语料呈现说话人为了凸显某种主观情态而采取的语用特征，通过结合语境的教学方法，使学习者理解、记忆、吸收语言知识，逐渐过渡到语言习得过程；高级阶段扩展更多语篇类型，关注不同语篇语义框架结构和加工过程，提高语言成段输出表达能力。

（三）课程单元结构

现代教学模式共同遵循的三个主要流程是预习、展示、反馈。课程单元按课前、课中、课后任务目标进行教学设计。（见图 4-21）

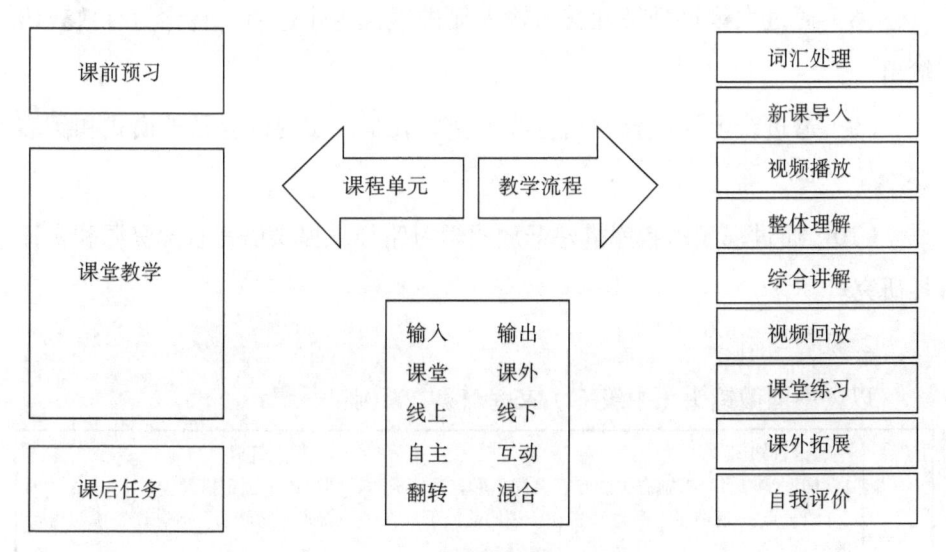

```
┌──────────┐                        ┌──────────┐
│  课前预习  │                        │  词汇处理  │
└──────────┘                        ├──────────┤
                                    │  新课导入  │
┌──────────┐    ⇐ 课程单元 教学流程 ⇒  ├──────────┤
│          │                        │  视频播放  │
│          │                        ├──────────┤
│  课堂教学  │                        │  整体理解  │
│          │      输入   输出         ├──────────┤
│          │      课堂   课外         │  综合讲解  │
│          │      线上   线下         ├──────────┤
│          │      自主   互动         │  视频回放  │
└──────────┘      翻转   混合         ├──────────┤
                                    │  课堂练习  │
┌──────────┐                        ├──────────┤
│  课后任务  │                        │  课外拓展  │
└──────────┘                        ├──────────┤
                                    │  自我评价  │
                                    └──────────┘
```

图 4-21　课程单元结构示意图

（四）课程教学设计

1. 设计原则

视听说课程在普通语言学一般规律的基础上，更加强调语言理论的实际应用，注重对语言现象进行功能方面的解释和语用规则描述。视听说课程参考现代语言教学的基本原则[①]和新媒体技术手段进行顶层设计，主要遵循设计原则如下：

---

① 靳洪刚（2011）从语言习得研究、认知心理学和教育学三个方面提出了现代语言教学的十大原则。

（1）以解决语言问题为导向，而不是以传授语言知识为导向。

（2）利用视频提供真实交际场景，而不是假设理想化的语境。

（3）语料选取来自外部观察的语篇，而不是经验内省的句子。

（4）关注音系层对意义表达的功能手段，而不局限于字系层的形式结构。

（5）发挥视听多模态语言教学手段在信息加工和认知过程中的优势。

（6）以任务目标确定课程单元结构，通过任务活动实施语言教学过程。

（7）注重学习过程评价，通过自主、合作学习方式促进个性化学习发展。

（8）通过大量可理解性言语输入促进语言内化过程，转化为有效言语输出。

（9）通过线上视频资源结合线下课堂教学，实现混合教学模式和翻转课堂。

（10）通过视频语料库搭建开放式学习路径，提供语言教学资源和实证性研究。

2. 设计案例

以《中国微镜头（中级下）家庭篇》[①]为例：

教学任务	一、语言知识 1. 词汇学习：与婚姻有关的专有名词、形容词、成语、惯用语、固定搭配。 2. 语言点："说白了、反过来、在……的前提下、在……看来、意味着"等陈述、说明语句的表达方法。 二、技能训练 1. 能够针对旁白、访谈类人物专访节目进行归纳总结，提高语段综合理解能力。 2. 能结合课后调查，了解现在中国年轻人对结婚的打算以及对婚姻的看法，并进行相关陈述。
时间安排	本课所需课时：5—6课时 一、本课一共需要5—6课时（2课时×3） 二、课时分配 第一次课：热身、精视精听、词语处理；Part 1—Part 2 综合注释、语言注释及练习。 第二次课：Part 2—Part 3 综合注释、语言注释及练习、综合练习、布置作业。 第三次课：扩展视听；根据课后调查采访，完成1分钟个人陈述。

---

① 《中国微镜头：汉语视听说系列教材》(*China Focus*，简称《中国微镜头》)是一套立体化综合语言教材，由北京语言大学出版社出版。该系列教材根据视听材料的难度分为六级，目前已出版中级（上、下）20个分册及高级（上、下）2个合辑。

续表

教学实施	【第一次课】 一、从加西亚·马尔克斯对婚姻的描述导入新课，说一说中国人常见的婚礼形式、婚姻的基础应该包括哪些方面（约 5 分钟） 二、精视精听 （一）目标：熟悉叙述、说明类句群，了解相关语段的结构特点。 （二）实施：第一遍完整播放，整体理解，之后进行综合注释的讲解、练习； 　　　　　第二遍暂停播放，分段理解，涉及语言注释部分重点讲解。 1. Part 1（约 50 分钟） （1）词汇处理（约 15 分钟） 教师领读生词，重点词语结合语义、用法，进行启发式讲解。 • 语素"待"表示态度：看~　对~　期~　善~　接~ • 喝"喜酒"：带礼物、红包（200、600、800、900、1000） • "典礼"规模更大、更正式：颁奖~　毕业~　总统就职~ • "仪式"活动过程：升旗~　运动会入场~　开学~ （2）带着问题观看，播放第一遍视频（约 5 分钟） （3）综合注释讲解、练习（约 15 分钟） （4）播放第二遍视频（约 15 分钟） 结合练习内容进行重点讲解。 2. Part 2（约 35 分钟） （1）词汇处理（约 15 分钟） 教师领读生词，重点词语结合语义、用法，进行启发式讲解。 • "反驳"是通过具体的言行表达反对的态度 • 语素"预"：~习、~见、~备、~料、~期、~感 • "实力"：实际的力量。硬实力——经济、军事、科技……；软实力——教育、文化、艺术…… （2）带着问题观看，播放第一遍视频（约 5 分钟） （3）练习、综合注释讲解（约 15 分钟） 【第二次课】 一、复习上次课内容（约 5 分钟） 二、精视精听 1. Part 2（约 15 分钟） （1）播放第二遍视频（约 15 分钟） 结合练习、语言注释内容进行重点讲解：说白了、反过来、在……的前提下。 2. Part 3（约 50 分钟） （1）词汇处理（约 15 分钟） 教师领读生词，重点词语结合语义、用法，进行启发式讲解。 • "置换"：商品交易的一种形式。旧车~、房屋~、股份~ • 先"就业"积累学习经验，再"创业" • "首付"：贷款或分期付款方式 • "房奴"：流行词语，表示买房压力大；同类型还有"卡奴、车奴、孩奴"

续表

教学实施	（2）带着问题观看，播放第一遍视频（约 5 分钟） （3）练习、综合注释讲解（约 15 分钟） （4）播放第二遍视频（约 15 分钟） 结合练习内容、语言注释进行补充讲解：在……看来、意味着。 3. 综合练习（约 20 分钟） 选词填空、选择合适答案、朗读、小组讨论（可选）。 三、语言实践（可选） 布置课后调查作业，按语伴或分组进行，下次课完成陈述。 【第三次课】 一、分组讨论（约 5 分钟） 二、文化链接（约 5 分钟） 三、扩展视听（约 35 分钟） （一）目标：学习一篇播报式新闻——关于幸福指数的调查。 （二）实施：第一遍完整播放，整体理解，之后综合注释讲解、练习； 　　　　　　第二遍暂停播放，分段理解，特殊表达形式重点讲解。 1. 词汇处理（建议用时 10 分钟）：教师领读生词 2. 讲解词汇 • 调查有关词语：发布、指数、显著、提升、维度、占据、来源 • 其他相关词语：妇联、支撑、和谐、家务、公婆、干预、博士 3. 根据新闻标题预测，观看第一遍视频 4. 完成练习 5. 播放第二遍视频（阅读内容提示） 6. 结合练习内容进行补充讲解 7. 说一说：分组进行话题讨论（3—4 人/组） （1）你认为决定幸福指数的主要因素是什么？ （2）调查一下你所在国家主要城市的幸福指数排名。 四、语言实践（约 45 分钟，可根据总课时灵活安排） 完成个人 1—2 分钟陈述。
备注	教学建议： 1. 学生提前完成生词预习 2. 第二遍视频播放，建议与语言注释部分语言点相结合，结合语境暂停完成讲练 3. 课后调查可采取小组方式，学生个人陈述时间 1—2 分钟，可采用 PPT 演示

四、视听说课教学实践

（一）课程设置

课程名称：中级汉语视听说（下）

学时/学分：34/2

使用教材：《中国微镜头（中级下）》，王涛主编，北京语言大学出版社

1. 教学目标

通过视、听、说相结合的手段，营造出真实、自然的语言环境。在言语活动中，寻求不同语境中话语意义的恰当表达和准确理解，并以特定的教学模式组织、呈现出来。发展学生的综合语言运用能力，使语言学习的过程成为学生形成主动学习策略、提高跨文化意识的过程。语言维度方面能掌握1500个汉字、2500个常用词语、各种复句结构；每分钟语速220—250字，平均句长10字，每百字生词率7。

2. 教学计划

"中级汉语视听说（下）"课程教学计划见表4-6：

表4-6 "中级汉语视听说（下）"课程教学计划表

周	教学内容纲要	教学方法	作业量
1	茶人	讲解法 讨论法	1
2	粽子的甜咸之争 语言实践	讲解法 任务法	1
3	创业的烦恼	讲解法 讨论法	1
4	魔术师	讲解法 任务法	1
5	语言实践	任务法	1
6	京剧情缘	讲解法 讨论法	1
7	让未来更美好 语言实践	讲解法 任务法	1
8	期中考试	/	/
9	都市裸婚族	讲解法 讨论法	1
10	上海女性幸福指数发布 语言实践	讲解法 任务法	1
11	电子商务与快递	讲解法 讨论法	1
12	你的"双十一"包裹到了吗	讲解法 任务法	1
13	语言实践	任务法	1
14	798的历史变迁	讲解法 讨论法	1

续表

周	教学内容纲要	教学方法	作业量
15	新年祝愿送祝福 语言实践	讲解法 任务法	1
16	复习	/	/
17	期末考试	/	/

3.考试方式

闭卷考试；课堂出勤、作业占40%，期中考试占20%，期末考试占40%。

(二)教材编写

置身于当前全球化社会语境之下，语言教学所承载的内容已经远远不是传统的基于词汇和语法规则的文本知识的传授。教学过程传递的信息涉及不同个体之间、不同群体之间、不同文化背景和社会结构、思维方式、价值观以及社会道德、行为规范之间的交互。教材也不应该被简单地视为知识性工具，在更多意义上，一套好的语言教材不仅是一个教学产品，而且是容纳了更多社会意义和文化符号的精神产品。

《中国微镜头》正是基于对这一理念的认识，力图为世界范围内不同文化背景的汉语学习者搭建一个了解中国的窗口。教材话题既包含饮食、茶、京剧、节日等中国传统文化元素，也涉及当代家庭、教育、婚姻、医疗、体育、国际贸易、"一带一路"、城市化等当代社会话题。通过口述、访谈、对话、旁白等多种语言表达形式，从侧面展示一个个真实、普通的中国人的生活场景。教材在传统纸质教材的基础上，融合了二维码、微信公众号、网站、APP等多种媒体形式，是教学出版机构、作者、编辑结合媒体优质网络资源进行二次创作的成果。在探索语言教学与媒介形态更加紧密结合的融媒体传播方式，加快以"内容+"为核心的融合型汉语教学资源的开拓与创新的同时，对进一步提升学科建设质量起到引领示范作用。教材整

体结构见表 4-7

表 4-7 《中国微镜头》整体结构

教材名称	《中国微镜头》（*China Focus*）	
教材内容	采取"1 + 1"的模块化复合式设计结构，在内容排上互相参照，使每一课程单元在保证一定数量的语言点和文化点的同时，做到既注重语言项目的功能教学，又可以从多方面呈现汉语口语语体特征，体现语言系统的层次性。	
	1—2 级	1 个初级话题场景 + 1 组功能语句
	3—4 级	1 个中级视频节目 + 1 个短视频或谈话式新闻（即"说新闻"）
	5—6 级	1 个高级视频节目 + 1 个短视频或播报式新闻（即"播新闻"）

《中国微镜头》每个课程单元由热身、精视精听、扩展视听、歌曲欣赏、语言实践、学习笔记六个部分组成。（见图 4-22）在功能、场景、话题、语言点、文化等方面均衡考虑，并对其中涉及的词汇、句式、语篇结构、表达形式进行有针对性的言语输入和输出性练习。

生词预习 → 热身 → 精视精听 → 扩展视听 →

歌曲欣赏 → 语言实践 → 学习笔记 ⇢ 附录

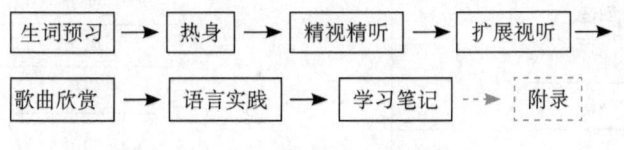

图 4-22 《中国微镜头》各单元结构

（三）训练方法

当前学习模式研究感兴趣的更多是主体间的交互，从认知视角来说，视听说课程是从说话人到受话人之间的交互。受话人指学习者，说话人指视频中的话语内容和教师教学过程中产生的话语。布鲁姆教育学目标分类框架可以为视听说教材中的练习设计提供操作性的理论依据。传统教学模式和教材编写方式过多地将课堂时间用于处理知识维度和认知过程维度，均处于较低层面。视听说课程和教材编写区分了课前、课中、课后环节，将词汇学习作为事实性知识放到课前预习完成。第一遍观看视频之后的练习设计围绕事实性知识和概念性知识，完成记忆、理解性练习，常见练习形式包括判断对错、原文填空、连线等；第二遍观看视频之后完成理解性和程序性练习，如填表、复述等。精视精听部分完成之后进行应用、评价性练习，包括新句子填空、小组讨论、模仿语气朗读、角色扮演、排序等。课后环节安排语言实践，要求学生使用认知策略完成评价性、创造性练习，主要形式包括填写自我评价表、调查采访、完成课堂陈述报告等。

张传萍（2015）针对教学目标顺序设计了翻转课堂教学模式，可以用于视听说课程混合式教学的开展。她认为翻转课堂前的学习资源和课堂教学必须相互补充，如果只有翻转课堂前的学生学习活动，没有翻转课堂后教师的全程指导，那么翻转课堂就变成了移动学习。因此，从课程的本质上来说，翻转课堂不能承载教学的所有任务，需要教师的参与，教学内容和教学活动不能全部翻转。（见图4-23）

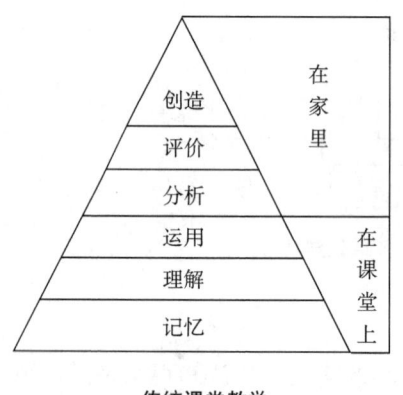

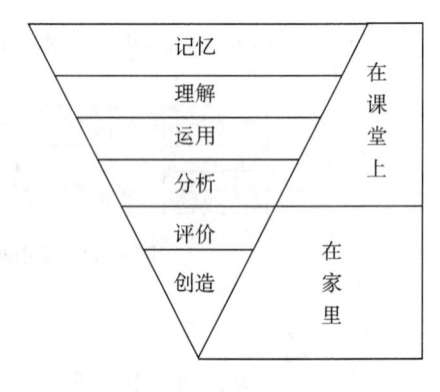

图4-23 教学目标顺序翻转模式

交际过程中，说话人对词汇重音的选择会使句子信息结构中的某些部分得到凸显，从而体现不同的传情、达意功能。《中国微镜头（中级上、下）》分别对重音、语调、语气进行了标注设计，将语言学与播音学、声学结合的研究成果以练习方式应用于教学。具体练习形式举例如下：

1. 记忆、理解性练习

(1) 根据视频内容判断对错。

① 薄荷适合在夏天泡水喝。（ ）

② 她每天早上去菜市场，是因为去晚了就没有菜了。（ ）

③ "挑选新鲜食材"是指要选那些人们不熟悉、不常见的食物。（ ）

④ 她一开始就很习惯早起的生活，觉得很幸福。（ ）

⑤ 她一直觉得自己不适合媒体工作。（ ）

(2) 根据视频内容填写下面的表格。

	人物姓名		节目名称	
	曾经的职业		工作时间	
	现在的身份		换工作的原因	
	遇到的烦恼			

(3) 根据视频，将下面的句子和说话人语气连线。

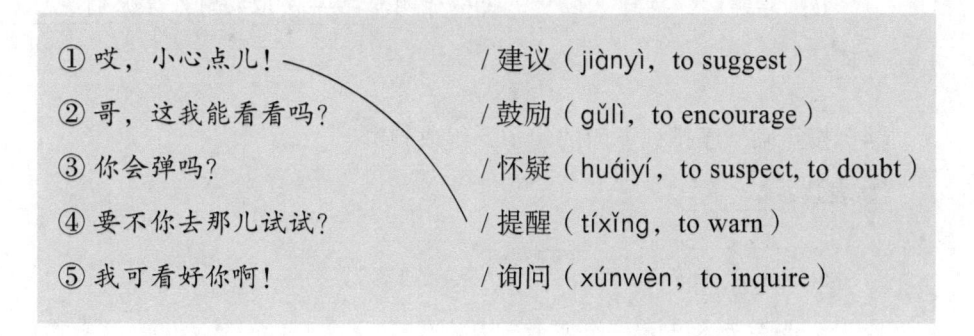

① 哎，小心点儿！　　　　　/ 建议（jiànyì, to suggest）

② 哥，这我能看看吗？　　　/ 鼓励（gǔlì, to encourage）

③ 你会弹吗？　　　　　　　/ 怀疑（huáiyí, to suspect, to doubt）

④ 要不你去那儿试试？　　　/ 提醒（tíxǐng, to warn）

⑤ 我可看好你啊！　　　　　/ 询问（xúnwèn, to inquire）

2. 运用、评价性练习

(1) 试着对比以下两组句子在语气上有什么不同。

A1. 小沙，听什么呢？（询问）

A2. 小沙，听什么呢？（斥责）

B1. 你会弹吗？（询问）

B2. 你会弹吗？（轻视）

（2）两人一组，用正确的重音朗读下面的对话。

A：我们打算放假以后去哈尔滨看冰灯，你去吗？

B：我想去，可是我从来没有去过那么冷的地方。

A：我刚看到通知，现在去报名可以吗？

B：办公室五点下班，应该说还来得及。

（3）两人一组，用正确的语气、语调朗读下面的对话。
（ _ 表示重读，| 表示延长停顿，/ 表示升语调，\ 表示降语调。）

A：孙文文 | 在今年4月，结束了长达6年的 | 爱情长跑，和男友领了 | 结婚证。但她并不打算 | 在北京 | 用传统的方式 | 步入婚姻殿堂，她选择的是 | 裸婚。

B：拜拜／，拜拜／啦＼。欢迎你明年早一点儿来啊，祝你们一路顺风！

（4）按正确顺序排列下面的句子，组成句群。

① 表达：_____

a. 是一个舶来品

b. 圣诞节本来是一个宗教节日

c. 在全球范围内庆祝圣诞节的人要比信仰基督教的人多

d. 这是一个全球共性的现象

② 表达：

a. 我们的节日一般都是家庭的聚会、团聚

b. 另一方面，圣诞节在中国已经经历了一个本土化的过程

c. 一方面是因为我们太缺少年轻人之间相聚的节日

d. 其实把它的宗教背景已经淡化了

3. 创新性练习

练习设计围绕本课主题进行，让学生完成语言实践任务。课堂报告限定时间、限定主题，学生在采访对话和报告陈述过程中可自然而然地使用到课文中出现的词语及表达方式。示例如下：

完成基于内容的主题式教学的创新型输出练习，个人陈述 1—2 分钟（可以结合 PPT）。

语言实践　Language Practice

调查报告

课下采访一下中国同学，以他/她的家乡情况为例，谈一下在他们眼中中国社会经历的变化。

采访内容	同学1	同学2	同学3
姓名			
年龄			
性别			
综合情况 （地理、人口、特点等）			
小时候的状况			
现在发展状况			
优势及不足			

采访报告参考：

　　＿＿＿＿年＿＿＿月＿＿＿日，我进行了有关中国社会发展状况的调查。＿＿＿＿＿＿同学是……，他/她谈了自己家乡的发展……

五、结语

随着社会的不断发展，语言载体从纸质平面媒体扩展到了新媒体，语言学研究方法从传统静态的形式结构过渡到了动态的结构功能话语分析，从单一学科到多学科的交叉融合也是必然趋势。视听说课借助视频材料的同时，承载了多通道语言信息和非语言信息，存在较高的羡余度，呈现语境的同时也对语境有高依赖性，因此学习策略采用不当容易影响语言技能的均衡发展。这是语言综合技能教学需要避免的误区。

伴随线上教学和混合式在线课程建设的开展，教学对象、教学环境的改变也促使我们在教学理念、教学模式等方面做出相应的调整。一线教师和科研人员需要重新审视课程与教学的关系，对课前、课中、课后环节的教学内容加以重构。其本质是利用信息技术对课程单元进行重构、对教学流程进行优化的过程。前者涉及专业内容和学科特点，寻求差异化；后者涉及教育技术实施，追求操作适用性。如何将教学科研成果中的新观点、新技术、新方法及时融入到课程建设和教材研发中，不断增强教学内容的学术性和前沿性，激发学生学习热情，培养学生创新意识和创造性思维，才是教学模式改革的最终目标。

∷ 参考文献 ∷

崔希亮（1992）语言交际能力与话语的会话含义，《语言教学与研究》第 2 期。

崔永华（1999）基础汉语教学模式的改革，《世界汉语教学》第 1 期。

冯德正（2017）多模态语篇分析的基本问题探讨，《北京第二外国语学院学报》第 3 期。

何克抗（2005）从 Blending Learning 看教育技术理论的新发展，《国家教育行政学院学报》第 9 期。

胡壮麟（2008）闲话"整合"，《中国外语》第5期。

黄国文（2009）系统功能语言学研究中的整合，《中国外语》第1期。

汲传波（2014）再论对外汉语教学模式的构建，《华文教学与研究》第2期。

靳洪刚（2011）现代语言教学的十大原则，《世界汉语教学》第1期。

库　玛（2013）《超越教学法——语言教学的宏观策略》，陶健敏译，北京：北京大学出版社。

李　泉主编（2006）《对外汉语课程、大纲与教学模式研究》，北京：商务印书馆。

刘颂浩（2014）中国对外汉语教学模式的创建问题，《华文教学与研究》第2期。

鲁健骥（2016）关于对外汉语教学模式的对话，《华文教学与研究》第1期。

鲁子问等（2017）基于主题与语篇整合学习路径，《英语学习》第11期。

吕必松（1997）汉语教学中技能训练的系统性问题，《语言文字应用》第3期。

马箭飞（2004）汉语教学的模式化研究初论，《语言教学与研究》第1期。

欧洲理事会文化合作教育委员会（2008）《欧洲语言共同参考框架：学习、教学、评估》，刘骏、傅荣主译，北京：外语教学与研究出版社。

潘先军（2019）基于多模态与多元智能理论的视听说教学，《国际汉语教学研究》第1期。

孙德金（2014）《对外汉语教学课程论》，北京：商务印书馆。

王　涛（2018）汉语视听说课程大纲的研发与应用案例，《国际汉语教学研究》第4期。

吴勇毅（2009）汉语作为第二语言/外语教学模式的演变与发展，《华东师范大学学报》（哲学社会科学版）第2期。

吴勇毅（2018）汉语作为第二语言/外语教学法研究四十年之拾穗，《国际汉语教育（中英文）》第4期。

曾小荣、马博森（2012）《路特里奇多模态分析手册》介绍，《当代语言学》

第 4 期。

张传萍（2015）翻转课堂的内容分布模式：基于布鲁姆教学目标分类，《教学与管理》第 24 期

张 璐（2019）汉语视听说课主题式教学模式研究——以中国人民大学本科留学生汉语教学为例，《国际汉语教学研究》第 1 期。

赵金铭（2007）对外汉语教学理念管见，《语言文字应用》第 3 期。

宗世海（2016）我国汉语教学模式的历史、现状和改革方向，《华文教学与研究》第 1 期。

Halliday, M. A. K. (1994) *An Introduction to Functional Grammar* (2nd Edition). London: Routledge.

Stryker, S. B. & Leaver, B. L. (1997) *Content-based Instruction in Foreign Language Education: Models and Methods.* Washington, D. C.: Georgetown University Press.

（王涛，北京第二外国语学院讲师）

第六节　写作课教学模式

《国际汉语教学通用课程大纲》(孔子学院总部/国家汉办，2014)对汉语学习者的"语言技能"之"写"的教学内容有不同的要求。初级汉语写作教学任务在于汉字的顺序与书写，侧重培养汉语学习者的汉字音感、汉字语感和汉字顺序感；中级汉语写作教学任务在于词语运用和文体训练，侧重培养汉语学习者的汉语应用能力和书面语表达能力；高级汉语写作教学任务在于句子篇章和思想创意，侧重培养汉语学习者的汉语思维和汉语书写的近母语书面语写作能力。目前，在初、中级的汉语写作能力描述中，《国际中文教育中文水平等级标准》(中华人民共和国教育部、国家语言文字工作委员会，2021)明确了写作字数，凸显文字抄写、标点符号使用和书面表达能力，侧重不同文体的训练；在高级汉语写作能力方面，则强调"深入了解中国文化知识，具备国际视野和跨文化交际能力"。

可见，高级汉语写作教学与初、中级汉语写作教学不同。初级汉语写作侧重汉语结构、语序等基础语言规范的训练，中级汉语写作开始引入文体训练，而高级汉语写作更侧重思想的表达和语言形式的精准丰富，不仅仅是满足学术论文写作的实际需要，而且是一种更接近母语的书面语表达训练，在具备国际视野的同时进一步提升跨文化交际的能力。这就需要国际汉语教师从写作理论中汲取营养，调动汉语作为第二语言学习者的积极性和创造力，进一步提升高级汉语写作的教学质量，满足高层次汉语学习者的学习需求。其中，一种追求"能准确地表达自己的观点"，有"深度"和"独创性"，且"立意新颖"的高级汉语写作尤其需要引入创意写作教学模式。

创意写作诞生于20世纪初期美国艾奥瓦大学，是西方话语体系下大学写作教学实践的理论产物。从该学科在中国的发展角度讲，创意写作已经进入一个内化创新的阶段。葛红兵（2017）指出："创意写作学科在中国已经过了引进及初创阶段,未来即将进入中国化创生阶段。创意写作学科的中国化创生要有中国气派,要建构创意写作的'中国话语',产生'中国学派'。要做到这一点,就要充分地研究西方创意写作史,研究它的西方土壤和适应性,厘清其与中国特色现实的距离。要建构中国气派的创意写作学科,首先要建立'创意本体论'的文学理论新体系,同时要在'中国话语系统'的建构上下细功夫。"从创意写作人才培养角度讲,提倡的是尊重语言学习者的认知规律,激发共有的思维潜力。史洁(2018)认为,创意写作是一种"以培养创意写作人才为主要目标的学科。重在遵从认知规律,通过写作这一手段,激发个体的创作潜能,释放他们的创造潜力,使学生形成独立意识和创新意识,进而准确表达自身对这个世界的认识。来华留学生的国籍、性别、汉语水平、来华时间、先前海外生活经历等主要因素对留学生的学习方式有非常大的影响。在多元文化语境下,适应越来越多的留学生学习汉语的培养需要"。随着汉语水平的提高,进入高级汉语学习阶段的来华留学生将不局限也不满足于简单的口语交际,他们更注重读写能力的提升,更希望深入理解中国文化的内涵,以求突破高级汉语阶段的写作瓶颈。

　　在实际教学中,国际汉语教师需要明确不同等级汉语学习者的学习需求,因材施教,遵循分级教学的目标要求,在不同的分级评价中,科学检测教师教学水平,优化教师职业发展路径,探讨可持续的汉语写作教学策略。针对来华留学生汉语言教学,我们主张在汉语写作教学中践行创意写作的理念,充分运用跨文化交际策略,在比较分析的写作实践中,通过多样化的互动活动设计和课堂讨论形式,师生共享来自世界各国的多元文化成果,分享中国文化资源,凸显中国精神和文人风骨,讲好中国故事,融入中国元素,拥有世界情怀,在创意写作中共同追求人类美好的精神家园。

　　在来华留学生高级汉语写作实践的创意教学中,如何运用中国古典文学创作的思想资源,充分体现中国气派,理性描述世界情怀,共同追求

"和""善""美",以便构建创意写作的跨文化教学模式,正是本节重点关注和思考的内容。

一、综述

第二语言和外语写作教学从外语教学这一学科创建之初就已经存在。后来的直接教学法和听说教学法更加注重口语能力的培养,写作教学也就随之被放在了次要的位置。直到20世纪80年代,随着第二语言习得理论研究的不断深入,二语或者外语写作教学才逐渐成为一个热点问题(Williams,2007)。汉语作为第二语言写作教学开始引起学界的讨论与关注。

在国际汉语教学界基本能够达成一个共识:在听说读写四项技能中,写作能力的提升是最难的,不仅写汉字难,而且写作文更难。因为大多数汉语学习者都会有这样的心理预设,所以他们在写作中也会表现出畏难情绪,其作文中的书写偏误、词汇偏误、篇章偏误等一直是研究者关注的重点。因此,如何建构适合汉语作为第二语言写作的教学模式也一直是国内学者思考的课题。其教学模式大致分为以下几种。

(一)任务型教学模式

在国际汉语教学中,关于任务型教学的研究比较多,实践应用也比较广泛,学界对其应用价值也给予了充分的肯定。比如:罗青松(2002)详细介绍了剑桥大学出版的"Writing Task"七项任务分类情况,具体写作任务包括便条、书信、公函、电文、描述、经历、观点等。邵继荣(2003)调查了不同的任务类型(个人资料写作、图画描述写作和观点陈述写作)和任务条件(有时间限制和无时间限制)对非英语专业大学生英语写作的影响,研究结果表明:任务类型、任务条件与完成任务时语言运用的准确度、复杂度和流利度有着复杂的关系。张笑难(2010)构建出基于任务型模式的主题单元写作教学实施模式,同时明确了不同阶段教师和学生的活动任务,并通过教学实例具体展示了任务型写作教学模式。胡格非、鹿士义(2016)认为,增加任务复杂度会促进语言表达的词汇多样性,由此指出任务型教学模式对写作的积极影响。

(二)过程型教学模式

过程写作(Process Writing)是受西方交际语言教学理论影响而产生的一种教学法。杨俐(2004)从实践和理论两个方面对英语作为第二语言教学中的"过程写作"教学法进行了介绍,探讨了其在对外汉语教学领域的应用问题。由此,"写作是一个过程"的观点日益被研究者和教学者所重视。在过程型教学模式的构建中,"写作教材被重新改写"。其教学内容"以叙议结合的命题作文、非命题作文(如话题作文、语料作文等)以及应用文为主。其他还包括一些不定期的自由写作(Free Writing)、课堂日记(Journal)、语篇和句式练习等"。过程型教学模式强调以学生为中心,通过范文讲解、反复纠错、集体讨论、反思实践等环节,尊重学生学习的程序和规律,注重交流和研讨,学生能够分阶段、分过程地总结概括写作规则,在接近汉语要求的范围内完成课上的写作任务。其优点是关注写作中的过程本身,实现动态教学。吴双(2008)也认为,过程写作的优势在于能够把学生从"被迫写作"中解放出来,二语写作教学也更加立体和深入。但是,她也指出了其不足之处,即这种教学模式需要两个基本条件:第一,需要"素质较高的教师来把关";第二,"要求学习者是爱好学习的人"。同时,过程型教学中的纠错环节,无论是"过"还是"不及",都会不同程度地压抑写作者的自信心。姜琳(2014)认为,自 20 世纪七八十年代,二语写作教学的侧重点由传统的篇章结构、语法转向了对写作内容和写作过程的关注,这种关注过程的写作教学对语法教学会产生一定的冲击;但从另一个角度看,却有助于活跃课堂上的互动氛围。所以综合而言,这种教学模式有所得也有所失,利弊参半。

(三)体裁型教学模式

体裁型教学模式关注写作本身的知识结构,即重视写作体裁的教学教法问题，具体研究关于记叙文、说明文、议论文的写作问题。吴双（2008）指出，这种教学"把体裁和体裁分析理论自觉地运用到课堂教学中去，围绕语篇的图式结构开展教学活动，让学生了解属于不同体裁的语篇具有的不同交际目的和篇章结构。语篇不仅是一种语言建构，而且是一种社会的意义建构。通过学习，学习者既要掌握语篇的图式结构，又要理解语篇的建构过程，从而才能理解或创作属于某一体裁的语篇"。可见，这也是一种"结构"与"意义"融合的教学模式。其优点是"看重体裁写作技巧，赋予学生明确的体裁意识"，明确"写作与语言知识密切相关"。初、中、高级汉语学习者的写作课程设置就可以体现为不同体裁作文方法和写作知识的学习，这比较符合不同层次汉语水平学习者的需求。其不足之处则在于知识性较强，创造性教学方法欠缺，因重视语言结构和知识的输入而相对弱化学习者思想创造力的发挥。

（四）过程-体裁型教学模式

基于过程教学和体裁教学的优缺点分析，考虑到优势互补，写作教学实践中开始提出将二者融为一体的过程-体裁型教学模式。这种教学模式综合了两种教学方法的优点，兼顾"过程"与"体裁"。在写作教学过程中，如吴双（2008）所言，学生可以积极参与，教师可以适时监控。体裁知识学习中，做到"以语篇的体裁分析为基础，围绕语篇的图式结构开展教学活动"，同时"重视语言习得"，"所写的文章是交际的工具"。这种综合的教学模式有助于教学摆脱规定性的教学模式，在"重视语言知识的习得"的同时，实现语言得体化交际的目标。其不足之处是对跨文化交际障碍关注不够，跨文化的意识及相关教学策略还未在写作课课堂中引起应有的重视。

（五）结果型教学模式

这是一种比较常规的教学模式，以教师为中心，学生处于被动的客体地位，只要根据教师的写作要求做出书面反馈，最终能够完成一篇高质量的作文即可。如吴双（2008）所言，结果法的侧重点在于"自下而上（Bottom up）的基于句子层面的写作"，实际操作中会遵循"从句子入手，发展到段落，再到篇章"的写作步骤，教师关注的重点是学生写作的结果。此模式在教材编写中应用时间较早，应用范围较广，教材和教学研究都较为成熟。早期对外汉语写作教材的编写原则都体现出结果法的特点，如注重汉字及汉语的词汇、语法、书写格式、标点符号等，注重学生汉语书面语的学习和成段表达的训练。这种"讲—写—评"的模式可以确保不同水平的学生都有所收获。然而，结果法虽然强化了规则、句式和章法，但也在一定程度上束缚了学生的汉语转换力，这是一种Campbell（2004）关注的"文本互动"活动。但是，如姜琳（2014）所言，"修改成功不等于语言能力的提升"，所以结果法忽视了汉语学习者跨文化创造力和思想力的生成。

另外，无论是重结果还是重过程，目的都在于综合运用各种理论来指导写作实践，针对各种"教学群体"和"教学层次"（罗青松，2011），提升学习者的汉语写作水平。中国学者系统介绍并评价了控制法、自由写作法、语段形式法、过程法、任务法等第二语言写作教学的主要理念方法，讨论了各种教学理念对汉语写作教学的借鉴意义，并将它们作为基本的教学法融入到现有汉语写作教学的实践中（罗青松，2002）。而"产出导向法"（Production-oriented Approach，简称POA）理论也带给汉语写作很大启示，如许希阳、吴勇毅（2016）主张从输入、输出和评价反馈三个方面构建对外汉语写作课教学的新模式，吕海燕、万莹（2021）考察了"产出导向法"对学生记叙文写作的有效性问题等。

随着国际中文教育事业的发展，以及培养跨文化交际人才目标的明确提出，现有留学生汉语写作教学实践中的弊端显而易见。中国大多数高校的汉语写作教育还仅限于传统的教学模式，有些高校还沿袭着我国中小学语文教育的模式，一定程度上违背了留学生中文教育的客观规律和第二语言习得规律，以及高层次跨文化人才培养的发展需要。例如，针对中高级汉语写作的教材以邹昭华、夏小芸（2005）《汉语写作教程：高级A种本（上）》，邹昭华（2006）《汉语写作教程：高级A种本（下）》，陈作宏（2007）《体验汉语写作教程》，吴双（2011）《汉语写作进阶》，岑玉珍（2012）《发展汉语·高级写作（Ⅰ、Ⅱ）》（第2版），苗东霞（2015）《高级汉语写作教程》，金舒年、刘德联、张文贤（2017）《留学生中高级汉语写作教程（上、下）》，管延增、种一凡（2020）《速成汉语写作教程（上）》等为代表，用于写作教学与考试的教学教材资源尚显不足（宋春香、李晓东，2021）。限于语法丰富性是评估二语写作的一个重要指标（程勇，2022），各个等级的作文也常限于改错字、纠语法等评改反馈层面；机械化写作模式还一定程度地存在；写作教学内容重点缺少变化，主要以文章体裁为线索，以记叙文、议论文、应用文等为专题；教学形式比较单一，仍以授课教师命题、学生写、老师改为主；教学创新意识不足，写作教学的实践活动较少，文本作品成果不能与社会实践相接轨，写作成果缺乏文化转化力；留学生参与热情不高，文章往往千篇一律，模式化倾向明显。最重要的一点是，具有国际视野和跨文化思维的创意写作成果严重不足，与国际汉语写作教学的理想目标尚有距离。

基于这样的留学生汉语写作教学现状，我们试图探索和研究汉语创意写作教学模式，旨在通过跨文化路径，突显留学生写作教学的比较性、创意性和实践性，展示高水平汉语写作成果，以期提高国际汉语写作教学的质量，进一步促进世界各国的文化交流，实现思想互通和文化共享。

二、高级汉语跨文化创意写作教学模式的构建

就跨文化语言技能的培养而言，李晓琪（2006）认为："各项语言技能中，写作技能是最难培养的；但另一方面，因为较之口头表达来说，书面表达有时间的保证，书面语受社会影响较小，相对稳定一些，所以写作技能中达到较高的层次甚至比其他技能有更大的可能性。在教学实践中，我们也接

触到一些学生习作，由于学生经过反复修改，语言运用上能够达到相当完美的程度，甚至接近母语作者的表达水平。在训练中注重自然地结合各种问题的训练，是综合提高学生语言运用能力和书面表达能力的关键。"如果积极融入跨文化的因素，引入创意写作的理念和方法，将有助于进一步提高现有高级汉语教学质量和留学生的汉语水平。

（一）教学目标：创意思维的激发和创新国际人才的培养

留学生创意写作教学要培养什么样的人，这是首先要认清楚的重要问题。其教学目标有两个。

1. 激发留学生汉语写作的创意思维

"创意思维"是一种具有创新意识的思维方式，在写作范畴是指写作者对写作信息进行建构和重构的理性思考过程，是写作者通过创新意识产出文本作品的创作过程，符合人类写作的本质规律。何坦野（2014）认为，写作本质上就是一个信息的加工组合过程，既包括信息的建构，也包括信息的重构。其具体内涵是："建构信息是指写作者所接受的信息，引起写作者原有写作观念的量的变化而自组的一种信息加工行为，换言之，写作者所接受的信息与主体自身的观念结构相吻合，使得写作者在其原有的基础上进行补充与完善；而重构则是指写作者所接受的信息，引起主体原有写作观念的质的变化而自组的一种信息创造性加工行为，它试图打破原有的写作观念体系，重新构建自身的或新的写作观念体系。"李炳林（2017）认为，主体的思维能力是思维方式整体功能的动态表现。写作者最大的幸运是"能够用正确的思维方式组织正确的内容信息，以解决表达内容的凌乱性问题"。从创意写作的教学目标来讲，其思维侧重"非线性"的创意思维，以激发留学生充满潜力的想象思维和形象思维，是刘勰《文心雕龙》中的"思理为妙，神与物游"的审美境界。教师应鼓励和引导留学生感受中文之美，走出既有的思维定式，进一步激发留学生"非线性思维"的创造活力，通过脑力劳动和创意写作教学活动生产出可圈可点的"非线性文本"。

2. 培养跨文化的国际化创新人才

在创意写作课程的教学中，国际汉语教师不仅要教留学生掌握基本的汉字书写和组词造句的方法——因为这些是留学生在初、中级汉语学习阶段就已经完成的学习任务，而且要引导学生获得语言表达的创新力和创造力，最终目标是引导留学生成为描述生活、表达思想的国际化高级人才，获得创作成果的市场价值和社会价值。换言之，留学生不仅是会写作文的人，还是具有国际竞争力的创新型写作人才，能够独立完成各个领域的写作任务，并胜任跨文化交际和交流的各项工作。

（二）教学内容：中国文化的精髓和创意文本的写作

留学生创意写作内容包容量巨大，一方面要凝聚中华传统文化的精髓，另一方要运用跨文化资源开展创意文本的写作实践。

中国是一个历史悠久的文化大国，国际汉语教师要积极引导留学生汲取中国元素，同时融入当代中国文化符号，为汉语写作者提供目的语写作模式。在创意文本写作中，应适当引入中国文化、历史典故、习语俗语、古今故事、情景剧设计、青春类诗歌、演讲课件制作、微信语言创作等符合当代人际交往需要和市场需求的写作内容。尤其是在新媒体和手机阅读的时代，创意写作空间广阔，个人公众号和微信写作日益成为阅读的新载体。不可否认，"信息流的畅通，高效传播（多文本、多媒体）对写作的发展起到决定性作用，如 4G 手机的出现是视频信息传播上的一次革命"，进入 5G 时代，"手机这一个性化、即时性、互动性、带着体温的媒体决定了它取代传统行业的报纸、图书，手机写作使人们零碎的时间可以充分利用起来，既可在线也可无线写作，便携性、互动性（交互性）和多文本性是它的强项"。（何坦野，2014）文本载体的革命必然带来汉语写作教学的革命。在留学生汉语创意写作的课堂上，传统的文本写作也受到局限，甚至面临尴尬的"失语"。这就要求汉语创意写作的内容不限于以往文体和题材的介绍、仿写、续写等基础性写作活动，也不局限在书面表达，而应走出传统的窠臼，积极展开有创意的设计方向，帮助留学生丰富当代汉语写作的内容，兼收并蓄，利用微信朋友圈写作、公众号平台推送等新兴媒体形式，分享富有时代气息的创意文本，直接为汉语学习者输入目的语的正确书写形式，固化正确的创意写作信息，从而在实际应用中发挥创意文本的影响力。

（三）教学方法：文化比较的原则和文化体验的实践

写作是语言运用的一种技能，语言运用本身就是创造的过程，而且这一过程不仅包括词法篇章的创意组合，也包括教学方法的改革创新。对于高级汉语写作教学来说，创意写作的课堂不应是坐在教室里做书面语练习的课堂，而应是在古今文化与中外文化相比较的视野中，不断拓宽留学生的写作视野，使其发现自己可以驾驭的写作素材。在留学生汉语创意写作中，要能够积极运用中外对比和古今对比的方法。只有学会比较，才能在写作中做出有理性的思考、分析与判断，最终形成有价值的新观点。

1. 文化比较

文化对比法是针对留学生进行文化知识教学的重要方法。这需要一个共同的前提，即师生都拥有古今中外丰富的知识积累。在古今文化比较中，人同此心，心同此理，了解中国人含蓄蕴藉的文风，比较容易在情景交融和世事变迁中搜索到开展创意写作的素材。尤其是对书面文学类写作创意的实践而言，古典文化是不可或缺的，需要在比较中思考其间的异同，文学与文化兼顾，文心与德行并修，理论与实践结合，培养与需求一致，进一步丰富留学生的人文内涵。与此同时，留学生汉语创意写作的教学方法要重视中外文化的比较。在中外文化比较中，要引导留学生了解不同文化的差异，了解不同的文化如何影响不同的写作风格，比如：具有开放外向特质的文化，其写作文本大多直抒胸臆；不事张扬的古典创作大多产生含蓄内敛的古诗词作品。在创意写作教学中，具有良好的知识储备才能够积极借鉴他者文化并传承不同民族共同的优秀文化。

2. 文化体验

写作源于写作者的经历与经验。杨俐（2004）认为："写作只有与学习者的人生经验发生联系，才能成为一种有意图的、有意义的学习活动。"对于高级汉语水平的留学生来说，文化体验活动可以成为写作和讨论的重要话题，如中外节俗、历史名人、生活习惯等。通过讨论，汉语教师可积极引导学生进行跨文化交流，运用比较分析的方法，对中国文化和留学生本国文化的异同进行剖析，分享不同文化的文明成果，理解中国文化的精髓，激活留学生的国际化思维，使其真正成为中国文化的体验者、分享者和传播者。

刘洪妹（2015）认为，在新的时代里，"写作是人们学习、工作、生活的基本内容之一，如抒发情感的文学写作、表达观点的议论写作、论证科研成果的学术写作、市场竞争策划的专业写作、交流信息的私人写作等等。可以说，我们的生活与写作已经密不可分"。因此，人人都是写作者，人人都是阅读者。在国际汉语教学中，汉语教师必然要用创意的思维和创新的实践来丰富留学生的写作人生，在创意写作的教育教学中分享中华优秀文化，培养国际化创新人才，积极探索留学生汉语创意写作教学的新模式，为培养跨文化的世界人才贡献力量，其意义不言而喻。作为美好的蓝图，其研究才刚刚开始。

（四）教学过程：教师角色的定位与学生逆推式学习

在实际的创意写作教学中，国际汉语教师的角色定位比较多元，可以是导师、导演、对话者、交流者……不管是哪一种角色，教师都需要掌握互动反馈技巧，在课堂上实现逆推式教学，发挥汉语学习者的积极性，由跨文化主题进入讨论分析，由学生的对比分析进入写作行动，产出创意写作作品。

1. 课前：预见性教学

课前，教师是写作主题的策划者。首先，要对汉语学习者的学习情况做出初期判断，针对所学跨文化主题有充分的资料储备，设计好跨文化的内容和形式，对字词句可能出现的书写偏误有所预测，诸如笔画笔顺、标点符号、汉字组合等方面，做好预见性教学。其次，所选写作话题要有趣味性和代入感，能够古今结合，不偏不倚，具有时代特点，可适度加入当代流行语的讨论。据张若梅（2019）研究，现有汉语流行词语对高级阶段汉语学习者写作水平的提高有积极的作用，师生都有互动交流的语言文化信息，可以为后续课中的互动交流做好准备。

2. 课中：互动性教学

课中，教师是写作活动的交流者。在教师和学生之间的讨论中，师生形成共同的写作话题，从各自的视角提供不同的文化信息。学生在自己的母语文化和汉语文化之间找到不同点、共同点，运用对比、联想等方法，思考中国文学意象，讲述中国故事，结合自身经历选好题材，确定文体，力求有共情、有新意。汉语教师要灵活运用互动式反馈技巧，帮助学习者提高写作欲望。宋春香（2022b）认为，这种反馈形式表现为评语尺度的把握要恰到好处，追求评语的艺术化，不盲目夸奖，因为盲目夸奖会让学生有失真感；也不过度纠错，因为过度纠错会伤害学生的自尊心，影响学习积极性。同时，汉语教师要有跨文化的使命和担当，发挥好指导者的作用，根据学生提出的交流问题，做出最佳的解释，并综合运用汉语知识，通过师生和生生的讨论，最终帮助学生组合句篇，形成富有个人特色的跨文化写作大纲。

3. 课后：产出性教学

课后，教师是学生创意写作作品的读者。学生根据既有的话题和讨论的结果，以及师生提出的写作建议，进一步消化吸收各种跨文化的语言文化知识，融入中国元素，表达共同情感，从而组合句法语篇，凝练出最终的写作文本。这是一个教学成果的产出过程，是进一步总结思想成果的重要阶段。如果说课前、课中是师生共同合作的交流期，那么，这一时期就是学生独立完成作品的自主期。此时，写作的主体是学生。经过各种辅助教学活动，教师把写作的思想交给学生，把写作的创意交给学生，把写作的方法传递给学生。教师的教授和纠错需要转化为学生主动探究的写作实践和行动。课后，教师要发挥学生的主观能动性，使学生把想表达的思想用汉语表达出来，落实到"写"的行动上，实现从思想到文本的转换。教师从读者的角度提出建议，帮助学生在写作中提升自身的汉语转换力。

高级汉语跨文化创意写作基本教学流程如图 4-24 所示：

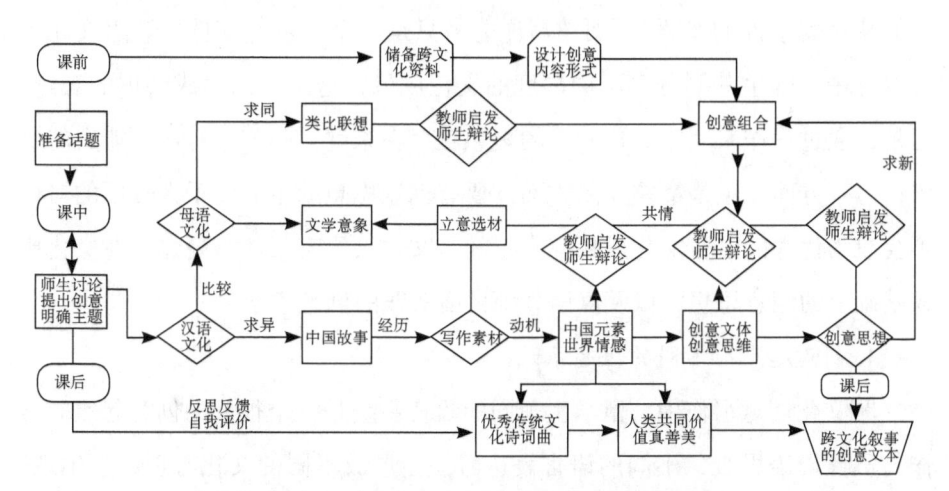

图 4-24　高级汉语跨文化创意写作教学流程

三、跨文化创意写作教学模式构建的基本理念与实践

跨文化的创意写作模式以学生为中心，在从课前、课中到课后的学习过程中，学生是实施创意并积极创作的作者，教师是提供建议和参与创意的编辑和读者，整个教学过程是一个师生紧密结合并互相影响的文本创作过程。洛德丝·奥尔特加（2016）认为，这是"学生作为作者和教师作为编辑者的一个复杂的、急速的编辑过程，双方都是为了提高学生创造的文本而工作"。此教学模式在于改变传统的应试思维，基于共情的思想，激活创意思维。杨俐（2004）认为："学校教育经常把语言和它的有意义的使用功能分割开来，把语言这种最实用的人类的交际工具变成了难以学习的课堂上的知识，变成了令人望而生畏的考试内容。"而创意写作的课堂就是要通过跨文化思维的启发、引导、训练等教学活动，最大化地完成有思想意义和文化内涵的自主

写作任务。

（一）异中求同的创意思想

创意写作教学模式提倡多元文化的比较法，体现文化共享理念。根据人类语言进化的规律，史蒂芬·平克（2015）认为："语言交流的核心构件是我们从小就掌握的口语"，而"写作能力只是一个'可选配件'"。跨文化语言教育中，师生共同分享不同国度的文化成果，这是可以达成共识的观点。但是，通过写作来完成文化共享的理想就存在难度，一方面有读写能力的要求；另一方面，也是最重要的方面，要有创意思想的生成，千人一面的写作不会成为优秀的语言文化成果，真正的跨文化汉语言写作需要建立在文化比较基础上的创意思想，以及汉语教师付诸实践的创意教学。

1. 创意起点：不同的语言系统

跨文化创意写作中，留学生不同的语言系统是一个很好的创意起点。写作离不开母语思维，不同的语言表达习惯会形成不同的文化心理、人生观、价值观、世界观。基于留学生语言系统的复杂性和多样性，其汉语写作首先要尊重母语的文化价值，并且从这种不同中发现和发掘新的创意点，解读不同语系的语言密码。例如，史蒂芬·平克（2015）认为，英语是"孤立"的，即"通过改变单词的排列次序来建构句子，而单词本身缺少形式变化"；拉丁语是"屈折"的，即"每个词缀都包含好几种信息"；奇温久语是"黏着"的，即"每个词缀表示一种信息，而许多词缀常常串联在一起"。根据美国语言学家萨丕尔－沃尔夫假说，语言与思维具有相互依赖的关系。段惠琼等（2018）认为："来自不同民族持不同语言的人们形成了特定的思维模式。这些思维模式反映在写作的语篇特征中。作为通过语言反映客观事物、传递知识、表达感情的创造性脑力劳动过程，写作是人们以自己特定的思维模式在脑海中进行语篇构思、体现其母语语篇特点、用语言符号记录文字的载体。汉语和英语两种语言呈现出不同的语篇模式和写作特征，这些特点将有助于中国学生成功进行英汉写作。"这也有助于来华留学生根据自己母语和汉语的差异，基于史蒂芬·平克（2015）"相同的心智结构"观点，从不同的语言系统出发，构思谋篇，完成源于母语系统又游离于母语的第二语言写作活动。

2. 写作素材：不同的中国故事

在跨文化写作中，留学生不同的中国经历是很好的写作素材。写作是个性化的书写过程，每个人都有属于自己的个性空间和人生阅历。虽然同在中国留学，有的慕名而来，有的兄弟结伴，有的同学召唤，有的偶然邂逅，等等；但一个共同的原因是不容置疑的，即他们都怀有一份对中国文化的向往与热爱之情。可以说，每个来华留学生都有自己的经历，需要积极挖掘才能获取更多的中国元素，并升华该故事的中国式主题。在国际汉语课堂，教师需要激发这种潜在的故事话题，通过聊天、讨论、做报告、讲心得等形式，活跃课堂气氛，加深主题的理解，分享不同的人生，并以跨文化的课堂作为舞台，通过情境设置为留学生提供角色表演的机会，从而收获迥然不同的中国故事，为创意写作的有效开展并取得实效提供必要的基础素材。在获得写作素材的基础上，我们尤其强调细节的雕琢，细节正如史蒂芬·平克（2015）言及的，应是"文字游戏、诗歌创作、修辞艺术、语言的机智风趣以及写作技巧的基础"。不同的细节往往是不同故事的核心思想所在，让诗歌成为引文，让俗语概括中心，让情绪贯穿始终，这些创意的细节与不同的中国故事对接交合，组成凸显跨文化内涵的创意文本。同时，高级汉语创意写作也有助于留学生跨文化身份的转换。对此，范迪（2020）曾针对韩国学生做过研究，结果表明，该学习者的身份认同变化大致经历了三个阶段，即从"一名韩国交换生"，到"不懂汉语的外国人"，再到"掌握汉语书面语使用技巧的韩国人"。其间，发生在从"不懂汉语"到"掌握汉语"过程中的故事，都是可供选择与激活的创意写作素材。

3. 文化资源：不同的文化差异

在跨文化写作中，来华留学生不同的文化差异是一份宝贵的文化资源。

文化是有差异的，而且不同国家各具特色。从文学意象的选取方面看，世界各国的文学创作多集中于鹰、国树、国花等动植物。例如，俄罗斯爱"白桦树"，既是由于它的国树地位，也因为它是家园、爱情、健康、美好的象征。作家阿·托尔斯泰的名句把对白桦树的爱写到了极致，即"Я люблю до берёзки"（白桦，我将一直爱你到死）；诗人叶赛尼以一首《白桦》著称；俄罗斯也保留着传统节日"праздник берёзки"（白桦节）。罗马尼亚爱"白蔷薇"，因为它是国花，且承载了热情、纯洁、真挚、高贵、朴素和丰收的象征意义。韩国喜国花"木槿花"，也有偏爱"竹"者——这与中国文人的偏好相吻合。史蒂芬·平克（2015）指出："语言本身包含了一套与他人共享的代码。一个独属于个人的先天语法是毫无用处的。它就像探戈舞一样，必须两人合跳，孤掌则难鸣。"语言外的文化差异并不能掩盖源自于心性的共鸣，合作与共享是文化共同体的要义。克里斯·辛哈（2010）指出："人类之所以能够实现交流，是因为其主体间性（intersubjectivity），即人类共同拥有情感、感知（perception）、语言的语义等方面的相似经验。这一特性的实现是通过参与活动来完成的。"同时，宋春香（2022a）认为，国际中文教材也在通过题目设计、叙述人称、文本内容等讲述文学故事，呈现并突出叙事者双主体性的跨文化身份。综上，文学意象可以成为留学生写作的重要文化资源，在实际的写作中如若充分运用，适当发挥拓展，那么在创意写作尝试中，就足可探寻出国际文化差异的诗意渊源，在意象"不同"中看到文化之"同"，在相同要素中分析出差异，实践"同"与"不同"的写作教学活动，获得异域风情的诗意文化体验。

（二）中文写作的文化精神

创意写作教学模式主张分享中国写作思想资源，凸显中国精神风貌。汉语写作虽然从汉语出发，以汉语为书写符号，但永远不要只停留在汉语上。这是因为语言社会化的过程需要不断接近、理解目的语国家的文化内涵。留学生用汉语来描述中国，不仅是说汉语，而且要了解中国人的思维方式和中文写作特点，才可能运用不同的创意手法来完成个性化的写作任务。汪云霞（2019）强调，"中国故事需要契合中国趣味的创意表达"，这种表达可以是思想的共鸣，也可以是多种题材和体裁的实践，基于不同汉语学习者共通的情感思维。汉语二语写作中，教师可以引导学生汲取中国思想，运用表达策略，书写含蓄之美，并在写作中加以个性化的学习、借鉴与运用。

1. 儒家与道家：中国文人的创作思想

中国文人素有"学而优则仕"的传统，所以从古至今，文人写作是通往高官要职的通途。为此，在"入世"与"出世"的选择中，在"得意"与"失意"的境遇中，在"大隐"与"小隐"的操守中，在"有为"与"无为"的虚实间，我们会见到儒家与道家的思想碰撞。这种中国文化所独有的行为操守对外国文化来说是同中之"异"，需要在写作课中予以介绍和讲解，在对话中客观表达中国气派的文化精髓，展示中国文人的精神风貌。这一方面可通过中国文学课来传授，另一方面也可以借助文人的经典故事予以传达，并通过现身说法，评议当代中国人的精神特质，使留学生进一步理解中国传统文化精神在当代的影响力，为其跨文化写作提供中国话语模式和中国文学思想资源。

2. 豪放与婉约：中国诗歌的表达策略

高级汉语写作离不开诗歌的介入和理解，离不开或婉约或豪放的文笔风格。在中国古代的诗歌写作中，"豪放"与"婉约"是有重要影响的两大流派，也可以说是两种最基本的写作手法和情感基调。通过跨文化比较的汉语教学，我们既要介绍典型的代表作家作品，吟诵品评，更要为来华留学生注入这两大派别的中国话语模式，增强写作实践的文化动力，展示豪放之雄风，描摹婉约之秀美，既提倡直入现世的豪放作文，也鼓励内藏秀真的婉约文章，贵在凸显跨文化对外汉语教学中"中国风"的描摹与书写。

3. 隐喻与象征：中国写作的含蓄之美

中国诗歌表达向来重含蓄，忌讳直白，反对空谈，作家的文本"意在言外",读者的解读"得意忘言"。这种讲究创作的含蓄作风和注重读者体悟之美学,恰恰是留学生了解中国文化、理解中国文化精神的要点。这种偏于含蓄的修辞是写作中容易忽略的内容。然而 Kumaravadivelu(2017)指出:"修辞错误是一个人学习写作过程中都要经历的一个发展阶段,无论是第一语言写作还是第二语言写作。""卡普兰推断出语言修辞模式与文化思维模式之间的简单对应关系",即英语母语者是直线行文方式,东方母语者是圆形思维方式。摸索出其中的思维规律和修辞类型对应关系,有助于高级汉语写作的积极教学和引导。对高级汉语水平的留学生,可根据实际情况设置"中国文化体验""中国文学赏析""唐诗宋词鉴赏""新诗鉴赏"等选修课程。在选修课上,中国学生和留学生可以通过读写形式来共享诗歌的唐言宋韵,了解中国诗词的平仄规约、押韵技巧,了解汉语的修辞艺术,感悟中国新诗各种意象之外的情感、哲思,感受汉语之美,在声韵并茂的诗歌诵读中,理解汉语所隐之义、所象之情,并实现出口能颂,达到"熟读唐诗三百首,不会吟诗也会吟"的学习效果。

(三)共情语境的世界情怀

基于心理学共情理论在"线上"与"线下"汉语读写教学中的实践,Song(2022)认为,写作教学离不开源于人类心灵的共情体验,可以通过"一对一"(one-to-one)、"一对多"(one-to-many)的师生对话,缩短师生的时空距离,进一步提升汉语写作教学的质量。创意写作教学模式主张构建人类的精神共同体,升华人类普遍情感。这种写作教学模式不仅是关于语言运用本身,而且是关于世界、人和社会、自然的立体性思考,让写作文本具有普遍价值的深度、世界情怀的宽度,文字中凝聚"和""善""美"的精神诉求,充满让读者可以阐发的外延空间。在亲近诗意的写作实践中,留学生创作了很多源于跨文化思考的文学作品,让我们看到一份比较中的中国文化认同感,看到无论东西都遵循的向善诉求,看到青春岁月中的执着与梦想,在他者视界构建了人类共通的精神世界。

1."文化生活"主题与华裔来华留学生的情感写作

华裔留学生是指祖父母辈、父母辈均为中国血统，且现居住地和国籍均为非中国的来华留学生。世界大同之"和"是全球化视野中的共通情感，是华裔留学生喜欢的重要内容和主题。因家族中华文化血统的影响，华裔来华留学生大多汉语水平较高，对中国语言文化充满亲近感，其多重文化的身份有助于全面理解文化差异，有助于文化认同感的提升。这种文化亲和感转换为汉语写作的跨文化文本，就会充满和谐之美，容易引起文化和情感的双重共鸣。

比如缅甸留学生尹生慧的《春运》（节选）从缅甸人在中国过春节的视角来切入，体现出来华留学生跨文化叙事的创新思维。文中引入仰光的华人街过春节场景，既描摹了世界的"中国春节时间"，也表达了缅汉文化的亲和之谊。

有趣的是，这些年，中国人过春节的方式正在发生变化，春运似乎开始向中国以外的国家和地区发展了，以至于很多国家都有了"中国春节时间"。这是为什么呢？因为越来越多的中国家庭选择春节期间出国旅行，他们的足迹遍布世界各地的热门旅游目的地，给全世界的"歪果仁"带来了特殊的"中国春节时间"。我的祖国缅甸也不例外。我回到缅甸后，全家人去了仰光的华人街过春节。这条街到处张灯结彩，挂着红色的灯笼，贴着吉祥的春联，小吃和饭店也都是中式的。唯一和中国不同的是，我们春节当天不吃肉，只吃素。虽然没有肉，但是味道都是中式的味道。到了晚上，还有烟花晚会，热闹极了！在仰光，我遇到了很多中国游客，他们大多是全家一起出游。在仰光，他们不仅体验了一把素食春节，也为仰光带来了"中国春节时间"，热闹非凡。

中国春运，变的是地点，变的是出行方式，不变的是延续千年的亲情与牵挂。

这篇小文的结尾更是富有诗意，点出了时空的"变"与"不变"，意味深长，耐人寻味。

实验证明，将经典诗文语块应用于写作也有助于提高中文学习者的写作水平（吴双，2012）。以缅甸来华留学生陈丽艳的《一年一度大迁徙》（节选）为例，这篇文章因诗歌的引入以及跨越历史的联想而充满中国气息。

"一年之计在于春。"没错，春天是一年的好开头。春天里百花齐放美好的风光，冬去春来的同时也带来了美好的一切，也带来了人们期待的春节。

我打算考完试之后一定要回自己的国家，因为离开家，一个人来北京已经有好几个月，现在有点儿想念家人了，就像中国大诗人李白的那首《静夜思》一样的情感：

床前明月光，疑是地上霜。

举头望明月，低头思故乡。

……

想象一下，以前古人回家过年也是很不容易的事，路费也太过惊人了。据说公务员年薪的一半都不够付路费。现在，出门只需要两三个行李就够了，可是古代还得要带很多东西，包括在路上的吃的。因为路上饭馆比较少，而且要去的地方也很遥远，他们不得不带上很多东西。比如，李白的故乡是四川江油，要是他从首都长安回老家过年，全程有1600里路。中途还要过山路。平地可骑马，山路就得靠脚走了。李白回家乡大概得花一个多月的时间。还有，那时候的交通只有马车、驴车，所以最短的旅行也要花十几天的时间。

现在当然是比以前方便多了，但在有些地方还是有很多困难。

要去的地方虽然不远，但机票涨价，人们只好选择坐火车。可是坐火车的人太多就不方便了……我还看过，有一个中国的大明星吴京，有一次坐高铁回家乡过年赶上了春运。他在微博上发了一个他在高铁上靠门边拿着小凳子坐着的照片，上面还写着："只要能回家过年，坐哪儿都行。"

我觉得中国人非常注重春节。对于中国人的传统佳节，无论在什么地方工作，他们一年一次都回家和亲人团聚，到了除夕一起吃年夜饭，还要写春联，穿红衣，互相祝福，一起放鞭炮，辞旧迎新。有的人说，春节是一个必须回家的理由，春节回家是给家人最好的礼物，春节是给孩子的美好的童年。

总之，在机场，我终于看到了春节对全球华人来说有多么重要。春节回家，这是团圆的节日，这是亲情的魅力，这是中国人对祖国的一份初心。

这篇小文是师生课上交流讨论后的作品。开篇不仅引入了"一年之计在于春"的俗语，而且能够直接选用李白诗歌入文，表达思乡之情，并在古今对比中讲述"春运"的内涵，想象力丰富。关于吴京的引入，融入了中国的当代文化，由"春运"而"春节"，由亲情"团圆"到文化"初心"，主题升华十分到位。其间，中国俗语、诗歌、交通工具成为他者视域中的"中国风"。

中国文化强调柔和之美，不争不诉，从自然与社会、自我与他人、修身与养性等方面追求自我的平和与世界各种关系的和谐。在创意写作中，我们提倡文化和谐的创作理念，从作文立意、选材、组材到中心的升华，鼓励并引导留学生关注文化差异中的"和"文化，搜索跨文化交际中的故事片段，诸如师生友谊的生成、校园文化的融入、青春梦想的挑战、跨国文化的交流等；并由点到面，从"小我"走向"大我"，在和谐的世界蓝图中输出汉语写作的一笔一画，在全球化背景下对所有不和谐因素说"不"，用自己的第二语言创作文本，用音形义结合的汉语书写，来讲述人类的和平与和谐——包括东方与西方的和谐、人类与自然的和谐、内心与言行的和谐等多个层面，从而组成一幅用文字描述的美好愿景图。

2."青春梦想"主题与来华留学生的诗歌写作

"青春梦想"是不分地理意义的或"东"或"西"，对于高中毕业来华学习汉语和中国文化的留学生而言，他们大多处于20岁左右的青春年华，每个留学生都拥有属于自己的青春和理想。多元文化背景下的青春与众不同，这是创意写作应给予积极引导的重要主题。在写作课教学中，我们一方面发挥中国学生的伙伴作用，指导他们成为留学生的生活伙伴、青春同行伙伴，在相互学习陪伴的青春时光积累丰富的写作素材；另一方面发挥诗歌课程、中国文学课程、汉语读写课程的综合作用，鼓励学生通过文本分析阅读创意构思，完成诗歌、散文等写作任务。

比如，以韩国来华留学生梁承利的一首诗歌作品《最近青春》为例：

在我漆黑黑暗的路上 / 就连希望也动摇的日子 / 像宝石一样，/ 像充满了夜空的星星一样 / 闪亮的那天会来的啊

无依无靠的这夜晚 / 哦，自己安慰啊，孤独流泪的夜晚 / 除了我看起来幸福大家都看起来幸福 / 哦，好日子会来吗？/ 爱情也太难了，吃住也太难了 / 最近青春太累了 / 像宝石一样，/ 像充满了夜空的星星一样 / 闪亮的那天会来的啊

每个人心中都有这样的伤痛，这些包袱 / 抱着并支撑着生活，你也我也 / 今天也辛苦了 / 大家都辛苦了 / 坏日子也会过去

不管怎么样，活着的话会有开心的一天 / 反正就这样相信着 / 生活着

这首诗从青春的迷茫到梦想的追逐，对未来在辛苦的追逐中充满期待，

无奈中有期待，期待中有痛苦，符合青年特定时期的心理，语句诗意盎然，彻底打破了来华留学生不可以学习诗歌、不可以鉴赏诗歌、不可以写作诗歌的偏见。教学实践证明，汉语诗歌鉴赏不仅丰富了来华留学生的汉语知识，而且也增强了他们对文学话语的理解力，有助于借助文学语言来提升其汉语水平。

从基础教育而言，李新榜（2008）认为："诗意写作教学是从教学实践的实际出发进行思考，努力探索写作教学的内在规律，摈弃功利性教育下作文教学的短视行为，从而指向写作主体自身的发展和诗意人生的追求。它的价值取向在于指向高中学生完整的生命，让学生在写作中自主体验和感知，发展和展现自己的言语生命力，从而迈向言语人生之路，最终指向诗意人生。"但对于留学生汉语写作而言，诗意写作教学从文化差异入手，创新传统的模式化教学，丰富中国故事的内容，融入中国元素的文化，引导留学生理解中国文化，达到"和""善""美"的精神共识，用饱含世界情怀的汉语写作实践来构建人类精神共同体。

基于此，我们认为跨文化写作是一个从文化差异出发最终回归文化认同的精神之旅。对来华留学生的高级汉语写作教学来说，这是一个从共通情感出发并最终回归共通情感的跨文化之旅。这是"地球村"语境下构建世界文化共同体的精神需求，也是中国语言文化贡献给世界的精神财富。在国际中文教育的时代背景下，用文字聆听他者叙述的"中国故事"，基于创意写作模式的跨文化教学是必需的，也是必要的。另外，《国际中文教育中文水平等级标准》中的"译"同样是一个二次写作过程的训练，需要后续进行更加深入的研究。所以，新时代对未来的国际汉语教师提出了更高的要求，每一位国际汉语教师都必将在语言教学中承担起沟通世界的文化使命，这一教学实践还在路上。

∷ 参考文献 ∷

Campbell, C.（2004）《讲授第二语言写作：与文本互动》，北京：外语教学与研究出版社。

Ferris, D. R.（2013）《外语写作》，上海：上海外语教育出版社。

Kumaravadivelu, B.（2017）《文化全球化与语言教育》，邵滨译，北京：北京语言大学出版社。

Williams, J.（2007）《第二语言与外语写作教学》，北京：世界图书出版公司。

岑玉珍（2012）《发展汉语·高级写作（Ⅰ、Ⅱ）》（第 2 版），北京：北京语言大学出版社。

陈作宏主编（2007）《体验汉语写作教程》，北京：高等教育出版社。

程　勇（2022）基于语法丰富性的汉语二语写作质量分析研究，《语言教学与研究》第 5 期。

崔希亮主编（2015）《对外汉语读写课课堂教学研究》，北京：北京语言大学出版社。

丁伯慧、李　孟（2016）《创意写作》，北京：高等教育出版社。

段惠琼、黄佳丽、陈　贺（2018）基于萨丕尔沃尔夫假设的英汉语篇特征研究，《牡丹江大学学报》第 10 期。

范　迪（2020）汉语二语者在高级写作课中身份认同变化——以韩语母语者为例的个案研究，《内蒙古师范大学学报》（教育科学版）第 2 期。

葛红兵（2017）创意写作：中国化创生与中国气派建构的可能与路径，《江西师范大学学报》（哲学社会科学版）第 1 期。

管延增、种一凡主编（2020）《速成汉语写作教程（上）》，北京：北京大学出版社。

何坦野（2014）《中国写作观念史略》，北京：清华大学出版社。

胡格非、鹿士义（2016）任务复杂度对对外汉语写作任务中语言表现的影响,《国际汉语教学研究》第 1 期。

姜　琳（2014）《书面纠错与第二语言学习》,北京:北京大学出版社。

金舒年、刘德联、张文贤（2017）《留学生中高级汉语写作教程（上、下）》,北京:北京大学出版社。

孔子学院总部/国家汉办（2014）《国际汉语教学通用课程大纲》（修订版）,北京:北京语言大学出版社。

李炳林（2017）《二语写作表达的思维方式》,贵阳:贵州大学出版社。

李福印、高　进（2010）《克里斯·辛哈语言、文化与心智:发展及进化与认知语言学十讲》,北京:外语教学与研究出版社。

李晓琪主编（2006）《对外汉语阅读与写作教学研究》,北京:商务印书馆。

李新榜（2008）高中诗意写作教学的思索,《语文学刊》第 14 期。

刘洪妹主编（2015）《写作与语言艺术》,北京:北京大学出版社。

吕海燕、万　莹（2021）基于"产出导向法"的对外汉语记叙文写作教学实践研究,《云南师范大学学报》（对外汉语教学与研究版）第 6 期。

罗青松（2002）《对外汉语写作教学研究》,北京:中国社会科学出版社。

罗青松（2011）对外汉语写作教学研究述评,《语言教学与研究》第 3 期。

洛德丝·奥尔特加（2016）《理解第二语言习得》,冯蕾、邵钦瑜译,北京:中国书籍出版社。

苗东霞（2015）《高级汉语写作教程》,北京:北京语言大学出版社。

邵继荣（2003）任务类型和任务条件对 EFL 写作的影响,《国外外语教学》第 2 期。

史蒂芬·平克（2015）《语言的本能:人类语言进化的奥秘》,欧阳明亮译,杭州:浙江人民出版社。

史　洁（2018）创意写作在来华留学生高级汉语写作课上的实践——山东师大国际教育学院路径初探,见《世界华文创意写作协会高峰论坛（2016—2017）会议论文合辑》。

宋春香（2022a）国际中文教材的文学叙事研究，《现代语文》第12期。

宋春香（2022b）在线中文教学中的情感策略实践与反思：以中国政法大学汉语读写课程为例，参见刘士娟主编《2020中文线上教学》，美国：夏威夷大学国家外语资料中心。

宋春香、李晓东（2021）国际中文教育与中文考试用书研发概况——基于国际中文教学资源动态数据库的量化研究，《云南师范大学学报》（对外汉语教学与研究版）第5期。

汪云霞（2019）中国故事需要契合中国趣味的创意表达——也谈创意写作的本土化路径，《广西科技师范学院学报》第3期。

吴　双（2008）论过程体裁写作理论在对外汉语写作教学中的应用，《现代语文》（教学研究版）第3期。

吴　双（2011）《汉语写作进阶》，北京：北京大学出版社。

吴　双（2012）专题式经典诗文语块运用于对外汉语写作实验研究，《华文教学与研究》第3期。

许希阳、吴勇毅（2016）"产出导向法"理论视角下的对外汉语写作教学模式之探索，《华文教学与研究》第4期。

杨　俐（2004）过程写作的实践与理论，《世界汉语教学》第1期。

张若梅（2019）高级阶段汉语学习者写作，见《2019全国教育教学创新与发展高端论坛论文集（卷九）》。

张笑难（2010）基于任务型模式的主题单元教学在对外汉语写作课中的实践，《内蒙古师范大学学报》（教育科学版）第3期。

中华人民共和国教育部、国家语言文字工作委员会（2021）《国际中文教育中文水平等级标准》，北京：北京语言大学出版社。

邹昭华（2006）《汉语写作教程：高级A种本（下）》，北京：北京语言大学出版社。

邹昭华、夏小芸（2005）《汉语写作教程：高级A种本（上）》，北京：北京语言大学出版社。

Song, C. (2022) Applying empathy theory in online Chinese language education: Examples from a Chinese university. In S. Liu (Ed.), *Teaching the Chinese Language Remotely*. London: Palgrave Macmillan.

（宋春香，中国政法大学副教授）

第五章 语言要素教学模式构建

第一节 语音教学模式

在第二语言教学中,语音教学是整个语言教学的基础,也是初级二语教学的重要组成部分。培养正确的发音习惯,对学习者之后的口语表达能力和听辨能力的提高至关重要,也有助于提升学习者使用目的语交际时的自信心。赵元任(1980)在"外国语的学习跟教学"一章中指出:"学习外国语的内容分为发音、语法跟词汇三个主要的部分,发音的部分最难,也最要紧,因为语言的本身、语言的质地就是发音,发音不对,文法就不对,词汇就不对。"也就是说,词汇和语法的最终表现形式都是语音,都要靠说话来实现交际,如果发音有问题,就很容易出现词汇和语法在感知和表达上的偏差。汉语二语教学也是如此,在入门阶段,汉语语音教学是基础,也是最要紧的部分。

汉语二语课堂上的语音教学同其他要素教学一样,也要遵循"精讲多练"的总体教学原则。从某种程度上说,语音教学中的"精讲"要尤为"精",语音教学中的"多练"要尤为"多",这是因为跟词汇偏误、语法偏误和汉字偏误相比,汉语中介语语音偏误中来自母语负迁移的部分占比更高。对于以成年人为主的汉语二语学习者来说,目的语的发音和感知都会受到第一语言音系的影响。如果缺少必要的、有效的讲解,有些语音偏误学习者根本意识不到,更加不会改正;而如果缺少足够的练习,学习者就不能养成正确的发音习惯,不能形成汉语发音时的口腔肌肉记忆,因为发音习惯主要是靠听辨和模仿来培养的,并非一朝一夕可以建立,大量且长期的练习发音过程其实就是发音器官肌肉记忆形成的过程。我们不但需要在入门阶段对汉语语音进行集中展示,反复操练,有针对性地纠正,还应该把肌肉记忆的操练贯穿于整个汉语学习过程中。

一、汉语语音教学原则

儿童第一语言习得只靠大量的言语输入和模仿就能掌握正确发音,成人第二语言学习却并非如此,因为第一语言音系已深植大脑皮层,口腔肌肉也已习惯于第一语言的发音,一般来说,仅靠模仿是不可能在有限时间内准确习得第二语言的。

要想在较短的课堂时间内,让二语学习者掌握汉语的准确发音,除了要遵守所有语言教学都要贯彻的从易到难、循序渐进、大量操练等基本原则以外,还应该注意到汉语语音教学的具体原则。

(一)以示范模仿为主,以科学有效纠音为辅

语音教学是口耳相传的活动,学生模仿老师的发音是学习语音最直接且最重要的方法。但由于第一语言音系的影响,绝大部分学习者都不可能只通过模仿老师的示范读音来掌握汉语发音。比如韵母 ü,韩国学生会感知为母语里的近似音(类似 ü+i 的读音),英语母语者会感知为英语字母 u 的发音(类似 i+u 的读音);再比如声母 h,学习者常常感知为母语里的喉擦音 [h],而不是汉语里的舌根擦音 [x]。感知偏误会带来发音偏误,这种带有母语负迁移的、顽固存在的发音偏误只靠一遍遍重复模仿正确读音是不太可能得到纠正的,无效的重复模仿基本上是在浪费时间,同时还会打击学习者的自信心和学习积极性。

汉语教师应该掌握基础汉语语音知识,在语音知识的指导下,采取科学有效的纠音方法。

（二）短期集中教学与长期严格要求相结合

学习者在初学汉语的一段时间内（通常称为语音阶段，一般在 4 周以内），应该对《汉语拼音方案》的所有发音有一个全面了解，建立拼音字母和实际音值之间的正确联系，避免之后由于对汉语拼音字母的错误理解或者发不准某些音而产生语音石化现象。语音阶段的汉语发音学习就是短期集中教学，在这段时间内，以语音学习操练为主，以词汇、语法、汉字学习为辅。

语音短期集中教学阶段的结束，并不代表着语音教学的结束，要想使正确的汉语发音稳定下来，直至变成自己的发音习惯，需要长时间的严格要求才能达到，语音教学应该贯穿汉语学习的始终。

（三）汉语语音教学要尽早帮助学生建立声调意识

人类所使用的语言分为声调语言和非声调语言两大类，汉语、泰语、越南语是常见的声调语言，而大量印欧语系的语言，还有日语、韩语等，都是没有声调的语言。母语里没有声调的学习者学习汉语发音时，最难掌握的就是声调；而对于母语里有声调的泰国或者越南学习者来说，最顽固的发音偏误也是声调方面的偏误。声调偏误是造成洋腔洋调的最主要原因。

另外，汉语普通话里有 4 个声调、22 个声母（21 个辅音声母和 1 个零声母）、38 个韵母。当一个声调发音掌握得不好时，平均四个字里面就会有一个字出现发音偏误；而一个辅音声母发音掌握得不好时，出错率大体上为 1/22；一个韵母发音掌握得不好时，出错率大体上为 1/38。从这个角度也能看出声调教学对于掌握汉语标准发音来说，意义更加重大，所以声调学习应该先于声韵母学习。

有人可能会提出疑问，不学声韵母，怎么学习声调呢？声调属于超音段成分，必须附着于音段成分而存在。声调作为一种音高特征，不能独立于音段而存在是正确的，但世界上不同的语言中都有着一些相同的发音，比如 m、a、i、u 等，这些元音、辅音完全可以组成音节形式来练习声调——单个的元音 a、i、u 自成音节，m 可以和 a、i、u 组成音节。其中一些音节还可以结合图片或者母语翻译让学生理解并牢记声调有着区分意义的作用，例如：mī（展示猫咪图片）、mí（展示音乐迷图片）、mǐ（展示大米图片）、mì（展示蜂蜜图片）。

一些学生在初级阶段的学习中，会忽略生词的声调，这就导致说话时失去对声调的掌控，或者由于对声调在语流中的发音掌握得不好而出现声调错误，比如：把"请问"说成"请吻"，把"睡觉"和"水饺"相混淆等。他们还经常纳闷儿：为什么其他外国人能听懂他们说的汉语，而中国人却经常听不懂或者理解错他们的意思？这是因为母语者感知汉语语义时，声调起到的作用非常大。

汉语是一种声调语言，声调有着区分意义的作用，为了突显声调的作用，可以在第一次课上先教声调，甚至只教声调。尽早帮助学习者建立声调意识，让学生认识到声调是练习汉语发音的基础。之后在声韵母音节教学过程中，唱调练习也是必不可少的。

（四）帮助学生摆脱母语对目的语的负迁移

在汉语作为第二语言的语音教学中，学习者常常会受到母语的影响，用母语中的近似音去替代目的语发音。作为汉语语音教师，不仅要有听音辨音的能力，最好还能了解一些国家学习者常见的汉语语音偏误，帮助学生把母语和目的语中相似音的不同之处区分开来。有针对性的教学可以事半功倍。

（五）有意义练习和机械练习相结合

与其他要素教学不同，发音教学也是帮助学习者形成发音器官肌肉记忆的过程，所以除了有意义练习以外，机械练习也是必不可少的。比如声调教学中，课堂上常用的唱调练习往往忽略音节的词汇意义，或者有些音节根本没有意义，重点在于练习发四个声调时声带的不同紧张程度，这种练习不关注词义配合，算是机械练习；而找出四个不同声调的单音节词进行声调练习，就是有意义的声调练习了，如"八、拔、把、爸"。

机械练习和有意义练习各有利弊：机械练习可以更专注于练习声调，目的性强，但所学音节不能马上用于交际；有意义练习的优点是让语音练习变得没那么枯燥，所学音节还可以用于交际，但缺点是声调练习可能会被词汇教学所淡化，特别是为了凑足不同声调，教一些非常用词，而非常用词的教学同样不能很快用于交际。

语音教学最好是有意义练习和机械练习相结合。仍以声调为例，有意义练习可以让学习者意识到声调有着区别意义的作用；机械练习可以把四个声调类别化，帮助学习者掌握不同声调的高低升降等调值特征。为提升语音教学的趣味性和交际性，还可以在声调教学中补充一些常用词组和短句，比如"经常考试（一声+二声+三声+四声）""妈妈骑马，马慢，妈妈骂马（绕口令）"等。

（六）音素教学和语流教学相互补充

初期的语音教学中，学习单个音素的发音是为之后的语流教学打基础，基础打得牢，语流教学的面貌才会好。单音教学中也可以穿插少量的语流教学，这样做不但可以提高交际性，丰富教学内容，还提供了单音在语流中的多种变体，学生可以通过词汇或者短句练习来感受声、韵、调的多种变化，充分利用在语流中纠音的机会。

后期的语音教学中，轻声、儿化、停顿、重音、语调等语音点更需要在语流中完成学与练。

二、汉语语音教学方法

汉语普通话的基础发音包括 21 个辅音声母、38 个韵母和 4 个声调，对于二语学习者来说，其中不乏一些难音。在长期的汉语二语语音教学实践中，汉语教师们总结出了一些切实可行的教学方法，对这些难音进行有针对性的教学。

汉语语音教学方法大致分为以下 5 种：模仿法、演示法、对比法、夸张法、带音法。

（一）模仿法

模仿法是教师发出正确语音，学生来模仿。这种方法是语音课堂上最为常用的教学方法之一，对教师的要求也比较低，会说标准汉语普通话的中国人和外国人都可以用模仿法教别人汉语发音。

模仿法分为集体模仿和个别模仿。集体模仿就是全班学生一起跟读正确发音，可以听录音跟读，也可以听教师的示范音后跟读。优点是全班同学都能开口，既能提高开口率，学生又不会很紧张；缺点是教师听不清每个学生的发音，难以发现问题，更不方便针对个别学生的错误进行纠正。

个别模仿是学生逐个地模仿录音或教师的发音示范。优点是方便教师了解每个学生的发音情况，并据此进行针对性较强的指导和纠正，同时也给了其他学生听辨和思考的时间。不过在个别模仿时要想办法消除学生们的紧张情绪，还要控制好时间，以免其他学生感觉无聊。

课堂上集体模仿和个别模仿可以结合起来使用。首先让全班学生集体模仿几遍，有了信心之后，再开展个别模仿，发现个别学生的发音问题，有重点地去纠正。另外，课堂上还可以使用分组模仿的方法，将班里的学生分成几组，一组一组地模仿，这样做在一定程度上结合了集体模仿和个别模仿的优点，还可以活跃课堂气氛。

但对于一些难音，多数学生很难仅靠模仿捕捉到发音要点并发出正确的音来，因为第一语言音系会影响到学习者对第二语言的语音感知，这时候就需要教师进一步采用其他语音教学方法来帮助学生掌握正确发音。

（二）演示法

演示法是教师通过口形、手势、图表、板书、实物、动画等一切可以展示的东西，让学生明白所练习语音的发音要点。

（1）口形演示：元音的开口度和圆唇度可以通过口形向学生演示，比如 a、o、e、i、u、ü 等。另外，复韵母 ou 和 uo 之间的区别也可以用演示口形的方法来解决：发 ou 时，开口度从大到小；发 uo 时，开口度从小到大。

（2）手势演示：由于口腔里的舌头、齿背、硬腭、软腭等发音部位很难让学生看到，教师可以用手势演示一些易混淆音的发音部位。另外，在声调教学中，也常常借助手势来演示声调的高低升降。

（3）图表演示：跟手势演示的目的一样，发音部位图片展示也是为了弥补学生看不到教师口腔内发音器官的局限。声调五度示意图也是一种常见的图表，它展示了声调高低升降的不同调值。

（4）板书演示：教师常常用板书来演示三声变调的规律，比如"ˇ + ˇ → ´ + ˇ"。

（5）实物演示：对于母语里送气音和不送气音没有区别意义作用的学生来说，教师有必要用吹纸片的方法来演示不送气音跟送气音（如b—p）的区别，这样做一方面可以让学生直观感受到送气音的发音要点，另一方面也可以强化学生的音位意识——汉语里送气音和不送气音分属不同音位，有着对立关系，可以区别词义。对于用吹纸片法难以奏效的其他不送气音和送气音（如d—t、g—k、z—c、zh—ch、j—q），教师还可以用气息感知法引导学生感知两者的区别。

（6）动画演示：目前，大多教室里都配有多媒体设备，教师可以利用某个音的发音动画视频，来演示这个音的发音过程。

（三）对比法

对比法主要是指学生母语近似音跟汉语发音的对比。比如：汉语里的舌面音j、q、x跟英语里的舌叶音j、ch、sh发音是不同的，舌尖前音z、c、s跟韩语里的舌叶/舌面部位的塞擦音、擦音发音也是不同的；还有英语、日语、韩语、泰语等很多常见语言里的h都是喉擦音，而汉语里的h是舌根擦音。这些发音不同但在听感上又比较近似的音很容易被学习者简单替代。对于教师来说，要对这些音的发音要点进行对比讲解，提醒学生不要用母语中的近似音来替代汉语发音，以免出现发音偏误石化现象。

再如声调教学中，对于母语有声调的学生来说，虽然在刚开始学习声调时，由于他们有声调意识，能比别的学生更快地区分开汉语普通话里的四个声调；但由于母语声调的负迁移，他们说汉语声调时又一直带有本国口音。这时对比汉语声调和他们母语声调之间的调值异同可以帮助学生克服母语声调的负迁移。比如泰语里的平调为 33，比汉语普通话的一声 55 要低，学生只有意识到母语里的平调跟汉语的平调高低不同，才有可能有意识地改变自己的本国口音。

另外，对比法也包括汉语内部发音的对比，比如 z 和 zh 的区别、l 和 r 的区别等。这些容易被学生混淆的发音，应该用对比发音部位或者发音方法的手段让学生意识到两者的区别。

对比法除了依靠教师讲解两者异同，更要辅以听辨练习来对学生进行反复操练。

（四）夸张法

在展示某个音的发音部位和发音方法时，为加深学生对这个音的印象，教师可以采用夸张的方法来帮助学生掌握其发音要点。比如教师可以夸张地发出送气音，突显送气这一发音方法；教师还可以加大摩擦程度，夸张地发出汉语的 h，来突显 h 的发音部位；在声调教学时，也可以使用夸张法来表现三声的低，解决学生三声低不下去的偏误。

用夸张法来教学，不用担心学生掌握了夸张的读音之后不会用正常的读音来交际，因为人们在使用语言时的省力原则和经济原则会帮助他们自然而然地降低夸张的程度，回归到正常的发音水平上来。

（五）带音法

带音法是以旧带新、以易带难，改变已掌握音素的某些发音特征来学习新的、比较难掌握的音素。比如：ü 是舌面前、高、圆唇元音，许多语言中没有这个音，对很多学生来说，这个音比较难掌握；而舌面前、高、不圆唇元音 i 在所有语言中都有，很容易发出来。所以可以让学生先发 i，然后保持舌位不动，再将嘴唇逐步变圆，发出来的圆唇音就是 ü 了。

三、声母教学难点及纠音技巧

声母教学是指对 21 个辅音声母的教学。

辅音声母按照发音部位分为 7 组：双唇音 b、p、m；唇齿音 f；舌尖前音 z、c、s；舌尖中音 d、t、n、l；舌尖后音 zh、ch、sh、r；舌面音 j、q、x；舌根音 g、k、h。

按照发音方法可以分为 5 组：塞音 b、p、d、t、g、k；擦音 f、s、sh、r、x、h；塞擦音：z、c、zh、ch、j、q；边音：l；鼻音：m、n。其中塞音和塞擦音成对出现，有着不送气和送气的对立。另外，发音时声带振动的是浊音，声带不振动的是清音。汉语里的辅音声母以清音声母为主，浊音声母只有 4 个，分别是 m、n、l 和 r。

（一）发音部位相关难点及纠音技巧

辅音声母发音部位方面的教学难点分两类：一类是普遍存在的，即对于很多国家的留学生来说都是难以掌握的；另一类是个别存在的，即对于某些国家的留学生来说是比较难掌握的。

普遍存在的教学难点和极易出现的发音偏误主要有两类：舌尖前音（z、c、s）、舌尖后音（zh、ch、sh、r）和舌面音（j、q、x）三组音的部位差异；舌根擦音 h 的发音部位偏误。

先看舌尖前音、舌尖后音和舌面音的发音偏误。这三组音通常被汉语教师称为汉语里的十大难音。留学生容易混淆这三组音，主要是因为大多数国家的语言中只有一组舌叶/舌面部位的塞擦音、擦音，比如英语、韩语和泰语等，而汉语里有着三组相似部位的塞擦音、擦音。母语跟目的语的一对多关系，会加大学习者掌握目的语发音的难度。再加上这三组音的发音部位确实有相似之处，所以很多国家的留学生都会出现这三组音的发音部位偏误。最常见的偏误就是舌尖前音发音部位靠后、舌尖后音发音部位偏前、舌面音发成舌叶音（少数学生还会出现把舌面音 x 发成舌尖音 s 的偏误）。

在教学中，教师首先要明白三组音的发音部位差异。舌尖前音是舌尖接触或靠近[①]上齿背，发出 z、c、s；舌尖后音是舌尖接触或靠近硬腭前部，发出 zh、ch、sh、r；舌面音是舌面抬起接触或靠近硬腭，发出 j、q、x，舌面抬起面积要大，舌尖自然下垂。

具体采用的教学或纠音办法有以下两种。

一是图示法，给出三组音的口腔舌位图（见图 5-1），从图上能清楚地分辨出这三组音的发音部位差异：左边是舌尖前的塞擦音，舌尖接触上齿背；中间是舌尖后的塞擦音，舌尖接触硬腭；右边是舌面的塞擦音，舌面接触硬腭。

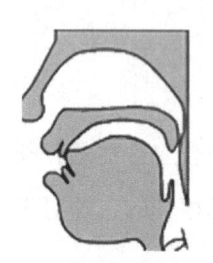

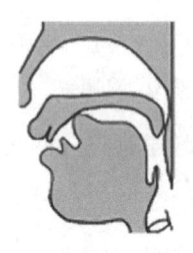

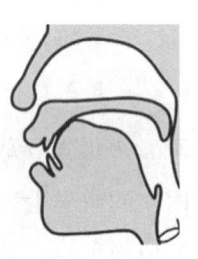

图 5-1　舌尖前音、舌尖后音和舌面音发音部位图示

二是手势法，左右手手指同向，均手心朝下，左手在上代表上腭，右手在下代表舌头，在发 z、c、s 时，右手手指靠近左手手指尖，模拟出舌尖前音的发音要点；在发 zh、ch、sh、r 时，右手手指上抬，靠近左手手掌，模拟出舌尖后音的发音要点；在发 j、q、x 时，右手手背上抬，接近左手手心，右手手指自然下垂，模拟出舌面音的发音要点。在用图示法或者手势法的同时，教师要夸张地发出相应的音来，一方面学生可以辨识教师发这些音时的口形，另一方面也可以增强这些音对学生的听觉刺激。

zh、ch、sh、r 算是汉语里特有的一组辅音，如何掌握这组音的发音要点，除了上面提到的图示法和手势法以外，还可以使用带音法：让学生先

---

① 塞擦音是舌尖接触被动发音部位，擦音是舌尖靠近被动发音部位。

发 s，然后舌尖翘起，带出 sh 来；发 sh，舌位不动，增加声带振动的特征，带出 r 来；发 sh，舌尖接触上腭，发出 zh，再增加送气，发出 ch。

另外，还可以使用对比法，对比这些塞擦音、擦音跟自己母语里相似音的发音部位区别。

再看舌根擦音 h 的发音部位偏误。汉语里 h 的国际音标写法是 [x]，为舌根音，并非喉擦音 [h]，英语、韩语、日语和泰语的 h 的实际发音是喉擦音 [h]，两个音在听感上有相似之处。这些国家的留学生在学习汉语时，会很自然地用母语里的喉擦音 [h] 来代替汉语里的舌根音 h[x]，比如：说"你好"时，其中的"好"听起来跟英语里的 how 相似，发音部位明显靠近喉部。留学生的这一发音偏误常常因为在低年级得不到有效纠正而延续到高年级。

对于汉语里的 h，教师要了解到这个音不同于很多学生母语里的喉擦音 [h]，它是摩擦程度较弱的舌根清擦音，发音时，舌根要明显抬起。纠音方法可以使用带音法，先发不带元音的 k，拖长送气段，带出 h 来；也可以尝试用图示法（见图 5-2）、手势法、夸张法等等。虽然自然语流中的 h 摩擦程度较小，但在课堂上教师可用夸张法突显其发音部位，以帮助学生掌握其正确读音。

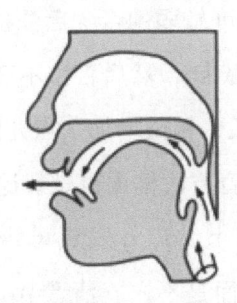

图 5-2　舌根擦音 h 的发音部位图示

阿拉伯语和俄语里有摩擦程度较强的舌根擦音，所以对于说这两种语言的学生来说，只需明白汉语里的 h 类似于他们母语中的舌根擦音，只是摩擦程度稍弱即可。

另外，个别存在的教学难点还有两个：一是舌根音 h 发成双唇擦音 [ɸ]；二是舌尖中音 d、t 发音部位靠前。

不少日本学生和一些韩国学生会把汉语 huā（花）里的 h[x] 发成双唇清擦音 [ɸ]，这也是受母语发音的影响，日语里喉擦音 h 在 u 的前面会读成 [ɸ]，而韩语里的 h 在 u 的前面有时也会出现 [ɸ] 这一发音变体。解决方法：一是要强化学生对汉语 h[x] 的认知，在 u 的前面也要发成舌根音，而非双唇擦音；二是发 u 前面的 h 时，嘴巴不要紧张，不能产生明显的气流。

英语国家的学生在发汉语里的 d、t 时，常常出现发音部位靠前的偏误，比如：说"他"时，t 的发音偏上齿背而非齿龈，由于发音部位靠前，除阻时产生的气流也更强。解决方法：提醒学生汉语里的 d、t 发音部位不同于英语里的 d、t，要靠后一些，舌尖靠近齿龈，通常用模仿法和对比法就能解决这一偏误。

（二）发音方法相关难点及纠音技巧

辅音声母发音方法的教学难点大体上有三类：一是浊擦音 r 的发音方法偏误；二是不送气音和送气音的发音方法偏误；三是塞擦音的发音偏误。

对于汉语里的 r，教师要让学生了解到这个音不同于很多学生母语里的闪音或者颤音[①]，它是摩擦程度较弱的舌尖后浊擦音 r[ʐ]。纠音方法通常采用带音法，可以先发一个清擦音 sh，然后舌位不变，声带振动，带出 r 来；也可以先发一个 shi 音节，拖长，稍微增加一点儿阻碍，带出一个 r 来。

送气音和不送气音的发音方法偏误也是普遍存在的。

一些学生会把不送气音 b、d、g 发成母语里的浊音 [b]、[d]、[g]。汉语里的 b、d、g 并非浊音，而是不送气清音 [p]、[t]、[k]。为了纠正这一偏误，除了用对比法让学生意识到汉语里的这三个音跟母语里的相似音清浊不同以外，也可以让学生提高音调，发去声，比如"到"，这样可以避免发出

---

① 韩语和日语里的 r 是闪音，泰语、马来语、俄语里的 r 是颤音。

浊音来，因为浊音的伴随特征一般是低调。

还有相当多的学生发送气音 p、t、k 时，送气不够。原因可能有以下两种：一是学生母语里虽然有送气音，但与不送气音没有区别词义的作用，所以很难区分开来；二是学生母语里的送气音用双字母来表示，比如 ph、th、kh 等，当他们看到汉语里的 p、t、k 时，会发成不送气清音。为了纠正这一偏误，首先同样要让学生意识到在汉语里送气音跟不送气音是有区别词义作用的，把两者区分开来非常重要，并且要建立字母跟正确发音之间的联系，告诉学生汉语里的送气音是用单字母 p、t、k 来表示的。其次可以采取大量的送气音练习，让学生的口腔肌肉形成记忆，习惯发送气音。对比练习不送气音和送气音时，可以用吹纸片的方法，还可以把手掌放在嘴巴前面，感受气流的变化。再次，发音练习还要结合感知练习，听辨和模仿跟读相辅相成，帮助学生建立语感。

对于母语里存在不送气音和送气音的语音变体但两者之间没有对立关系的学生来说，只是教会两者的发音要点还是不够的，重点在于要让学生意识到不送气和送气在汉语里有区别词义的作用。比如英语里的 p，在词首时发成送气音 port，在词中时发成不送气音 sport，两者属于同一个音位的不同变体，英语国家的学生也许比较容易掌握不送气音和送气音的发音要点，但在说汉语时，还是会混淆不送气音和送气音。所以强化学生对不送气音和送气音的音位意识，记住每个生词的准确读音尤为重要。

对于塞擦音，除了前面讨论过的发音部位上的偏误外，还有发音方法上的偏误，比如：把送气清塞擦音 c[ts^h] 发成清擦音 s[s]，把不送气清塞擦音 z[ts] 发成浊擦音 [z][1]。这一类偏误的解决方法：可以先发英语里的 nuts，词末发音增加送气，就是送气塞擦音 c；减少送气，就是不送气塞擦音 z。另外还可以用对比法帮助学生克服因字母相似而引发的偏误，母语跟汉语里

---

[1] 英语 zoo 里 z 的发音为浊擦音 [z]。

相同的字母 z 和 c，发音却不相同。总之，在声母教学中，要特别向学生强调，跟母语里字形相同的拉丁字母在汉语拼音里的发音并非完全一样。

四、韵母教学难点及纠音技巧

韵母教学是指对 38 个韵母的教学。38 个韵母可以根据其构成成分的不同分为三类：单韵母、复韵母和鼻韵母。其中单韵母 9 个：舌面元音 a、o、e、i、u、ü；两个舌尖元音（舌尖前元音 [ɿ] 和舌尖后元音 [ʅ]）；还有一个特殊的单韵母，卷舌韵母 er。复韵母 13 个：前响复韵母 ai、ei、ao、ou；后响复韵母 ia、ie、üe、ua、uo；中响复韵母 iao、iou、uai、uei。鼻韵母 16 个：开口呼鼻韵母 an、en、ang、eng；齐齿呼鼻韵母 ian、in、iang、ing；合口呼鼻韵母 uan、uen、uang、ueng/ong[①]；撮口呼鼻韵母 üan、ün、iong。

（一）单韵母难点及纠音技巧

单韵母的教学难点大体上有两类：一是 o 和 e 的开口度；二是 ü 的唇形和舌位。

汉语里的单韵母 o 并非真正的舌面后、半高、圆唇元音 [o]，实际发音舌位偏低，其国际音标一般用 o 加上舌位偏低的附加符号表示为 [o̞]。实际发音时，常常有开口度变大的动程。而且汉语里元音 [o̞] 很少单独出现，一般都会跟在 [u] 的后面，比如 bo 的实际发音为 [puo̞]，mo 的实际发音为 [muo̞][②]，更不用说 duo、guo 这样的音节，一眼就可以看到 o 的前面有 u。一般来说，中国人也很难一下子发出准确的单元音 [o̞] 来，常常发成 [uo̞]，这种发音虽然缺乏理论上的严密性，但并不影响普通话发音的教和学。如果遇到学生把 [o̞] 发成舌位偏高的 [o]，要引导学生适当增加开口度，发出 [o̞]，也可以用语气词"哦"来练习单韵母 o。

[①] 两者互补分布，ueng 只出现在零声母音节，ong 只出现在辅音声母音节。
[②] bo、po、mo、fo 等音节的实际发音中有一个 u，《汉语拼音方案》对其进行了省略处理。

汉语里的单韵母 e 是舌面后、半高、不圆唇元音，这个音对于很多学生来说也很陌生，常常用母语里的舌面后、高、不圆唇元音 [ɯ] 去代替，这样听起来就很难跟 [ʅ]① 区分开来，比如容易把 che 发成 chi②。解决方法：可以让学生在发 e 时，适当增加开口度，甚至有一个开口度稍稍变大的动程，这样有助于学生掌握这个音的发音要点。练习发这个音还可以使用从 [o] 到 e[ɤ] 的带音法，先发很多学生都熟悉的舌面后、半高、圆唇元音 [o]，然后舌位不变，嘴唇变展，就可以发出 e[ɤ] 了。

汉语拼音的 ü 是一个教学难点。首先这个舌面前、高、圆唇元音对于很多国家的学生来说，本身就很陌生；再加上为了方便书写，《汉语拼音方案》规定 ü 在 j、q、x 的后面时，两个点省略，这样就更增加了留学生发 ü 时的偏误率。要解决这个偏误，首先要用带音法教会学生发 ü；然后要告诉学生汉语拼音的省略规则，j、q、x 后面的 u 不是 [u]，而是 ü[y]，可以用歌谣来帮助学生记忆这个规则——"小 ü 小 ü 有礼貌，见了 j、q、x 就摘帽"。

（二）复韵母难点及纠音技巧

在学习复韵母时，有三点需要注意：

一是复韵母中各个元音的发音常常跟做单韵母时的发音是不同的。比如 ie 和 ei 里面的 e，发音并不等同于单元音韵母 e[ɤ]，ie 中的 e 读作 [ɛ]，ei 中的 e 读作 [e]。

二是口腔发音器官的状态是渐变的、连续的。我们知道，复韵母由两个或者三个元音组成，在发汉语的复韵母时，舌位与唇形并不是突然改变的，唇形是渐变的，舌位也是滑动的，有的元音只是用来标示发音器官的变化方向。比如普通话的 ai 韵母，i 只是起标示舌位运动方向的作用，并不是真的要发出 i；再比如 ao 和 ou，o 和 u 也只是起到标示唇形和舌位运动方向的作用，而且这里的 o 和 u 实际发音是一样的。

---

① zhi、chi、shi、ri 里的韵母的国际音标写法。
② 马来西亚学生的这种偏误比较常见。

三是复韵母中的各个元音在韵母中的作用和所占比例一般是不等的，其中只有一个听起来最为响亮清晰。比如：ie 中是 e 响，ou 中是 o 响，uai 中是 a 响。舌位高低不同的元音组成复韵母时，一般舌位较低的元音占据主导地位，听起来最响。

复韵母部分的教学难点大体上有三类：ou 和 uo 的混淆；iou 和 uei 韵腹省略偏误；üe 的韵头误发为 u。

ou 和 uo 的混淆，原因在于把 ou 里的 o[ə] 读成了 [o]，把 uo 里的 o[oᴛ] 也读成了 [o]，听起来开口度变化幅度很小，容易造成混淆。解决方法：向学生强调，ou 的发音要点是开口度从大到小，uo 的发音要点是开口度从小到大，用夸张法表现两者之间的差别。

iou 和 uei 的韵腹省略偏误，主要是受到了《汉语拼音方案》省略规则的影响。《汉语拼音方案》规定：iou 和 uei 在辅音声母后时，写法上要省略韵腹字母 o 和 e。于是学生就容易把 dui 读成 [tuɪ]，把 jiu 读成 [tɕiʊ]，而正确的读音应该是 [tueɪ] 和 [tɕiəʊ]。解决方法：首先要让学生明白 iu 和 ui 的实际发音是 iou 和 uei，然后用夸张法突显韵腹的发音，强化学生的记忆。

üe 的韵头误发为 u，一方面是由于 ü 的发音本身有一定的难度，另一方面也是受了《汉语拼音方案》省略规则的影响。教师要提醒学生注意：jue、que、xue 里的韵母实际发音为 üe。

（三）鼻韵母难点及纠音技巧

鼻韵母的教学难点主要有三类：一是前鼻音和后鼻音的混淆；二是 iong 韵母开头元音的偏误；三是 uen 在辅音声母后错误省略了韵腹发音。

对于不少国家的学生来说，前鼻音和后鼻音的区分不是一件容易的事情。比如，日语里不区分前鼻音和后鼻音，日语里的鼻音发音部位比汉语里的前鼻音略靠后，比后鼻音略靠前；再比如，有些国家的学生还会因字母形式的影响，把 ang 发成 an+g 的组合形式。

前鼻音和后鼻音的发音要点可以归纳为：发前鼻音 an 时，起始状态为舌尖接触下齿背，发 [a]，之后舌尖接触齿龈，嘴巴较闭；发后鼻音时，起始状态为舌头后缩，发 [ɑ]，然后软腭和舌根靠近，嘴巴较开。通过口形演示不能区分前后鼻音的话，还可以采用手势演示、图片演示、动画演示或者带音法、对比法等其他方法解决。

受汉语拼音字母的影响，有些学生常常把 iong 发成 i+ong，而事实上，iong 是撮口呼，实际发音从一开始嘴唇就是圆的。

uen 同复韵母里的 iou 和 uei 一样，《汉语拼音方案》规定了辅音声母后要省略韵腹字母，但在实际发音时，韵腹不能省略。

另外需要注意的是，en 的韵母发音是央元音 [ə]，有的学生会把它发成 [e]。比如"很"，会有学生发成类似英语 hen 的读音。

五、声调教学难点及纠音技巧

声调教学包括单字调、双字组定调、连读变调等。

（一）单字调

汉语普通话共有四个单字调：阴平（一声）、阳平（二声）、上声（三声）、去声（四声）。母语非声调语言的学习者出现的声调偏误常常五花八门，汉语教师常常把二语学习者的单字调偏误归纳为：一声不够高，二声上不去，三声不够低，四声下不来。但真实情况是，四个单字调出现的偏误类型要比这复杂得多。

对于初学者来说，尽早培养其声调意识是语音教学的重中之重。首先要用相同声韵母、不同声调且带有意义的单字词帮助学生树立起调位概念，让他们意识到读不同高低升降的音节有着不同的意思；其次要进行大量的唱调练习。有些初学者对高低升降不能准确把握，在唱调练习时，做着下降的手势却读出上升调，做着上升的手势却读出下降调。遇到这种情况，要引入音乐里的 do、re、mi、fa、so，一起练习高低升降，努力控制声带的紧张度。

汉语教师还可以在课堂上使用不同的语气词来进行讲解并用夸张的方法练习声调:语气词"欸"①读一声 ēi 时，用来招呼别人，如"ēi，你的东西掉了"；读二声 éi 时，用来表示吃惊，如"éi，你怎么在这儿"；读三声 ěi 时，用来表示不认可、不同意，如"ěi，我真的不行"；读四声 èi 时，用来表示答应或同意，如"èi，好的"。这种练习方法的优点在于有交际性，学生记忆比较深刻；练习要点是教师要表演不同的情境，夸张地说出四个不同声调的语气词。

单字调教学中还应该要注意的是，教师要强调四个声调各自的音高特征：一声高而平，就像一架飞机在空中飞行；二声从低到高，迅速上升，就像汽车在爬山坡；三声先降后升，但升尾不需要很高，像汽车下坡又上坡；四声是从高到低，迅速下降，就像汽车冲下山坡。

（二）双字组定调

汉语词汇以双音节为主，双字组的定调练习对学生掌握汉语词汇的声调发音非常重要，因为双字组声调毕竟不等于两个单字调的简单相加。双字组一共有 16 种声调组合，其中 2+3 和 3+3 组合实际发音相同。

常用的双字组定调有两种。

第一种是有意义的，比如：第一个字分别是"他、您、我、再"，第二个字分别是"听、读、写、看"，这样就能得到 16 种双字组声调组合。这里的"他、您、我、再"也可以替换为"都、还、也、又"。（见表 5-1）

这种定调方法的优点在于有意义；缺点在于，个别音节声韵母的发音可能会转移学生练习声调的注意力。

第二种定调方法是没有词义的，第一个字和第二个字全部使用 ng 鼻音代替。（见表 5-2）

---

① 词典里"欸"的读音标为 ê，但在实际运用中，常读成 ei。

表 5-1　有意义的双字组定调

第一个字	第二个字			
	听	读	写	看
他（都）	他听	他读	他写	他看
您（还）	您听	您读	您写	您看
我（也）	我听	我读	我写	我看
再（又）	再听	再读	再写	再看

表 5-2　无词义的双字组定调

第一个字	第二个字			
	ng（ˉ）	ng（´）	ng（ˇ）	ng（`）
ng（ˉ）	ˉ + ˉ	ˉ + ´	ˉ + ˇ	ˉ + `
ng（´）	´ + ˉ	´ + ´	´ + ˇ	´ + `
ng（ˇ）	ˇ + ˉ	ˇ + ´	ˇ + ˇ	ˇ + `
ng（`）	` + ˉ	` + ´	` + ˇ	` + `

这种定调方法是受到哼唱旋律的启发，优点在于练习重点突出，只关注音高的高低升降，不会受到声韵母的干扰；缺点在于，ng 音节没有词义，有些学生不容易适应这种练习方式，感觉不像在学汉语，所以 ng 也可以用元音 a 代替。

（三）连读变调

连读变调主要包括三声变调和"一、不"变调。形容词变调相关词汇数量比较少，可以在词汇层面解决，一般不做重点讲解。

三声变调是调类的连读变调，即三声这个调类在另一个三声音节前，会读作二声；在其他三个声调前，读作半三声。这种连读变调我们称之为三声变调，也可称作连上变调。如图 5-3 所示：

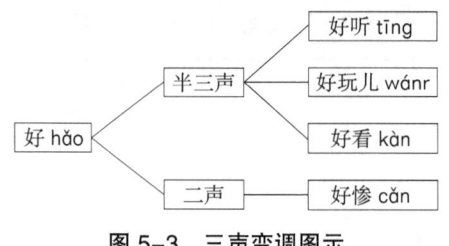

```
                  ┌─ 好听 tīng
        ┌─ 半三声 ─┼─ 好玩儿 wánr
好 hǎo ─┤          └─ 好看 kàn
        └─ 二声 ──── 好惨 cǎn
```

图 5-3　三声变调图示

严格来讲，三声变调只包括"ˇ+ˇ"前音节变二声的情况，因为半三声算是三声的一种常见形式，并没有变成其他声调。

对于三声音节的序列，比如"买小雨伞""想买小雨伞""很想买小雨伞""我很想买小雨伞"等，在变调前，要先给这些序列加上停顿，也就是分组。每个小组根据语义和语速不同长短不一，组末音节的三声音节读本调（或半三声），其他三声音节读二声。比如上面的例子，我们一般这样设置停顿："买 / 小雨伞""想买 / 小雨伞""很想买 / 小雨伞""我很想买 / 小雨伞"。

"一、不"变调是个别字调的连读变调。早些时候的北京话里，"一、七、八、不"四个字在某种语流环境中都要发生声调的改变，但现在的普通话中一般只有"一、不"两个字的连读变调。其变调规律简单地说就是："一、不"在四声前读二声，在其他声调前读四声。当然，"不"本来就读四声，所以"不"在一声、二声和三声前不变调，其他情况都属于变调。如图 5-4 所示：

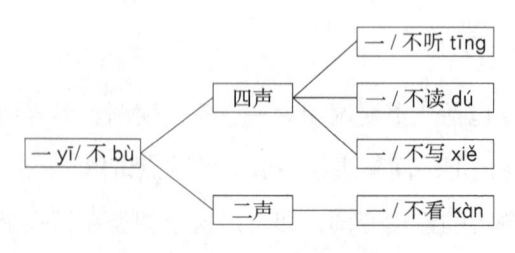

```
                    ┌─ 一 / 不听 tīng
          ┌─ 四声 ─┼─ 一 / 不读 dú
一 yī/ 不 bù ─┤         └─ 一 / 不写 xiě
          └─ 二声 ──── 一 / 不看 kàn
```

图 5-4　"一、不"变调图示

在"听、读、写"前的"一、不"都读四声，在"看"前的"一、不"

都读二声；另外在动词重叠的中间，"一、不"都读轻声，比如：听一听／听不听、读一读／读不读、写一写／写不写、看一看／看不看。正因为"一、不"这两个字的声调在语流中表现基本一致，才把它们放在一起，称为"一、不"变调。

当然，"一"还有本调一声的读法，一般用在停顿前，比如："一、二、三""二〇一一年""第一""万一"等。

连读变调的教学重点在于教师首先要简单介绍变调规则，然后找出一些例子进行练习。

六、轻声、儿化及语调教学技巧

（一）轻声

轻声并非第五个声调，只是一个音节在某种情况下暂时失去其原有的声调，读得又轻又短。轻声的音高是不固定的，在不同的声调后面，音高有高有低：上声后面的轻声音高是最高的，去声后面的轻声音高是最低的。

轻声的教学要点有两个：一是强调音长比较短；二是强调音高在不同声调后面高低有差异。如图 5-5 所示：

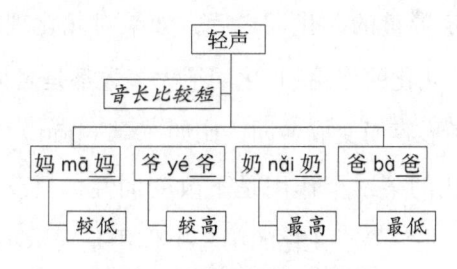

图 5-5　轻声教学要点图示

可以让学生对比"妈妈、爷爷、奶奶、爸爸"四个不同轻声词里轻声音节的高低，教师也可以用夸张的方法突显四个轻声音节的不同高度。"奶奶"里的轻声音节最高，"爸爸"里的轻声音节最低，"妈妈"里的轻声音节较低，"爷爷"里的轻声音节较高。

另外也可以举一些相同轻声音节的例子，比如"桌子、孩子、椅子、裤子"或者"他的、您的、我的、看的"等，让学生听辨不同声调后"子"和"的"是否一样高。

轻声是一种口语现象，一些口语常用词和一些语法虚词经常读轻声。在给学生集中讲解轻声时，可以用一些常用词来引入，比如找一找身体部位的名称，像"眼睛、眉毛、鼻子、下巴、嘴巴、脖子、胳膊"等，可以增加趣味性。

（二）儿化

有的音节后面会接一个"儿"，并发生连读音变：前面音节的韵母变为卷舌韵母，原来的两个音节合为一个，同时保留原来第一个音节的声调。这种现象叫作儿化，儿化后的韵母叫儿化韵，有着儿化现象的词叫儿化词，比如"花儿、玩儿、瓶儿"等。

单韵母 er 不能儿化，有些韵母儿化之后发音变得相似或相同，比如"今儿"和"鸡儿"，所以儿化韵的数量少于普通话韵母的数量。在初级汉语语音教学中，不会把儿化当作一个语音点集中讲解，而是分布在生词教学当中，出现一个，练习一个。

学生在掌握一定数量的儿化词之后，如果对儿化现象很感兴趣，教师也可以集中讲解一下儿化的作用：儿化词绝大多数都是名词[①]，儿化的第一个作用就是把动词或者形容词变成名词，比如"干（gān）—干儿、串—串儿、盖—盖儿"等；儿化的第二个作用是不改变词性，只改变词义，比如"半天—半天儿、头—头儿"等；儿化的第三个作用是表示小、喜爱、亲切、不重要、不正式等感情色彩，比如"小鱼儿、花儿、草儿、小孩儿、东门儿"，而"鲸鱼、苍蝇、大人、天安门"是不可以儿化的。

[①] 严格意义上的常见动词词性儿化词只有"玩儿"，因为"聊天儿"等离合词可以理解为动语素加名语素的组合；常见的形容词词性儿化词只有"好好儿、慢慢儿、早早儿"等单音节重叠且发生变调的形容词，这里的儿化可以理解为变调的伴随特征。

（三）语调

语调包括句中重音和句末语调。与重音不可分割的还有停顿，这里主要介绍停顿、重音和句末语调。

停顿和重音是语调的重要组成部分，在交流中可以更好地表情达意，没有正确停顿和重音的句子是很难被听话人所理解的。主语较为复杂时，主语后停顿；主语只有一两个音节时，动词后出现停顿。比如："老师和同学们‖都要去长城。""我想‖我们还是｜坐火车去吧。"[①]

最希望听话人接收到的信息承担重音。比如：

A：你什么时候去上海？　　B：我下周去上海。

A：谁下周去上海？　　　　B：我下周去上海。

A：你下周去不去上海？　　B：我下周去上海。

A：你下周去哪儿？　　　　B：我下周去上海。

在语音教学中，朗读和听辨是最常见的练习形式，它们同样可以用在停顿和重音的句子练习中：模仿跟读句子，体会句子中停顿和重音的位置；听句子，判断哪个词承担重音，或者最大停顿出现在哪里。

句末语调大致分为两类：一是陈述语调，句末自然下降；二是疑问语调，句末有明显上升。由于汉语是一种声调语言，句末重读音节的声调跟句末语调有时会发生"冲突"，二语学习者很容易出现错误。比如"床前明月光"容易被读成"床前明月*逛"，因为句末音节"光"是高平调，遇到下降的句末语调时会误读为四声。再比如"你的生日是四月十号？"容易被读成"你的生日是四月十*豪？"，因为句末音节"号"是高降调，遇到上升的句末语调时会误读为二声。

在教学中，教师可以强调汉语里的语调不能改变声调的方向，可以改变

[①] "‖"表示句子里的较大停顿，"｜"表示句子里的较小停顿。

高低，就像大海里航行的船，随着海浪，船可高可低，但不能翻船。

　　值得注意的是，并不是所有的疑问句都必须用疑问语调，只有没有词汇和句法标记的疑问句才需要用疑问语调来表示疑问。"你吃早饭了吗？""你去不去图书馆？""你去哪儿？"等疑问句一般是不用疑问语调的，因为这些句子里有"吗、去不去、哪儿"等表示疑问的词汇和句法标记。当然，这些疑问句句末也可以适当上升，此时会增加亲切、照顾式语气。而"你姓赵？你喜欢跑步？"等没有词汇和句法标记的疑问句只能通过疑问语调来表示疑问。

∷ 参考文献 ∷

曹　文（2002）《汉语语音教程》，北京：北京语言文化大学出版社。

鲁健骥（1984）中介语理论与外国人学习汉语的语音偏误分析，《语言教学与研究》第 3 期。

张和生主编（2006）《汉语可以这样教——语言要素篇》，北京：商务印书馆。

赵元任（1980）《语言问题》，北京：商务印书馆。

（王安红，北京语言大学讲师）

第二节　词汇教学模式

词是语言中的最小意义单位，它如同建筑中的砖瓦一样，是语言的建筑材料，没有砖瓦就不能盖房子，没有词汇就不能造句子，就不能进行交流。一个人掌握的词汇越多、越牢固，他的表达能力就越强，表达也就越丰富、越准确。（姜丽萍，2011）

词汇是汉语作为第二语言教学的基础内容，词汇教学是汉语课堂教学的重要组成部分。除却早期的语音教学阶段，词汇教学不仅贯穿于初级、中级、高级整个汉语教学过程，也存在于各种不同类型的课堂教学中，比如综合课、听力课、口语课、阅读课等。在每一堂汉语课中，新课的正式教学往往也是从生词教学开始的。

因此，对词汇的教学模式进行研究具有重要的理论意义与实践意义。

一、相关研究综述

鉴于词汇教学在汉语教学中的重要地位，相关研究一直受到学者和一线教师的重视。

有人对汉语词汇教学的方法、原则和模式进行了研究。胡鸿、褚佩如（1999）针对短期汉语强化学习提出了"集合式词汇教学"，他们将汉语词汇分为若干大的范畴（集合），如称呼集合、时间集合、饮食集合、交通集合等，在大集合下面再分成若干小的集合。曹慧（2002）认为篇章在词汇教学中可以发挥重要作用：词语的词典意义和语境意义可以借由篇章得以统一，词语的语义语用范围、搭配关系、附加色彩和文化意义可以在篇章中得到体现，因此提倡在篇章层面展开词汇教学。李润生（2017）梳理了既往的词汇教学方法，并从词汇组织形式与语境介入的角度提出了语境教学和词表教学两种词汇教学模式。张博（2018）认为，汉语作为第二语言词汇教学应该在时间—效益原则的指导下进行，提高词汇教学效率的两个前提分别是基于汉语词汇的主要特征和遵循二语词汇习得规律。

有人对不同教学阶段中词汇教学的特点与方法进行了研究。李珠（1998）提出，初级阶段的综合课可以分为两个阶段，第一阶段侧重语法教学，第二阶段侧重词语教学。词语教学应与语境挂钩、与语法教学结合，并以培养学生语段篇章能力为目标。陈贤纯（1999）认为，词汇量问题是导致教学效率低下的主要原因，应该在中级阶段实施词语的集中强化教学，将词语按照语义场进行分类，经过四个学期的词语强化训练使学生的词汇量达到两万左右。杨雪梅（2012）从词汇教学前中后的三个阶段进行了探讨，提出中级汉语综合课教师可以通过词语搭配、构词方式分析、近义词辨析等练习方式帮助学生构建词汇语义网络。柯润兰（2018）分析了高级综合课词汇教学的特点与目的，探讨了高级综合课词汇教学的内容及策略，认为词汇教学要始终围绕成段表达进行，通过课文内容或讨论自然引出生词，讲练之后再回归课文内容和讨论。

有人对不同课型中词汇教学的特点与方法进行了研究。刘艳（2011）提出词汇的聚类和语义单元的激活是商务汉语词汇教学中需要重点把握的环节，并基于任务教学法从任务的界定、设计和实施几方面对商务汉语的词汇教学进行了例证说明。洪炜、徐霄鹰（2016）通过实验证明了在中级汉语阅读课教学中采用猜词技能训练、优化目标词的文本环境及增加学习任务的认知投入量等手段有助于提高学生的词汇学习效率。

有人通过某种特定理论或方法来研究词汇教学。邵菁（2002）提出了以语义配价为基础、以句法配价为补充的词汇教学方法，既立足于语义配价的逻辑基础，又兼顾了句法的强制性，在教学中有相当的实用性。戴雪梅（2003）提出把图式理论应用于词汇教学，认为"通过类比、联想、扩展等方式建立词汇的语义场，将图式的推论作用和语义记忆的推论作用结合起来，从而将语义场图式激活，可以大大提高记忆效果"。施春宏等（2017）

基于结构—功能—语境相结合的"三一语法"基本观念，提出了词汇教学的原则，包括意义和用法相结合的原则、典型语境驱动的原则、词语辨析的最小差异原则、语际差异的对比参照原则。

通过分析，我们发现汉语词汇教学的相关研究经历了一个由方法研究到模式研究、由单一课型研究到多种课型研究、由研究词汇教学本身到借由其他领域的理论和方法来研究词汇教学的过程。由于对教学方法、教学模式的理解不同、研究角度和研究方法不同，不同的学者、教学人员对于什么是汉语词汇教学模式也有着不同的见解。这一方面说明了汉语词汇教学模式研究的多样性与丰富性，另外一方面也说明了相关研究尚无统一的定论。

本节所论述的词汇教学模式依托于汉语课堂教学，将词汇教学置于初级汉语综合课的主要教学环节中，论述词汇教学在汉语教学中的地位，分析词汇教学内部各步骤与方法之间的联系，从而构建汉语词汇的教学模式。

二、词汇教学模式构建的理念

在国内，对外汉语教学经过几十年的发展取得了巨大的成就，其中初级汉语综合课已经形成了一定的教学模式。这种教学模式不单纯是汉语教师多年教学经验的总结，而且是理论与实践相结合的成果，是由汉语教学的内容、目标与教学原则决定的。词汇教学模式也是如此，必须同汉语词汇教学的内容、目标，以及词汇教学的原则相符合。

（一）汉语词汇教学的内容与目标

汉语词汇教学的主要内容是词语的音、形、义和基本用法；对于重点词语，学生还要掌握词语的常用搭配和句法功能。刘珣（2000）认为，汉语的词汇教学要培养学生以下几种能力：在语言交际中对词汇的正确理解和表达能力、在不同情景和功能中对词汇的限制和选择的能力、区别词汇之间语义差别的能力、猜测新词语词义的能力、掌握词语的聚合组合规则的能力。

（二）汉语词汇教学的原则

汉语教学的基本原则同样适用于词汇教学，包括：实用性原则、实践性原则、交际性原则，以及结构、语义、语用相结合的原则。

1. 实用性原则

实用性原则是指教师在课上向学生提供的学习内容应该是真实的、有用的。在词汇教学中，教师必须思考提供给学生的词语搭配与例句是否来源于生活、是否常用、是否和学生的生活有关系。比如学习词语"附近"，教师可以提供"学校附近、宿舍附近"这样的词语搭配，再用"你家附近有什么"向学生提问，进行句子的操练。

2. 实践性原则

实践性原则是指教师上课要"精讲多练"。语言是一种能力，能力的培养不仅需要理解，还需要大量的练习。对于词汇教学来说，"精讲"主要指词语的意义和用法教师要讲得简单易懂，课上占用的时间要少；"多练"主要指词语的练习要充分有效，分配的时间要多一些。课堂的时间是有限的，如果讲得太过繁复，势必会挤占词语练习和其他教学环节的时间。对于包含多个义项的词语，教哪些义项教师要学会取舍。以学习词语"好"为例，"好"做形容词义项很多，可以表示优点多的、使人满意的，表示赞许或同意，还可以表示某件事情容易做，比如"那条路好走，这件事不好办"；"好"还可以做副词，比如"今天好热、人好多"。尽管这些义项都很常用，也很重要，但是教师没必要在一节课中把它们全部教给学生，而是应该根据本课课文内容和未来的教学内容有所选择。对于一些抽象的词语，教师不需要冥思苦想怎么向学生解释它的意思，而是可以通过提问的方式让学生在真实的情境中进行理解。以学习词语"其中"为例，教师可以向学生提出问题："我们班一共有 20 个同学，其中有多少个男生？"这其实恰恰反映了我们常说的"在练中学，在学中练"。

3. 交际性原则

遵循交际性原则就意味着在课堂上要实现教学过程交际化。在词汇教学中，教师应该避免单向的讲授，最好是教师、学生有问有答，实现双方的互动。以学习副词"总"为例，进行操练时，教师可以向学生提问："睡觉前我总爱喝一杯牛奶，你呢？"教师主动提供自己的信息，引导学生提供相关信息进行交换，进而说出既包含副词"总"又符合自己实际情况的句子。

4. 结构、语义、语用相结合的原则

对于词汇教学来说，教师不仅需要解释词语的意思，还需要讲解词语的用法，包括词的常用搭配关系、词的句法功能、词的语用规则等。教师还需要通过操练培养学生在不同情境中选择合适的词语组成句子进行交际活动的能力。比如：学习副词"却"，教师不但要让学生理解"却"的意思，还要让学生了解在主谓句中，"却"必须放在主语后，"却"可以和"但是、可是、然而"配合使用，但是和这些词并不等同；学习副词"仍然、还是"，教师应该告诉学生"仍然"多用于书面语，"还是"多用于口语。

三、词汇教学模式的构建

初级阶段的汉语教学，特别是初级阶段综合课的汉语教学已经形成了一定的教学模式。本节对于词汇教学模式的构建主要基于初级汉语综合课的词汇教学。由于高级阶段的汉语词汇教学在目标、重点与方法上同初级阶段存在明显区别，本节将在最后加以讨论。

对初级阶段汉语词汇的教学步骤与方法进行分析，是建立词汇教学模式的基础。初级汉语综合课的生词教学基本上分为四步：展示生词、认读生词、讲练生词、巩固生词。

（一）展示生词

展示生词是认读生词、讲练生词的预备活动，可以使学生对本课生词先形成一个总体的印象，也可以让他们在有限的时间内审视自己预习的效果。

展示生词包含两方面的内容：生词的展示方法和生词的展示顺序。

1. 生词的展示方法

生词的展示方法有三种：学生听写、教师板书、利用 PPT 课件展示生词。每种方法都有自己的优点和缺点，教师可以根据教学内容和学生特点采用不同的方法。

（1）学生听写

学生听写是指教师直接利用学生在复习检查环节中在黑板上听写的生词来进行展示。这种方法的优点是节省时间，让学生对预习和听写更加重视，并且还能让到黑板前听写的学生产生成就感；缺点是受限于学生的水平和预习效果，写在黑板上的汉字可能大小不一，字形也不够规范，视觉效果比较差。如果受到教学计划或课堂时间的限制，没有机会听写生词或者听写全部的生词，那就不适合采用这种方法。

（2）教师板书

教师板书是指教师本人将当堂课的生词书写在黑板上来进行展示。这种方法的优点是字形规范、大小适中、清晰美观，并且可以让学生脱离汉字的印刷体，感受汉字的实际书写效果；缺点是教师不管在课前书写还是上课时书写，都会占用一些时间，使得课前师生交流的时间或者其他教学环节的时间缩短。

（3）利用 PPT 课件展示生词

利用 PPT 课件展示生词的优点是节省时间、字形规范、清晰美观，教师还可以通过动画特效实现多种方式的生词认读和讲练；缺点是需要教室具备相应的硬件支持。当使用 PPT 课件展示生词时，教师需要注意字体的使用，因为某些电脑字体和手写字体有出入，使用这类字体不但会给学生的认读造成障碍，甚至还可能会在书写上误导学生。

2. 生词的展示顺序

在备课时，教师对生词的先后顺序、排列方式进行调整，可以为展示生词后的认读生词、讲练生词环节做好铺垫,提升课堂的教学效率和效果。生词的展示可采用三种顺序:按照生词表排列、按照词性排列、按照相关性排列。

(1)按照生词表排列

生词表中词语的排列顺序通常就是生词在课文中出现的顺序。按照这个顺序向学生展示生词,可以和学生预习生词时的顺序保持一致。有的时候,教师还可以利用这种顺序,通过补充其他词语来串讲课文或安排学生对课文进行复述。以《尔雅中文·初级汉语综合教程(上)》(魏新红,2013)中的一课为例,我们先把生词按照生词表的顺序排列,再补充其他的提示词,学生就可以进行复述了(如图5-6)。有的教师会尝试将这种生词展示的功能发挥到最大,在教学过程中使生词的听写、认读、讲练,语法的讲练,课文的串讲、复述全部围绕着黑板上展示的生词进行。这正是一种教学技巧、教学艺术的体现。

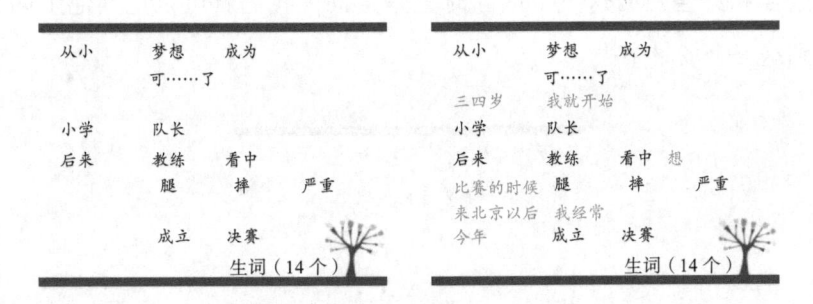

从小	梦想	成为		从小	梦想	成为
	可……了				可……了	
				三四岁	我就开始	
小学	队长			小学	队长	
后来	教练	看中		后来	教练	看中 想
	腿	摔 严重		比赛的时候	腿	摔 严重
				来北京以后	我经常	
	成立	决赛		今年	成立	决赛
		生词(14个)				生词(14个)

图 5-6 按照生词表排列展示生词

(2)按照词性排列

教师先把本课生词按照词性归类,然后重新排列。这样做一方面可以突出词语的句法功能,帮助学生归纳和记忆;另一方面,教师还可以有计划地利用这种排列进行词语的搭配练习。仍以《尔雅中文·初级汉语综合教程(上)》中的一课为例,从图5-7中可以看出,左边一列是动词,右边一列是名词。动词和名词可以进行搭配,而且所有这些生词在语义上又都和学习有关,教师把这些词排列在一起可以帮助学生实现更好的学习效果。

```
预习    课文
复习    内容
查      词典
练      意思
考试
及格
                生词（10个）
```

图 5-7　按照词性排列展示生词

（3）按照相关性排列

教师可以把在语义上、话题上、功能上或者有其他某种关联的词语集中排列在一起。这样排列同样是为了帮助学生归纳和记忆生词，有时还有利于后面对生词的讲解与练习。比如《尔雅中文·初级汉语综合教程（下）》（魏新红，2014）中的一课（见图5-8），课文中一共涉及三个场景——仪式、婚宴和舞会，而这三个词同时也是生词，我们就可以把其他生词分别归入到这三个场景中去。

```
仪式    婚宴     舞会
伴奏    自助餐   曲
牧师    随意     接着
贺词    敬酒     分别
        大摆酒席
                    生词（13个）
```

图 5-8　按照相关性排列展示生词

关于生词的展示方法和顺序，需要注意的是：如果教师计划通过学生听写的方式展示生词，那么在听写前教师应该在黑板上标清楚每个生词听写的序号和位置，以便在讲练生词时更好地实现自己的教学设计。教师还应该了解，把所有的生词都按照同一个标准进行排列也是不现实的，所以教师也可以只将部分词语按照某种标准进行排列。

（二）认读生词

初级阶段汉语词汇教学的主要内容包括词语的音、形、义，以及用法。认读生词主要是为了帮助学生掌握生词的音和形。

认读生词可以按照下面几个步骤进行：首先是抽查，教师先后找两三个学生，让每个学生读三四个生词，以此来检查学生的预习情况。然后是领读，先由教师领读，向学生展示正确的发音，然后学生跟读，一边练习一边自我纠正发音。教师可以带着学生，把所有的生词读两遍。接下来是齐读，让学生在没有老师领读的情况下，读一遍或两遍生词。齐读之后，教师可以再次进行抽查，有意识地找班里发音问题比较多的几个学生来认读生词，同时帮助他们改进发音。

在认读生词的过程中，应该注意以下几个问题：

（1）在领读、齐读的时候，如果教师发现了学生发音上的问题应该及时纠正，并带领学生多读几遍。如果是在抽查时发现的问题，且这个问题在其他学生身上也可能存在，那么教师可以再多找几个学生来读，以便发现问题。

（2）在教师领读之后，齐读一遍还是两遍，是先齐读后抽查还是先抽查后齐读，教师可以根据班里的实际情况决定，选择最适合教学计划和学生的方式。

（3）在对学生进行抽查时，教师不应该在生词与生词之间停顿太久，不要留给学生太多的时间思考和回忆。这是因为：一方面，上课有时候需要一种紧张感，这种紧张感可以激发学生的积极性，帮助他们集中注意力；另一方面，如果遇到没有认真预习的学生，等待会拖延课堂节奏。

在初级汉语阶段，学生对于汉语的发音方法还处在一个摸索适应期，发音面貌还不是很好，教师可以利用认读生词这个环节，对汉语发音里的一些重点和难点进行巩固练习。比如，某一课的生词中正好轻声词比较多，教师就可以针对这几个轻声词集中练习；如果课文中含有变调现象的生词比较多，那么教师在提醒学生注意的同时，也可以再多加练习。

如果教室具备电脑、投影仪等硬件设备，教师还可以利用 PPT 中的动画特效实现更多的认读练习方式，比如利用动画特效的出现、消失，让学生在限定的时间内认读生词。教师可以按照生词的顺序使生词出现、消失，也可以打乱顺序，让生词以随机的形式出现并消失。这种练习方式既可以起到检查的作用，又可以增强课堂的紧张感，调动学生的积极性。

（三）讲练生词

如果说认读生词的重点是词语的音和形，那么讲练生词的重点就是让学生掌握生词的意义和用法。讲练生词分为词语释义、词语搭配、词语操练三个层次。

1. 词语释义

词语释义是生词讲练的第一个层次，也就是向学生解释词语的意义。词语释义的方法主要包括：通过翻译释义、利用旧词释义、使用非语言手段释义、创设语境释义和利用课文释义。

（1）通过翻译释义

以学习词语"紫色"为例，如果教师在上课时周边没有紫色的事物，就可以直接用英语"purple"来解释；学习生词"有时候"，就用英语"sometimes"来解释。这种方法使用起来简单方便，不过需要注意两个问题：第一个问题是，一定要注意是否存在词义不对等的情况，比如汉语里的"能、会"和英语里的"can"词义并不对等，不能轻率地使用英语词来解释汉语词。第二个问题是，如果教师任教的班级中学生来自多个国家，那么教师就需要考虑是不是所有学生都能听懂教师提供的翻译。即使只有一个学生听不懂，这种方法也不应该使用。

（2）利用旧词释义

教师先引入学生已经学过的某个词，然后通过这个词和生词的联系帮助学生理解生词的意义。对某些近义词、反义词，或者含有相同语素的词，可以使用这种方法。比如：作为近义词，用"漂亮"来解释"美丽"；作为反义词，用"干燥"来解释"湿润"。如果学生学习过"衣服、柜子"，那么对"衣柜"这个生词经由教师引导就能很快理解。这种方法简单方便，还可以通过总结归纳，帮助学生巩固复习学过的词语，可谓一举两得。不过要注意的是：利用近义词释义需要教师的谨慎判断，要思考学生是否会将两个词完全等同，导致误用。

（3）使用非语言手段释义

非语言手段包括实物、图片、视频、表演等。使用实物释义时，教室里的桌子、椅子、门，学生的衣服、书等，都可以被教师直接用来解释对应的生词；如果方便携带，教师也可以把其他实物带到教室，让学生产生直观的印象。使用图片释义，图片可以是照片，也可以是卡通图片；可以是静态图，也可以是动图。比如学习动词"躺"，教师不方便像"坐、站"等动词那样通过实际演示来解释，这时就可以给学生展示课前准备好的照片；学习"脸谱、胡同、二胡"等文化词时，教师也可以通过照片来辅助解释。对某些词语来说，用短视频来释义是更方便快捷的办法，比如讲解词语"越"的时候，教师可以找一段雨越下越大的视频来帮助学生理解。对于某些动词来说，教师可以通过形体动作进行现场演示，比如"拉、抬、挂、贴"等。以上这些手段可以让课堂教学变得更加活泼生动，使学生得到视觉、听觉等多方面的刺激，既可以加深对生词的理解与记忆，又可以减轻上课的疲劳感。实际上，对某些词语来说，用语言去解释意义耗时耗力，使用非语言手段反而是一种更有效的方法。

（4）创设语境释义

创设语境释义指教师创设一个交际情境，把生词融入到一个句子或者对话里面来帮助学生理解。以副词"别"为例，教师可以提问："8点半上课，现在8点了，你的同屋还在睡觉，你可以怎么说？"用这种方法可以引导学生说出"别睡了，快起床吧"这个句子。学习副词"一定"，如果班里有来自法国的学生，教师可以提问："我想去法国旅游，但是不知道什么地方好玩儿，应该问谁呢？"这时学生们都会说出那位法国同学的名字，进而说出"他是法国人，他一定知道什么地方好玩儿"这个句子。在使用语境释义时需要注意：创设的情境应该真实，贴近学生的生活。这就需要教师对自己的学生有一定的了解，在课下要和学生多交流，留意学生的日常行为。基于情境的句子或对话要为解释词义服务，应该简练，避免冗长。要尽量使用学生掌握得比较好的词语，避免出现学生掌握得不好的词语或新的生词。

（5）利用课文释义

当个别生词并不适合通过翻译、图片、表演等方式来解释，而创设情境释义需要做的铺垫又比较多时，教师可以考虑把这个生词暂时搁置，等到串讲课文的时候再做处理。因为教材中的课文都经过精心编写，有完整的故事情节，所以利用上下文来解释生词就可以水到渠成。

上述是关于词语释义的五种方法。对于一堂汉语课来说，教师不可能也不应该只用一种方法来解释词义。在讲解词语的时候，综合利用各种方法，可以使汉语课更有层次感，内容更丰富、更有趣味。

2. 词语搭配

生词讲练的第二个层次是词语搭配。词语搭配既是词汇教学的重要内容，也是一种语法教学；既可以帮助学生加深对词义的理解，又可以帮助学生掌握词语的用法，防止在实际使用中出现搭配错误的情况。以学习名词"机会"为例，教师可以提供"一个机会、好机会、有机会、没机会"这些词语搭配，其中既包含了和数量词、形容词的搭配，也包含了和动词的搭配。学习形容词"普通"，教师可以提供"很普通、普通人、普通朋友、普普通通"这些搭配，其中包含了和副词、名词的搭配，还包含了形容词重叠形式。

词语搭配可以是教师向学生直接展示，也可以由教师引导学生说出；可以通过语言引导，也可以利用图片、实际场景等非语言的手段引导。以学习动词"吃"为例，教师可以直接问学生"我们可以说吃……"，教师把"吃"

的发音稍微拉长一些，暗示学生主动地补充词语，完成搭配。再比如学习动词"撞"，可以用一个两车相撞的图片和一个行人被机动车撞倒的图片，引出"撞到"和"撞倒"这两个词语搭配。教师在准备词语搭配的时候，一定要思考提供的搭配是否典型、是否实用、是否包含了各种不同的类型。至于提供给学生哪些词语搭配，教师可以参考教材，也可以回顾学生新近学习过的词语，看哪些和本课生词存在搭配关系。这样做既学习了新词，又复习了旧词，可谓一举多得。词语搭配也可以出自之后将要操练的句子，为即将进行的句子操练做好铺垫，降低操练难度。

词语搭配在词语练习与句子练习中起着承上启下的作用，可以为重点词语的句子操练做好铺垫。在汉语教学中，教师可以按照从词到词语搭配、从词语搭配到句子、从句子到语段的顺序形成一种从小到大的"滚雪球"似的训练方式。

3. 词语操练

生词讲练的第三个层次是词语操练。这里的词语操练主要是指重点词语的操练。课堂时间是有限的，教师如果试图把每一个生词都讲满讲透，就一定会挤压其他教学环节的时间，会影响教学任务的完成。因此，教师在备课时首先要区分生词中的一般词语与重点词语。有的生词，学生能认读、理解词义就可以了；有的生词，只要教师给出常用搭配，再稍加点拨，学生就可以自行掌握词语的用法；而有的生词，学生不仅要能做到上述这些，还要接受充分的操练，以便对词语的用法达到熟练掌握的程度。

哪些是重点词语呢？重点词语通常是：对表达有重要意义的实词，不容易理解掌握的虚词，义项比较多、学生容易误用的词，以及一些固定格式，等等。教材也是确定重点词语的主要途径，因为在不少汉语教材中，编者已经标明了本课的重点词语。在备课时，教师还需要再结合本班实际情况最终确定哪些词语需要重点讲练。

对于重点词语，应该包含词语讲练的全部三个层次。教师先要向学生解释词义，然后展示词语搭配，最后进行充分的操练。词语操练的方法很多，比如选词填空、改错、替换练习、模仿造句等，不过由于语言课堂提倡教学过程交际化，所以最主要的操练方法还是通过创设情境，将重点词语融入到句子或对话中进行操练。以副词"白"为例，"白"的意思是做事没有效果，课堂上教师可以先强调一下本课学习的"白"是副词，不是形容词，并把"白 + 动词"的表达式呈现给学生，然后让学生读两遍教师提供的词语搭配"白说、白跑一趟、白花、白准备"。对于"白说"，教师可以把学生作业中的错误截图，在课上边展示边对学生说"这个问题我说过，但有的同学还是做错了"，从而引导学生说出"老师白说了"这个句子；对于"白跑一趟"，教师可以创设情境"我去银行办事，但是银行关门了"，从而引导学生说出"我白跑了一趟"这个句子；对于"白花"，教师可以创设情境"我花了很多钱，但是买了一个假的名牌包"，从而引导学生说出"我白花了那么多钱"；对于"白准备"，教师可以创设情境"同学们认真准备了听写，但是老师说今天没有时间听写生词"，引导学生说出"我白准备了"这个句子。在学生理解了词义、初步掌握了副词"白"的用法后，教师就可以试着放手，让学生按照例句，自己创设情境造一些句子。

在针对重点词语进行操练时，需要注意：教师可以先点明生词的词性、搭配或用法，再创设情境、呈现例句，也可以反过来操作。哪个步骤在先，哪个步骤在后，可以根据实际情况处理。如果某个学生说出了一个好句子，教师可以安排其他学生复述，或者学生集体复述，从而使学生获得成就感，提高学习积极性。

（四）巩固生词

在生词的认读和讲练完成后，教师可以针对当堂课的生词安排丰富的练习，以帮助学生巩固。巩固生词的形式可以是教师带领学生再齐读一遍生词，齐读的内容包括讲练环节中呈现的词语搭配或者例句；教师也可以安排学生做几个针对重点词语的练习题，比如选词填空或者改错，这样做可以减轻学生因为一直进行听和说的训练而产生的疲劳感；教师还可以将某些重点词语串起来形成小的语段让学生练习。

基于上述教学理念，以及对汉语词汇教学步骤与方法的分析，我们可以构建出汉语词汇的教学模式（见图5-9）。

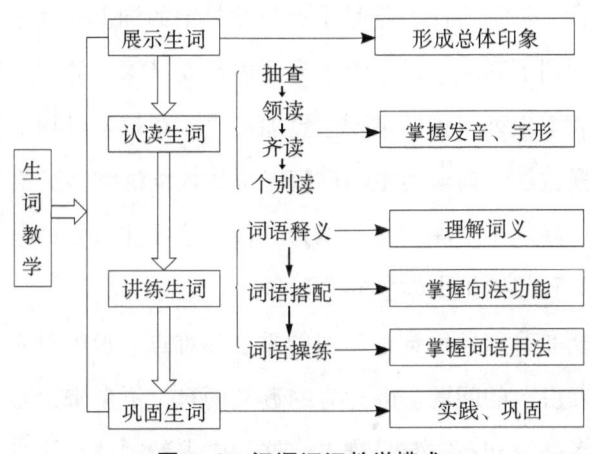

图 5-9　汉语词汇教学模式

四、高级阶段的汉语词汇教学

高级阶段的汉语词汇教学在教学步骤上与初级阶段相同，包含展示生词、认读生词、讲练生词和巩固生词四步；但是由于这个阶段的汉语词汇教学在教学目标、重点和方法上有别于初级阶段，所以我们需要另做讨论。

高级阶段汉语综合课总的教学目标和初级阶段相同，也是提高学习者的汉语综合运用能力，但在语言技能训练上有进一步的要求。《对外汉语教学中高级阶段课程规范》（陈田顺，1999）对高级汉语综合课的要求是：在"读"的方面，学生要能阅读并理解报刊中的一般性文章及较有深度的文学作品，准确把握文章的基本内容、核心意义；在"说"的方面，学生要能在不同场合进行一般性交际，能用准确、得体且尽可能丰富的语言描述事物或事件、表达思想、发表评论；在"写"的方面，学生要能在1小时内完成约600字左右的短文，基本符合汉语的写作要求。

受高级阶段教学目标的影响,词汇教学在目标和内容上呈现出三个变化:第一个变化是扩大学生词汇量的重要性更加突出;第二个变化是近义词辨析成为词汇教学的重点;第三个变化是成语在教材中大量出现。因此,教师需要采取不同于初级阶段的教学方法。

在初级阶段,汉语语法教学是重点,教材中的词汇在数量上一般会受到严格的控制。而到了高级阶段,学生需要进行大量深入的阅读和成段表达的训练,因此扩大学生词汇量的重要性更加突出。在教学过程中,教师应该有意识地加强语素教学,向学生主动讲解汉语的构词法和常见语素的意思,并通过复习巩固提高学生猜测词义的能力。教师还要注意协助学生建立语义场意识,通过分类和归纳扩大学生的词汇量。

近义词辨析是高级阶段词汇学习的重点和难点。教师首先要明确"需要讲"和"不需要讲"的问题。因为有的近义词对母语者来说是难点,但是对第二语言学习者来说却不一定是难点。这就要求教师站在第二语言学习者的角度,而不是母语者的角度来思考问题。对于不会造成学生困扰的近义词,教师稍加说明即可,或者干脆不讲,以免给学生增加负担。在进行近义词辨析时,教师可以从词性、语义、句法功能、词语搭配、适用范围、色彩、语体上进行辨析。在辨析的时候,教师也没有必要对近义词进行全面细致的分析,而是应该抓住学生最容易发生偏误的地方着重讲解。

在高级阶段,教材中会出现大量的成语。成语因为其特殊的句法结构和文化内涵成为词汇学习的重点与难点。潘先军(2006)认为,成语教学可以从语义、语法、语用三个层面展开。在语义上,教师需要分清成语字面意义与实际意义的关系,是相同关系、引申关系,还是比喻关系,然后判断是采取一般词语释义的方法,还是从字面意思入手进行引申的释义方法;在语法上,教师要对成语的结构进行分析,说明成语的词性和语法功能;在语用上,教师要说明成语的使用范围、语体风格和感情色彩。

区别于初级阶段的词汇教学,高级阶段在进行词语释义时,翻译释义和非语言手段释义的方法使用得越来越少，利用上下文语境释义、创设情境释义的方法使用得越来越多。特别是情境教学，在高级阶段尤为重要，因为教师有时需要创设不同的情境，让学习者体会近义词在使用中的细微差别。在高级阶段，重点词语的操练也不再只是以句子为单位的操练形式，教师应该安排更多的语段练习，让学生充分利用生词进行成段表达的训练。

∷ 参考文献 ∷

曹　慧（2002）从留学生作文谈篇章层面的词汇教学，《语言文字应用》第2期。

陈田顺主编（1999）《对外汉语教学中高级阶段课程规范》，北京：北京语言文化大学出版社。

陈贤纯（1999）对外汉语中级阶段教学改革构想——词语的集中强化教学，《世界汉语教学》第4期。

戴雪梅（2003）图式理论在对外汉语阅读教学中的应用，《汉语学习》第2期。

洪　炜、徐霄鹰（2016）中级汉语阅读课词汇教学行动研究，《汉语学习》第1期。

胡　鸿、褚佩如（1999）集合式词汇教学探讨，《世界汉语教学》第4期。

姜丽萍（2011）《汉语作为第二语言课堂教学》，北京：北京大学出版社。

柯润兰（2018）对外汉语高级综合课中的词汇教学，《中国大学教学》第7期。

李润生（2017）近年来对外汉语词汇教学研究综观，《华文教学与研究》第2期。

李　珠（1998）关于初级阶段综合课的词语教学，《世界汉语教学》第3期。

刘　珣（2000）《对外汉语教育学引论》，北京：北京语言文化大学出版社。

刘　艳（2011）基于任务的商务汉语词汇教学探讨，《华文教学与研究》第4期。

潘先军（2006）简论对外汉语教学中的成语问题，《汉字文化》第 1 期。

邵　菁（2002）配价理论与对外汉语词汇教学，《语言教学与研究》第 1 期。

施春宏、蔡淑美、李　娜（2017）基于"三一语法"观念的二语词汇教学基本原则，《华文教学与研究》第 1 期。

魏新红主编（2013）《尔雅中文：初级汉语综合教程（上）》，北京：北京语言大学出版社。

魏新红主编（2014）《尔雅中文：初级汉语综合教程（下）》，北京：北京语言大学出版社。

杨雪梅（2012）对外汉语中级综合课教学中词汇语义网络的构建，《兰州学刊》第 2 期。

张　博（2018）提高汉语第二语言词汇教学效率的两个前提，《世界汉语教学》第 2 期。

（高扬，北京语言大学讲师）

第三节　语法教学模式

语法是第二语言学习中不可缺少的部分。语言的本质是一套符号系统，符号间通过组合关系生成有意义的序列，学习者掌握有限的规则，便能产出无限的句子。

纵观对外汉语教学史，汉语综合课一直占据着核心地位，其中，语法教学是综合课的重要组成部分。语法教学是对目的语的词组、句子以及话语的组织规律的教学，用以指导言语技能训练，并培养学生正确运用目的语进行交际的能力。（刘珣，2000b）语法能力是语言交际能力的重要组成部分，语法的掌握是语言表达准确性和层级性的体现，是汉语国际教育成败的关键。

一、相关研究综述

语言教学一直比较重视教学模式。在过去的几十年中，语言教学界出现了很多不同的教学法，其中对汉语教学产生较大影响的有语法翻译法、听说法和任务型教学法。

（一）语法翻译法

语法翻译法主要以系统的语法知识教学为纲，依靠母语，通过翻译手段，培养第二语言读写能力。在语法翻译法的教学中，语法是语言学习的核心，是学习的主要内容。语法教学模式为教师采用演绎法，先讲解语法意义及相关规则；学生学习例句，然后在练习中运用、巩固规则。其中，语法练习的形式主要为句型转换。运用语法翻译法，通过母语的翻译和比较，以及系统讲授语法知识，能够使学生比较深刻地理解句子结构，有利于提高教学效果。但是该模式没有抓住语言的本质，语法讲解从定义出发，根据定义给出例句，脱离学生的实际需要和语言水平，教学方式单一，课堂气氛沉闷，影响学生的学习兴趣和主观能动性。

（二）听说法

听说法强调通过反复的句型结构操练培养口语听说能力。听说法的教学模式主要分为五个阶段。

（1）认识：教师向学生展示新句型，借助实物、情景、手势等帮助学生理解语言材料的意义。

（2）模仿：教师反复示范，学生准确模仿，教师对学生的错误及时纠正。

（3）重复：学生通过反复练习，不断巩固模仿过的学习材料，达到自动化的程度。

（4）变换：教师运用词语替换、句型扩展、变换句子结构等练习，给学生活用的机会。

（5）选择：教师采用问答、对话、叙述等方式，让学生从学过的语言材料中选择某些生词、短语和句型，描述特定的场面、情景或事件。

听说法以口语为中心，以培养听说能力为主，但在具体教学中，由于大量枯燥的机械性操练脱离语境，因此不利于培养语言学习者创造性运用语言的能力。

（三）任务型教学法

任务型教学法是一种基于任务或以任务为基础的语言教学途径，其中的任务是接近或类似于现实中各种真实事情的活动。在任务型教学模式中，主要分为三个教学阶段。

（1）任务前阶段：教师先通过音频或视频向学习者示范一个任务，然后通过背景知识介绍、词汇展示、问题引导等方式要求学生进行一些准备和规划。

（2）任务中阶段：学生以小组为单位实施任务，根据要求按照步骤进行。

（3）任务后阶段：各组学生报告任务结果，教师引导学生重点学习某些语言结构。

任务型教学法能够激发学习者的学习热情，在活动中认识语言、运用语言、发现问题、找出规律，进而完成语言的学习。但由于课堂的组织和任务的实施需要花费的时间较长，不利于课堂教学任务的完成，教学效率比较低；而且对于语法学习来说，这种模式缺乏一定量的机械训练，学习者使用语言的准确性不高。

基于上述教学法理念以及各教学法的优缺点，从事汉语国际教育的学者和教师应根据实际情况，综合运用各方法，将其实施到语法教学的不同环节，如主要将语法翻译法应用到语法解释环节，将听说法运用到语法操练环节，将任务型教学法运用到语法活动环节。在教学环节方面，实践中主要采用的是崔永华（1989）提出的语言点展示、语法点解释、语法点练习和语法规则归纳四个环节。北京语言大学出版社组织专家对综合课教学模式进行研讨，将语法教学进一步确定为导入、解释、练习和总结四大环节（国际汉语课堂教学研究课题组，2016）。在语法教学中，李晓琪（2004）认为应从功能出发，重在应用，突出语言特征，符合语言习得规律，强调语篇、语境的作用，以便更好地解释语法现象。卢福波（2007）根据汉语重意念、轻形式的特征与规律，提出"认知—强化—创新"的教学模式，以语法的认知为切入点，在大量的应用性强化训练中渗透语法的认知理念。李泉（2018）指出，不能只教结构形式，更应教语法的意义和功能，强调要在语言事实中教语法，减少使用学习者看不懂的书面化的注释讲解。杨德峰（2019）分析了国内不同时期有代表性的11部初级汉语综合课教材，发现教材中的语法教学模式主要有演绎和归纳两大类，包括"讲解—展示""展示—讲解"和"展示—归纳"三种模式，并对各模式的利弊进行了剖析。本节语法教学模式的建立主要基于以上研究成果。

二、语法模式构建的理念

在汉语语法教学中，公认的教学理念主要有（刘珣，2000a；姜丽萍，

2011；苏英霞，2015；姜丽萍、吴倩，2018）：

（1）意义先行。语法教学不是大量地讲解语法知识，而是向学习者提供一个有意义的情境，让学习者在情境中理解所教语言点的意义，然后在较真实的语境中练习，逐步构建新知识。

（2）实践性。语言学习离不开反复操练和实践，第二语言学习基本上是一个形成习惯的过程。语法教学要做到精讲多练，注重语言知识的实践性，通过多样性的练习和活动让学生感受、领会、运用所学的语法知识，建立一套新的语言习惯。

（3）通俗性。教学中应尽量采用表格、公式、图解等方式，通过简洁、易懂的语言将复杂、抽象的语法内容解释清楚。

（4）实用性。语法教学应做到结构形式、语义特征和语用功能相结合，使学习者了解各个语法形式使用的条件和语境。同时，应尽量使教学交际化、真实化，让学习者在尽可能真实的交际实践中掌握所学的语法内容。

（5）分散难点。对于比较复杂的语法内容和语法难点，应该按照难度由浅入深、使用频率由高到低、语言习得由易到难的顺序，循序渐进地进行教学。

三、语法教学模式

一般来说，语法教学分为以下环节，如图 5-10 所示：

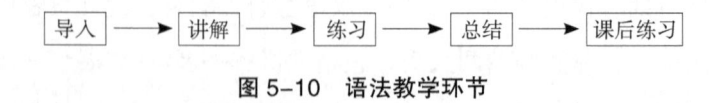

导入 → 讲解 → 练习 → 总结 → 课后练习

图 5-10　语法教学环节

（一）导入环节

导入的目的是通过情境帮助学生理解所学语言点的意思。教师通过创设具体的语言环境和氛围，为学生提供足够多的语言输入，使学习者体会新语言点的语义、语用和语法规则，进而习得该语言点。

设计导入时，需要注意两方面的内容：一是导入的方式，二是导入的典型例句。在导入方式方面，主要有动作、实物、图片、情景等方式。例如：

（1）本课的生词中有"护照"一词，教师利用该生词，通过动作，表演"老师把护照放在桌子上"，引出把字句。

（2）教师采用实物展示的方法，通过一件大衣，引导学生说出目标短语"蓝色的大衣"。

（3）教师讲练完课文后，从课文中的情景入手，展示天气预报的图片，让学生看北京和上海的气温，导出目标句"北京比上海冷"。

（4）教师说一两句古代汉语，如"大隧之中，其乐也融融；大隧之外，其乐也泄泄"，然后问学生"你们懂吗"，学生回答"不懂"。此时就可以导入可能补语的例句："句子太难了，我们听不懂。"

典型例句是体现目标语言点结构、语义和语用功能的句子。通过反复朗读典型例句，学生能够理解并记忆该语言点，并能够将其迁移运用到其他语境。教师设计好典型例句，对学生的学习能起到事半功倍的作用。设计典型例句时，应该注意以下三个方面：

一是准确性。这是语言点教学的基础，教师准备的例句一定要跟所讲的语言点相匹配。

例如，教师要讲的语言点是表示领属的"有"字句，举的例句是"我有两本汉语书"，这就是准确的；如果例句中出现"桌子上有两本汉语书"就不准确了，因为这个句子中的"有"表示的是存在。

再如，教师讲动态助词"过"表示经历义时，如果举的例句为"我去过长城"就是准确的；如果导入的例句是"我吃过饭了"就不准确了，因为这个句子中"过"表示的是动作完成，是一种特殊的动结式。

二是实用性。教师给学生的例句既要准确，又要实用。实用的判断标准是这个句子有没有交际功能，在生活中会不会经常用到。这里需要强调"经常用到"，因为有些句子在特定的情境下也是会说的，但是频率太低。

例如，目标语言点是"动词+过"时，例句"我吃过苹果"不具有实用性，因为学生很难通过这个句子体会出"过"的意义。另外，这个句子的交际功能也不强，缺少有价值的信息，学生在生活中基本不会说出这样的话，只有在比较特殊的情境下（如"你又不是没吃过苹果，抢什么啊"）才会说到"吃过苹果"。

再如，导入"正在+动词"时，教师在教室里走来走去，导出例句"我正在走路呢"，虽然方式直观，易于理解，但是这个句子也没有什么实用性，学生在生活中说出这句话的可能性也不大。

因此，类似"我吃过苹果""我正在走路呢"这样的句子不能作为目标语言点的典型例句，教师应该给出"我看过那个电影，咱们看别的吧""我正在开会呢，一会儿给你回电话"等具有实用性的句子。

三是层次性。在教学中，可能会遇到这种情况：一个语言点有几种结构，而且这些结构需要在一次课中教完。教师在导入这些结构时，要注意层次，遵循由易到难、由简入繁的原则。

例如，目标语言点是"动词+着"表示动作或状态的持续时，教材中的目标句型有以下三种：①S+V+着，如"门开着"；②S+V+着+O，如"大卫戴着眼镜"；③S+在+地点+V+着，如"我的车在路边停着"。教学时，教师最好不要用一张图片（比如"门开着，我在门旁边站着，穿着一件白色的衬衫"）把三种句型都导入进来，而是要考虑结构的特点和教学承接的流畅性。可以先导入不带宾语的情况，比如"窗户关着"；练习后导入跟句型①有联系的句型③，让学生看相关图片，说出"他躺着"，顺势问学生"他在哪儿躺着"，学生回答"他在床上躺着"，将带地点状语的情况引导出来；练习巩固后，再引出句型②动词带宾语的情况，让学生看图片，说出"他穿着白色的衬衫"这样的典型例句。

总之，教师的导入要简洁明了、自然直观，同时要注意准确性、实用性和层次性，避免因教学方式不当而增加学生学习的难度。

（二）讲解环节

"精讲多练"是语言教学中最经典的原则之一。教学中需要精练地对语言点进行讲解、归纳和总结。语言点的讲解一是要简化，不要照搬语法书或教材中较为抽象的解释，而要做简洁的、浅显的、感性的、条理的、图示的教学处理；二是要少讲或不讲语法术语。

在语法教学过程中，一般有三种讲解的思路，分别是归纳法、演绎法，以及演绎与归纳相结合的方法。

（1）归纳法是初级阶段语言点教学中最常用的方法，教师先用动作、实物、图片、语言等方式，导出若干例句，之后再启发学生总结出语法规则。例如，教师先通过动作和图片引出三个把字句："老师把护照放在桌子上了""老师把照片贴在墙上了""她把衣服挂在柜子里了"。然后通过问答的方式，师生共同归纳出把字句的结构公式。

（2）演绎法是教师先讲语言点规则，再进行练习。例如，教师在讲练目标语言点"A 比 B 更/还 + 形容词"时，先解释"更"和"还"的异同，然后再通过练习帮助学生理解和掌握该句型。

（3）演绎与归纳相结合的方法可以是先采用演绎法，给出语言点规则，然后操练，在学生有了一定的感性认识之后，再做进一步的归纳。这种方法比较适合结构或情况比较复杂的句式。例如，对于"时量补语"，目标句式有很多种：①只有动词加时量补语的结构，如"我们休息十分钟"；②动词加宾语再加时量补语的结构，这里又分为时量补语插入动宾之间和重复动词两种情况，如"大卫学了两年汉语""大卫学汉语学了两年"。如果宾语是人称代词时，需要放在时量补语的前面，如"我等了他半个小时"。在讲这个语言点时，教师就可以先导入例句，给出结构，然后练习，等学生达到初步掌握的程度后，再进一步总结语言点规则和注意事项。

教师还可以采用先归纳再演绎的方法，这种方法适合结构比较清晰但有很多需要注意之处的语言点。例如，对于被字句，教师可以先导入几个例句，然后师生归纳出被字句的结构公式。进行一定量的练习后，教师再给出相关的语言点规则和注意事项，比如副词的位置、"被""叫""让"在使用上的差别等，然后再通过练习进行巩固。

关于讲解环节，教学时还需要注意以下两点：

（1）教师讲解时的语言使用问题。虽然目前对使用学生母语或媒介语教学已经比较宽容了，但主流的教学法还是倾向于少用甚至不用学生的母语或媒介语。特别是在海外非目的语环境，教师所说的汉语是学生语言输入的主要来源，为保证输入量，教师应该尽量多用汉语。教师用汉语教汉语时，所说的话应该是浅显的、学生可理解的。

例如，在解释把字句意义的时候，不应该说"把字句是表示对一个确定的事物的处置"，因为这里"表示、确定、处置"等词语学生都没有学过，学生听不懂，讲解就是无效的。再如，有些动词，如"进行""受到"等，对宾语有音节上的要求，需要加双音节词；但是"双音节"这个词学生没学过，那就可以用"两个字的词"来代替。

总之，教师讲解所使用的词语和句式一定应是学生学过的，句子也应尽量短一些，能用几个词说清楚就不一定非得使用完整的句子。

（2）不能矫枉过正，精讲变成了不讲，综合课完全变成了练习课。对于初级汉语水平的留学生来说，他们没有相关的语言知识，也许通过大量的练习，学生能理解句子的意思，说出合乎规则的句子，但是在一些细节，特别是用法上，恐怕还不能掌握得那么透彻，需要教师的点拨。

例如，学习时间表达法时，可以说"九点二十分"，也可以说"九点二十"，但是只能说"九点十分"，不能说"九点十"，如果不告诉学生原因，学生很难自己找到规律。再如，反问句有表达不满意、不高兴的意味，如果教师不做出说明，那学生跟老师说话时，就可能用新学的"我不是告诉你了吗"代替"我已经告诉你了"，出现语用偏误。

（三）练习环节

语言点练习，指的是通过句型操练，帮助学生理解、记忆并掌握目标语言点，进而形成新的语言习惯。在练习时，按照由易到难、由机械到活用的层次进行。一般来说，练习可以分为三个层次：机械性操练、有意义操练和交际性练习。

机械性操练和有意义操练主要是通过反复练习语言点结构，帮助学生理解记忆，建立句子的形式和意义之间的联系，解决的是"怎么说"的问题。交际性练习是在学生掌握了句子结构、意义和用法的基础上，通过一些练习，让学生运用所学知识说出自己想说的话，主要解决的是"怎么用"的问题。下文将以语言点"谁+什么时候+做什么"为例，说明以上三个层次练习的界定标准。

首先，教师给出时间和动作，如"七点""起床"，学生根据关键词，组合成句子"我七点起床"，这是机械性操练。

其次，教师问学生"你几点吃午饭""你几点睡觉"，学生要根据自己的实际情况做出回答，这是有意义操练。机械性操练和有意义操练都是控制性比较强的练习，句子的情景、内容和使用的词语都是教师设定好的，学生的自由度较低。

再次，教师让两名学生做角色扮演，任务是商定一个时间去看电影。那么学生就要说出自己的时间安排，还要询问对方的时间，进行商量、调整，最终约定好时间。在对话中，有开始交谈、结束交谈等其他交际方面的内容。这就是一个交际性练习。交际性练习不再是控制性强的、一个话轮的问答，而是在情境中，随着对话的进行，让学生自己决定什么时候要用这个语言点、怎么用这个语言点。只有通过这样模拟真实的、交际性的练习，才能了解学生是否真正掌握了这个语言点，在生活中能否正确运用这个语言点。

在各层次的练习形式方面，机械性操练主要包括重复、替换、模仿例子组句、根据词语完成句子或对话、看图说句子等。具体如下：

（1）重复。教师说句子，学生跟着说；或者教师指认句子，学生读句子。

　　（2）替换。教师给出关键词，学生根据结构说出完整的句子。例如，教师给出"墙上""挂""两张地图"，学生说出"墙上挂着两张地图"。

　　（3）模仿例子组句。例如，教师给出例子"餐桌在哪儿"，学生完成"茶在哪儿""书在桌子上吗"等连词成句的练习。

　　（4）根据词语完成句子或对话。例如，目标语言点是"一……就……"，练习是学生A问"你什么时候给妈妈打电话"，指定词语是"吃晚饭"，学生B要回答出"我打算一吃完晚饭就给妈妈打电话"。

　　（5）看图说句子。例如，学生根据图片说出"她累了""他生气了"等句子。

　　有意义操练主要包括句型转换、复述、翻译、回答问题等。具体如下：

　　（1）句型转换。教师给出肯定句或否定句，学生说出对应的否定句或肯定句。例如，教师说"我去过长城"，学生说"我没去过长城"；教师说"牛奶没喝完"，学生说"牛奶喝完了"。这种练习方式特别适合肯定式与否定式转换时需要有所注意的句型。如存现句中，肯定句为"桌子上有一本书"，学生转换时就要说"桌子上没有书"，而不是"桌子上没有一本书"。

　　另一种句型转换是非目标语言点与目标语言点之间的句子转换。例如，教师说出学生以前学过的句子"桌子上有一本书"，学生说新学的句子"桌子上放着一本书"；教师说之前学过的"弟弟把牛奶喝完了"，学生说新学的"牛奶被弟弟喝完了"。

　　教师在使用这种练习方式时，需要让学生注意句子在意义和功能上是否有所不同，如"我写完作业了"和"我不是写完作业了吗"，表达的意思相同，但功能不同，使用的情景也就不同。另外，有时候两种句子并不能完全对等转换。比如，"你把灯打开"，不能说"灯被你打开"；"你把衣服洗一洗"，不能转换成被字句；"这件事被老师知道了"，也不能转换成把字句。什么情况能转换，什么情况不能转换，转换后的意思和功能会发生什么样的变化，需要让学生理解清楚；否则，学生就可能认为这两种表达是一样的，造成使用偏误。

（2）复述。复述指的是学生复述老师或同学所说的话。例如，教师让学生两个人一组，介绍自己的兴趣爱好，说说什么时候开始的，到现在多长时间了。学生互相询问，并且记录下来，然后向全班介绍对方的情况。

（3）翻译。对于单一国别的学生，教师可以采用翻译的练习，如英译汉或者汉译英。

（4）回答问题。学生口头或书面回答问题。例如，教师提问："你为什么来晚了？"学生用"因为"回答。

交际性的练习主要包括信息差活动、小组讨论、角色扮演等。

（1）信息差活动，指的是教师让学生持有不同的信息，在交际过程中，努力运用所学知识获取缺失的信息，完成任务。例如，目标语言点是把字句，信息差活动的题目是"你把行李箱放在哪儿了"，情景是"小刚要跟经理出差。出发前，他请小丽跟他一起收拾行李"。学生两个人一组，一人拿任务卡1，一人拿任务卡2。拿到任务卡1的学生扮演小刚，他要请小丽跟他一起收拾行李。他要告诉小丽，为什么请她帮忙，并且要找到行李箱、护照和白衬衫。拿到任务卡2的学生扮演小丽，需要先写上这些东西放在哪儿了。做好任务准备后，两个人开始对话，填补信息差，在此过程中，自然运用把字句。

（2）小组讨论，指的是小组成员分享个人情况、思想，或共同制定方案等活动。例如，目标语言点是表示变化的"了"，活动是介绍自己最近改变了哪些习惯。课堂上，教师可以让学生4人一组，轮流介绍自己习惯的变化。同组成员询问变化的原因、感受、影响等等，最后由1—2名学生做口头报告。

（3）角色扮演，指的是教师设置情景，请学生扮演其中的角色，进行对话表演。例如，教师设计的活动情景是去外国旅游，会给亲戚朋友带回来什么样的礼物。课堂上，教师可以让学生先设定一个人物关系，比如同屋、姐弟、母子、夫妻、店员和顾客、导游和游客等，然后选择一个旅游目的地，进行对话，商量买什么礼物。在此过程中，不但可以自然运用语言点，而且还有各个国家文化的碰撞。

总之，教师在课堂上进行语言点练习时，既要有一些机械性的练习，也要有一两个交际性的练习，目的是让学生记住所学语言点的结构，并且在交际中正确运用。

（四）总结环节

完成语言点练习后，教师需要在此基础上进行点拨，引导学生归纳总结。总结的内容包括三个方面：一是语言点的句法结构，二是语言点的语法意义，三是语言点的语用条件。在总结过程中，教师最好不要自说自话，而应该与学生互动，在交流、问答的过程中，不断启发学生思考，总结出语言点的结构、意义、使用环境等规则。

（五）课后练习环节

语法需要通过大量的练习才能达到得体运用的程度。由于课堂上的教学时间非常宝贵，因此课上以口头练习为主，课后以笔头练习为主。课后的语言点作业主要分为以下两大类：

一类是巩固语言点结构和意义的练习，比如造句练习以及书上或练习册上的选词填空、改写句子、选择判断、连词成句、完成句子等练习。例如：

①麦克昨天没来上课，今天怎么_____没来？（又、再）
②我喜欢跑步的时候听音乐。（一边……一边……）
③我昨天 A 吃 B 两碗面条儿 C。（了）
④大卫 走 教室 进 了 去
⑤北京的汽车_____。（越来越……）

这里需要特别指出的是，造句练习不太适合在课堂上进行，因为学生先要想想说什么，可能需要用到还没学过的词语和语法，出错的可能性也比较高。课堂上学生想句子、查词典，教师纠正错误、解释原因，会花费较长的时间，也会影响课堂的节奏。因此，造句练习更适合作为课后作业。学生有时间准备，可以用新学的语言点说出自己想说的话，积极性比较高；教师也能进一步了解学生的水平和问题，批改和讲解更具有针对性。

另一类是应用型的练习，让学生在课后完成一个任务。例如，某课课文的内容是谈论周末去商场买的东西，这一课还学习了语言点"V + 了"，那么教师可以布置一个相似的任务，如去超市买东西，然后要求学生下次课在班上报告买了哪些东西等。

教师在布置有关语言点的课后练习时，有两点需要注意。一是要给出示例。例如，布置学生汇报购物的作业，教师不能简单地说"同学们今天去超市买东西，明天告诉大家买什么了"，因为这种指令比较简单，缺少教师的引导和示范，"脚手架"搭得不够，学生做的时候就不会很顺利。教师可以设计一页课件，课件上有作业的题目"我去超市买东西了"，所买物品的明细"一个杯子10元""一斤苹果8元""一瓶饮料3元"等，汇报的句子"今天我去超市买东西了。我买了一个杯子、一斤苹果和一瓶饮料，一共花了21元……"等。通过教师提供的示例和引导，学生就很容易理解并遵照执行。二是作业要有趣、可行。例如，抄写句子等练习，趣味性不强；课后教朋友今天所学的句子，可行性不强。

我们将以上语法教学环节加以串联，就能得到如图5–11所示的语法教学模式：

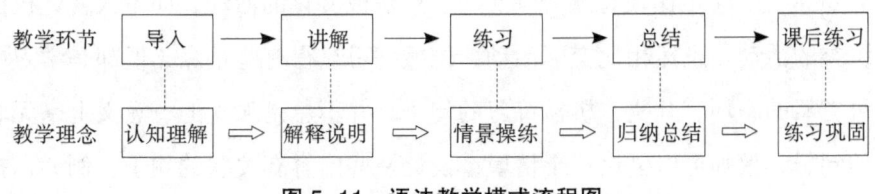

教学环节	导入 → 讲解 → 练习 → 总结 → 课后练习
教学理念	认知理解 ⇒ 解释说明 ⇒ 情景操练 ⇒ 归纳总结 ⇒ 练习巩固

图5–11 语法教学模式流程图

这种语法教学模式符合学习规律及学生的认知心理，能够提升教学效率和效果。

四、应用

教学环节和教学理念经过长期的教学实践形成了稳定的教学结构，最后形成固定的教学模式。在应用该模式时，还需要注意以下三点。

（一）例句的准备

如上文所述，例句是导入环节中的重点，优质的例句能够帮助学生较好地掌握语言点的结构、意义和用法，因此教师所展示的例句不能只顾形式，不顾内容和意义。例如："哥哥10岁，弟弟8岁，哥哥比弟弟大。"虽然句子是正确的，词语也比较简单，易于理解，但忽视了句子的语用价值，缺乏交际意义。

另外，教师也可以在例句中融入一些文化元素，如学习方位的表达时，例句"哈尔滨在北边，香港在南边"比"宿舍楼在北边，图书馆在南边"更好，因为融入了中国的地理知识。当然，融入文化元素不应只局限于中国文化，而应是世界性的。例如，学习"A比B还怎么样"的时候，可以给出"他跑得比兔子还快""他做事比乌龟还慢"这两个例句，体现出中国人的思维方式。外国人可能也有类似的表达，因此后续可以请学生进行文化讨论，当学生说出"他跑得比马还快""他做事比牛还慢"等句子时，既练习了语言点，也了解了其他国家的文化。

（二）练习的趣味性

课堂上，学生比较喜欢分享经历、想法或文化的活动，而不太喜欢机械操练类的活动。虽然相比交际活动，机械练习显得有些枯燥，但却是学习中不可省略的一环。其实，机械练习的句子，并不总是孤立的、意义上毫无联系的句子，教师可以创设一个情境，设计一些内容有关联的句子。例如，把字句的机械练习就可以设置这样的情境：大卫要举办生日晚会，请帮他布置一下房间。当学生说出"把桌子放到房间的中间""把蛋糕放到桌子上"等句子时,这些机械练习的句子都是跟布置房间有关的,学生练习时就不会觉得那么无趣了。而且,当学生在生活中遇到这种情况时,会自然而然地想到使用把字句,这就潜移默化地帮助学生习得了新语言点。

另外,教师还可以通过一些小技巧来增添学习的乐趣。例如,学习结果补语时,采用全身反应法,让一名学生越说越快,另一名学生做相应的动作,如"拉开窗帘,打开窗户,关上窗户,拉上窗帘,关上灯,打开灯"等。这样的练习是一个很好的调剂,会使课堂气氛变得活跃,学生的学习热情更加高涨。再如,进行把字句教学时,教师拿着一个钱包问学生"把钱包放在哪儿",引导学生争相说出"老师把钱包放在我这儿""老师把钱包放在我桌子上"等句子,还有的学生会说"老师把钱包放在他桌子上,但是把钱放在我这儿"等,这样课堂气氛一下子就活跃起来了。而且在争抢的过程中,有的学生想要表达否定的意思,教师可以顺势引出否定句——"别把钱包放在他的桌子上""老师没有把钱包放在他桌子上",既给学生留下了深刻的印象,又推进了课堂教学内容。

(三)课件的设计

语言点导入和语言点练习环节,有时需要借助一些图片。教师在选择图片的时候,要注意其准确性,避免给学生带来理解上的偏差。例如,讲趋向补语"上来""上去"时,如果是一张一个人坐扶梯的侧面图,就不太合适,因为使用"来"还是"去",主要取决于说话者的位置,但是从这种图片上难以看出说话者的位置,因此不能帮助学生理解"上来"和"上去"的差别。而人物的正面图或背面图,通过拍摄的视角,可以认为说话者应该是站在扶梯的上面或下面,因此可以准确地引导学生说出句子"他坐电梯上来了"或"他坐电梯上去了"等句子。

另外,课件内容要给练习环节,特别是交际性练习做好足够的支撑。例如,学习表示变化的"了"时,交际性练习是一个角色扮演的课堂活动。在课件的页面上，应该包含如下信息：活动的名称（他们怎么了）、情景（一些人在医院看病的图片）、对话示例、提示词，以及要求学生用到的语言点等。通过明确任务要求和搭建"脚手架"，使学生做活动时有足够的信息辅助，可保证语言任务的高效完成。

总之，教师应通过有效的例句和练习，并给予足够的学习支撑，让学生在轻松有趣的氛围中学习，以提高学生的积极性，取得良好的教学效果。

∷ 参考文献 ∷

崔永华（1989）对外汉语语法课堂教学的一种模式，《世界汉语教学》第 2 期。

国际汉语课堂教学研究课题组（2016）《国际汉语课堂教学参考案例：初级综合课》，北京：北京语言大学出版社。

姜丽萍（2011）《汉语作为第二语言课堂教学》，北京：北京大学出版社。

姜丽萍、吴　倩（2018）初级汉语综合课教学模式，《国际汉语教学研究》第 3 期。

李　泉（2018）语法知识教学与语法事实教学——语法教学的深化与拓展，《语言文字应用》第 4 期。

李晓琪（2004）关于建立词汇—语法教学模式的思考，《语言教学与研究》第 1 期。

刘　珣（2000a）《对外汉语教育学引论》，北京：北京语言文化大学出版社。

刘　珣（2000b）迈向 21 世纪的汉语作为第二语言教学，《语言教学与研究》第 1 期。

卢福波（2007）语法教学与认知理念，《汉语学习》第 3 期。

苏英霞主编（2015）《国际汉语教学·语法教学方法与技巧》，北京：北京语言大学出版社。

杨德峰（2019）初级汉语综合教材语法教学模式初探，《语言教学与研究》第 2 期。

（于淼，北京语言大学讲师）

第四节　汉字教学模式

文字是语言的书写符号系统，汉字是汉语的书写符号系统。要学好汉语，汉字学习是必不可少的环节，因此汉字教学也成为对外汉语教学的重要内容。

第一，汉字的形音义较为复杂，是汉语学习中的难点，所以不少外国学习者望而生畏，浅尝辄止，甚至中途放弃。可以说，从整体上看，汉字学习的成败关系到学习者整体汉语学习的成就。

第二，从汉字的性质来看，汉字是语素文字，除了极少数纯表音的汉字外，大部分汉字都是有意义的。因此，一个学生掌握汉字数量的多少，不仅关系到学生汉语口语水平的高低，而且也是能否学好汉语书面语的关键。

第三，从二语习得的角度看，词汇量是外语水平高低的重要标志之一，而汉字学习本身又是学习、积累、扩大汉语词汇量的基本途径之一，因此，汉字能力无疑也是汉语词汇学习的关键。

第四，汉字能力又是汉语学习，特别是高级阶段汉语学习的基础条件。实践证明，没有汉字能力是难以提高汉语水平的。然而，汉字能力不可能像口语能力那样自然习得，只能通过有意识的学习。

第五，字本位理论最早由白乐桑（1996）和张朋朋（2007）提出，他们着眼于教学实践，认为文字教学不应该依附于语言教学，而应该遵从文字的规律和教学原则，是相对独立的。因此，对于对外汉语教师来说，汉字是汉语教学的必修课，帮助外国学生更好、更多、更快地掌握汉字，也是教学的重要内容。

李大遂（2004）将对外汉字教学定性为"对外汉语教学中重要而困难的部分，对外汉字教学研究是对外汉语教学领域研究的重点之一。了解对外汉字教学与研究的历史与现状，有利于对外汉字教学与研究的发展"。

一、汉字教学的现状与问题

（一）汉字教学现状

关于汉字为什么难学，吕叔湘（1995）提出五个原因：第一，难认；第二，难写（笔画繁，形体复杂）；第三，字数（字量）多；第四，汉字的字形、字音、字义之间，往往有着错综复杂的交叉关系（形声脱节，特别是读音复杂，"见字不知音"是汉字学习中的"瓶颈"）；第五，难查（偏旁、部首）。

在教学初期（一年级来华留学生教学），一般会开设附属于综合课（或精读课）的汉字读写，以配合主干课教学；大多不会开设通过汉字规律大规模识字的汉字课程。一般情况和具体做法如下：

第一，将汉字教学附属于汉语主干课程。或随文讲解汉字基础知识，练习后附本课生字笔顺表；或在全书正课开始前集中介绍汉字基础知识；或将汉字基础知识分为若干单元，在前几课中分专题介绍，每课设计相关的汉字练习。

第二，独立设立汉字课。或系统讲解汉字基础知识；或讲解汉字的故事；或仿照中国古代蒙学丛书的体例，编写汉字部首三字经用于教学。

第三，尝试打通汉语字词关系，以语素（字）为教学基本单位编写教材。

第四，在初级阶段通过电脑打字，让外国学生掌握汉字发音，学会在一组同音字中辨认正确的汉字。美国有不少大学的中文系使用这种"打汉字教学法"，如美国加州大学谢天蔚教授曾大力提倡。

第五，采取"放羊"政策，将外国学生的汉字学习寄希望于学生的"悟性"和"无师自通"。

总而言之，目前汉语国际教育尚未形成系统的对外汉字教学的理论体系，主要原因如下：一是施教者的重视度不一；二是教学者的水平与方法不一；三是学生的重视程度与学习方法不一；四是课型、课时不一。

（二）汉字教学问题探析

1. 汉字本身的原因

（1）汉字数量巨大，形体复杂，笔画繁多。

汉字数量古今积累、中外交合，各种字形相加字量应该在10万左右，而8万多字是历代积累起来的总字数。据《现代汉语通用字表》的统计，7000个通用汉字的笔画从1画到36画不等，平均每字10.75画。除"一、乙"等少量的一笔字外，绝大多数汉字都存在笔画的组合问题。

（2）汉语和汉字的历史演变破坏了汉字的构形理据。汉字形体变化经历了三个阶段：图形化（甲骨文和金文）→线条化（小篆）→笔画化（隶书、楷书、草书和行书）。因此，汉字的象形性基本丧失，字形与意义的联系逐渐松散，一些汉字形、音、义之间原有的理据无法探知，形义关系无法溯源。

（3）多音多义字多，形似字多，近似发音字和同音字多。例如：

① 一字多形——异体字（疆/强）

② 一字多音——多音字（调、行）

③ 一音多字——同音字（工、公、弓、攻、宫、功）

④ 一字多义——多义字（打、搞）

（4）存在繁体字和简化字的区别。这里的"繁体字"是与"简化字"相对的，泛指我国港澳台地区现行的未简化的汉字。此外，马来西亚、泰国、越南等东南亚国家也有一些人使用繁体字。

2. 教学方面的原因

（1）课程设置缺乏连续性

在初级阶段，有的学校专门开设汉字课，布置汉字书写练习。到了中级阶段，则把汉字教学置于综合课教学之中，汉字教学与汉语词汇教学同步进行。

这样做的好处是，可以把汉字教学与汉语词汇教学结合起来，使学生比较准确地理解汉字的字义；但是如果处理不当可能也会产生弊端，如以词汇教学取代汉字教学。

教师在课堂教学中，如果把注意力放在课文的阅读与理解上，关注的是词语和语法教学，汉字只是作为词汇的"附属品"教给学生，那就很容易忽视汉字的教学。所以有人说，所谓汉字教学只是初级阶段才有，到了中级之后就不知不觉地被取消了，很难说还有严格意义上的对外汉字教学。可见，对外汉语教学中的汉字教学一直没有得到应有的重视。汉字教学应该贯彻基础汉语教学阶段的全过程。

（2）汉字教学思路不明确

在理论层面上，有人从本体论出发，认为先有语言，后有文字，文字只是记录语言的符号，符号是可以跟本体分离的。最能体现这一思想的是美国结构主义者约翰·德范克，他主编的《初级汉语读本》《中级汉语读本》《高级汉语读本》就分为拼音本和汉字本两种。他主张先教会话，后教汉字，对于那些只想学习会话单项技能的人也可以不教汉字。这种看法和做法曾流行于欧美，并深深地影响着欧美学生，他们普遍存在着重口语轻汉字、重阅读轻书写的倾向。但是，在长期以来的"语文并进"教学中，汉语课受语法、话题、词语等因素的制约，独立的汉字教学任务在具体操作中面临很大的挑战，教学者几乎不可能把所要教的汉字按照笔画多少、结构繁简的顺序依次呈现在课文中。各种教学实践也证明，在汉语课上，至今无法真正做到按照汉字本身的系统性和汉字构成的内部规律进行汉字的"字本位"教学。

（3）教学方法亟待创新

如何处理汉语教学和汉字教学（简称"语""文"）的关系，决定了汉字教学的方式有所不同。目前母语教学中广泛运用且行之有效的方法如下：

a. 集中识字

通过各种练习方式和手段，让学生在较短的时间集中学习、识记一些常用汉字以作为备用材料。这种方式的教学一般需要编写专门的识字课本，通过快速提高学生识字量的方式来提升学生的汉字阅读能力。

b. 分散识字

使用"语文一体"的教材，但在教学环节上把"语"和"文"分开，强调学生接触语言材料之前，要预先学习那些即将用到的汉字或影响阅读的汉字。

c. 随文识字

选用专供语言学习者使用的、难度逐步提升的阅读材料，学生在接触材料的过程中，一方面锻炼了阅读能力，另一方面也逐渐积累、认识了一些新词新语中的汉字，达到"随文识字"的效果。由于字、词学习联系紧密，这种方法可以实现"语""文"相互促进。

d. 认写分流："先认后写"和"多认少写"

从时间安排和教学要求上把汉字的"认读"和"书写"分开来，实行"双轨制"，包括"先认后写"和"多认少写"两方面。"先认后写"是指在汉字学习中"读"和"写"分两步走，第一步只"认读"汉字，等有了初步的阅读能力之后，再回过头来"书写"汉字，这样可以分散学习难度。"多认少写"是指"阅读"部分的量大而"书写"部分的量少，主要针对非汉字文化圈的学生，这样可以降低他们学习汉字的难度。

（三）当前汉字教学需要重视并解决的问题

1. 如何处理教学中"语"和"文"、"认"和"写"两对关系

在汉语母语的识字教学实践中，学者们曾对"语文同步"和"先语后文"这两种汉字教学方法进行过实验。本着"字不离词、词不离句，句不离文"的教学理念，不管是母语识字教学还是国际中文教育的汉字教学，在操作层面或多或少都会采用"语文同步"的教学方法。随着国际中文教育事业的发展，在传统语文教学模式的基础上，对外汉语教学界也尝试使用"先语后文"的汉字教学方法，即在初级阶段只教拼音不教汉字，待学生具备了一

定的汉语水平后再教汉字,再进入"语文同步"的轨道。这种方法在初级汉语教学中具有一定的操作价值。

(1)"语文同步"要处理好语言教学和汉字教学的关系

首先,"语文同步"违背了语言学习总体上是"先语后文"的自然规律;其次,"语文同步"违背了汉字学习由易到难、由近及远的习得顺序。

吕叔湘(1995)指出:"小学低年级语文课的症结在于识汉字和学汉语的矛盾。……因为一起头就要求在同一课文里进行汉语教学和汉字教学,互相牵制,课文很难编。编的人煞费苦心,还是顾了这头顾不了那头,以致两头都顾不好。""语文同步"的对外汉语教学也正是处于汉语教学和汉字教学"互相牵制、两头都顾不好"的状态。

(2)要协调好"认写同步"与分散教学难点的教学原则

中国儿童识字,是先掌握了汉字的音、义,再与字形对应,识字阶段集中在学习字形上,因此分散了学习难点。"认写同步"的教学安排,则是汉字的"音、形、义"一起学,把汉字学习的难点集中在了一起,所以步履艰难。

2. 如何突破汉字教学缺少设计的瓶颈

尽管目前汉语国际教育领域借鉴我国中小学生母语识字的方法,进行了一些可贵的探索,例如在课堂上广受欢迎的"部件教学""多媒体汉字教学"等,但总体上多以理论探索和举例为主,大都没有全面贯彻。在实际操练中也存在练习方式少、方法简单、趣味性不足等问题。

3. 如何弥补应用训练不足的缺陷

语言是在使用中学会的,汉字也是如此。但是汉语国际教育领域的汉字教学缺少阅读的实践,学习者没有足够的机会阅读适合自己语言水平的材料。例如,现有的汉字教材大多只选取500个左右的常用汉字作为学习内容,因此,没有教师的引导,没有成熟的汉字教学模式,只依靠教材中的少量汉字,难以培养外国留学生的汉字能力。

在汉字教学方面，当前汉字教学尚存在四对矛盾（见图 5-12，参见王鸿滨，2018：49），对外汉语教学界也面临着各种各样亟待解决的问题。

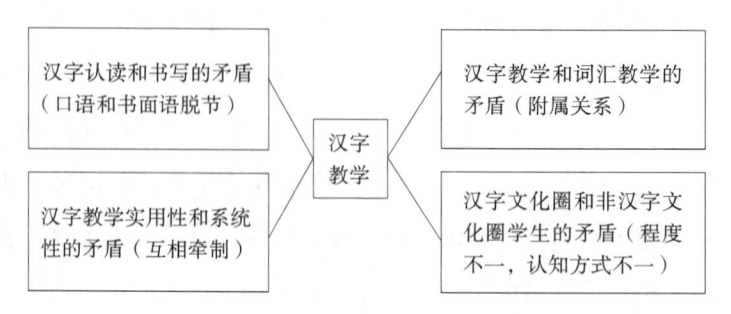

```
┌─────────────────────┐                    ┌─────────────────────┐
│ 汉字认读和书写的矛盾 │                    │ 汉字教学和词汇教学的 │
│ （口语和书面语脱节）  │────┐        ┌────│ 矛盾（附属关系）     │
└─────────────────────┘    │ 汉字   │    └─────────────────────┘
                           │ 教学   │
┌─────────────────────┐    │        │    ┌─────────────────────┐
│ 汉字教学实用性和系统 │────┘        └────│ 汉字文化圈和非汉字文 │
│ 性的矛盾（互相牵制） │                  │ 化圈学生的矛盾（程度 │
└─────────────────────┘                  │ 不一，认知方式不一） │
                                         └─────────────────────┘
```

图 5-12　汉字教学中存在的矛盾

二、教学模式构建的理念和原则

（一）汉字教学的理念

国家汉语国际推广领导小组办公室研制的《国际汉语教师标准》（2007）明确规定了国际汉语教师应该具备的"基本能力"，即：

（1）熟悉并掌握汉字的基本特点和知识，了解并准确运用相关概念、术语等。

（2）了解汉语常用字和非常用字的构成情况。

（3）能根据学习者不同的学习目的、汉语水平，制定不同的汉字教学方案。

（4）了解主要语种学习者的汉字学习需求和困难，能有针对性地开展汉字教学。

（5）了解汉字教学对汉语学习的重要性，了解汉字教学的基本步骤、规律和目标，并运用这些知识有效地指导汉字教学实践。

（6）了解汉字和汉语拼音在汉语教学中的互为运用的关系，熟悉汉语的字词关系，以及汉字的认读和书写顺序。

（7）熟悉并掌握汉字教学的常用策略和方法、技巧等。

（8）具备根据不同学习者、不同教学环境对汉字教学方法加以综合、发展和创新的能力。

在对外汉字教学中，我们一方面要向学生展示汉字的系统性和理据性，帮助他们形成正确的汉字观；另一方面要培养学生正确的书写规范，扫清留学生汉语学习中的汉字障碍，帮助学生冲破汉字瓶颈，增强其学习信心。此外，我们还要重视以下问题（王鸿滨，2018）：

（1）处理好汉字教学与文化教学的关系。

（2）重视汉语拼音对汉语能力和汉字教学的辅助作用。

（3）注重归纳与对比。

（4）教学步骤的安排要合理。

（5）针对汉字的字形、字音、字义的不同特性，设计有针对性的综合练习。

（6）字词教学紧密结合，重视对整体汉字的认读和识记。

（7）汉字知识与运用相结合。

（8）区别学习对象的特殊情况和特殊需求。

（二）汉字教学的基本原则

我们日常所说的"遵循对外汉字教学规律"，具体是指：汉字本体构造和使用规律、外国人汉字习得的认知规律，以及汉字教学规律。其内容应该包括如下三个层面：

$$\begin{cases} 对外——"汉字教学"规律 \\ 汉字——"汉字本体"规律 \\ 教学——"汉字习得"规律 \end{cases}$$

《国际汉语教师标准》（2007）在"模块四：教学方法"之标准 6.6 中明确提出："在汉字教学中，教师能了解有关汉字的基本知识，具备将汉字知识传授给学习者的能力和技巧。"其中提到的基本原则如下：

（1）根据汉字造字原理进行教学。
（2）注重形、音、义相结合。
（3）重视实用性、趣味性。
（4）注重先认后写、常用字在先、反复重现等教学原则。
（5）针对学习对象选择实用而有效的汉字教学方法。

根据汉字教学的实践经验，我们重点对以下六个原则进行讨论。

1. 针对性原则

二语习得的研究表明，学习者的母语对其学习目的语会产生一定的影响，针对汉字文化圈[①]和非汉字文化圈学生，应该采取不同的教学方法和教学策略，安排有针对性的汉字教学内容和具体的练习方式。

汉字教学的针对性原则强调教师要有意识地区分学习者的国别和母语文化背景，有针对性地设计教学。根据不同国别和母语文化背景学生学习需求的不同，我们将学生分类如下：

> 汉字文化圈：东亚/东南亚
> 非汉字文化圈：欧洲/美洲/阿拉伯国家
> 中国血统的海外第二代、第三代华人华侨

（1）汉字文化圈国家学习者的特点

日本的文字是在汉字传入后才逐渐产生的。根据日本考古学家的研究，汉字早在中国的战国后期就已经传入日本。日本于1981年10月发布《常用汉字表》，此表加上人名用汉字共计2229个，与汉字字形相同者1212个。日本学生在中学阶段就接触日本常用汉字1945个。1989年修订后出台的《日本小学生汉字学习规范表》共1006字，明确规定小学一至六年级，各学

[①] 严格意义上的"汉字文化圈"是使用汉字或汉字式文字，具有相同或类似的文化认同的民族与国家的概称。他们自古受到中国儒家思想的影响，历史上或现在仍以汉字作为传播语言和文化的载体。主要包括中国、日本、朝鲜、韩国、越南等东亚和东南亚国家。

年汉字分别为 80 字、160 字、200 字、200 字、185 字、181 字。

朝鲜半岛历史悠久，但在很长一段时期内只有民族语言，没有民族文字。朝鲜文字创制以前，汉字和汉语对朝鲜半岛语言产生了重要的影响。韩国于 1972 年 8 月 16 日公布的《汉文教育用基础汉字》收字 1800 个，是韩国教育中规定的标准汉字，其中包括"初中汉文教育用基础汉字"900 字、"高中汉文教育用基础汉字"900 字。韩国的书面语至今仍然是汉字谚文混用，现在韩国每年都举办汉字能力测试。

此外，东南亚诸国或与中国陆地为邻，或距中国沿海区域很近，历史上的交往久远且频繁，汉字和中华文化远播到越南、新加坡、马来西亚、泰国等地。在这些国家，政府推行双语教育，有些国家的华语作为第二语文教育中至今仍使用繁体汉字。

（2）非汉字文化圈国家学习者的特点

非汉字文化圈国家的学习者没有汉字基础，他们的学习方法与汉字文化圈国家的学习者完全不同，对他们的汉字教学应更有针对性，从汉字本体研究的基础入手，特别关注汉字与其他文字的差异。例如，拼音文字选择语言的读音作为构形的依据，而表意文字则以语言的意义为构形依据。总之，应针对不同母语国家学生的汉字认知特点，设计不同的教学方法。

2. 层次性原则

不同阶段汉字教学的任务是不同的，这使得汉字教学呈现出层次性，因此汉字教学也需要分阶段进行。我们一般将其分为入门阶段、基础阶段和中高级阶段。要区分这三个阶段中各阶段汉字教学的内容，把握好层次性原则，要求教师要有意识地分阶段教学，分层讲授。

入门阶段应以笔画简单的汉字整字教学为主，重在破除学生"汉字难学"的成见，以及伴随而生的畏难情绪，帮助其初步打下汉字认知的基础，培养其学习汉字的兴趣，进而激发他们学习汉语的愿望。

在完成了入门阶段的任务之后，基础阶段可以向学生比较全面系统地介绍汉字的字形、字音、字义，以及正字法等方面的汉字知识，加强学生的汉语阅读能力，帮助学生在练习中巩固对所学汉字的理解，提升学习者的结果意识，特别是训练学生的汉字分析能力，使其能够自觉运用这些知识来分析汉字、识记汉字、使用汉字。同时，还要兼顾综合课等课程中词汇教学的需要，打通汉字学习与汉语词汇学习之间的"通道"，注意培养学生辨析字/词在不同语境下的形、音、义（同音字/词、多音字/词、形似字/词）的能力。基础阶段所教的汉字应具有常用性，即具有很强的构词能力或在基础汉语教学中出现频率较高；还应结合常用汉字，归纳汉字部件的功能，为下一步阐释部件的常用功能打好基础。

在中高级阶段，应该侧重加强系统的汉字知识教学，通过开设专门的汉字知识课，帮助学生全面系统地掌握汉字规律，特别是让学生通过对汉字规律的掌握，为以后自学汉字打下坚实的基础。因此，教师应该侧重于介绍汉字的历史演变和理据性，特别是汉字所蕴含的文化知识，以及中文信息处理与书法等内容，使汉字教学不断深化。

此外，汉字教学与文化教学关系独特。汉字是一种独特的储存书面交流信息的视觉符号，每个汉字都是一个记录中国历史文化的"化石"。我们不仅可以从人文历史的角度去了解汉字在中国文化社会中的作用，还可以重点学习与这些内容相关的汉字。在汉语国际教育各阶段的阅读教学中，文章的内容本身就包含了中国历史、社会、经济、人物等方方面面丰富的文化内涵。因此，教中文的读写能力本身就是在教一种不同的书面交际文化方式，这方面涉及的内容十分丰富，包括汉字的文学功能、汉字的游戏功能、汉字的美育功能等等。教育部中外语言交流合作中心已于2022年发布了《国际中文教育用中国文化和国情教学参考框架》，教师可在教学的各个阶段设计与之配套的汉字文化教学内容。

（1）在初级阶段，从字形入手，兼顾音义。教汉字字形，如汉字独特的形体构造（方块）、字形的演变（甲骨文、金文、小篆，以及楷体、宋体），教中国的书法（布局形态、书体风格）。这也是在教中国文化。

（2）在中级阶段，从字到词/词素，教汉语的各种复合构词法，以及构件的组合、聚合关系，汉语通过字义造词（"透明词"现象），等等。这都是与拼音文字（利用音素的拼合来记录语音）的思维方式截然不同的。

（3）在高级阶段，要特别重视汉字形、音、义、用的教学，同时辅以汉字文化的传播。中国古代的经典文献，古代的诗、词、歌、赋、对联、门联、匾额、字谜等，都与汉字有着直接的关系，每个汉字都包含着汉文化独特的因素。在教中文的不同文体，特别是文言文时，可以向学生进一步解释汉字中所体现出的文化元素和中国意象。

3. 理据性原则

理据性原则强调汉字教学要符合汉字基本规律和汉字自身的特点，能够有效地指导学生充分运用理据分析的办法，从理性上把握汉字。例如：

（1）汉字的笔画、部件、整字之间的层级性决定了其构形的规律性和系统性，可根据其部分推测其意义，因而是有规律可循的。

（2）汉字的形、音、义之间是有理据的，比如象形字、会意字、指事字和形声字，很多都有理据可考。

从汉字教学的角度来说，有理据的字就容易学习。教师利用汉字自身的理据因素来设计教学，有助于学生掌握汉字。例如：汉字中大量的形声字有表音、表意的部件；汉字字音、字义（基本义、引申义）的系统性，既有助于学生学习，也有助于归纳记忆；利用形旁、声旁可帮助学生集中认字，提高教学效率。

4. 系统性原则

应在系统中挖掘汉字的理据性，不断运用理性分析、系联归纳的方法，把所教汉字类型化、条理化。尽管字形与字体的发展变化，使汉字理据性出现了不同程度的衰减，但理据性并未完全丧失，很多汉字的理据性保存在汉字构形的系统中。因此，在字形系统、字音系统和字义系统三个层面，有不同的教学模式可以体现汉字系统的理据性。例如：

汉字字形的系统性——溯源

汉字字音的系统性——系联

汉字字义的系统性——引申

5. 实践性原则

在汉语的听、说、读、写四项技能训练中，"认读"和"书写"两项是汉字教学的具体任务，这是从学习者汉字认知的过程进行的切分。认读的过程属于汉字输入，即"辨识"；书写则是一个汉字输出过程，即所谓的"汉字能力"的表现。（见图5-13）

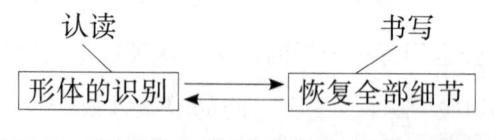

```
    认读                    书写
┌─────────┐           ┌─────────┐
│ 形体的识别 │ ←———→ │ 恢复全部细节 │
└─────────┘           └─────────┘
```

图5-13 "认读"与"书写"的心理加工过程对比

"认"是根据字形提供的信息来辨认，区别字义和词义；"读"是根据辨别出的字形、字义读出它所承载的字音。显然"认读"和"书写"的心理加工层次不同，"书写"是汉字训练的有效手段，汉语母语教育历来非常重视书写。

在实践中学用汉字，通过大量的认读和书写练习掌握汉字的理念已经成为共识。准确地认读汉字需要相应的视觉观察与辨别能力，这种能力来源于长期的认读实践。例如：

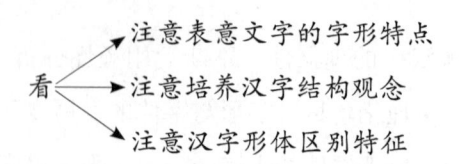

```
        ┌→ 注意表意文字的字形特点
看 ——→ ┼→ 注意培养汉字结构观念
        └→ 注意汉字形体区别特征
```

6. 趣味性原则

趣味性原则强调运用汉字构形和汉字学习的趣味性。例如，利用多媒体手段，除了可以增加汉字教学的趣味性，也可以提高汉字教学的质量和效率。具体做法如：

（1）卡片（根据卡片的使用场景，展示的内容和练习也有所不同）

图片内容：拼音、整字、部件、笔画、历史字体、图画、照片、翻译。

（2）PPT、动画

展示内容：笔画笔顺、字体演变、汉字小故事、有声挂图、儿歌视频、汉字迷宫、幸运转盘等。

（3）汉字网页

比如：汉字笔顺软件、网络孔子学院线上资源（如写字帖、汉语小字典）等。

（4）课堂游戏

比如：猜字游戏。

（5）Flash 游戏（可参考孔子学院网站上提供的汉字学习 APP）

（6）书法练习

三、模式的构建与设计

在整个教学的程序设计上，由于对识别和运用关系的处理不同，从而产生了不同的教学法。具体如下：

由于对文字与语言关系的认识不同而产生了不同的教学法。例如：从汉字与语言的关系出发，重视汉字的应用，提倡"字不离词，词不离句"，选择"语文同步"的"随文识字法"。而与之相对应的"先语后文"则是从汉语和汉字的本质特点出发，在一定程度上推迟汉字教学，先教授汉语口语，不识记和书写汉字，等学生识字达到一定数量之后再教书写。这对于熟悉拼音文字系统的学生而言，可以分散汉语学习的负担，降低学习难度，因而在海外的汉语教学机构运用较多。

由于选择切入点的不同而产生了不同的教学法。例如：强调字形与口语关联，产生了"注音识字法"；强调利用汉字自身的系统进行积累，产生了"字族文识字法"和"字理识字法"。但这两种方法之间还有不同之处，那就是"字族文识字法"强调利用汉字的声符系统，而"字理识字法"强调利用汉字的义符系统。

由于对识别和运用的关系处理不同而产生了不同的教学法。例如：主张应用与识别同步，也就是积累和运用一步到位，就必须在组合状态下识字，这就是"分散识字法"；先积累后应用，以便利用汉字自身的系统加强横向联系，主张在聚合状态下识字，这就是"集中识字法"。

汉字识字教学实验自20世纪50年代就已开始。据戴汝潜（1994）统计，常见的识字教学法有20种，见表5-3：

表5-3　我国小学识字教学法

序号	教学法	序号	教学法
1	集中识字	11	韵语识字法
2	分散识字	12	奇特联想识字法
3	注音识字提前读写	13	字根识字法
4	生活教育分类识字	14	听读识字法
5	快速循环识字法	15	趣味识字法
6	字族文识字法	16	立体识字法
7	汉字标音识字法	17	猜认识字法
8	字理识字法	18	字谜识字法
9	部件识字法	19	双拼计算机辅助识字法
10	成群分级识字法	20	多媒体电脑辅助识字法

（一）模式的构建路径

以上传统的母语识字教学方法在母语教学中得到了很好的实践运用，然而针对成年二语学习者这类特殊的学习对象而言，如果要根据他们的实际情况，为他们"量身定制"有效的汉字学习策略，有必要将两者的教学和习得情况加以对比（见表5-4）。

表5-4　中国儿童识字教学与对外汉字教学比较

中国儿童识字	外国学习者学习汉字
先语后文（分解难点）	语文同步、随文识字
先认后写（分解难点）	认写同步
认多写少（分解难点）	认写同步
由易到难，分层次获得	随文识记，不分难易
有独立有效的教学过程、方法	缺乏成型的教学思路和有效的教学方法
在环境中学，有大量原生态阅读材料	以接触教材为主，被动阅读，缺少阅读实践机会

事实上，二者的主要不同在于教学设计及其学制问题。前者的汉字教学作为语文教学内容的有机组成部分，在课程中占有相当重要的位置，尤其是以识字为主题的教学实验，教学改革积累了大量的经验。而后者的汉字教学在整个教学体系中的地位不太突出，方法单一，缺乏教学实践机会。学生（随课文识字）识字速度慢，识字量少，没有足够的阅读能力。

前者是学习者已会说汉语后再学汉字，其教学顺序是"字→词"，"学字难"和"学词易"是对立的也是互补的；后者是学习者既不会汉语也不识汉字，其教学顺序则相反，是"词→字"，"学汉字"和"学生词"是同步进行的。

对外汉字教学除了要借鉴母语识字教学外，还应深入研究各种识字法的特点，扬长避短，互相吸收，根据学生的口语水平、班级实际情况等诸多因素，综合使用有效的识字法。同时，还要特别重视以下几点：

一是遵循汉字教与学的基本规律，转变滞后的汉字教学观念，明确新形势下汉字教学的目标。

二是改进原有的汉字教学方法和原则，培养学生自觉提高汉字学习的策略意识。

三是设立单独的汉字课程，理清汉字教学的阶段和层次，精心设计汉字教学的环节，为学生规划汉字学习目标。

四是在大规模语料库及汉字测查的基础上，根据汉字的属性来确定与对外汉字教学相适应的字量、字序、字表、大纲。

五是对学生的汉字学习效果要进行实时监测。

（二）模式的多角度设计

《国际汉语教师标准》（2007）明确规定了国际汉语教师应该具备的八条"基本能力"，其中第三条和第八条分别强调：除了"能根据学习者不同的学习目的、汉语水平，制定不同的汉字教学方案"，还要"具备根据不同学习者、不同教学环境对汉字教学方法加以综合、发展和创新的能力"。我们遵循以上理念，对汉字教学的实际活动进行了设计，归纳如下。[①]

1. 汉字练习的内容

（1）观察感知类

如：写拼音、认汉字、写笔画、找汉字、排汉字、拼汉字、标笔顺、看图连词、组词连线等。

（2）书写类[②]

如：描汉字、拆汉字、组合汉字、补缺笔、改错字等。

[①] 由于本节主要讲设计理念，限于篇幅，以下汉字练习的具体方式只做了大体分类，对这些技巧和策略的操作步骤不做说明，具体方法可参阅戴汝潜（1999）、张和生（2006）、王秀荣（2013）等文献的相关章节，此不赘述。

[②] 写汉字的方法有：书空、抄写、根据拼音写汉字、听写、按笔画顺序分解写出汉字、按照结构归类、添笔画变汉字、写出含有部件的汉字、汉字组词、选字填空等等。

2. 汉字教学的技巧

（1）展示汉字的技巧

如：看图识字、板书展示、卡片示字、以旧带新、使用多媒体课件等。

（2）解释汉字的技巧

如：析形、析音、析义、类推释字、字源释义等。

（3）练习汉字的技巧

如：认读练习、字形练习、注音练习、综合练习等。

3. 汉字课堂活动设计

（1）汉字识字卡片

（2）汉字以旧带新

a. 用旧笔画引出汉字　　b. 用旧部件引出汉字　　c. 用旧结构引出汉字

d. 用旧字音引出汉字　　e. 用旧字义引出汉字

（3）汉字形音义联系

（4）部件拆分与组装

a. 汉字部件拆分　　b. 汉字部件识字　　c. 通过部件组装记字串

d. 汉字部件拼字卡　　e. 填部件字

（5）同旁汉字聚合

a. 形旁相同　　b. 声旁相同　　c. 义旁相同

（6）汉字同音字练习

a. 找同音汉字　　b. 同音汉字辨义　　c. 编汉字句子

d. 汉字成语填空

（7）汉字多音字辨析

（8）汉字形近字辨析

（9）推测汉字音义

a. 猜测汉外对应词　　b. 把形声字的读音、汉外翻译用线连起来

（10）写汉字速度比赛

（11）联网记忆汉字

（12）按形声字结构归类

（13）正字训练

a. 笔画书写错误　　　b. 笔顺书写错误　　　c. 部件组合书写错误

d. 写别字　　　　　　e. 字型不佳

（14）汉字游戏

a. 奇特联想游戏　　　b. 笔画游戏　　　　　c. 找字中字游戏

d. 方格填空游戏　　　e. 汉字组词接龙游戏　f. 猜字谜游戏

（15）查字典速度比赛

（16）汉字字源及其相关文化知识

4. 汉字教学常用策略举例

（1）字形策略

a. 衍生字群（把有一定字形关联的字群系列放在一起教）

b. 形近字对比策略（笔画增减、笔画变化、位置变化、部件改变）

c. 同形规律字

d. 部件组合策略

e. 偏旁部首提示音义策略

（2）义符系联策略（如部首识字策略）

（3）字义系联策略（意义上有关联的字放在一起教）

（4）会意字分析策略（区分"以形会意"和"以义会意"）

（5）识字顺序策略

a. 总原则

- 先教笔画少的字，后教笔画多的字
- 先教独体字，后教合体字
- 先教基本字，后教派生字
- 先教最常用字，后教次常用字

b. 字序的安排

• 先教"标音字"

• 先教"母体字"

• 先教常用的部首字和部件字

• 先教构字数量多的常用声旁字和声韵调全同的系列字

• 先语后文，随语识字

5. 汉字教学的基本模式

（1）教字音

a. 一般汉字（拼读：领读、出示拼音）

b. 形声字（借助声符）

（2）教字义

a. 一字一词（实物法、动作法、翻译法）

b. 多字一词（字词结合：释义、扩展）

（3）教字形

a. 图示法、部件解析法、联想法

b. 字形关联法（新旧字比较、归纳、类推）

c. 部件类推法（字形、字音、字义）

总之，在深入理解好"文"与"字"辩证关系的基础上，还要通过一定的手段去探索汉字教学的实践观。在各种实践活动中都要坚守两个准则：针对不同学习者特点进行教学；不同阶段与不同目标相适应。

四、应用和评价

（一）应用

下面我们来看一看初级综合课中汉字教学课堂的环节。我们以"赢"为例，通过汉字教学示例，看看如何通过教师的引导，通过分步教学，启发学生学习并最终掌握汉字的音、形、义、用。

1. 音

用"同音字系联法"让学生回忆学过的读音为"yíng"的汉字（仅限于学过的汉字）。例如："欢迎"的"迎"，"营业员"的"营"。

此外，让学生回忆与"yíng"音节相同仅声调不同的汉字，帮助学生建立起汉字"形—音"联系的桥梁。例如："电影"的"影"，"应该"的"应"，"软硬"的"硬"，"英语"的"英"。

2. 形

按照汉字构形学理论，对整体汉字进行部件拆分，拆分的每一个部件都是学生已经掌握的高频独体字，并将其进行汉字形体的系联。通过对汉字表音、表意部件的归纳，总结汉字结构系统中的字理，帮助学生打通汉字"形—音—义"之间的关系。在初级阶段的汉字形体教学中，一定要讲清楚汉字的结构方式和方块布局特点，特别是各个部位的名称，例如运用我们在汉字教学中总结归纳的"汉字偏旁十六字口诀"（上头、下底、中腰、左旁、右边、内心、外框、四角）等。此外，有古文字功底的教师可通过汉字字形串联意义，从形、音、义多个角度挖掘其中蕴含的汉字文化。（见图 5-14）

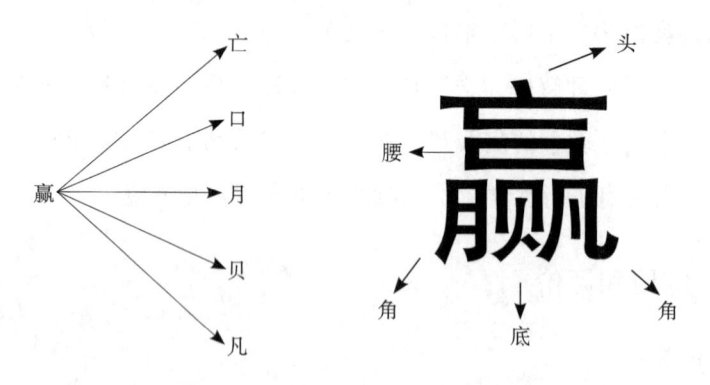

图 5-14 "赢"的部件构成及名称

（1）让学生回忆学过的哪些汉字包含这几个独体字

• 亡：忙、忘、望（表音部件）

- 口：可、右、只、叫（表意部件）
- 月：朋、服、脸、期（表意部件）
- 贝：员、货、财（表意部件）
- 凡："几"和"凡"辨析

（2）练习书写

在初级阶段练习书写，教师一定要严格要求字形的准确性，包括汉字的笔画顺序、笔画的走向，以及汉字笔画的变形等，同时要注意字的间架结构。例如：老师一边说"亡、口、月、贝、凡"，一边板书；学生也模仿老师，一边说，一边写。

方式一：按笔画顺序一步一步写笔画。

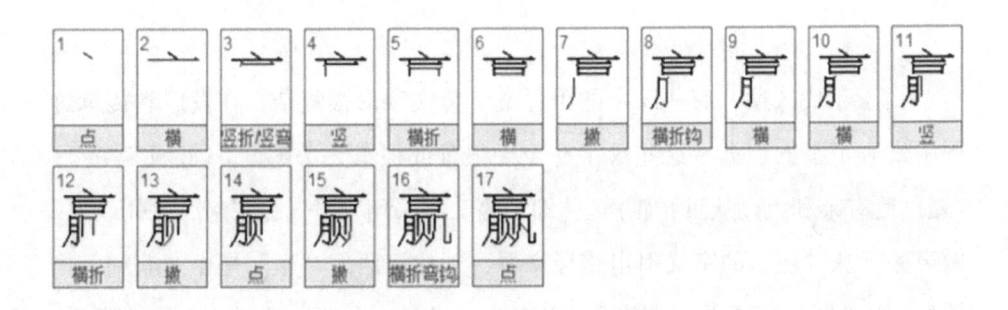

方式二：利用田字格、米字格、九宫格展示汉字的结构。

田字格   米字格

方式三：利用网络资源，动态展示笔画顺序和走向等。

3. 义

有古文字功底的教师可通过汉字字形串联意义，从形、音、义多个角度挖掘其中蕴含的汉字文化。例如，"赢"字可分解为"亡、口、月、贝、凡"，人们对各部件有不同的说解。有的老师这样来讲解"赢"的意义：

```
              → 危机意识
      赢
沟通 →
              ↘
  ↓      ↓      平常心
 时间   金钱
```

由于年代久远，有些汉字的甲骨文、金文字形很复杂，在发展和传承过程中失去了字的理据，这些汉字在今天很难或根本无法解读。《说文解字》："赢，贾有余利也。从贝，㆑声。"即"赢"字采用"贝"做形旁，采用"㆑"做声旁。从"赢"的字义引申路径来看，现代汉语的"赢"是由"获利，挣钱"（如"赢利、赢钱、双赢"）引申到"获得，取胜，胜利"（如"赢得、赢取、赢家、输赢"）的。（见图5-15）

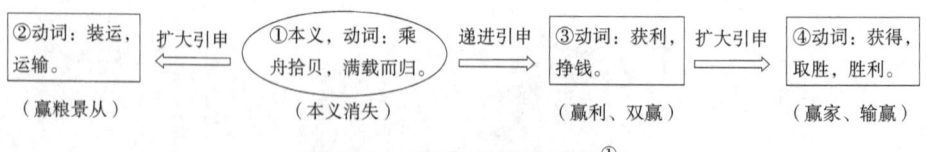

②动词：装运，运输。	←扩大引申—	①本义，动词：乘舟拾贝，满载而归。	—递进引申→	③动词：获利，挣钱。	—扩大引申→	④动词：获得，取胜，胜利。
（赢粮景从）		（本义消失）		（赢利、双赢）		（赢家、输赢）

图 5-15 "赢"的字义引申[①]

[①] 参见"象形字典"网站（https://www.vividict.com）。有网友认为：金文䞉（赢）字是一个大黄蜂的象形白描：大嘴（月）、触角（亡）、鼓眼（口）、带腿和毒刺的细腰身（凡）。秦国的嬴氏部落，就是一个以大黄蜂为图腾崇拜的部落。

在我们的课堂中,"义"主要是指现代汉字在流通中的常用意义。在入门或初级阶段,可将表达正反意义的汉字进行对比,也可辅助运用学生的母语,还可利用图片来辅助说明。例如:

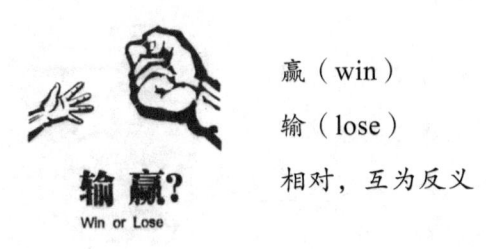

赢(win)

输(lose)

相对,互为反义

4. 用

汉字的运用是综合性的,不仅涉及形、音、义等汉字本体知识的融会贯通,更可帮助汉语教学解决词汇和语法问题,特别是汉语学习中的偏误问题,也可有意识地利用汉字教学进行解决。例如:

用"赢"说句子:

老师:昨天的比赛谁赢了?

学生:我赢了。

老师板书:我赢了。

老师给出替换词,让学生替换画线的部分。

学生:你赢了。/ 我们赢了。/ 他们赢了。/ 老师赢了。/ 约翰赢了。/ 玛丽赢了。

老师:你几比几赢了?

学生:我 2∶1 赢了。

老师板书:我 2∶1 赢了。

老师让学生替换画线的部分。

学生：他们3∶2赢了。/我们2∶1赢了。/中国学生4∶3赢了。

如果学生回答：*中国学生2∶4赢了。①教师要启发学生改正错误，说出正确的句子：中国学生4∶2赢了。

老师：你们赢了几个球？
学生：我们赢了两个球。
老师板书：我们赢了<u>两个球</u>。

老师让学生替换画线的部分。

学生：我们赢了<u>三分</u>。/我们赢了<u>一场</u>。/我们赢了<u>比赛</u>。

在讲解练习完"输"之后，教师启发学生比较"赢"和"输"的异同，让学生进行归纳：(1)发音不同；(2)字形不同；(3)意思互为反义；(4)用法相同（包括偏误情况）。

以上就是我们设计的综合了汉字形、音、义、用教学技巧和理念的汉字教学模式。

(二) 评价与反思

（1）在初级阶段，笔画教学仍然是重点。在入门阶段应安排专门的环节对汉字笔画和结构类型进行介绍；入门阶段结束后，笔画教学不应该马上结束，而应延续到下一阶段的教学中，但不需要系统地讲授，可以主要以纠错的方式进行。

（2）入门阶段之后应强化部件教学。对于已经初步具备部件意识的学生，要进行正确的引导，尤其是形声字教学。教学中可以利用繁简兼教的特点，对繁体字中的成字部件到简化字不成字部件的演变进行演示，让学生知道简化字的不成字部件原本也是音义兼备的整字，从而更好地记忆。

---

① 本节例句前面的*表示该句为学生输出的偏误例句。

（3）针对学生对形近字和形近部件的区分能力较低，但是已具备一定的类推能力的特点，在学习完一批汉字之后，可以对其中形似的部件结合意义和读音进行归纳和对比，以加深学生印象。

（4）语音教学与汉字教学如影随形，语音习得中存在的偏误会对汉字习得产生负面影响。对于非汉字文化圈学生常见的语音偏误，教师在教学中应有清醒的认识。两者相互辅助，可提高习得效果。

（5）加强对同音字的辨析，可经常做一些同音字对比练习，让学生自己找出差异，教师可进行归纳，起到加深印象的作用。

五、启示和展望

建立规范、不断强化是初级阶段综合课的主要方式。具体到汉字教学，课上要有听写练习，课下也要布置一定量的书写练习。要特别强调的是，汉字教学并不是仅仅存在于初级阶段的教学过程中，而是贯穿整个汉语教学的始终，每个阶段都有自己独特的模式。因此，需要特别注意以下两个方面。

（1）激发学生的识字兴趣，教授识字方法。

兴趣是最好的老师，教师应深入挖掘教材中直观形象的因素，利用汉字本身的规律，借助形象化、趣味化的教学手段，让学生在观察、联想、比较、思考、游戏中愉快地识字；要充分发挥学生的想象力，促进其思维的发展，从而使识字教学事半功倍。同时，还应汲取中国传统文字学和语文教育丰富的营养，吸收中国母语识字教育及国际中文教育已有的成果，运用多种识字方法组织教学，根据识字内容教授学生识字方法，从而让学生掌握自己喜欢的或适合自己的识字方法，主动识字，独立识字。比如：读笔画书空法、比较标色法、字形分析法、减件法、加件法、换件法、形声字识字法、会意归类法等等。

（2）认读与手写适度分离，手写汉字。

为解决汉字书写难题，中华人民共和国教育部、国家语言文字工作委员会于 2021 年发布了《国际中文教育中文水平等级标准》，其配套的《国家标准·应用解读本》（教育部中外语言交流合作中心，2021）中提出"汉字认读与手写适度分离、手写汉字从少到多有序推进的开放性、包容性新路向"，将手写汉字按等级单独列出，共 1200 个，并根据汉字常用度、构词能力、构形特点和书写难易度等，将手写汉字分为三等（初等 300 个、中等 400 个、高等 500 个）。这对于总结归纳汉字教学基本经验，特别是破解汉字难学的问题具有重要意义。

（3）汉字教学与文化教学紧密结合，相互印证。

汉字是记录汉语的视觉符号系统，是中国文化的重要载体。一方面，汉字部件承载了丰富的形义信息；另一方面，汉字造字法也反映了中华民族独特的思维特征，因此汉字书写本身也是中国文化大家庭中的一个子项。汉字与中国文化的关系，实际上是汉字作为一个文化项与其他文化项之间的关系。这种关系具有"互证"的性质，即通过对汉字的分析可以印证某种文化现象的存在，而某种文化现象的存在也可以解释汉字构形的原理。因此，汉字文化教学从学习者看到汉字的第一眼就开始了，并贯穿整个汉语教学的全过程。汉字教学与文化教学互为表里，相辅相成，你中有我，我中有你，水乳交融。

六、结语

对外国人来说，汉字难认、难记、难写是一个客观的事实。但另一方面，汉字独特的方块形体及兼表音意的特点，也吸引了很多学习者的兴趣。在汉字教学中，如果能运用汉字本身的规律，形象、生动、有逻辑地进行教学，掌握好教学方法，可以降低学习者学习的难度，还可以增加学习的趣味性。而基于教学理念来设计教学实践，并在实践中形成汉字教学模式，无疑是帮助学生突破汉字学习瓶颈、规范汉语教学、帮助学生提升汉语学习整体效果的利器。

∷ 参考文献 ∷

白乐桑（1996）汉语教材中的文、语领土之争：是合并，还是自主，抑或分离？，《世界汉语教学》第 4 期。

戴汝潜（1994）我国小学识字教育的现状、分类与科学化问题，见《首届小学汉字教育国际研讨会论文集》。

戴汝潜主编（1999）《汉字教与学》，济南：山东教育出版社。

国家汉办、教育部社科司（2010）《汉语国际教育用音节汉字词汇等级划分（国家标准．应用解读本）》，北京：北京语言大学出版社。

国家汉语国际推广领导小组办公室（2007）《国际汉语教师标准》，北京：外语教学与研究出版社。

教育部中外语言交流合作中心（2021）《国际中文教育中文水平等级标准（国家标准·应用解读本）》，北京：北京语言大学出版社。

教育部中外语言交流合作中心（2022）《国际中文教育用中国文化和国情教学参考框架》，北京：华语教学出版社。

孔子学院总部/国家汉办（2014）《国际汉语教学通用课程大纲》（修订版），北京：北京语言大学出版社。

李大遂（2004）对外汉字教学发展与研究概述，《暨南大学华文学院学报》第 2 期。

吕叔湘（1995）《吕叔湘论语文教育》，郑州：河南教育出版社。

王鸿滨（2018）《对外汉字教学研究》，北京：北京师范大学出版社。

王　宁（2015）《汉字构形学导论》，北京：商务印书馆。

王秀荣（2013）《国际汉语汉字与汉字教学》，北京：高等教育出版社。

张和生主编（2006）《汉语可以这样教——语言要素篇》，北京：商务印书馆。

张静贤主编（2004）《汉字教程》，北京：北京语言大学出版社。

张朋朋（2007）语文分开、语文分进的教学模式，《汉字文化》第 1 期。

中华人民共和国教育部、国家语言文字工作委员会（2021）《国际中文教育中文水平等级标准》，北京：北京语言大学出版社。

（王鸿滨，北京语言大学教授）

第五节　文化内容教学模式

在第二语言教学实践中，国际汉语教师同语言学家一样会面临两难境地，即如斯特恩（2018）所言："如果过分关注语言形式，而忘记使用语言进行日常交流的人的话，就会歪曲语言使用的现实；相反，如果他们过分重视人和国家，而忽视语言形式细节的话，其教学则往往流于表面，没有实用性。"为此，在教学中，国际汉语教师一方面要考虑语言形式的结构和功能，另一方面也应注意到，汉语作为第二语言的学习者需要与汉语母语者接触交流，汉语教学不仅是语言本身的教学，还要关注汉语母语国的文化，文化内容是汉语作为第二语言教学中不可忽视的重要内容。

实际上，国际汉语教学是一个融合汉语和汉文化的跨文化实践活动，曾经历了"语""文"分离、语言为本到语言文化兼顾的，从语言形式到文化内容教学的探索历程。在汉语作为第二语言的教学中，文化再也不是语言之外的孤立品，而是汉语作为第二语言教学中必须要关注的教学重点。如于小植（2022）提倡文化教学资源库建设，其中"文化教学内容"被列为子库之一。汉语教学中的文化内容及其教学模式问题，一直是教学界关注的热点问题。

最初，在立足于本土汉语教学的背景下，国内对外汉语教学界主张以语言教学为主，对语言中出现的文化内容教学也主要以"知识文化"为主，真正意义上的文化内容教学实践还明显不足。其主要原因在于：对外汉语教学的专业设立始于汉语语言学，其学科建构的付诸实践也源于语言学界的大力呼吁。根据国家专业目录的设置与阐释，对外汉语教学的基础是汉语教学。因此，长期以来，国际汉语教学的基础模式是以汉语为主、以文化内容为辅，甚至有忽视文化教学的倾向。

随着从对外汉语教学、汉语国际教育到时下国际中文教育的发展，以及对文化问题的多元化研究，专家学者对汉语教学中的文化问题关注度与日俱增，在针对语言与文化关系的深入讨论中，学界逐渐明晰了汉语语言与文化的辩证关系，对文化内容的含义有了深刻理解，"知识文化""交际文化""跨文化知识""传统文化"等文化关键词逐渐走进国际汉语教学的课堂，关于文化内容教学模式的思考也陆续展开，不断地丰富着国际汉语教学的内容和形式。周思源（1997）认为："各个时期汉语教学本身的文化形态与作用，整个课程设置中的文化形态与作用，形成高层次汉语能力的文化途径，以及学生对文化的要求和以汉语表现文化的方式等方面，始终处于变化之中，而且变化不小。"若以文化内容为主线来考察这一变化，可以说，关于文化内容教学的思考贯穿整个新中国对外汉语教学发展史。

一、综述：新中国七十年文化教学发展概况

二十世纪五六十年代，文化内容采用散点式教学模式。在对外汉语教学的教材课文和课程设置中，虽然文化内容早已出现，但这种教学模式并不是立足于语言教学与文化关系这一理论问题本身。根据周思源（1997）的观点，这"主要是从政治影响进行思想教育的角度对待语言教学中的文化问题的，但也初步认识到对留学生进行目的语文化教学对于学好语言了解目的语国的国情的重要性。当时的课文中已着重介绍了不少中国历史、地理、民俗知识，以及各地名胜古迹、当代建设成就，还有一些作家作品介绍。它表明人们一开始就朦胧地意识到目的语与目的语文化在教学上的不可分割性和文化迁移的自觉性，以及文化迁移的泛语言性——文化教学的目的不限于掌握语言技能本身。"由程裕祯主编的《新中国对外汉语教学发展史》（2005）可知，在《清华大学东欧交换生中国语文专修班两年教学计划（草案）》中，一个重要的教学目标就是"系统扼要地介绍中国文化，使学生对我国情况获得初步的认识"。其中，课程设置中文化课程占60%，包括简要的中国地理、简要的中国历史、新民主主义革命运动简史、中国文学作品选读、时事专题

报告、文艺专题报告。到了七十年代，文化内容的教学模式体现为文化类课程的设置，从课文中出现零星的文化内容开始走向系统的课程体系。以北京语言学院（现北京语言大学）建立的第一个本科专业为例，其所开设课程包括"中国旅游地理、中国文化史（原名中国文化选讲）、中国古代史、中国近现代史、中国古代文学史、中国现代文学史、中国哲学史（原名中国哲学家选讲）、中国经济等文化类课程，以及文化性很强兼有培养语言技能的某些课程"。可见，当时的语言文化教学状况如周思源（1997）所言："文化不仅成为语言教材的内容零星无序地出现在语言教学中，而且以独立、完整、系统的形态，构成对外汉语教学体系中的一个庞大群落。"

到了八九十年代，"知识文化"与"交际文化"之辩开启了文化内容教学研究的先声。在对外汉语教学界，语言与文化教学相统一的"二元论"教学理念逐渐得到认可，而文化内容教学问题的提出，也曾引起学界的大辩论。

1983 年，张占一在美国俄亥俄州立大学进修时提出"交际文化和知识文化"的概念。（参见张占一，2019）此后，他又以美国个别教学组织形式为例，围绕"文化与语言"的关系，对教学中文化因素做了分类，并界定了"知识文化"与"交际文化"的内涵。（张占一，1984；另参见黎天睦，1987）对此，1989 年吕必松在新加坡华文研究会主办的世界华文教学研讨会上曾对交际文化做过一个概括："所谓交际文化，我们也可以理解为隐含在语言系统中的反映一个民族的价值观念、是非标准、社会习俗、心理状态、思维方式等的文化因素。这种文化因素因为是隐含着的，所以本族人往往'习而不察'，只有通过语言和文化的对比研究才能发现其特征并揭示出'文化差异'规律。"（吕必松，1990）继而，张占一的相关讨论成果成为当代跨文化研究的起点和重要理论资源。其"交际文化"概念的提出，在学术界引起了较强烈的反响，赞同与质疑并存，讨论非常热烈，由此带来的文化教学研究的发展也是有目共睹。它的实际意义在于：帮助人们从纷繁多样、界定不清的文化概念中跳出来,盛炎、沙砾(1993)将其意义概括为:"有利于在浩如烟海的文化内容中确定对外汉语教学所急需的汉文化重点;有利于汉文化教学方法的根本改变。"李晓琪(2006)认为,"交际文化"概念自提出之日起,一直是对外汉语教学文化教学讨论最多、争议最大的观点之一,也是影响最广的观点之一。其重要意义不言而喻,在学界得到了广泛的关注。

时任世界汉语教师协会秘书长张德鑫在《对外汉语教学 50 年——世纪之交的回眸与思考》(2000)一文中提到,对外汉语教学中的文化研究"成规模的研究大致始于 80 年代,盛于 90 年代"。对于对外汉语文化教学研究而言,20 世纪 80 年代末至 90 年代中期是其活跃期。(李晓琪,2006)针对交际文化问题,张占一、毕继万(1991)提出了"揭示交际文化因素"的模式,分别从表层和深层分析考察了"交际形式、交际误点、交际误因"这三个项目。张占一(1992)就如上模式分解出研究细目,并结合相关研究进一步指出了"语构、语义、语用"三个对比范畴。(另参见张占一,2019)其间,具有代表性的研究成果有:赵贤洲的《文化差异与文化导入论略》(1989)、鲁健骥的《对外汉语教学基础阶段处理文化因素的原则和做法》(1990)、周思源的《论对外汉语教学的文化观念》(1992),以及张占一的《试议交际文化和知识文化》(1990)、《交际文化琐谈》(1992),等等。崔永华在《对外汉语教学学科建设 30 年成就与展望》(2010)的"主要理论体系"部分,共列出 6 项研究成果[①],其中第二项就是"交际文化"理论。吕必松、毕继万等学者也都参与其中,打破了多年来汉语教学界'语文分隔'且侧重语言形式的"一元论"格局,使人们认识到了"语言""文化"融合并存的事实,以及在教学实践中强调"交际文化因素"的必要性。

吕必松(1990)指出:"文化背景知识的教学在语言教学中的重要性已

---

① 这 6 项成果包括:对外汉语教学总体设计理论;"交际文化"理论;对外汉语教学语法体系;分技能汉语教学模式;"结构—功能—文化相结合"的汉语教学思路;汉语国际推广的理念。

经引起了各国语言教学工作者的普遍重视。近年来,中国对外汉语教学界对这个问题也讨论很多,要不要加强文化背景知识教学的问题上,几乎看不出有什么分歧。"随着对"知识文化"与"交际文化"这一概念的普遍认同,在继承现有"交际文化"理论研究的基础上,对外汉语与跨文化研究走上了发展的道路,一批有学术价值的专著、译著等相继问世,如《中国和英语国家非语言交际对比》(布罗斯纳安,毕继万译,1991)、《汉外语言文化对比与对外汉语教学》(赵永新,1997)、《对外汉语教学与文化》(周思源,1997)、《跨文化非语言交际》(毕继万,1999)等等。

同时,学界围绕跨文化问题从中国交际文化、跨文化交际意识等方面展开讨论。王魁京(1994)认为:"对外汉语教学既是一种语言教学,同时又是一种文化教学。语言教学与文化教学的统一性,是对外汉语教学的最根本的特性。"邹明强(1996)认为,对外汉语教学的学科性质是"一种外语教学或第二语言教学",跨文化交际研究与对外汉语教学之间有密切的关系。周小兵(1996)则强调,必须注意到"跨文化交际是一种极为复杂的现象。在对外汉语教学中,应该注重当代中国交际文化,尤其是语言交际文化。正确对待中外文化的碰撞和交融,对中华文化进行有筛选的介绍,是对外汉语教学中的重要课题"。李红(1998)认为,对教师而言,"对外汉语教学,是个特殊的教学岗位。每个对外汉语教师,他所面对的是来自世界各地、与我们汉文化迥异的留学生,这就不可避免地出现了跨文化交际问题。语言与文化,虽是两种不同的东西,但两者的密切关系是谁也不能否认的"。实际上,伴随着我国汉语国际教育事业的飞速发展,跨文化研究日益得到重视。亓华(2003)认为,真正的跨文化交际研究是从本世纪初开始的,这些成果体现为:《跨文化交际与第二语言教学》(毕继万,2009)、《跨文化交际》(祖晓梅,2015)、《跨文化交际案例与分析》(朱勇,2018)等成果的出版。这些成果都从教师层面为深入开展跨文化教学实践提出了新的思考。从一定意义上讲,跨文化交际研究成果在数量上的递增必然带来其研究理论和研究视角的创新。刘利（2019）指出，要"区分'知识文化'和'交际文化'，提出课堂教学过程中的'交际文化'思路"，显然，这种文化研究取向是我国七十年国际汉语教学理论研究和实践探索的重要成果之一。崔永华（2005）对此总结道："80年代后期、90年代初期，探讨语言教学中的文化问题是一股世界潮流。国内对外汉语教学界也进行了颇为激烈的讨论。这次讨论对我国对外汉语教学产生了深远的影响。这种影响表现在三个方面：一是注重了汉语中的文化因素（所谓'交际文化'）教学，二是加强了文化对比（所谓'跨文化交际'）研究，三是确立了文化（所谓'传统文化''知识文化'）教学在对外汉语教学中的地位。这三方面的成果，一直影响至今。"与此同时，学界也已形成涵盖了"知识文化""交际文化""跨文化交际"的国际汉语教学模式，文化内容成为构建新时代国际中文教育体系的重要组成部分之一。

到了二十一世纪，中国一线教学研究者日益关注文化内容的教学模式问题。张莹（2004）认为，文化理解差异会产生三种教学模式，即"知识文化传授模式""交际文化训练模式""多元文化互动模式"。她试图通过对三种现行文化教学模式的分析比较，探讨对外汉语教学中的文化教学策略问题。汪灵灵（2008）基于认知学理论，提倡文化教学模式改革，通过完成"一个任务"和"两轮实验"的改革，"营造文化环境，渗透文化元素，提升语言交际能力"，进一步优化文化教学内容和形式。梁忠宝（2013）根据交互式语言教学理论提出文化教学的新途径，具体包括"角色互换策略""小组互动策略""个人自学策略"三个方面。张涵颐（2015）借鉴美国《21世纪外语学习标准》，深入分析 Cultures（文化）标准中"3P文化"的含义，并与国家汉办颁布的《国际汉语教学通用课程大纲》（孔子学院总部/国家汉办，2014）中的"文化能力"进行比较与评析，提出对外汉语文化教学的新模式——"3P文化"教学模式。此研究将文化教学模式与国际外语学习标准相比较，较具前瞻性的国际视野。上述模式都比较重视交互性，但是并未提倡共享性。"交互"与"共享"将是不同民族文化存在的基本形式，也是语言文化具有的重要精神价值。

随着国际中文教育事业的发展，制定文化大纲的呼声日益高涨。简单地移植西方英语作为二语教育的实践已越来越不能满足人们迫切的本土化需要。汉语拥有独特的语言文化，其本体论研究成为处于时代前沿的关注重点。当前，国际中文教育亟待解决的重要难题之一就是摆脱欧美英语教学模式的束缚，尽快制定中国文化教学大纲并付诸教学实践。2021—2022年，《国际中文教育中文水平等级标准》（以下简称《等级标准》）、《国际中文教育用中国文化和国情教学参考框架》（以下简称《文化框架》）相继出版，为进一步构建体现中国特色的"文化教学体系"提供了参考。对此，王学松（2022）认为，《等级标准》具有"三大文化特色"，即汉语作为中华文化载体的独特性，中华文化特色的系统性思维方式和发挥汉字超时代、超地域的特点。他进一步提出，可以在《等级标准》的指导下，借助《文化框架》，放下学界坚持已久的"两大执念"，即放下对文化大纲的执念，放下"用中文教文化"的执念，探索新形势下的文化教学实施路径。祖晓梅（2023）认为，《文化框架》是新时期中国文化教学与传播的新探索；吴勇毅（2023）认为，《文化框架》的核心要义在于"文化的理解与分享"。由此，它真正解决了刘利（2019）指出的"有汉字大纲、词汇大纲、语法大纲、功能大纲、情景大纲，唯独没有文化大纲"的尴尬局面。参照《等级标准》和《文化框架》，文化教学内容日益突出在理解基础上的交互与共享、在跨文化领域的古今融合，尤其是要引导学习者了解、理解真实的当代中国，讲好中国故事。在中国文化"走出去"的大背景下，文化大纲的研制、文化教学体系的构建、中国文化与世界各国文化交流互动态势的重构，已是当务之急。北京语言大学是国内讨论和研究"知识文化""交际文化"的发源地，应该发挥引领作用。如何细化文化条目，如何凸显东方文化魅力，如何加强国际共享的文化传播力等问题，都是今后重要的研究课题。

二、文化内容交互共享型教学模式

不同于语言形式的教学，文化内容的教学因其理论的丰富性和多样性会在实际教学中激发出多元阐释的教学话语，有助于教师和学生、学生和学生之间的交互启发，共享多元文化的思想智慧和文明成果。基于文化内容的多样性和复杂性等特征，一种融"知识文化""交际文化""跨文化交际"为一体的交互共享型教学模式，将更加适合新时代人类文化共同体的切实需要。这就是以文化因素为主的交际文化教学模式、以文化对比为主的跨文化教学模式、以传统文化为主的知识文化教学模式。因其侧重的教学内容不同，其教学理念、教学内容、教学方法、教学步骤和教学目标也不尽相同，以不同的文化内容为依托，在分析三种主题文化内容教学的基础上，可构建一种将其融为一体的共享型教学模式。

（一）文化内容的教学范畴：文化因素 + 文化对比 + 文化知识

一直以来，汉语国际教育不断追求语言教育与文化教学的和谐发展。吕文娇（2018）认为："随着对外汉语文化教学的不断发展，当前我国已经建立了比较完善的对外汉语文化教学体系，并且设置了专业的课程和形成了科学的教学方式，既保证了教学质量，又保证了教学有效性。"由于对文化教学的日益重视，结合汉语教学实践，以及语言文化关系论的影响，文化教学综合了文化因素、汉外文化对比知识等内容，具有教学内容的综合性和广泛性。实践中，任何一种单一内容的文化教学都不能充分满足学习者的需求。

1. 以文化因素为主的交际文化教学

交际文化教学立足汉语本体观，以汉语交际文化知识为重点，侧重语义分析，回归语用实践。其中，字词句的文化附加义是教学重心，突出汉语的文化特色，帮助学生较好地理解汉语之外的文化附加义。同时，强调教师在汉语教学中的主导性地位和引导性作用。根据汉语学习者的需求，交际文化更适合初学阶段，以解决语言交流中的正确性和得体性问题。

交际文化教学以汉语中的文化因素及其文化附加义作为教学的主要内容。文化因素包括见面问候语、亲属称谓、颜色词汇、动物词汇、时间词汇等范畴，以及由此表现出来的文化附加义。交际文化涵盖语言交际和非语言交际两部分。语言交际是指通过语言进行日常交流的交际活动，非语言交际是指通过肢体动作、面部神情等传递的交际信息，它们都会传达出具有文化差异性的文化附加义。鲁健骥（1990）认为："语言教学中文化因素的介绍是为培养学生使用他所学的语言进行交际服务的，这是介绍文化因素的出发点，也是我们选择哪些文化项目应作为教学内容的根据。在对外国人的汉语教学中，特别是在基础阶段介绍中国文化，有两个侧重点不可不注意。一是要侧重介绍当代中国社会生活中那些活的文化习俗，而不必介绍那些已经过时的、古代的、传统的，或在现实生活中已极为少见，对外国学生与中国人的交际没有多少实际价值的文化习俗。……第二个侧重点是要介绍那些具有普遍意义的，有一定文化教养的中国人（例如知识分子层）身上反映的文化习俗。"文化因素的典型性、代表性、实用性和普遍性等特点是文化内容教学中需要重点关注的问题。只有具备这些特点才可以更好地开展交互活动，提高教学质量。

交际文化教学采用文化导入法、案例引入法、中介语注释法、讨论互动法等教学法，强调根据汉语学习者的认知心理规律，逐级分层分阶段地做好交际文化知识接受前的引入教学活动、接受中的互动理解教学活动、接受后的巩固复习教学活动。对外汉语一线教学成果日益重视文化内容的案例教学研究，比如：关注不同国家汉语作为第二语言学习者的个案研究，关注不同语言的文化对比等。同时重视方法创新，比如：在文化导入中注意学习者的汉语水平，强调阶段性、层级性，并且注意国别文化的差异性，教学对象讲求针对性，教学效果追求实效性。

在教学过程中，可以从汉语的文化因素出发，概括文化因素要点，发现交际误点，分析交际文化特点，解释交际文化障碍，在情境中演练交际文化，完成交际文化训练，在真实场景中模拟练习，以帮助学习者正确且得体地进行跨文化交际。

随着"一带一路"倡议的实施和国际中文教育事业的发展，国际汉语教学理论界的研究取向日益多元，在国际视野的研究领域中，围绕交际文化问题的研究维度呈现出立体化趋势，体现在课堂的跨文化交际知识传授、教师的跨文化交际素质、教学实践的跨文化交际障碍应对等方面。课堂上，交际文化知识的讲解与演练日益得到重视。实践也证明，交际文化知识是国际汉语教师必备的教学知识点。此类研究成果主要体现为交际中有关问候、颜色、谦辞、拜访、忌讳等范畴的案例分析和总结，它们在一定程度上丰富了课堂教学的知识内容。教师也可以根据汉语学习者自身的特点不断去选择、扩充相应的文化知识，从广度和深度上延展汉语文化的学习内容。

2. 以文化对比为主的跨文化教学

跨文化教学模式以汉外语言对比为重点，侧重语言本体，关注语法异同，在对比分析中帮助汉语学习者获得语言知识，提升听说读写的技能。张占一（2019）认为，揭示交际文化因素和知识文化因素的唯一手段就是对比。在汉外对比中能够有效地培养汉语学习者的跨文化交际能力。

文化对比教学侧重汉外语言异同分析，容易调动学习者的参与积极性，同时辅以多种形式的文化实践活动，从学习者视角反馈语言文化的异性和共性。其教学内容包括语言的表面意义和深层意义两大部分，且突出语言文化的"异中之同"和"同中之异"，着重对不同文化的认识和理解，实现积极的跨文化互动。这种异质语言比较教学方法从汉语学习者角度关注语言文化中的交际障碍问题。朱丽萍（2003）认为，汉语学习者的学习"不是简单了解目的语的语言能力、文化背景知识和不同文化之间的关系，而是对跨文化交际产生干扰的认识、理解和排除差异"。王树菊、郑景婷

（2019）探讨了对外汉语教学中文化负载词的英译原则，提出在对外汉语教学中，根据教学阶段和目的的不同，翻译时需要采取不同的翻译原则；并针对不同阶段的学习者，采取不同的翻译策略，从而促进其汉语学习。跨文化教学的一个重要方法就是比较分析，在比较中可以更好地理解中国语言与文化。因此，其教学步骤一般会先确定汉语文化对比知识点，然后设置不同的文化语境，比较交际效果的异同，总结跨文化的认知差异，在情境中演练复习，最后完成无障碍的跨文化交际。这种教学模式以提高学习者分析理解不同语言文化差异的能力为目标，即提高学习者的跨文化认知能力、理解能力和应用能力。

显然，在国际汉语课堂上，仅仅是文化知识的传授并不能满足外国汉语学习者多样化的学习需求，需要在自身和不同国度的文化比较中增进文化理解，共享世界文明。曹瑞泰（2010）认为："语言与文化互相依存，学习语言必须了解该语言所反映的文化，而理解该文化也需要掌握负载该文化的语言。因此第二语言教学所要培养的交际能力，实际上也就是一种跨文化的交际能力……汉语中的文化因素是为语言教学服务的，文化因素也是需要从共通知识文化逐步推进到对比知识文化，再前进到交际文化，亦即文化因素需要过渡母语与目的语的异文化进程。"汉外文化对比是国际汉语教学中的常用方法，尤其是对那些容易引起交际误点的文化内容，更应该进行重点分析与探讨，以减少跨文化交际中的语言文化障碍。

3. 以传统文化为主的知识文化教学

知识文化内容丰富，涵盖文史哲等多个学科领域。其中，优秀的中华传统文化体现了中华民族的精神气质，是国际汉语教学的核心内容。别睿（2019）认为，基于优秀传统文化视角下的高校对外汉语教学模式研究应拓宽课堂教学内容，优化教学配置。在实际的对外汉语教学中，优秀的传统文化是重要的知识文化教学内容，应立足先进的教学理念，不断丰富传统文化教学资源。

一般来说，中华优秀传统文化包括衣食住行、琴棋书画诗酒茶等多个方面的精神产品和物质产品，也包括具有地方特色的非物质文化遗产、民俗风情文化，以及专业领域的中医文化、科技文化、法律文化等。

以专业领域的传统特色知识文化教学为例，高级汉语水平中的专门用途汉语教学模式发展迅速。在知识文化教学体系下，专门用途汉语教学适应"中文+"的发展需要，日渐成熟。其中所涵盖的知识文化日益成为汉语教学的重要内容。从理论渊源上看，专门用途汉语源于欧美英语教学界的专门用途英语（English for Specific Purposes，简称ESP）。对外汉语教学在发展过程，逐渐生成了融入汉语本体特征的专门用途汉语（Chinese for Specific Purposes，简称CSP）。对此，周延松、陈杨国生（2017）指出："在汉语国际教育的体系中，专门用途汉语又是相对于一般用途汉语而言的。与专门用途英语相似，专门用途汉语包含商务（经贸）、科技、法律、医学（西医）、中医、艺术、旅游等不同领域的汉语。"王若江（2003）称其为"特殊目的汉语"，李泉（2011）称其为"专门用途汉语"。因其独特性，专门用途汉语的文化教学也成为跨文化汉语教学中的特色化教学模式。

专门用途汉语的文化教学模式从专业术语出发，以汉字词语为基础，遵循主题原则，突出特色专业文化内容的教学。以商务、科技、中医、体育、旅游、法律等为专业的汉语教学必然会遵循从专业词汇到专业语法、从文化知识到文化内容教学的基本模式。例如：就中医汉语文化教学而言，必然要先了解中医术语、文化因素的呈现方式，而后开展文化教学内容。对此，周延松、陈杨国生（2017）认为，中医汉语文化内容教学的基本路径在于，内容方面"当以中医学专业术语及其所蕴含的文化意味、背景和中医汉语的表达方式所传达的文化概念为主"，路径方面"以语言现象为基点，向文化视角延伸，在汉语、中医和中国文化的同构中，最终达到对中医知识内容的准确把握"。同时也有王亚芳、南潮（2017）介绍的基于内容教学法（Content-based Instruction，简称CBI）的"主题模式"应用案例。

笔者认为，就法律汉语文化教学而言，主要体现为：遵循语言结构为先原则，预设语法点规则；追求有意味的形式意义，互动对话是教学常态；设置趣味性的情境活动，满足体验性需求；突破文化内容误读的瓶颈，增进跨文化理解。总之，要凸显不同专业的语言特点和应用性特点，坚持遵循"结构—功能—文化相结合"的教学理念，以关键字词结构分析语言特色，以篇章掌握文化信息，打造多元对话交流的国际汉语课堂，构建共享型国际汉语教学模式，实现国际法律汉语教学重模拟、重体验、重实践的创新模式，最终实现跨文化理解与文化精神的传播。

以传统文化为主的知识文化教学，主要运用的是理论层面的概述性讲解法和实践层面的体验式教学法。基于教学内容侧重点和汉语水平的差异，概述性讲解法多采用英文教学，侧重文化知识的介绍；体验式教学法多在双语教学中体验中国文化的衣食住行，侧重文化内容和形式的体验。在初级阶段，概述性讲解法大多依托中介语来进行。或通过中介语对文化知识进行概论性介绍讲解，或通过语言学习了解文化词汇，在单向的汉语教授中输出文化信息，其教学目标限于使汉语学习者掌握基本文化词汇并了解中国文化。所以，概述性教学模式遵循的是语言学习优先的原则，课堂上，汉语教师主讲，汉语学习者听讲，重视文化知识的介绍与了解，是一种语言学习性教学，也是一种听与讲相结合的传统教学模式。

但是，中国传统文化内容丰富多彩，单纯的知识文化讲解相对枯燥，所以教师大多采用体验式教学法。实际上，单纯的语言教学属于文化的形式层面，虽诉诸眼耳，但是并不能使汉语学习者感同身受。与传统的概述性讲解法相比较，作为一种外语教学的汉语教学，体验式教学法能够使学习者身临其境，通过身体接触，设身处地，能够直接反映其真实的内心感受。刘学蔚（2016）通过"文化间性"视角，认为"语言操练""课下体验和实践文化"形式有助于进一步巩固课上所学的知识文化。知识文化教学模式主张在活动体验中完成教学任务，注重汉语学习者自身的感受，通过动手动脚的操作和体验场所的设计来丰富"第一课堂"的内容和形式,提倡寓教于乐,是一种语言实践性教学,也是一种兼顾语言和文化相统一的教学模式。在不同文化教学实践中,中华优秀传统文化,如琴棋书画、诗赋酒茶、衣食住行等中华民族特色文化,以其独有的美感和智慧感染着域外留学生,只有真正参与其中才能够切身感受中国的文化风貌。实践证明,充满古风古韵的文化体验式教学更受留学生的欢迎,可以有效激发留学生学习汉语和了解中国文化的兴趣,比较容易活跃课堂气氛,并能取得跨文化交流的实效,对于传播中国文化可以起到积极的作用。当然,也需要规避其不足,如李晓鹏(2016)所述:"课程内容主要通过教师在课堂上的讲解进行传授,在课堂有限的时间里,留学生们需要接受大量的文化信息,这使他们往往应接不暇、力不从心,还没有来得及细细体味文化内涵,一节课就结束了。"而体验式教学模式虽然重视和尊重汉语学习者的主体感受,但很多时候流于"玩"这一形式,过于凸显娱乐性,从而缺乏对文化现象本身的深度理解。

因此,该类型教学中需要精选文化主题,讲解文化背景,解释文化内涵,体验文化形式,师生交流讨论文化思想,分享总结文化观点,通过文化内容的学习和文化形式的体验,深化学习者对中国文化的理解和认同,并致力于传播中国文化,促进中外文化交流。

(二)跨文化交互共享型教学模式流程:文化内容 + 文化互释 + 文化分享

跨文化交互共享型教学模式打破了教师独白的教学理念,转换固有的非此即彼的思维定式,提倡在课前就要充分调动汉语教师和学习者的主动性、积极性,做好文化内容预习预热的准备活动;在课堂内外都有师生积极参与的交流,比如在课堂上共议共享,彼此聆听"他者"世界的故事,共同分享来自不同文化语境的文化知识,做到交流互动贯穿始终、文化共享贯穿始终,高质量地完成文化内容的教学活动;在课后,教师进一步反馈与反思汉语文化教学效果，为后续的教学成果分享和研讨提供实践经验。

以中国传统文化教学为例：第一，确定关键词，输入文化信息。文化内容的呈现载体具有多样性，比如：视觉呈现的图画文字（中国画、中国书法、碑刻铭文等）、阅读文本（字、词、句、篇等），听觉呈现的影音（以视听为主的 CD、MP3、DVD、影视剧节选、手机短视频等），触觉呈现的屏幕（手机 APP、笔记本电脑等）。实践中的教学载体往往是多感官、多模态交互融合的。第二，情境场融入，体验文化形式。文化情境融入的方式有多种，例如：学习（琴棋书画等）、欣赏（中国传统艺术）、体验（诵读、表演、模仿、参观等活动）、理解（报告、演讲、辩论等）、阐释（故事叙事、学术写作等）。第三，国际化视野，互释文化内涵。"求同"，即分析文化内容中的共性元素，突出人类共性特征；"存异"，即分析文化内容中的异质元素，突出民族的个性与特色。第四，多样教学法，丰富文化图式。国际汉语教学中，汉语学习者的文化图式是在不断输入、体验和互释的过程中逐渐丰富起来的，受多种因素的影响，需要具有针对性和实用性。李代丽（2015）认为，诸如针对性、实用性等原则，可以加强汉语文化背景知识传授与输入的系统性和针对性。比如，可采用映射解释法、对比讨论法、实践体验法等不同方法，给学生营造跨文化交际的氛围，充分调动学生的主动性，发挥其课堂主体性，丰富学生头脑中的汉语文化图式。第五，增强亲近感，共享文化精神。汉语本身和文化形式都具有言外之意，内涵丰富，其审美元素可以成为文化内容教学的讨论重点，由此在中外文化对比中亲近汉语学习者的情感世界。这需要对汉语本体做精细的挖掘和研究，充分展示汉语的文化魅力，设置文化共享环节，丰富跨文化交流的话题。其基本教学流程如图 5-16 所示。

三、跨文化交互共享型教学模式构建的基本理念

在文化内容的教学中，跨文化交互共享型教学模式能够最大程度地满足

留学生汉语学习的基本需求,也是汉语教师融合新时代新理念并提高文化内容教学质量的创新模式,必然随着国际中文教育事业的新发展拥有更加广阔的实践舞台。因此,为积极运用和推动共享型教学模式的开展,汉语教师需要进一步探索和明确相关教学理念。

教师	文化导入 文化背景	误点分析 文化解析	启发设疑 对比互释	学习评价 分享成果
学生	互动问答 互学互问	情境参与 讨论交流	交际训练 模拟演练	实践体验 得体表达

课前	课中	课后
文化内容的收集整理 预习预热	文化内容的对比分析 共议共享	文化内容的形式体验 反馈反思
知识文化 1. 传统文化(琴棋书画诗酒茶) 2. 民俗文化(节庆、礼仪等) 3. 专业文化(中医、法律等)	**交际文化** 1. 语言交际文化(问候语、称谓语、禁忌语等) 2. 非语言交际文化(肢体语言、表情等)	**跨文化** 1. 汉外语言文化异同 2. 汉外知识文化异同
多模块输入文化信息 引入文化情境	多角度对比文化异同 感受文化魅力	多方面提高跨文化交际能力 共享汉语文化

图5-16 跨文化交互共享型教学流程

(一)文化平等理念

跨文化交互共享型教学模式构建的前提是平等与互相尊重。任何一个民族的文化都具有自身的特点,本无优劣之分。在教学实践中,汉语教师始终要树立文化自信,但又不可妄自尊大,既要尊重本国文化,也要尊重他国文化,在坚持平等与互相尊重原则的基础上积极开展文化内容的教学,为留学生讲授正确的中国文化知识,从正面解读不同语言文化的差异所在。既要结合事实,又要辩证分析,趣味性与知识性相结合,在现代和传统的双重视域中进一步提高留学生对中国语言文化的理解力,在文化自信的基础上,不断增强汉语学习者的"他信力"。

（二）汉语本位理念

跨文化交互共享型教学模式构建的理论基础源于中外跨文化交际理论成果。其教学出发点是汉语文化，提倡在汉语教学中遵循汉语自身的规律性，系统梳理和展示汉语的文化要素和知识内容，引导汉语学习者走进目的语文化，实现"与第二文化的共鸣"（empathy for second culture，斯特恩，2018）境界。在新形势下，对于国际汉语教学研究来说，需要立足本民族文化做深入挖掘工作。毕继万（2014）指出："当前最重要的任务是在学习西方理论的基础上深入研究文化多元化，认真从东方文化的角度探索跨文化交际理论。在这一探索过程中，应识别西方理论的通用性和局限性，不断打破欧美中心论的控制，探索多元文化的跨文化交际理论。"只有在文化自信的基础上，才可以探索出属于汉语自身的文化内容教学模式和教学体系。

（三）文化中心理念

不同于传统的以语言为中心的教学理念，跨文化交互共享型教学模式以文化为中心，并以此来构建师生的交互关系和语言教学的文化内容体系。对此，秦希贞（2017）认为，语言中心论强调"教学围绕语音、语法、词汇这些语言要素的学习而展开，注重字正腔圆、语法正确"，而文化中心论强调"第二语言能力是在交际能力的范围内发展的，而交际能力本身又是在文化能力的范围内发展的"；"交际成功的关键在于对交际语境和文化的正确理解，而不是对语言字面上的解码"。"交际中60%以上的信息是由肢体语言、面部表情等非语言要素传递的"，"以文化为中心的外语教学观也更加符合当前跨文化交际的现实需要"。坚持文化中心论，并不是削弱或消解语言教学，而是通过文化内容的教学深化对语言教学的理解。"实际上，以文化为中心不等于轻视语言教学，只是把语言教学纳入一个更宏观的框架中，强调外语教学不该仅仅止于语言层面，语言要为跨文化交际服务。""改变语言教学过于重视语言本体的问题，将学习者的注意力转移到文化这一更高的层面上,实现跨文化交际这一更为宏大的目标。"坚守文化中心的理念,不仅需要解决语言和文化的关系问题,而且还要逾越跨文化交际的语言文化障碍问题。

(四)跨文化的理念

跨文化交互共享型教学模式要求教师具有跨文化交际素质。国际汉语教学是双语文化或多语文化对话的跨文化课堂,汉语作为二语教学的实践是在跨文化交际基础上进行的语言教学活动;对外汉语教师跨文化交际能力问题既是一个素质问题,也是策略问题,或者说是汉语教师在跨文化交际实践中应具有的交际策略。对跨文化交际理论的解读和深入阐释,将有助于我们深刻理解其对汉语教学的重要意义。董明(2007)认为,1983年以来的对外汉语教学界关于交际文化的讨论,阐述了开展跨文化交际研究对发展对外汉语教学的重要意义。在"汉语热"的新形势下,跨文化交际教学作为新兴的教学模式,越来越适应中国走向世界的汉语教学,融语言和文化于一体,体现出国际化的新特点。同时,与之相适应的西方跨文化交际理论也被译介并引入国内,深化了汉语教学的跨文化视域。如:英国杜伦大学教育学荣休教授拜拉姆的专著《跨文化交际与国际汉语教学》(2017),从"跨文化交际语言教学的基本概念"出发,强化语言教育的"批判性思维和人文主义目标"。他所主张的"为语言教学加入文化的维度",受到了中国汉语教师的普遍欢迎。随着对文化理解能力的不断增强,对外汉语教师自身需要更加关注跨文化交际问题,提升跨文化意识和自觉研究跨文化的能力。在最新研究成果中,对于培养汉语跨文化交际能力目标的定位更加具体。崔永华(2020)在进一步明确汉语作为第二语言教学以培养汉语跨文化交际能力为目标的基础上,提出了"更新汉语教学理念""研制跨文化交际大纲""设计培养汉语跨文化交际能力的途径"等建议,使得跨文化的教学理念愈发明确。

(五)文化共享理念

跨文化交互共享型教学模式的最终效果是达到共通共融。就中国传统文化教学而言，其目的是感受实践，适应中国文化。对于来华留学生而言，来到中国首先面临的是了解和适应中国语言环境和文化环境的问题。中外文化背景差异很大，历史发展状况迥异，为了尽快适应中国文化，来华留学生就必然要亲身去实践、去体验。在汉语言专业教学方案中，中国文化体验课程应成为必选的选修课，要让学生在课堂上了解中国文化，在课外体验中国文化。比如，身穿唐装汉服，体验汉唐服饰文化；品尝各地佳肴，体验不同地域的美食文化；游历城市乡村，体验民居文化；游览名胜古迹，聆听历史故事，体验非物质文化；等等。这些都是留学生非常欢迎的文化体验形式。文化内容的教学是汉语课堂的重要组成部分，也是汉语课堂的延伸：一是场所的延伸——由校内走向校外；二是情感的延伸——由爱汉语升华到爱中国文化。尤其是在文化体验活动中，无论是到博物馆参观，还是到名胜古迹游览，留学生自然会切身感受到中国文化的魅力。在这一过程中，他们不仅学会了中国的语言，而且也融通了中国的文化，在语言的共通和文化的融合中，最终实现情感的共鸣，在文化移情效应中真正亲近并热爱中国文化，并在师生的互动中分享来自世界各国的优秀文化。

总之，汉语课堂需要探索跨文化交互共享型教学模式的基本理念，在实践体验中感受汉语文化的魅力，在比较分析的过程中共享世界文化，在平等对待和相互理解中获得文化认同，在共同共融中达到文化移情，从语言形式走向文化内容，真正把文化内容的教学和世界文化交流相融合。未来的国际中文教师必将担负起推广中华优秀传统文化的时代使命，致力于培养国际化人才和跨文化交流的文化使者，在教学实践中，掌握目的国的语言，增强中外文化沟通的能力，践行异质文化沟通的使命；创新课堂教学理念，增强中国文化国际传播的能力，践行本国文化传播的使命；秉持平等对话理念，增强比较文化研究的能力，践行比较文化研究的使命。（宋春香，2018）由此，为构建人类语言文化共同体助力，实现汉语文化内容教学的最高理想。

∷ 参考文献 ∷

Kumaravadivelu, B.（2017）《文化全球化与语言教育》，邵滨译，北京：北京语言大学出版社。

毕继万（1999）《跨文化非语言交际》，北京：外语教学与研究出版社。

毕继万（2009）《跨文化交际与第二语言教学》，北京：北京语言大学出版社。

毕继万（2014）《跨文化交际理论研究与应用》，北京：北京语言大学出版社。

别　睿（2019）优秀传统文化视角下高校对外汉语教学模式探索与创新研究，《课程教育研究》第46期。

曹瑞泰（2010）对外汉语教学中的文化要素析论，见《国际汉语学报》（第1辑），上海：学林出版社。

程裕祯主编（2005）《新中国对外汉语教学发展史》，北京：北京大学出版社。

崔永华（2005）二十年来对外汉语教学研究热点回顾，《语言文字应用》第1期。

崔永华（2010）对外汉语教学学科建设30年成就与展望，见《第九届国际汉语教学研讨会论文选》，北京：高等教育出版社。

崔永华（2020）对外汉语教学的目标是培养汉语跨文化交际能力，《语言教学与研究》第4期。

董　明（2007）交际文化与跨文化交际琐谈，《语言文字应用》第S1期。

黄　炎（2009）对外汉语教学中跨文化交际研究述评，《海外华文教育》第4期。

教育部中外语言交流合作中心（2022）《国际中文教育用中国文化和国情教学参考框架》，北京：华语教学出版社。

孔子学院总部/国家汉办（2014）《国际汉语教学通用课程大纲》（修订版），北京：北京语言大学出版社。

莱杰·布罗斯纳安（1991）《中国和英语国家非语言交际对比》，毕继万译，北京：北京语言学院出版社。

黎天睦（1987）《现代外语教学法——理论与实践》，北京：北京语言学院出版社。

李代丽（2015）基于文化图式的对外汉语教学研究，《语文建设》第17期。

李　红（1998）试论对外汉语教学中的跨文化交际意识，《陕西师范大学学报》（哲学社会科学版）第S1期。

李　泉（2011）论专门用途汉语教学，《语言文字应用》第3期。

李晓鹏（2016）关于对外汉语文化教学内容和模式变革的思考，《现代语文》（教学研究版）第4期。

李晓琪主编（2006）《对外汉语文化教学研究》，北京：商务印书馆。

梁忠宝（2013）对外汉语教学中的文化教学模式初探，《吉林省教育学院学报》第11期。

刘　利（2019）大力加强学科建设，提升汉语国际教育科学化水平，见《汉语国际教育知识体系的特色与构建——"汉语国际教育知识体系的特色与构建研讨会"观点汇辑》，《世界汉语教学》第2期。

刘学蔚（2016）在文化间性视角下再议对外汉语文化教学，《湖北社会科学》第5期。

鲁健骥（1990）对外汉语教学基础阶段处理文化因素的原则和做法，《语言教学与研究》第1期。

吕必松（1990）关于教学内容与教学方法问题的思考，《语言教学与研究》第2期。

吕文娇（2018）对外汉语文化教学探究——评《对外汉语教育学引论》，《中国教育学刊》第2期。

迈克尔·拜拉姆（2017）《跨文化交际与国际汉语教学》，和静、赵媛译，北京：外语教学与研究出版社。

亓　华（2003）中国对外汉语教学界文化研究20年述评，《北京师范大学学报》（社会科学版）第 6 期。

秦希贞（2017）《中美跨文化交际误解分析与体演文化教学法》，北京：外语教学与研究出版社。

盛　炎、沙　砾（1993）《对外汉语教学论文选评（第一集）1949—1990》，北京：北京语言学院出版社。

斯特恩（2018）《语言教学的基本概念》，刘振前、宋青、庄会彬译，北京：商务印书馆。

宋春香（2018）"一带一路"与对外汉语教师的文化使命，《教师》第 32 期。

汪灵灵（2008）对外汉语高级阶段文化教学模式研究报告，《湖南科技学院学报》第 11 期。

王魁京（1994）对外汉语教学与跨文化问题的多面性，《北京师范大学学报》（社会科学版）第 6 期。

王若江（2003）特殊目的汉语教学实践引发的思考，《语言教学与研究》第 1 期。

王树菊、郑景婷（2019）对外汉语教学中文化负载词的英译原则，《云南师范大学学报》（对外汉语教学与研究版）第 3 期。

王学松（2022）《国际中文教育中文水平等级标准》的文化定位与文化教学实施路径，《国际汉语教学研究》第 4 期。

王亚芳、南　潮（2017）"CBI 主题模式"在对外汉语教学中的应用研究——以伦敦南岸大学中医孔子学院为例，《湖北师范大学学报》（哲学社会科学版）第 2 期。

吴勇毅（2023）文化的理解与分享——《国际中文教育用中国文化和国情教学参考框架》之要义，《宁波大学学报》（教育科学版）第 1 期。

于小植（2022）国际中文教育文化教学资源动态数据库的建设，《沈阳师范大学学报》（社会科学版）第 2 期。

张德鑫（2000）对外汉语教学 50 年——世纪之交的回眸与思考，见《第六届国际汉语教学讨论会论文选》，北京：北京大学出版社。

张涵颐（2015）基于"3P文化"的对外汉语文化教学模式的行动研究，东北师范大学硕士学位论文。

张　莹（2004）对外汉语中的文化教学模式比较和策略分析，《合肥工业大学报》（社会科学版）第5期。

张占一（1984）汉语个别教学及其教材，《语言教学与研究》第3期。

张占一（1990）试议交际文化和知识文化，《语言教学与研究》第3期。

张占一（1992）交际文化琐谈，《语言教学与研究》第4期。

张占一（2019）《对外汉语教学与交际文化探索》，北京：北京语言大学出版社。

张占一、毕继万（1991）如何理解和揭示对外汉语教学中的文化因素，《语言教学与研究》第4期。

赵贤洲（1989）文化差异与文化导入论略，《语言教学与研究》第1期。

赵永新主编（1997）《汉外语言文化对比与对外汉语教学》，北京：北京语言文化大学出版社。

中华人民共和国教育部、国家语言文字工作委员会（2021）《国际中文教育中文水平等级标准》，北京：北京语言大学出版社。

周思源（1992）论对外汉语教学的文化观念，《语言教学与研究》第3期。

周思源主编（1997）《对外汉语教学与文化》，北京：北京语言文化大学出版社。

周小兵（1996）对外汉语教学中的跨文化交际，《中山大学学报》（社会科学版）第6期。

周延松、陈杨国生（2017）专门用途汉语教学中的文化因素——基于中医汉语的考察，《海外华文教育》第5期。

朱丽萍（2003）论对外汉语教学中学生跨文化交际能力的培养，《云南师范大学学报》（对外汉语教学与研究版）第3期。

朱勇主编（2018）《跨文化交际案例与分析》，北京：高等教育出版社。

邹明强（1996）对外汉语教学中的跨文化交流，《云南民族学院学报》（哲学社会科学版）第 4 期。

祖晓梅（2015）《跨文化交际》，北京：外语教学与研究出版社。

祖晓梅（2023）新时期中国文化教学与传播的新探索——以《国际中文教育用中国文化和国情教学参考框架》为例，《宁波大学学报》（教育科学版）第 1 期。

（宋春香，中国政法大学副教授）

第六章　海外汉语教学模式研究

第一节　美国中文教学模式

在中国经济崛起和美国华裔及亚裔人口迅速增加这两大背景下，美国的中文教育在过去20多年间经历了空前的发展（温晓虹，2011）。据统计，"在美国的3000多所大学中，目前700多所开设汉语课，汉语已成为美国大学的第七大外语"（张西平，2009）。"美国高校选修汉语的学生人数稳步上升，增长率在所有外语类中仅次于阿拉伯语，排在第二位。"（张宽，2011）一些美国大学选读中文的学生人数甚至已跃居全校学习各门外语学生人数之冠，这在历史上是从未有过的。（周质平，2015）近几年来，现代科技的发展促使美国的外语教育进入了升级换代的新时期，中文教学模式也呈现出新的特点和趋势。事实上，美国作为远离中国本土的西方国家，其语言与汉藏语系的中文相隔甚远，再加上美国的中文教学在发展过程中一直受到国内社会政治文化环境、中美关系、国际政治形势等外部因素的影响，以及中文教学方法、语言教育思潮等因素的牵制，经历了初创、停滞、转折、跃进等一系列波折变化；因此，真正将汉语作为第二语言教学，对其教学模式，包括课程设置、师资情况、教材使用情况、评估系统进行研究也只是刚刚开始，研究成果并不多（张维维，2007）。任何一种现象都不是一个单一的存在，呈现在我们眼前的现状必定有其纵向历时的影响，也有横向共时的因缘。因此，要对美国的中文教学模式所涉及的各层面进行比较完整的考察，就有必要先回顾一下美国中文教学发展的历史。

一、综述

美国中文教学的历史最早可以追溯到19世纪40年代鸦片战争之后,至今已经历了一百多年的风雨。严格意义上来说,美国中文教学始于民间。最初的中文教学是为满足华工的需要在几个大城市的中国城开设的中文学习班,大多教授广东话或文言文,这是后来美国中文学校的雏形。但由于当时种族歧视问题严重,华人一度遭到美国社会的排斥,中文教学也在很长时间内停滞不前。直至美国政府废除《排华法案》,中文教学才重新走上正轨。据史料记载,美国第一所正式的中文学校成立于1911年的旧金山中国城(徐超然,2012)。根据姚道中、姚张光天(2010)的梳理,美国正规学校,包括小学、中学和大学的中文教学历史可以分为四个阶段。

(一)第一阶段:1871年至第二次世界大战前夕

美国正规学校的中文教学始于大学。1871年,范纳姆(Van Name)教授在耶鲁大学开课介绍日文和中文的"要素",使耶鲁大学成为第一所将中文列入课程的美国大学(Tsu,1970;常宝儒,1979)。1876年,在容闳的推动和卫三畏(Samuel W. Williams)的主持下,耶鲁大学建立了第一个汉语教研室和东方图书馆,卫三畏可以说是美国本土汉语教学和汉语研究的先驱者(姚道中、姚张光天,2010;陈东东,2013)。而1879年,第一位中国的汉语教师戈鲲化将中国的语言和文化带到了哈佛(崔颂人,1994;张维维,2007;徐超然,2012)。

这个阶段的中文教学可以说是在少数个人力量的推动下开展起来的。那时,美国对中文这类"非普遍教授的语言"(Walton,1989)的研究能力是很有限的,仅限于耶鲁大学(1876)、哈佛大学(1879)、加州大学伯克利分校(1896)等部分名校的少数学者,而且一般又局限于研究古代汉语,教学目的多是为汉学研究服务,主要通过翻译练习阅读古籍(周质平,2015)。那时学中文的学生屈指可数,培养的大多是传教士,也有少数汉学家,他们一般具备一定的阅读能力，但是多数人口头表达能力很差（常宝儒，1979）。戈鲲化在美国一共只教了四五个学生（崔颂人，1994；姚道中、姚张光天，2010）。20世纪20年代初，赵元任在哈佛大学教中文时教的是白话文，连续两年他的学生只有3名（周质平，2015），当时全美学中文的学生加起来也不到100人（陈东东，2013）。可见，早期的中文教学发展极为缓慢。第一次世界大战以后，美国外交政策的特点是孤立主义，这直接影响了美国对外语研究的看法，直到第二次世界大战爆发，这种外语研究的孤立状态才突然中止。

（二）第二阶段：第二次世界大战至1958年

二战期间，美国军队为了培养能够适应战时需要的语言人才，于1943年制订了"陆军特别训练计划"（Army Specialized Training Program，又称"外国地区和语言研究计划"），并在结构语言学家提出的"速成语言教学方案"（Intensive Language Program）指导下，在哥伦比亚大学、哈佛大学、耶鲁大学开办了包括中文在内的27种语言速成学习班。其主要目标是使士兵在短时间内达到接近母语的口语水平（盛炎，1987）。当时的耶鲁大学成为中文教学的中心（姚道中、姚张光天，2010）。为了帮助飞行员在较短时间内学习、掌握中文，耶鲁大学建立了密集型中文教学模式，总结旧式教学方法的得失，利用听说法进行大量语言操练，并研发出一套最接近英文发音的"耶鲁式标音系统"，帮助英语母语者掌握准确的中文发音（陈东东，2013）。除受政府委托的几所学校之外，当时以教授中文著称的还有新泽西州的西东大学（Seton Hall University）。这些学校和研究机构的成立，成为美国中文教学的助推剂，并对美国高校中文教学的发展产生了深远的影响，标志着具有一定规模的中文教学活动的开始。二战前很长一段时间，美国中文教学仅教授文言文书面语，强调中文认读能力，晦涩的古代汉语和文法使很多想要学习中文的人望而却步。20世纪初，中国国内的白话文运动已经取得了一定的成就，这从客观上为美国军方探索和实施汉语短期培训项目提供了必要条件（盛译元，2016）。

这个阶段中文教学发展的特点主要是适应国防和军事需要，由政府支持。中文教学开始强调听说能力，以"刺激—反应"的行为主义为理论基础的"密集强化"训练模式的成功，使得短期内掌握语言听说能力成为一种可能。这种模式也促进了高校中文教学的发展。

二战结束初期，美国国内出现了"反共""恐共"情绪，阻碍了美国高校中文教学的发展。这一时期，大学对中国的兴趣和注册学习中国课程的学生人数都大大减少（盛译元，2016），这一状况一直持续到1958年美国《国防教育法》（National Defense Education Act，简称 NDEA）颁布之后才有所好转。

（三）第三阶段：1958年至20世纪末

1957年苏联成功发射了第一颗人造卫星，刺激美国政府于1958年通过了《国防教育法》，确定了外语在国防及科技发展中的重要性。美国联邦政府拨款促进某些外语的教学。他们把"关键语言"分为三个层次，中文和其他五种语言（日语、阿拉伯语、印地－乌尔都语、葡萄牙语和俄语）属于第一层次。由于国防上的需要，许多大学得到美国政府的资助设置了汉语课程。全美教授中文的学校由不到10所增加到了100所。从此，美国的中文教学便从仅有名校开设发展到普通高校纷纷开设，学中文的人数也逐年增加。根据美国现代语言协会（Modern Language Association，简称 MLA）的调查，1960年全美共有1844名学生学习中文；到了1968年，这个数字提高到了5061人（姚道中、姚张光天，2010）。据统计，1970年有5406人在美国的大专院校学习中文，到了1974年，这个数字已经超过了10000人。这一时期，美国高校中文教学也在教学理论的探讨与实践方面有了长足的发展。1966年，"以语言教学驰名于世"（施仲谋，1994）的美国明德学院首次开设中文暑校，使用"全面浸入式"（Total Immersion）的方法，将"密集强化"的语言训练模式与课堂管理、项目管理、语言评估等结合在一起，渐渐成为在美国最具号召力的中文学习项目，对美国高校中文教学的影响持续至今。

在这一阶段，美国中小学的中文教学也取得了发展。美国中学开设中文课程归功于当时在西东大学任教的祖炳民（John B. Tsu）教授。他认为把中文推广到中小学不但可以提高学生的中文水平，还可以传播中国文化，"增进中美友好的生力军"（Tsu，1970）。为此，他一方面游说美国政府和基金财团以获得经济支持，另一方面联系纽约和新泽西上千所中学校长，积极利用美国现有的中学教学资源。最后在卡内基基金会的资助下，西东大学于1962年创立了《国防教育法》暑期学院（NDEA Summer Institute），开设汉语语言文化课和中文教学课，训练师资，成为全美第一个中文师资培训中心（陈东东，2013）。1962年，全美共有309名学生在美国6个州的中学学习中文；到了1970年，全美有230所中学教授中文。这时，少数几所小学也开设了中文课程。根据美国国家外语中心的调查，1968年全美共有2096名学生在15个州学习中文。1982年，道奇基金会又推动了第二波美国中学的中文教学。他们先后资助了60所学校开设中文课程，同时支持普林斯顿大学为中学编写了一套中文教材——《中文入门》，并在普林斯顿大学成立了中学汉语中心。1985年，有11个州的3409名中学生学习中文；到1990年，增加到了32个州的7354名。（姚道中、姚张光天，2010）

1987年，美国的中小学中文教师成立"全美中小学中文教师协会"。1993年，美国大学理事会决定成立SAT II中文测试，测试对象是在中学学习了2—4年中文的学习者。高中生申请大学时可以将SAT II中文测试的成绩作为一项资历，有不少华裔子弟参加了这项测试。SAT II中文测试的开放是美国中文教学史上的一个里程碑，对中学的中文教学产生了一定的影响。

这个阶段中文教学发展的特色是美国政府及各大基金会资助中小学开设中文课程。

(四)第四阶段:21世纪以来

进入新世纪以来,美国的中文教学呈现出更加多元且发展迅速的特点。根据美国明尼苏达大学语言习得中心的统计,到2009年,全美有679所大专院校开设中文课程。美国现代语言协会2006年的调查结果显示,在2009年,全美高校学习中文的学生人数是59876人,到2013年增长到61084人。中小学学习中文的学生人数增长更为显著,到2016年已经有20多万人(刘乐宁,2017)。

2003年,美国大学理事会宣布在大学预修课程中增加AP中文,即Advanced Placement Chinese Language and Culture Course。AP中文课程于2006年在全美各地的中学展开,一年一度的AP中文测试也于2007年正式开考。AP中文测试的难度相当于美国一般大学二年级第二个学期中文课程的水平,比SAT II 中文测试高出许多。AP中文是美国中文教学史上一个极为重要的里程碑,它不但提高了美国中学的中文教学难度和水平,还直接或间接地促使许多中小学开始教授中文(姚道中、姚张光天,2010)。

从2006年起,美国开始实施"国家安全语言计划",将中文列为"关键语言",并确定了一系列子项目以推动该计划顺利进行。目前,美国政府支持的中文教学项目主要包括:"领航计划"(Chinese Flagship Program)、"星谈计划"(STARTALK Program),以及奥巴马政府在2009年宣布实施的"十万强计划"(100,000 Strong Initiative)。这些中文教学计划的实施使美国学生学习中文的年龄提前,例如"星谈计划"的目的就是为K-16中小学的学生和教师提供有创造性的、参与性的关键语言暑期学习体验(高莉、王春辉,2017)。此外,这些语言项目的实施也使美国学生学习中文的时间延长,从本科阶段延伸至研究生阶段,培养了真正精通中文的青年学者(刘乐宁,2017)。

这一时期,中国政府也从国家层面积极推动美国中文教学的发展,包括设立孔子学院及孔子课堂、举办"汉语桥"比赛、开展教师培训、组织教材编写、派遣中文教师、资助 AP 项目、组织中学生夏令营，以及邀请中小学的教育官员访问中国，等等。

二、模式的构建

美国大学的中文教学一直是美国中文教学的"主流"，能够从一个侧面反映美国主流社会对中文人才的需求，同时对基础教育、成人教育及社会教育也具有一定的导向作用。下面以大学中文课程为例，介绍美国中文教学的现状。

（一）课程设置

美国大学的中文教育没有国家制定的统一的教学大纲。从学科设置上看，中文课程一般设立在东亚研究系、东亚语言文学系，或者外国语言中心。从课程类别来看，主要包括两类：一类是为中文专业或者东亚语言文学专业学生开设的必修课。这类课程系统性很强，包括初中级语言课程，以及古代汉语、中国文学等专业性较强的高级课程；另一类则是面向全校的选修课程，这类课程以初级阶段中文课程为主，面向从一年级到四年级想学习中文或者想接触和了解中国文化的学生（盛译元，2016）。很多四年制美国大学都对学生有两年的外语学习要求，越来越多的学生选择了中文。

20 世纪 80 年代以来，大量有中文背景的学生（所谓的 heritage students 或 advanced beginners）开始选修中文课，这些学生有的来自中国，有的虽生在美国，但在家里一直说中文，并且上周末中文学校，因此他们的中文程度参差不齐。很多高校为这类学生另设了中文课程，称为 Chinese for Advanced Beginners、Intensive Chinese 或 Chinese for Heritage Students，同时，出版或选用专门针对华裔学生编写的教材。

以普林斯顿大学为例，20 世纪 60 年代在著名汉学家牟复礼的努力下，创办了东亚研究系，并开设了中文课程。目前中文部设有从中文一年级到五年级的现代汉语课程、古汉语入门，以及为华裔学生设计的语言课（见表 6-1）。

表 6-1　普林斯顿大学中文课程[①]

课程名称	学分	周学时数	学期
CHI 101 Elementary Chinese Ⅰ（初级中文Ⅰ）	4	50 分钟 ×5 学时	秋季
CHI 102 Elementary Chinese Ⅱ（初级中文Ⅱ）	4	50 分钟 ×5 学时	春季
CHI 103 Intensive Elementary Chinese（华裔初级中文）	4	50 分钟 ×5 学时	秋季
CHI 105 Intermediate Chinese Ⅰ（中级中文Ⅰ）	4	50 分钟 ×5 学时	秋季
CHI 107 Intermediate Chinese Ⅱ（中级中文Ⅱ）	4	50 分钟 ×5 学时	春季
CHI 108 Intensive Intermediate Chinese（华裔中级中文）	4	50 分钟 ×5 学时	春季
CHI 301 Introduction to Classical Chinese（古汉语入门）	4	50 分钟 ×3 学时	秋季
CHI 303 Third-Year Modern Chinese Ⅰ（三年级中文Ⅰ）	4	50 分钟 ×4 学时	秋季
CHI 304 Third-Year Modern Chinese Ⅱ（三年级中文Ⅱ）	4	50 分钟 ×4 学时	春季
CHI 305 Intensive Third-Year Modern Chinese Ⅰ（华裔三年级中文Ⅰ）	4	50 分钟 ×4 学时	秋季
CHI 306 Intensive Third-Year Modern Chinese Ⅱ（华裔三年级中文Ⅱ）	4	50 分钟 ×4 学时	春季
CHI 403 Fourth-Year Modern Chinese Ⅰ（四年级中文Ⅰ）	4	50 分钟 ×4 学时	秋季
CHI 404 Fourth-Year Modern Chinese Ⅱ（四年级中文Ⅱ）	4	50 分钟 ×4 学时	春季
CHI 405 Intensive Fourth-Year Modern Chinese Ⅰ（华裔四年级中文Ⅰ）	4	50 分钟 ×4 学时	秋季
CHI 406 Intensive Fourth-Year Modern Chinese Ⅱ（华裔四年级中文Ⅱ）	4	50 分钟 ×4 学时	春季
CHI 411 Readings in Modern Chinese Intellectual History（中国现代人物与思潮）	4	50 分钟 ×3 学时	秋季

在教学方法上，普林斯顿大学中文教学模式秉承美国中文教学先行者、语言学大师赵元任先生倡导的大小班结合、大班讲解练习、小班集中操练的模式，旨在为学生营造全中文的沉浸式学习环境。

---

① https://eas.princeton.edu/courses.

从 1993 年起，在周质平教授的带领下，普林斯顿大学中文部与北京师范大学合作举办暑期强化教学项目，即"普林斯顿北京暑期中文培训班"，简称"普北班"。该项目把学生带到目的语环境，利用暑期八周的时间集中强化教学，完成两个学期的教学任务，学生获得相应的学分。"普北班"开设的课程包括除初级汉语（CHI 101 和 CHI 102）和古汉语入门（CHI 301）之外的全部常规中文课程。学生必须签订一份"语言誓约"，即在北京学习期间不得使用英语或者其他母语，只能说中文。"普北班"是在中国成立时间最长、培训学生最多、影响力最大的北美在华中文教学项目，30 年来培训了 3000 多名美国著名高校学生，也培训了 1800 多名中文教师。"普北班"的运作模式和教学模式影响深远，后来哈佛大学、哥伦比亚大学、杜克大学等美国诸多高校都纷纷采用这种中美高校合作办学的模式。

（二）师资

现在美国的中文教师结构较之以前发生了很大的变化，这是一个进步。以前的中文教师大多由在美华人担任，普遍存在"只要是中国人就能教中文"的误解，没有专业要求。随着美国政府对中文重视程度的不断提高，对中文教师的要求越来越规范化，教师队伍也越来越专业化。

1. 美国公立中小学中文教师应具备的"硬性"条件

（1）中文教师资格证

美国所有的公立中小学为了保证教学质量，都严格要求教师必须拥有教师资格证，其中最为严格的是纽约州。与中国教育部统一颁发教师资格证不同，美国的教师资格证是由各州的教育厅制定标准的。特别是 2002 年美国联邦政府通过了《儿童平等教育法》之后，各州对于教师资格证的要求更为严格，没有资格证就取消教师的执教资格，不得在公立学校执教。

美国各州的教师资格证有两种：临时/初级证书和永久/专业证书。要获得临时/初级证书，需具备州教育厅所认可的学士学位，还必须通过教师执照考试。永久/专业证书的要求是必须具有 2—5 年的教学经验，而且要在规定时间内完成硕士学位。以最为严格的纽约州为例，必须连续2年在学校任教并完成150小时的在职职业培训，而且要在3年内获得硕士学位，这样才能获得教师资格证书。

（2）教育学类的学分

在美国中文教育师资培养中，教育学课程受到重视，必须占到所修学分的40%—50%。纽约州与美国其他40多个州形成了互惠协议，彼此之间的教师资格证相互承认。

值得一提的是，纽约州对于中文教育硕士的学分要求是："专业课程9个学分，占总学分的20%；普通教育课程10个学分，占总学分的23%；专业与其他外语教学核心课程16个学分，占总学分的36%；教育见习6个学分，占总学分的14%；毕业教学研究3个学分，占总学分的7%。"教育学的学分占比高达37%，而中文的专业课学分占比并不高，可见，有关中国传统文化和历史的课程还需加强。这与中国国内对外汉语教师的培养方式大不相同，国内的对外汉语教育更多地倾向于语言学，学生毕业时得到的是语言学硕士学位，而美国的第二语言教学学生更多地得到的是教育学硕士学位。

2. 美国大学中文教师应具备的基本条件

目前，美国大学的中文教师可分为两大类：一是美国本土培训的教师，二是从中国经过培训选拔到美国的教师。在美国大学教授中文课程的教授、讲师是不需要考取教师资格证和教师执照的，但在学历背景、知识结构和教学能力等方面需具有竞争力。

1999年6月至2000年4月，中国台湾师范大学华语文教学研究所曾组织过一次大规模的调查研究，分析了美国大学的中文教学环境。调查结果显示，中文教师的学历总体很高，有博士学位的占62%，有硕士学位的占28%，博士候选人占3%；也就是说，硕士学位以上的占93%。但是教师"所学与所教"之间存在极大的落差（如表6-2），以语言教学为专业的中文教师只占4%（虞莉，2007）。

表 6-2　美国大学中文教师主修专业分布

专业	文学	语言学	语言	教育	人文	语言教学	其他
占比	33%	21%	17%	9%	13%	4%	3%

在主修文学、语言学或语言教学的教师中，有很大一部分学习的并非中国文学、中国语言学或中文教学（见表6-3）。

表 6-3　美国大学中文教师主修与中文相关的专业分布

专业	中国文学	中国语言学	中文（包括汉语语言学与中国文学）	华语教学（即对外汉语教学）	其他
占比	18%	7%	9%	1%	65%

教师学术背景"兼收并蓄"，其中，文学专业背景的中文教师比例高于语言学或者外语教学专业背景的教师。虞莉（2007）分析了这一现象的成因，认为这是由整个高校的教育体制造成的。美国大学，特别是四年制文理学院的人文传统注重文学教学，很多包括中文在内的外语语种的主要教学目的是让学生通过文学的学习来了解外国文化的人文传统，进而成为相应的外语文学人才。

虽然近年来，学中文的学生很多并非以文学为终极目标，而转向商业、法律、政治、经济等实用型专业，但是大学中文教授的编制大多仍隶属于人文学院的外文系、东亚系或中文系。而学校在招聘中文教授时，也往往希望其既能教中文，又能用英文教授中国文学。在规模较大、师资比较充裕的研究型大学，近年来中文教学项目越来越多地由语言学或者第二语言习得专业出身的教授主管（王晓钧，2004）；但在很多院校，仍然存在一种不利于中文教学学科发展的变相等级制度，即由教授负责用英文讲授中国文学课（偶尔兼高年级的中文语言课），而由语言讲师负责教语言课。教授往往是文学专业出身，而语言讲师往往是语言学或语言教学专业出身。

(三) 教材

随着近年来海外中文学习者人数的逐渐增多，越来越多的专家提出要针对各国的文化背景开发更具针对性的国别化教材。美国的教育体制并没有全国统一的中文教学大纲，也不规定统一的教材，因此各个学校和教师都有权自己挑选教材。这为美国本土和中国国内学者编写对美中文教材提供了极大的空间和市场。

盛译元（2013）对 28 所综合排名靠前的美国大学中文项目的教材使用情况做了详尽的调查研究，发现目前美国高校中文教材的选择和使用比较分散。除了几套教材使用量明显多于其他教材外，教材的选用多根据任课教师的教学经验或使用习惯、偏好等决定。（见表 6-4）

表 6-4　美国高校中文教材使用情况

级别	教材	学校（所）	出版社
初级	Integrated Chinese（《中文听说读写》）	18	Cheng & Tsui 出版社
	Chinese Link（《中文天地》）	3	培生教育出版集团
	Oh, China!（《中国啊，中国！》）	3	普林斯顿大学出版社
中级	Integrated Chinese（《中文听说读写》）	9	Cheng & Tsui 出版社
	Chinese Link（《中文天地》）	4	培生教育出版集团
高级	All Things Considered（《事事关心》）	6	普林斯顿大学出版社
	A Kaleidoscope of China（《中国社会百态》）	3	普林斯顿大学出版社

美国大学中文教材编写和使用主要有以下几个特点：

（1）从自编教材到出版教材，实力强的大学倾向于使用自己编写出版的教材。

美国现在已正式出版的中文教材，有许多当初是中文教师上课时使用的自编教材。很多教师都精通中英文，有多年在美国的教学经验，由于找不到合适的教材，就开始自己编写教学材料，经过一段时间的使用、完善后，最后由出版社出版。很多实力强的大学倾向于使用自己出版的中文教材，比如普林斯顿大学、耶鲁大学、哥伦比亚大学这些中文教学历史悠久、师资力量强大的大学，使用的都是自己出版的教材。哈佛大学使用的 College Chinese、《初来乍到》虽然分别由美国 Cheng & Tsui 出版社和中国高等教育出版社出版，但这两套教材都是哈佛大学的中文教师编写的。

（2）教材容量和结构编排充分考虑了美国大学中文课程设置的特点。

比如《中文听说读写》全系列共 4 册，每册书各 10 课，全套 40 课。这种设计非常符合美国大学中文课多为选修课或者辅修课的特点。对于一般大学的本科生，在基础汉语学习阶段的头两年刚好可以学完。《事事关心》是为中文三年级学生编写的教材。全书共 32 课，每个学期学 15—16 课，也非常适合一学年的教学量。

（3）主流教学法在教材中得到体现。

外语教学理论主要来自欧美，美国是其主要阵地。听说法发端于美国的结构主义语言学，认知法与乔姆斯基的转换生成语法也有关联，因而在美国本土出版的主流中文教材都能反映出当时的主流教学法。如哈佛大学使用的 College Chinese 和普林斯顿大学曾使用过的 Chinese Primer 是听说法教材，印第安纳大学和斯坦福大学使用的 Interactions 和 Connections 贯彻的是认知法，《中文听说读写》体现的是交际法，而《实用华语》则受到直接教学法的影响。（罗春英，2010）

（4）教育技术促使教材升级换代，电子课本及配套辅助材料形式多样。

近年来，随着教育技术的发展，美国的中文教材开始出现网络化的趋势，将教材、教学活动、教学管理融为一体，突出了互动性、便捷性及多媒体功能。例如，《中文听说读写》（第 4 版）的教辅材料品种非常丰富，既包括纸质材料，也包括可用于移动设备的电子书和学习平台，将多媒体视听材料嵌入课文，方便学生在移动设备上迅速跳转、重点标记及完成互动练习。有些教材，如《你我他》，也推出了配套的网络平台，不但提供形式多样的在线读写练习，而且还推出语音工具，支持学生进行单人听说练习，甚至多人同步对讲。另外，有的教材还尝试直接利用视频呈现课文内容或进行语法讲解。（张霓，2014）

（5）繁体字、简化字、注音符号、汉语拼音并行。

由于美国最初的中国移民多使用繁体字，所以很多美国本土编写的中文教材中，会有繁体、简体两个版本，而且除使用注音符号外，也使用汉语拼音。具体做法是：同一种教材，出一本简体版，另出一本繁体版，如《中文听说读写》；或者同一本教材中，先列简体课文，后列繁体课文，如《中国啊，中国!》《事事关心》。对于注音符号或汉语拼音，有的是在汉字的上方或下方标注，或者在课文旁边同页对照出现，如《中国啊，中国!》；也有的是将课文的拼音放在整课最后，如《中文听说读写》。随着中国大陆经济的快速发展与综合国力的日益增强，简化字的影响也在逐渐扩大，一些来自中国台湾的中文教师在编写教材时也会加上简化字。而对于欧美学生来说，汉语拼音明显比注音符号有优势，因为汉语拼音采用拉丁字母，与欧美学生日常使用的英文字母属于同一个体系，他们非常熟悉，学起来自然省时省力。

学生的需要也不一样，有的学生想学繁体，有的学生愿学简体，所以在美国本土出版的中文教材繁简并存是基于实际需要。

（四）美国大学中文教学法现状

美国大学历来是各种中文教学法交锋之地，美国中文教师学术背景的多样化，造成了美国大学教学路子与模式的"散乱现象"（虞莉，2007），从最初的翻译法和直接法，到后来的听说法和交际法都曾在美国大学中文教学界掀起过波澜。近十年来，美国大学中文教学法开始从重结构或重功能的二分法则中逐渐脱离，形成了一种兼容并包、集众家所长的风气，大学中文综合教学法由此产生。其中以"控制式操练法"最为引人注目，使用范围也最广。所谓"控制式操练法"，就是一种"在教师控制下的、以学生为主的教学方法"（朱永平，2004），强调由教师有控制地输入"有意义的"的语料，保证学生输出正确的句子。

1. "控制式操练法"的教学理念

"控制式操练法"的教学理念并非以某一语言学理论或教学理论为基础，而是一种综合性的教学法。它以先进的语言教学理论为指导，又借鉴了成功的办学经验，对不同的教学理论、方法进行对比、分析，再加以取舍。这种教学理念往往通过大学中文项目的师资培训传递给每位教师，并在整个教学活动中起着指导和规范作用。具体如下：

（1）所有人都具有先天内在的语言习得机制。从认识论的角度，控制式操练法教学倾向于以理性主义哲学和生成语言学理论为基础的"认识法"，即认为所有人都具有习得语言的能力，这种能力是与生俱来的。但是，这种语言生成能力必须受到后天语言经验的刺激才能被激活。对于成人学习者来说，第二语言能力的获得不可能像获得母语那样"自然"地完成，也不可能像"听说法"期待的那样完全通过刺激—反应的过程实现。这一能力必须在一个有组织的教学活动中达成。

（2）听说读写不能截然分开。基于这样的认识，与传统语言教学将课型分为听力、口语、阅读、写作、综合等进行分技能教学的做法不同，美国大学中文课程往往听说读写不分家，只有大班课（lecture）和小班课（drill）之分。大班课重在语法点的讲解，小班课重在语法操练与话题讨论，二者各有侧重又互相配合。再加上课下的师生个别谈话及学生演讲、作文等形式，使学生听说读写各方面的能力同时得到提高，力求避免那种即使勉强分开却因不能有效配合而互相脱节的情况。

（3）在听说读写四项技能中又侧重听说技能的培养。"眼见不如耳闻，耳闻不如口说"，"听说第一，读写第二，以学生为主，让学生说话"。朱永平教授在哥伦比亚大学暑期班师资培训时强调指出："要教会学生学语言，就必须让他先学会开口。"这是因为"英语和汉语的音节组合方式大不相同，发音方式也有很大区别。因此必须通过训练发音部位，让学习者发音器官的肌肉适应汉语的发音体系，建立起一种'肌肉记忆'"。此外，"在听说读写四项技能的学习中，听说技能，特别是'说'的技能是最难自然习得的，更是不能等待的，需要通过科学的训练——有控制的输入，再辅以输出训练。而且'说'的培养也最需要教师的指导、改正和帮助"。

（4）强调"在教师控制下的以学生为主"。要求教师在课前充分预测难点，在课堂教学的过程中充分考虑学生的接受能力和理解能力。教师可以用正常的语速说话，但是要严格控制语言的难度，尤其在小班操练课上绝对不能使用新的词语和语法结构，当然也绝对禁止出现英文。在课堂上，学生是主体，教师用大部分的时间让学生练习，教师只是起一个组织和引导的作用。教师给学生的每一个问题和练习都是经过充分考虑和反复斟酌的。

（5）通过大量的听说操练，使学生学得的语言达到自动化。McLaughlin（1990）认为，第二语言习得是对一种特殊而又复杂的认知技能的学习，是通过练习从需要控制和注意的操作变成自动的过程，这个过程就是重构。它是内部中介语表征发生质变的过程，也是正式学习学得的外显规则和知识向内隐规则转化并逐步形成自动反应的过程。他认为练习在技能的自动化和表征系统的重构方面起着重要的作用。正是基于这一认识，从方法论的角度，美国大学的中文教学借鉴了"听说法"的很多做法，承认充分的、高质量的可理解性输入（comprehensible input）是语言习得的关键，而"听说法"所主张的高密度句型操练实际上是提供这种输入的最有效的方法。没有这样的操练，语言技能不可能自动化。

（6）输入的语料应该是"有意义的"、可懂的，能与学生已有的认识结构发生联系。受奥苏贝尔"有意义语言学习理论"的影响，强调学习在任何时候都应该是"有意义的"。教学应该是从"已知"到"未知"的过程，是一个控制的过程。学生应该在学习的过程中始终明白他们要做什么。新材料、新结构的导入应该精心安排，以使它们与学生已有的认知结构发生联系。学生已有的认知结构不仅包括他们对新的语言知识、语言结构的认识，也包括他们对母语的认识，以及他们对世界的一般知识的认识。

（7）强调"语感"的养成。这里的"语感"概念既不同于乔姆斯基所说的"语言直觉"（linguistic intuition），又有异于国内学者通常所指的下意识的对"言语"的感觉。"语言直觉"是母语者潜在的、与生俱来的语言能力，母语者可以借此对以前从未听到的语句做出正误的判断。操同一母语的人应该有相同的语言直觉。而国内学者所说的"语感"是建立在后天语言经验之上的对言语的感觉，因人而异，操同一母语的人可以有不同的"语感"。而这里的"语感"则是习得者在对"语言"结构有了相当的理性认识和感性积累之后的一种自觉。所谓"不假思索，脱口而出"正是语感的一种表现。这种语感也许不能对所有从未听说的语句做出正误的判断，却能保证对已学结构正确、流利的使用，并有助于学习新的结构。特别是低年级第二语言教学，其重要任务之一应该是帮助学生建立正确的目的语语感，否则习得者永无希望达到与母语者相同或接近的语言水平。

使用控制式操练法需要学生课前很好地预习课文内容和生词，这样课堂上师生间的一问一答才能进行得顺畅、紧凑。控制式操练法指导下的课堂，充分融合了各教学法的特点。针对低年级学生，教师以提问的方式串联整个教学流程，词汇、语法的学习融入句子操练中，采用的方法包括：①建立范句。通过领读和重复词语、句子，引导学生说出目标句式。②替换练习。替换句中的词语，然后重复数次完整的句子。③翻译练习。教师在给出问题后，再给出一个简短的英文单词作为提示，学生根据这个词用中文回答问题。④一旦有学生说出了精彩的句子，让其他学生分别重复这个句子，最后全班集体重复本句。⑤教师准备一些含有本课语法点和生词的卡片，并提供情境，让学生根据卡片的提示，完成句子或回答问题。针对高年级学生，教师使用控制式操练法的侧重点会有变化：①增加中文著作的阅读量，让学生将其中某些书面表达转换为口语表达。②教师给出比较正式的英文文章，让学生课下将其翻译成中文。③教师抛出一个话题，引导学生表达自己的观点，然后通过启发式问答将讨论深化，甚至鼓励学生与自己争论，让学生成段地表达自己的观点。

我们不难发现，在控制式操练法的核心理念指导下，各教学法已经被悄无声息地吸收、融合在一起，形成了这种灵活多变的综合教学法。

2. 普林斯顿大学的教学模式

美国很多知名高校，如明德学院、普林斯顿大学、哈佛大学、哥伦比亚大学等，一直沿用以控制式操练法为核心的综合教学法进行教学。经过几代中文教学界同人的努力实践和探索，该方法日臻完善，"可以说是北美许多高校集体智慧的结晶"（汲传波，2006）。现以普林斯顿大学为例，介绍这种教学法指导下的教学组织结构。

（1）教学准备阶段——集体备课会

普林斯顿大学对教学准备工作的重视不亚于课堂教学，他们实行集体备课制度，每周由各个年级负责人组织，进行一次集体备课会。备课会要求教师"有备而来，集思而去"，个人备课是集体备课的前提。集体备课会上，由年级负责人带领本年级教师团队对每个语言点进行讨论，确定语言点的中英文解释、相似语言点的比较、语言点的导入方法及操练方法的设计，甚至要讨论并确定教师在课堂上使用的每一个问题和问题的排列顺序。之所以花大量的时间将教学中的每一个细节都准备到，是为了保证每一个平行班的教学内容和教学质量的一致性。在准备每一个语法点的讲解和练习的时候，教学理念中的反复操练和从"已知"到"未知"一再被强调和突出。这表现在以下的两个备课要求上：问题的设计要由易到难；在新的语法点的练习中，要尽量复现以前学过的词，而不能使用任何学生没有学习过的词语和语法。集体备课资料成为教师上课时的重要依据，然而集体备课形成的教案并不是教师上课前的定案，每位教师还要在此基础上进一步设计自己的教学。

在集体备课会上，还有一项重要内容——备学生。课堂教学应该是在"教师控制下的以学生为主"，学生是课堂教学中的主体，因此应尽可能充分地了解学生的知识水平、认知能力、思想表现、情感状态、兴趣爱好、生活经验等。一方面，能够预测学生的学习难点，在教学时设计相应的、有梯度的练习；另一方面，可根据学生的学习实际、生活实际来创设情境，设计提问，从学生最熟知的、与他们关系最密切的情况出发，做到"有的放矢"，使学生有话可说，同时保证输出的准确和流利。

（2）教学实施阶段

普林斯顿大学在长期实践中已经确立了固定的、程序化的教学组织形式，形成了便于强化教学活动循环往复的课堂衔接方式。具体来说，大班课和小班课是主要教学环节，此外还安排师生两周一次、每次15—20分钟的个别谈话，每个环节既各有侧重，又紧密联系（见图6-1）。

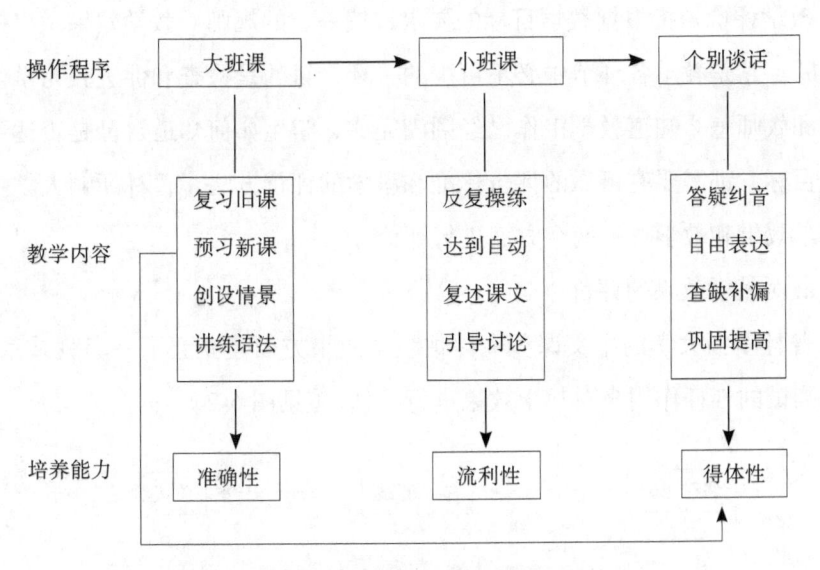

操作程序	大班课 →	小班课 →	个别谈话
教学内容	复习旧课 预习新课 创设情景 讲练语法	反复操练 达到自动 复述课文 引导讨论	答疑纠音 自由表达 查缺补漏 巩固提高
培养能力	准确性	流利性	得体性

图 6-1 普林斯顿大学课堂教学操作程序流程

按照以上教学组织形式，各课型的教学均以课文为主线，学生对同一课的重点词汇和语法，会有三次不同形式的接触和训练，即大班教授、小班操练、谈话巩固。学一课，练一课，用一课，在反复练习、反复刺激中，使课文直接转化成学生使用的口语，全面提高学生的交际能力，达到强化教学的目的。

（3）课外活动

美国大学的中文项目非常重视给学生创造目的语环境，最大限度地开发课外时间资源，寻求有效教学时间与课外时间的有机联系，增加课外时间使用中文的机会，有计划地使课外时间成为有效教学时间的延伸。比如普林斯顿大学的中文项目为各年级的中文学生分别开设每周一次的"中文桌子"，即师生在学校餐厅共进晚餐，在餐桌上师生用中文自由交谈。此外还会定期举办学生演讲比赛，组织学生观看中文电影。这些课外活动与课堂教学不着痕迹地相互衔接，成为扩大教学中自然习得成果的有效途径。

（4）教学评价

教学评价是指根据教学目标的要求，按一定的规则对教学效果做出描述和判断。它是教学各环节中必不可少的一环，目的是检查和促进教与学。管理者和教师怎么知道教学工作已经圆满完成，学生如何知道自己是否达到了学习目标，都需要有可靠的评价标准和科学的评价方法。普林斯顿大学主要从教学效果和教学过程两个方面进行评价。

a. 对教学效果的评价

普林斯顿大学的中文课程在评估教学效果方面建立起了一套测试系统，利用测试的杠杆作用来对教学效果进行评估。（见图6-2）

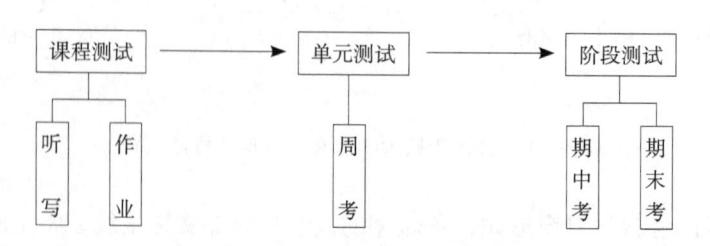

图6-2 普林斯顿大学的学生测试系统

具体来说：

课程测试，每周至少安排一次听写，检查学生的预习和复习情况；同时每天都给学生留作业（包括每周写一篇作文），以帮助其消化、理解课堂内容。单元测试，即每周五进行的周考，对一周的教学内容加以考查，围绕本周所学的生词和句型展开，也经常要求综合运用前几周所学的语言点。阶段测试，即在期中、期末进行测试，考查学生对各阶段教学内容的掌握情况，以训练学生达到教学目标。阶段测试还包括口试，即在期中、期末安排口头报告，由学生口述自己作文的内容，既不允许看稿也不鼓励背稿。教师根据语音、声调、语法、长度、流利五项指标打分。

此外，教师还要对学生的出勤、课堂表现等情况进行打分。学生的测试成绩和日常表现都在最后的总成绩里占有一定的比例（见表6-5），如果成绩合格，可获得美国大学承认的4个学分。

表6-5　各部分成绩占总成绩的比例

考核内容	分数占比
大、小班出勤和课堂表现	10%
作业（包括作文）	15%
听写	10%
口头报告	10%
周考（包括期中考试）	35%
期末考试	20%
合计	100%

这样的形成性测试系统将学生的整个学习过程纳入进来，并把学生的学习成绩及各方面的表现与所获得的学分结合起来，给学生一种外在的动力，能最大限度地开发其学习潜能。比如，由于学生要参加听写测试，所以在普林斯顿大学的中文课堂并不存在出勤率低的问题，迟到现象也几乎没有。测

试对学生来说是对学习效果的检验，对教师来说更是调整教学的杠杆，教师可通过对测试结果的统计分析来检验教学目标的完成情况，评价教学效果，进而调整教学，使教学尽量少走弯路。

b. 对教学过程的评价

美国大学每学期结束之前都会要求学生用网上课堂评估系统对本学期所选课程的教师和教学过程进行评价。有些中文项目还会专门针对中文课程进行教学过程评价。如普林斯顿大学，既有教师互评，也有学生评价。教师互评主要包括以下两个方面：一是教学管理者会不定期地到各个教室听课，课下与年级负责人和教师讨论，要求对问题比较集中的课型和教学活动进行调整；二是要求教师互相听课，听课教师观察学生在课堂上的反应，课后互相交流，对教学中出现的失误及时进行弥补和调整。另外，在每学期期末考试以后，要求学生对教师的教学能力、方法、态度、效果等各个方面进行一次全面评价，并写下评语。教师评价问卷如图 6-3 所示：

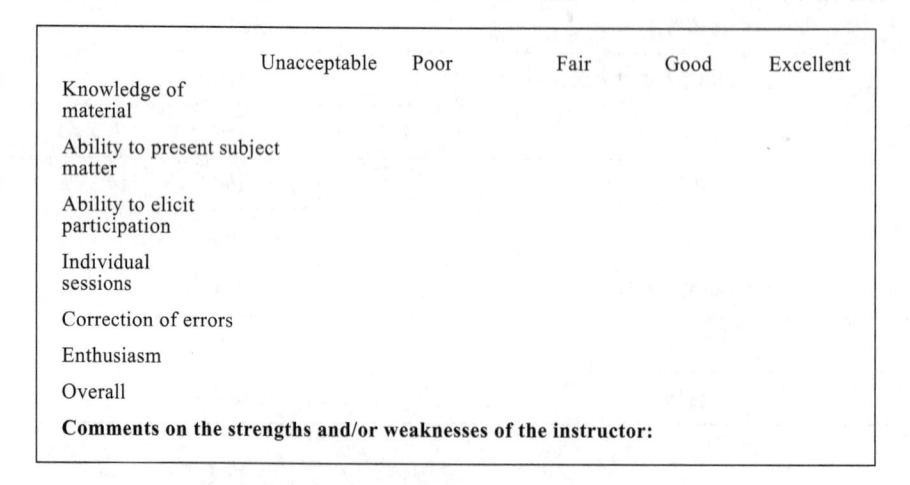

	Unacceptable	Poor	Fair	Good	Excellent
Knowledge of material					
Ability to present subject matter					
Ability to elicit participation					
Individual sessions					
Correction of errors					
Enthusiasm					
Overall					

Comments on the strengths and/or weaknesses of the instructor:

图 6-3　2009 年普林斯顿大学中文教师评估问卷

（5）教学模式流程

普林斯顿大学的中文教学模式流程见图 6-4：

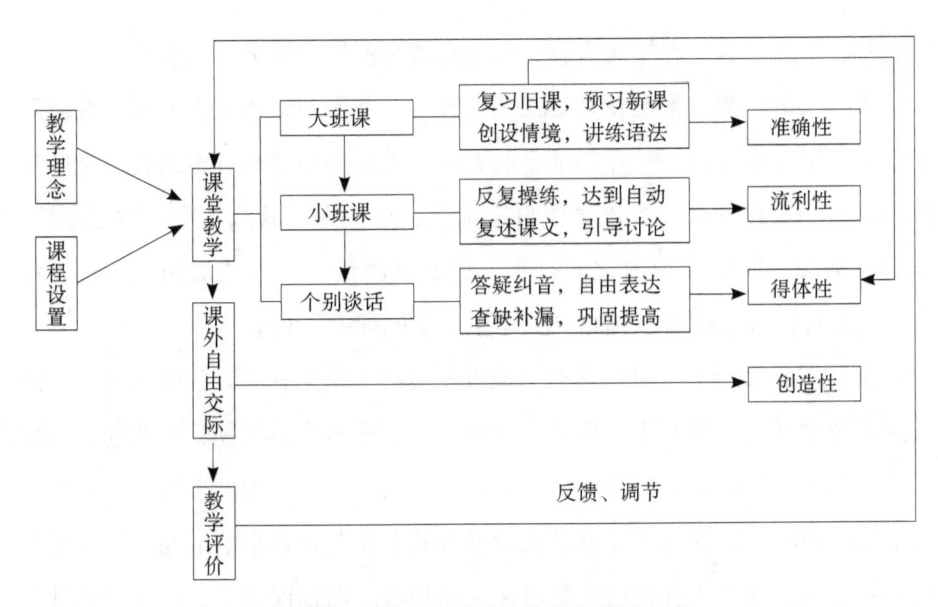

图 6-4　普林斯顿大学中文教学模式流程

3. 远程教育背景下的新型中文教学模式——翻转课堂

随着多媒体计算机和网络通信技术的不断发展、迭代、普及和日益成熟，远程教育迅速发展，并与传统大学教育相互融合，促使中文教学界也做出了相应调整。目前在美国中文教学界，探索如何利用现代信息技术改革传统的教学结构，突破教学的时空限制，提高教学效率，为学生构建自主学习环境，使教学从"标准化""规模化"向"个性化""差异化"转变，成为一个新的趋势。(曾晓洁, 2014; 姜松, 2014; 曾妙芬、高燕、蔡罗一, 2019)在此背景下，线上和线下相结合的混合式教学，特别是"翻转课堂"教学模式，被美国教育领域普遍认为是最有发展潜力和空间的教学模式。(张霓, 2014; 陈姮良, 2014)

翻转课堂最初是由两位高中化学教师提出的，他们为了帮助缺课学生跟上进度，使用录屏软件将演示文稿和教师音频录制成视频，帮学生补课(Berrett, 2012)。后来，这种方式逐渐被更多学生所接受，取得了显著的效果，于是两位教师又将其扩展，把"课上讲解，课下练习"的传统模式进行

"翻转"，变为"课前看视频讲解，课上在教师指导下练习"的模式。

在中文教学界，翻转课堂逐渐为研究者和教师所认识，大家开始在实践中不断探索与中文教学特点相结合的方法。教师利用视频和网络技术把知识传授的过程放在课前，允许学生自定步调，自主完成低认知层次的记忆性、理解性活动，而把知识内化的过程，也就是高认知层次的应用、分析、评定、创新性训练放在有教师指导、学生互动的课上进行。

翻转课堂体现了维果茨基的"最近发展区"理论和"以学生为主体"的支架式教学理论。将学生"现有发展水平"所能解决的问题置于课前，运用网络工具和多媒体教学资源，将复杂的任务加以分解，为学生提供支架和学习情境。同时，这种模式充分承认学习者的个体差异和不同潜能，学生可根据学习实际，选择适合自己的学习速度和频次。而在课堂上，教师可以针对每个学生的情况展开有针对性的指导。（高晨，2017）"翻转课堂"线上和线下、同步和异步有机结合，利用视频"先学后教，以学定教"的特点，决定了这种模式既为远程教育提供了合理有效的具体实施方法，也为传统的面授课程提供了更多的教学资源，对传统教学模式来说是有力的补充与完善，两者的融合有助于实现教学过程的最优化。高晨（2017）将中文翻转课堂教学模式整理如图 6-5 所示：

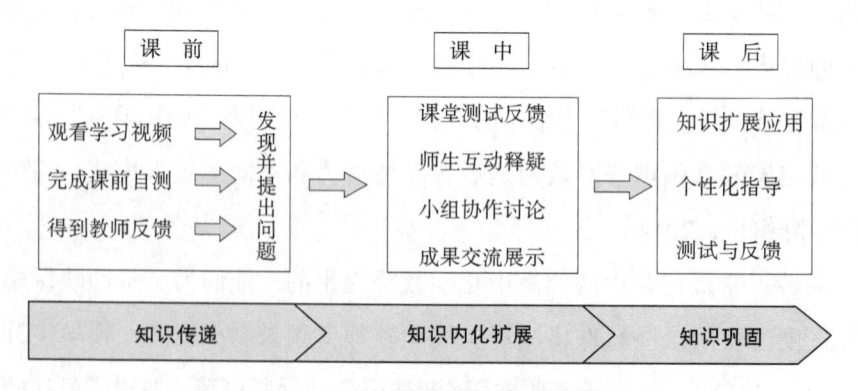

图 6-5 中文翻转课堂教学模式流程

三、美国中文教学当前面临的挑战及未来发展趋势

（一）大学选修中文的学生人数有所下降

近年来，美国中文学习者呈现出低龄化的趋势。中小学选修AP（Advanced Placement）课程和IB（International Baccalaureate）课程的学生人数逐年增加。然而在大学，选修中文的学生人数近年来出现了明显的回落，2018年2月，美国现代语言协会公布的调查数据显示，美国大学选修中文作为第二语言的学生人数从2013年到2016年下降了13%。而且，在选修中文的学生中，初学者多，能够坚持学到中高级的少，多数美国学生对中文学习不是望而却步就是浅尝辄止（印京华，2006b）。此外，美国大学选修中文的学生中，华裔学生所占比例并不高，比如在哥伦比亚大学，华裔学生人数仅占中文部学生总数的15%左右；在西北大学，华裔学生占所有中文学生的40%并且人数有下降的趋势。一方面，中小学中文课程的开设使很多学生在进入大学后可以免修中文，因此造成大学中文项目低年级人数下降；另一方面，中小学与大学中文教育的脱节也影响到了大学中文项目的生源。由于各州语言政策和教学大纲并不统一，很多中小学中文教学质量不高，无法与大学教育很好地衔接，造成很多学生在语音语调、词汇语法方面基础很不扎实，虽然在中小学学习多年，进入大学后却因达不到标准而不能顺利完成学习任务。因此，中小学和大学中文教育整体系统的建立和衔接问题急需解决。

（二）本土中文教师素质亟待提高

在美国，中文教师的发展与培养越来越专业化，但师资不足的问题仍然存在。中文教育在美国地理分布不均，主要集中在华人较多的东西两岸。师资短缺是影响美国未来中文教育发展的瓶颈。美国缺乏中文教师，更缺乏能适应美国教学环境的中文教师。要从根本上改善美国中文教育的师资问题，需逐步建立完备的中文教师培养机制，从而培养出大批既精通中国文史知识

又了解美国学生特点并且具备教学能力和教学经验的本土教师。

另外，当前网络信息技术的发展也对教师的知识结构和职业素养提出了新的要求。Mishra & Koehler（2006）提出的 TPACK 框架（Technological Pedagogical Content Knowledge），即"整合技术的学科教学知识"（见图6-6），为教师在教学中整合技术和课程内容提供了新视角，也为教师知识结构框架的构建提供了理论依据。

传统教学模式下成长起来的中文教师往往缺乏"整合技术的学科教学知识"，而在当前教育技术快速发展的大背景下，想要真正实现信息技术、中文语言特点和教学手段的深度融合，就需要通过开展有针对性的师资培训，提升教师的 TPACK 知识和技能。教师不但需要熟练掌握技术，有能力在不同的教学情境中运用技术，更需要了解技术应用的潜力和局限，辩证地整合技术、内容和方法，支持教学目标的实现。

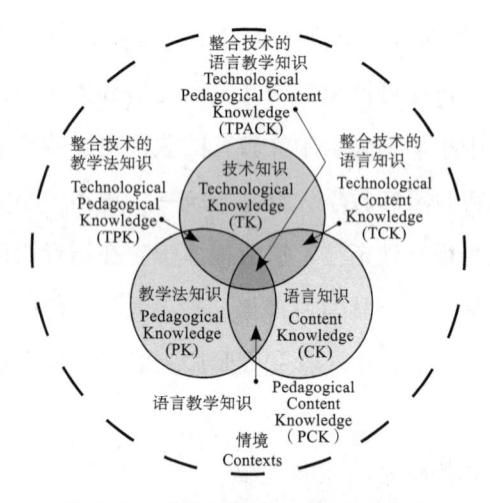

图 6-6　语言教师 TPACK 知识结构

（三）教学内容和教学方法的改进面临挑战

美国的中文教材越来越本土化，而且本土化教材在市场上所占比例也不断提高。例如，《中文听说读写》在美国市场所占比例大概能达到30%，普林斯顿大学和哥伦比亚大学编写的系列教材也被很多学校选用。其他适用范围较小的教材也不断推出，种类繁多。（刘乐宁，2017）但总体来说，由于缺乏统一的标准，教材市场仍然比较混乱。目前很多教材都是一线教师在日常教学之余编写的，水平参差不齐。另外，因为没有全国统一的教学大纲，各大学中文项目在教材的选择和使用上比较混乱，常常有盲目地多年使用同一套教材的现象。

近年来，教育技术的发展对教学内容和教学方法的改进提出了新的要求和挑战。在宏观层面，缺乏有关网络教学理论和模式的系统性研究；而在微观层面，如何利用多媒体工具研发电子课本、制作优质教学资源，如何充分发挥远程教学的优势而使之与传统面授课程有效结合和互补，都需要我们加强理论联系实际的探索。总之，优化网络环境下的中文教学模式是未来的趋势，这不但要依靠技术的迭代，更需要教师和研究者在教育信息化的新背景下更新观念，重新思考"教什么""怎么教"和"怎么学"的问题。

四、结论

美国中文教学作为国际中文教育的一部分，起步虽晚，但发展迅速，其教学模式具有鲜明的特点。首先，由于大学中文教育一直是美国中文教育的"主流"，因此学术起点高，理论密切联系实践，教学和研究相互促进。其次，美国多语言、多文化共存的社会环境也促进了教学模式的发展和研究。再次，美国政府的外交政策以及对外语教育的态度和举措，对中文教学模式的建立、更新和改进都有很大的影响。最后，全球教育网络化的大背景也给美国中文教学模式的升级换代带来了新的机遇和挑战。

∷ 参考文献 ∷

常宝儒（1979）美国汉语教学和汉语研究概况，《语言教学与研究》第 1 期。

陈东东（2013）汉语在美国的传播历史——纪念美国中文教学界三位巨匠，

《汉语国际传播研究》第 2 期。

陈姮良（2014）应用无缝与翻转学习模式在中文教学的融合与统整应用，*Journal of Technology and Chinese Language Teaching*（《科技与中文教学》）第 5 卷第 1 期。

崔颂人（1994）美国汉语教学的先驱——戈鲲化，《世界汉语教学》第 3 期。

笪　骏（2011）在线汉语教学和资源系统建设的问题与改进：以《网络孔子学院》和《长城汉语》为例，*Journal of Technology and Chinese Language Teaching*（《科技与中文教学》）第 2 卷第 1 期。

冯胜利（2008）海外汉语教学与研究的新课题，《云南师范大学学报》（对外汉语教学与研究版）第 1 期。

高　晨（2007）"哥伦比亚在北京"暑期汉语项目个案研究，北京语言大学硕士学位论文。

高　晨（2017）翻转课堂在美国大学中文课程中实施的行动研究报告，《国际汉语教学研究》第 1 期。

高　莉、王春辉（2017）美国"国家安全语言计划"之"星谈"项目，《北华大学学报》（社会科学版）第 5 期。

汲传波（2006）论对外汉语教学模式的构建——由美国明德大学汉语教学谈起，《汉语学习》第 4 期。

姜　松（2014）Blackboard Learn 平台上初级汉语网上课程的实践与探索，*Journal of Technology and Chinese Language Teaching*（《科技与中文教学》）第 5 卷第 1 期。

刘乐宁（2017）美国的汉语教学或教育的现状和前景，《国际汉语教学研究》第 3 期。

罗春英（2010）美国汉语教材现状综述，《江西科技师范学院学报》第 5 期。

盛　炎（1987）美国的速成外语教学，《世界汉语教学》第 3 期。

盛译元（2013）美国高校汉语教材研究，中央民族大学博士学位论文。

盛译元（2016）美国高校汉语教学发展历程研究，《海外华文教育》第 5 期。

施仲谋（1994）明德中文暑校经验的启示，《世界汉语教学》第 1 期。

王秋雨（2007）哈佛大学汉语讲练课课堂活动研究，北京语言大学硕士学位论文。

王晓钧（2004）美国中文教学的理论与实践，《世界汉语教学》第 1 期。

温晓虹（2011）美国中文教学面临的挑战与对应策略，《世界汉语教学》第 4 期。

徐超然（2012）美国汉语教学的历史、现状、问题和对策，黑龙江大学硕士学位论文。

姚道中（2014）夏威夷大学和美国的中文教学，《华文教学与研究》第 1 期。

姚道中、姚张光天（2010）美国汉语教学历史回顾与现状，见张海惠主编《北美中国学——研究概述与文献资源》，北京：中华书局。

印京华（2006a）探寻美国汉语教学的新路：分进合击，《世界汉语教学》第 1 期。

印京华（2006b）在美国大学普及汉语教学的策略，《云南师范大学学报》第 2 期。

虞 莉（2007）美国大学中文教师师资培养模式分析，《世界汉语教学》第 1 期。

曾妙芬、高 燕、蔡罗一（2019）中文线上课堂有效结合科技工具以强化互动之报告，*Journal of Technology and Chinese Language Teaching*（《科技与中文教学》）第 10 卷第 1 期。

曾晓洁（2014）美国大学 MOOC 的兴起对传统高等教育的挑战，《比较教育研究》第 7 期。

张 宽（2011）美国汉语教学还有很长的路要走，《人民日报》11 月 1 日，第 23 版。

张 霓（2014）优化中文教学模式——从现状看发展，*Journal of Technology*

and Chinese Language Teaching（《科技与中文教学》）第 5 卷第 2 期

张维维（2007）中美建交后美国汉语教学状况研究，吉林大学硕士学位论文。

张西平主编（2009）《世界汉语教育史》，北京：商务印书馆。

周质平（2015）美国中文教学史上的赵元任（上），《国际汉语教学研究》第 1 期。

朱永平（2004）控制式操练教学法在不同年级汉语教学中的运用，新世纪对外汉语教学——海内外互动与互补学术讨论会。

Berrett, D. (2012) *How 'flipping' the classroom can improve the traditional lecture.* The Chronicle of Higher Education. https://www.chronicle.com/article/how-flipping-the-classroom-can-improve-the-traditional-lecture/.

McLaughlin, B. (1990) "Conscious" versus "unconscious" learning. *TESOL Quarterly*, 24(4).

Mishra, P. & Koehler, M. J. (2006) Technological pedagogical content knowledge: A framework for teacher knowledge. *Teachers College Record*, 108(6).

Tsu, J. B. (1970) The teaching of Chinese in colleges and schools of the United States. *The Modern Language Journal*, 54(8).

Walton, A. R. (1989) Chinese language instruction in the United States: Some reflections on the state of the art. *Journal of the Chinese Language Teachers Association*, 24(2).

（高晨，美国纽约大学高级讲师）

第二节　日本汉语教学模式（一）

一、引言

目前在世界各国展开的国际中文教育可以分为国内和国外两个环境，国内环境为中国国内展开的"对外汉语教学"，国外环境分为海外汉语教学和海外华文教学。（姜丽萍，2014）

其中，海外汉语教学是指在海外非目的语环境下，对母语非汉语的外国人所进行的汉语教学。日本汉语教学属于海外汉语教学，郭春贵（2014）分为六大方面：大学汉语专业、大学公共外语、高中汉语课、民间汉语班、孔子学院和 NHK 电视电台讲座。随着中国经济的飞速发展，20 世纪 90 年代至 21 世纪初，日本国内出现了"汉语热"现象。尤其在大学，为了找到理想的工作，选修汉语作为第二外语的学生逐年增加，开设汉语课程的高中也日渐增多。但近十几年来，由于日中政治关系、日本"年轻人的内向意识"等因素的影响，日本国内学习汉语及赴华留学生人数开始有所回落。

二、日本大学的汉语教育

日本大学的汉语教育可以分为汉语专业和公共汉语课程两类。

日本国内有 7 所外国语大学[①]和 40 多所综合性大学开设汉语专业。外国语大学的汉语专业课程以现代汉语为主，还有中国文学、哲学思想和文化课等，各校每年招生 50—65 名。综合性大学的汉语专业，有的规模与外国语大学相同，有的以文学为主，其规模和汉语课程的多样性都不如外国

[①] 国立大学 1 所（东京外国语大学）、公立大学 1 所（神户市外国语大学）及私立大学 5 所（京都外国语大学、名古屋外国语大学、神田外语大学、关西外国语大学及长崎外国语大学）。日本原有两所国立单科外国语大学。2007 年，大阪外国语大学并入大阪大学，改组为大阪大学外国语学部。

语大学。

日本大学开设的汉语课大都为公共汉语课，作为"第二外语"（英语以外的法语、德语、俄语、西班牙语、汉语及韩语等外语）之中的一门外语课程来开设。据日本文部科学省2020年的统计[①]，全日本795所大学中，有602所开设了公共汉语课。

三、日本大学的公共汉语（"二外汉语"）教育

（一）日本大学外语教育的变化

日本大学的外语教育在1991年以前和以后，情况大不相同。据田中慎也[②]（1999），日本文部省1991年全面修改了『大学設置基準』(《大学设置基准》)。1991年以前的大学设置标准规定，本科课程包括2年基础课程、2年专业课程，且将高等教育课程分为普通教育课程（36学分）、外语（8学分）、健康教育和体育（4学分）及专业课程（76学分）。大学本科的外语课程中，一门外语8学分，这是修读某一专业的最低要求。据1992年的调查，外语课程学分要求的平均数为：国立大学12学分，公立大学12.7学分，私立大学12学分。通常是8学分的英语加上4学分的另一门外语（即第二外语）。1991年以后，文部省取消了原有的4种必修科目（即上述的普通教育课程、外语、健康教育和体育、专业课程）的区分方式，还取消了这4种课程类别所规定的必修课最低学分制，只保留原来规定的总学分数124学分。

对于第二外语的设置情况，据田中慎也（1999），1991年《大学設置基準》修改之前，日本大学一般将第二外语设为4—8学分的必修课。但在

[①] 数据来源：日本文部科学省「大学における教育内容等の改革状況について（令和2年度）」。(https://www.mext.go.jp/a_menu/koutou/daigaku/04052801/1417336_00009.htm，最后参看日期：2023年5月2日）

[②] 引用日文文献时，正文中著作责任者名称使用日文字形。下同。

1991年以后,社会对大学外语教学的效益不断提出严厉的批评,理由是大学外语教学没有关心学生对外语的真正需求。因此,有些大学减少了第二外语的学分或者把第二外语改为选修课,有些大学甚至取消了第二外语课程。从此以后,英语以外的外语课开始出现减少趋势。日本大学英语教育学会2000年对日本国内约10%的本科大学进行的随机抽样调查结果显示(田中慎也,2007),必修第二外语课程学分情况分别为:0学分的占51.4%,1—2学分的占13.3%,3—4学分的占19.4%,5—6学分的占5.8%,7—8学分的占5.6%,无效回答等占4.5%。可见,不开设必修第二外语课的大学已超过半数。

(二)日本大学公共汉语课开设情况

日本大学的公共汉语课每周1—2节(1节课90—100分钟,约为2学时),1学期15周的学时总数约为30—60学时。公共汉语课分为必修课和选修课,各校公共汉语课的选修方式及开设情况有所不同。

1. 国立大学——日本东北大学

东北大学以一至三年级的学生为对象开设公共汉语课程(见表6-6)。文科学生要选两年必修汉语课(8学分),理工科学生要选一年必修汉语课(4学分)。除必修课外,还设有选修课(文科4学分,理工科8学分)。(張立波等,2016)据杉浦謙介(2012),北海道大学、名古屋大学、大阪大学及九州大学等国立大学的第二外语(包括汉语)课程设置情况与东北大学基本相同。

表6-6 东北大学2016年公共汉语课程

课程名称	学分	周学时数	学期
基础中国语Ⅰ(必修)	2	2节(4学时)	第1学期
基础中国语Ⅱ(必修)	2	2节(4学时)	第2学期
展开中国语Ⅰ(文科必修,理工科选修)	2	1节(2学时)	第3学期
展开中国语Ⅱ(文科必修,理工科选修)	2	1节(2学时)	第4学期

续表

课程名称	学分	周学时数	学期
展开中国语Ⅲ（选修）	2	1节（2学时）	第5学期
展开中国语Ⅳ（选修）	2	1节（2学时）	第6学期

2. 私立大学

（1）日本东洋大学[①]

东洋大学每个学院和学科的第二外语课程设置情况有所不同。该大学经济学院由国际经济学科、经济学科及综合政策学科组成，其中国际经济学科的学生在德语、法语及汉语三种第二外语中选一种语言作为必修课（6学分）；经济学科和综合政策学科第二外语不是必修，因此没有开设第二外语课，想学第二外语的学生可以选修国际经济学科的外语课。2016年开始的新课程如表6-7所示：

表6-7　东洋大学国际经济学科的汉语课程

课程名称	学分	周学时数	学期
中国语ⅠA（必修）	1	1节（2学时）	第1学期
中国语ⅠB（必修）	1	1节（2学时）	第2学期
中国语ⅡA（必修）	1	1节（2学时）	第1学期
中国语ⅡB（必修）	1	1节（2学时）	第2学期
中国语ⅢA（必修）	1	1节（2学时）	第3学期
中国语ⅢB（必修）	1	1节（2学时）	第4学期
中国语检定A/交际中国语A（选修）〔*此两门课每年轮流开〕	各1	1节（2学时）	第3、5、7学期随时可选
中国语检定B/交际中国语B（选修）〔*此两门课每年轮流开〕	各1	1节（2学时）	第4、6、8学期随时可选

[①] 日本东洋大学的汉语课程设置情况由东洋大学经济学院国际经济学科竹中佐英子教授提供，在此表示衷心的感谢！

（2）日本东海大学

东海大学的第二外语（法语、德语、俄语、西班牙语、汉语和韩语）在2000年之前与英语一样，均为必修，学生需要在包括英语在内的七种外语中选一种，修满8学分。当时，选汉语的学生人数仅次于英语，约3000人次。2001年，学校设定英语为必修课，其他外语都转为选修课。此后，选第二外语的学生人数逐渐减少。而且，选修第二外语的学生人数容易受到政治、经济等因素的影响，每个学期常有增减，如果选修人数达不到规定的人数，第二年的开课数量就会受到影响，因此第二外语的学科地位总处于不稳定的状态。

东海大学第二外语课程的特点是，虽然开设的汉语课都是选修课，但是课程数量比一般大学的公共汉语课程多。从表6-8可以看出，除了以零起点学生为对象的综合课"中国语入门1A、1B、2A、2B"及"中国语初级1A、1B、2A、2B"等主干课以外，还开设了不少技能课。这是因为东海大学现在还保留着2000年之前的必修汉语课程的数量，尽管把第二外语全都改为选修课，选第二外语的学生人数大大减少，但开课数量还有不少，可见东海大学仍然注重培养学生的第二外语能力，这是其他大学的公共汉语课程所没有的优势。

表6-8 东海大学2018年汉语选修课程[①]

课程名称	学分	周学时数	学期及选课条件
中国语入门1A	1	1节（2学时）	第1学期
中国语入门1B	1	1节（2学时）	第1学期，与入门1A同时选
中国语入门2A	1	1节（2学时）	选修入门1后可选
中国语入门2B	1	1节（2学时）	选修入门1后可选，与入门2A同时选
中国语初级1A	1	1节（2学时）	选修入门1、2后可选

---

① 东海大学从2018年开始新课程，1节课为100分钟，15周为1学期。

续表

课程名称	学分	周学时数	学期及选课条件
中国语初级 1B	1	1 节（2 学时）	选修入门 1、2 后可选，与初级 1A 同时选
中国语初级 2A	1	1 节（2 学时）	选修初级 1 后可选
中国语初级 2B	1	1 节（2 学时）	选修初级 1 后可选，与初级 2A 同时选
中国语会话初级 1	1	1 节（2 学时）	选修入门 1、2 后可选
中国语会话初级 2	1	1 节（2 学时）	选修会话初级 1 后可选
中国语阅读初级 1	2	1 节（2 学时）	选修入门 1、2 后可选
中国语阅读初级 2	2	1 节（2 学时）	选修阅读初级 1 后可选
中国语检定初级 1	1	1 节（2 学时）	选修入门 1、2 后可选
中国语检定初级 2	1	1 节（2 学时）	选修检定初级 1 后可选
中国语表达法 1	1	1 节（2 学时）	选修入门 1、2 后可选
中国语表达法 2	1	1 节（2 学时）	选修表达法 1 后可选
中国语会话中级 1	1	1 节（2 学时）	选修会话初级 1、2 后可选
中国语会话中级 2	1	1 节（2 学时）	选修会话中级 1 后可选
中国语阅读中级 1	2	1 节（2 学时）	选修阅读初级 1、2 后可选
中国语阅读中级 2	2	1 节（2 学时）	选修阅读中级 1 后可选
中文圈地区概论	2	1 节（2 学时）	随时可选

四、日本大学的学生、汉语教材及教学模式的特征

（一）日本大学生的特征

1. 学习方面

（1）课堂表现

在日中国教师认为，日本大学生的汉语学习特点体现在两个方面：一是学生的学习效果，即日本学生的读写能力一般高于听说能力；二是学生的课堂表现，比如，日本学生比较听话、认真内向、适应被动式学习方法、积极

性和主动性不够等。

关于日本学生的汉语学习难点,涩谷周二(2005)和姚艳玲(2008)的调查结果也显示,不管是初级还是中级水平,超过半数的学生都觉得汉语发音很难,尤其是语音和语调,所以他们对自己的发音没有信心。发不好音就听不懂对方的汉语,这成为日本学生不善于听说、不主动开口的原因之一。

日本学生对口语能力缺乏自信往往也影响到他们的课堂表现。针对日本学生在课堂上比较沉默的特点,已有不少中国学者在研究中做出了说明。例如,杨金华(2005)指出,日本学生本科低年级汉语会话课教学始终处于"低迷状态"。他所说的"低迷状态"是指日本学生缺乏主动性,不喜欢开口,对教师的引导往往不能做出应有的反应。王健昆(2001)指出,日本学生通常不主动表现,很少抢着发言,也很少当堂提问。

日本学生的这种表现,除了他们缺乏口语能力之外,还因为日本人一般在课堂发言时注重正确率,认为在没有考虑清楚的情况下就抢着发言的行为是轻率的。此外,对日本人来说,不给别人发言机会的抢答行为可以说是一种爱出风头的表现,会让人感到不舒服。因此,到了一定年龄的日本人很少在公共场合上做出抢先举手发言的行为。这也是日本学生的课堂气氛很容易沉闷的原因之一。

(2)有效教学行为评价

关于日本大学生对汉语教师有效教学行为的评价,赵葵欣(2012)以日本关西学院大学和熊本大学 276 名汉语初级阶段的学生为对象,对语法教学、文化教学、错误纠正、目的语使用、交际性教学策略、成绩评估及课堂教学手段等 7 类 24 项"有效教学行为"进行调查。结果显示,日本学生对汉语文化教学、讲解新语法点时应该说明如何使用、纠错时应该立刻说明原因等评价最高,而对在课堂上应该要求学生只使用汉语而不用日语教学的评价最低。他们还表现出对交际性教学策略、直观教学手段的青睐,但对于课堂小组活动等又不太积极。

2. 日本年轻人的内向意识

2010年以后常听到"日本年轻人的内向意识"这个说法，它是指日本年轻人对去国外留学或者工作持消极态度的一种现象，这种现象与其他国家和地区形成了鲜明对比。

朝日新闻社论（2010年7月）的统计数字显示，在2009年赴美留学生中，印度和中国留学生各10万人左右，韩国留学生超过7万人，三国人数与上年相比增加了10%—20%。而日本赴美留学生不到3万人，与上年相比减少了14%，去美国以外国家和地区留学的日本人也没有增加。比如日本同志社大学与大约120所海外院校有合作关系，但这几年参加短期语言培训班的日本学生越来越少，很难达到定额。日本东海大学与中国的两所大学有合作关系，开展长期留学项目，2013年以前每年都有报名者，但2013年至2016年都没有学生报名。

出现这些现象的原因之一是，现在有不少日本大学生认为通过互联网就能了解国外的情况，所以不用去海外留学；还有一些人担心在海外会吃苦。为了解日本新员工的全球化意识，日本产业能率大学2010年6月底以社会上4月份参加工作的新员工为对象进行了调查。结果显示，约50%的新员工都"不愿意在海外工作"，超过半数的人认为"海外工作风险大"或"对自己的能力没有信心"。可见，对海外留学不感兴趣的具有内向意识的日本年轻人越来越多。

（二）日本的汉语教材

1. 日本汉语教材的出版情况

据津田量（2010）对1945年至2008年间日本汉语教材出版情况的调查，教材数量从1985年开始稳步增长，到20世纪90年代初每年推出近50种，2000年后每年发行汉语教材达100种以上，最近几年出现了一些汉语教材软件，每年新出版的汉语教材已超过150种。教材结构大致分为初、初中[1]、中等级，其中 70% 以上为初级，还有一些为中级，高级教材极少。

针对日本汉语教材的出版情况，张英（2001）认为：“日本汉语教材多如牛毛……总量甚为壮观。”古川裕（2008）认为：“基础教材泛滥成灾，但是，缺少有系统性的好教材。……目前至少有 1000 多种汉语教材，一句话就是'鱼目混珠'状态。"每年出版如此多的汉语教材，即使是同一个水平，由于编写角度的不同，它们在生词及语法点的选择排序、课文内容及练习设计等编写方面都各不相同。其主要原因有两个：一是日本大学的汉语教育没有国家制定的教学大纲，只有由中国语教育学会在 2007 年作为参考性学习指南而推出的『中国語初級段階学習指導ガイドライン』（《中国语初级阶段学习指导指南》）。这是一部由语法项目表、学习词汇表［该词汇表分为"第一表"（词汇总量为 600 个）和"第二表"（词汇总量为 400 个）］及附表（按词性排列的词汇表）构成的学习指导指南。除此以外，还有『外国語学習のめやす—高等学校の中国語と韓国語からの提言』（《高中汉语和韩语学习指南》，2013 年 1 月出版）。据侯红玉（2016），该学习指南以文部科学省（相当于中国的教育部）颁布的『高等学校学習指導要領』（《高中学习指导要领》）中规定的外语教育目标为基础，按照国际上的外语学习标准，将结构主义语言学和功能主义语言学相结合，提出侧重培养语言交际和跨文化理解能力的新的外语教学。日本汉语教育目前仅有这两种学习指南，但都只是参考性的，教材编写没有统一的标准。二是每个大学的课程设置、教学计划及对学生的要求都不相同，教材编写也要按自己学校的课程及教学计划来编写。我们可以拿两种初级综合课教材来比较一下其词汇总量：第一种是『中国語初級テキスト 你好！中国語』（《汉语初级课本 你好！汉语》，山下辉

---

[1] 据日本各出版社的《中国语教科书目录》，现在有不少出版社把汉语教材分为初、初中及中等级。郁文堂 2007 年的《中国语教科书目录》上有 2 种"初中级"教材，之后逐渐增加，2021 年有 7 种。有些出版社将"初中级"标为"初级—中级"（朝日出版社、白帝社等）或"准中级"（白水社、金星堂等）。

彦编著，金星堂，2004 年修订新版），生词总量[①]为 175 个；第二种是『しっかり初級中国語』（《好好学习初级汉语》，石田友美、桑野弘美、岛田亚实、铃木裕文编著，白水社，2016 年出版），生词总量为 682 个[②]。两者之间的词汇量差距达 507 个，后者的词汇量为前者的近 4 倍。

2. 日本汉语教材的练习特征

语言学习策略是指学习者在学习第二语言过程中为促进信息的获得、存储、提取及使用所采用的方法。陈楠、杨峥琳（2015）认为，教材编写者可通过设计不同类型的练习任务，有意识地引导和强化学习者合理选用策略，以得到更好的习得效果。因此，研究教材练习策略的使用情况，有助于探究编者的训练意图。为了探讨汉语教材体现的学习策略与教学思想、课堂现状和学习者要求的匹配情况，陈楠、杨峥琳（2015）通过对比美国、日本、韩国编写的三部使用广泛的汉语初级教材[③]来分析三国汉语教材练习中体现的学习策略。

陈楠、杨峥琳（2015）的研究思路富有启发性，但他们调查分析对象之一的日本教材，我们认为不太适合作为此次调查的对象。《新编实用汉语课本》是针对在日学习汉语的学生，由中日语言学家合作编写的初级教材。该教材的编写者在前言中写道："语音部分采用相原多年实践的教学方式。课文内容由日方编写……练习则由中方设计。"上面我们已经提到日本汉语教材的出版情况，日本初级综合教材数量大，编写标准也不统一。陈楠、杨峥琳（2015）的调查分析对象只有一种日本教材，而且其练习不是由日方设

[①] 该教材由语音教学部分及正文部分（共 15 课）构成，生词总量统计的是语音教学及正文部分的生词。

[②] 该教材由语音教学部分、正文部分（共 12 课）及练习构成，生词总量除语音及正文部分的 682 个生词以外，还包括练习部分的 197 个生词。

[③] 分别为《中文听说读写》(*Integrated Chinese*，刘月华、姚道中主编，美国 Cheng & Tsui 出版社，2009 年］，《新编实用汉语课本》（相原茂、徐甲申著，日本东方书店，2004 年），《多乐园掌握汉语》(*Darakwon Junggukeo Master*，Pak Jeonggu & Baek Eunhui 主编，韩国 JRC，2010 年）。

计的。以这种教材为调查对象进行分析，也许不能充分反映出日本汉语教学的教学思想及课堂状况等真实面貌。

有鉴于此，森山美紀子（2019）以25种日本初级汉语综合教材为对象（见表6-9），对教材练习中学习策略的使用情况进行了调查分析。调查结果见图6-7：

表6-9 作为调查对象的日本初级汉语综合教材

序号	书名	出版社	版次
1	中国語の香り1	同学社	2016年初版
2	標準中国語［基礎編］	白帝社	2003年初版
3	老師 好！－王先生との出会い－	郁文堂	2015年第9刷
4	大学生活 中国語基礎［改訂版］	白帝社	2016年初版
5	Campus汉语	骏河台出版社	2004年初版
6	じっくり学ぶ中国語	金星堂	2016年第2版
7	中国語への道 －近きより遠きへ－ 改訂版	金星堂	2017年第9刷
8	1・2・3の中国語	郁文堂	2013年初版
9	楽しく学ぼうやさしい中国語〈基礎編〉	郁文堂	2017年第10刷
10	ほあんいん！中国語〈基礎篇〉改訂版	郁文堂	2015年改訂初版
11	中国語Hop・Step・Jump ～三段方式で学習する初級中国語～	金星堂	2018年第3版
12	新訂・シンプルに中国語	同学社	2016年新訂初版
13	中国語初級テキスト 你好！中国語	金星堂	2004年改訂初版
14	中国語初級テキスト 黄炎の留学生活	白帝社	2005年初版
15	改訂版 スタートライン中国語Ⅰ	骏河台出版社	2016年改訂初版
16	初級中国語 この一冊－4技能の習得を目指して－	金星堂	2019年初版
17	1日1課 サクセス中国語	白帝社	2015年第7刷
18	単語力を伸ばす いきいき中国語	朝日出版社	2018年初版
19	しっかり初級中国語	白水社	2016年初版
20	500語マスター やさしい中国語	同学社	2015年初版

续表

序号	书名	出版社	版次
21	楽々学習　初級中国語 12 課	同学社	2019 年初版
22	総合力 UP 初級中国語	朝日出版社	2017 年初版
23	Q＆A付　なるほど・わかる中国語	同学社	2004 年改訂初版
24	入門中国語　－开开心心学汉语－	同学社	2019 年初版
25	キャンパス中国語	白帝社	1999 年初版

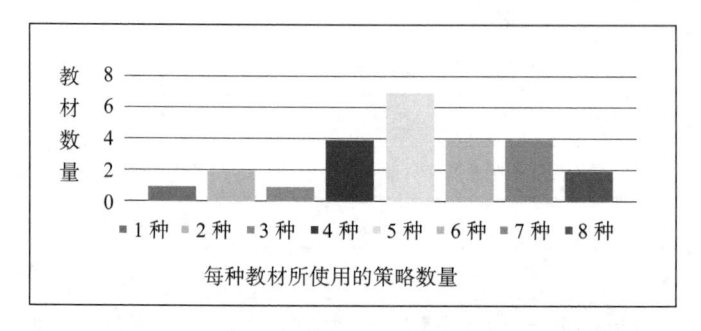

图 6-7　日本初级汉语综合教材所使用的策略数量

从图 6-7 可以看出，25 种日本初级汉语综合教材所使用的策略多则 8 种，少则 1 种，平均每种教材的策略数量约 5 种。据陈楠、杨峥琳（2015）的调查结果，美国教材有 14 种，韩国教材有 12 种。与美国及韩国的教材相比，日本初级汉语综合教材的编写者期望学习者采用的策略较少，练习题型也较有限。

我们按照陈楠、杨峥琳（2015）的分类[①]分析日本初级汉语综合教材所使用的学习策略，结果显示：使用最多的学习策略是"句子翻译"，占比为 32.9%。翻译练习中，日语句子翻译成汉语的较多，也有一些是汉语翻译成日语。该策略见于 24 种教材中，几乎每种教材都会使用。其次为"对声音

---

① 陈楠、杨峥琳（2015）以 Oxford（1990）提出的分类为框架，先把学习策略分为记忆策略、认知策略及社交策略三大类，再把记忆策略分为四小类，把认知策略分为十小类。

或书写系统的正规练习"（如给短语或句子标音、听录音标声调、将短语或句子的拼音写成汉字等），占比为 19.8%。再次为"记笔记"（包括听写），占比为 14.7%。这三种策略都是认知策略。除此之外，"重复"（替换练习等）、"将词汇放入上下文"等策略也使用得较多。而在日本初级汉语综合教材中，没有提高口头交际能力的社交策略。与口头练习有关的"自然练习"[①]策略仅占 0.1%，使用率较低。由此可见，日本初级汉语综合教材中缺乏有明确的交际任务和语境的社交型练习。

通过上述分析得出的日本初级汉语综合教材的练习特点，可以归纳为以下三点：

（1）日本初级汉语综合教材中使用的策略，大部分为认知策略，记忆策略不到 10%，没有社交策略。可见，教材中所使用的策略不平衡。

（2）练习以"写"为主，其中日语单句的汉译题、标拼音、听写等练习较多，缺乏"说"的练习。

（3）每种教材的题型、题量比较固定，让学习者感到单调。

（三）日本大学公共汉语课的教学步骤

日本大学的公共汉语初级课，学生人数多，大都为大班教授。教师一般按照课本内容上课，先复习旧课，然后学习生词、语法点和课文，最后做练习。具体的教学步骤如表 6-10 所示：

表 6-10　日本公共汉语课（初级综合课）的教学步骤

教学环节	具体内容
（1）复习旧课	小测验：为了解学生对所学内容的掌握程度，进行听写和单句日译等。 语音练习：领读、齐读旧课语法例句及课文，检查背诵课文等。
（2）生词教学	语音练习：领读、齐读及点读，并纠正发音。 生词理解：解释词义与用法，以加深学生对生词的理解。

[①] "自然练习"是指用语言进行自然表达，包括采用真实材料及创造类似于真实的交际环境等手段进行的练习。（陈楠、杨峥琳，2015）

续表

教学环节	具体内容
（3）语法点教学	语音练习：领读、齐读及点读语法例句，（讲解语法后）做替换练习。 语法理解：日本教师常用的是演绎法，先给学生展示句型，通过教师的讲解，让学生理解并掌握语法特点及用法。 语句翻译：让学生把每个语法例句翻译成日语。
（4）课文教学	语音练习：领读、齐读及点读，并纠正发音，分角色朗读等。 课文理解：让学生把课文翻译成日语，讲解课文中的难点。
（5）课上练习	做教材中的练习。
（6）布置作业	复习旧课，准备下节课的小测验，背诵学过的课文等。

从表6-10可以看出，日本大学传统的汉语教学以输入为主，教学重点是让学生理解语法结构，教师在课堂上花费不少时间较详细地讲解语法。对此，郭春贵（2014）指出，日本大学的汉语教学虽说比较重视语法教学，教学效果也较好，但这方面又有多讲少练的倾向。对于非专业的课程，语法讲解不宜过于详尽，应适可而止，但许多教师往往都以为不讲清楚不行。

此外，日本教师还注重语音练习，在课堂上，通过生词、语法例句和课文等领读、齐读，让学生反复念生词和课文是常见的练习方式。有些教师布置的作业，是让学生背诵课文或语法例句等。这是因为朗读和背诵是日本现代汉语口语教学的原型。刘海燕（2017）指出，朗读和背诵是奠定了日本现代汉语教育基础的宫岛大八[①]所重视的口语教学方式。他的口语教学方式从古文转向现代汉语，从训读教学转向口语教学，蕴含着直接教学法、听说法的潜在要素，具有汉语教学的现代化价值。现在在日本，也有不少教师认为朗读背诵是让学生获得语音语调准确性及流利性最有效的方法。因此，在以

[①] 宫岛大八（1867—1943），书法家、教育家。宫岛大八从中国回到日本后，于1895年开始从事汉语教学工作，他创办的"善邻书院"是对二战前后的日本现代汉语教育最有影响的私立汉语学校，他编写的汉语教材《官话急就篇》累计重印200多次。（刘海燕，2017）其经历详见六角恒廣（1999）。

往的日本汉语教学中，朗读背诵以外的口语练习并不多，培养口语表达能力的练习至今也没有得到足够的重视。

（四）日本大学公共汉语教学模式

上文介绍了日本大学公共汉语课的开设情况，但每所大学的具体情况都有不同。下面我们以日本东海大学为例，从教学时间、教师、学生、教学组织、课堂教学、教学评价及课外活动等方面来分析日本大学公共汉语教学的总体情况。日本东海大学公共汉语的教学模式如表 6-11 所示：

表 6-11 日本大学公共汉语教学模式

教学时间	一学期 15 周。综合课每周两节课（4 学时），技能课每周一节课（2 学时）。
教师	教师构成：日本教师和中国教师（有全职与兼职之别）。 师资培训：一年开一次教师集体会议，就课堂教学情况交换意见；全职教师不定期组织 FD（Faculty Development）教学研讨会。
学生	以零起点学生为主。
教学组织	课程设置：汉语课大致分为入门、初级及中级课。以综合课为主干课，另开设会话、阅读等技能课。除汉语课以外，还开设中国文化课。（见表 6-8） 教学目标：综合课培养学生听说读写的基础能力；技能课按课型培养学生口语、阅读等专项技能。 教学计划：课程负责人每学期开学之前给教师发教学计划，任课教师按照不同课型确定的教学进度进行教学。
课堂教学	学生人数：入门课为 20—60 名；初级及中级课为 10—30 名。 教学法：以翻译法为主，部分采用听说法。
教学评价	对学生的评价：课堂小测验、期中及期末考试等。 学生教学反馈：学期末用标记及问卷方式让学生做出评价。教师可以根据学生教学反馈进行适当调整。
课外活动	课外活动（学生自愿参加）：学习期间每周组织日中学生学习、交流等活动；每年组织一次国际文化节。 课余时间辅导：为参加校外演讲比赛的学生进行指导。
留学项目	报名学生必须提交书面材料。若是中长期留学项目，学生提交书面材料之后，还需参加东海大学有关部门组织的面试。 【短期留学项目】北京大学（2 学分） 留学期限为 4 个星期（暑假期间，一般在 8 月），选派名额约 15 名。 【中期留学项目】台湾东海大学（6 学分） 留学期限约 4 个月（秋季学期，9 月至 1 月），选派名额为 2 名。

	续表
留学项目	【长期留学项目】复旦大学、台湾东海大学（8 学分） （1）复旦大学 留学期限约 11 个月（秋季学期，9 月至次年 7 月），选派名额为 1 名。 （2）台湾东海大学 留学期限约 10 个月（秋季学期，9 月至次年 6 月），选派名额为 1 名。

五、日本汉语教学新动向

如上所述，日本的汉语教学是以理解词汇语法知识为主的传统语言教学。对此，胡玉華（2009）主张日本的汉语教学应该从以往的语言教学转向培养学生综合交际能力的教学。近年来，日本的汉语教学界也有专家开始关注这些新的外语教学理念并主动应用其进行教学实践。例如，胡玉華（2009）、胡玉華（2014）及寺西光辉（2013a）以任务型教学为理论基础，在课堂上先讲解词汇和语法，然后通过双人或者小组活动来进行交际活动。胡玉華（2009）应用 Task-based Language Teaching，胡玉華（2014）和寺西光辉（2013a）应用 Task-supported Language Teaching 构建其教学模式。他们的教学实践以让学生学到语法的准确性，同时通过完成交际任务培养学生在交际情境中语言的得体性为教学目标。

（一）日中学生合作学习的课堂教学实践

从上述的日本学生及日本汉语教学的特征可以看出，日本传统的汉语教学有不少问题，难以充分培养学生的口语能力。上面我们已经提到，日本课堂教学中多采用朗读背诵的方法，但这样培养出来的技能是不全面的，是通过机械性练习获得的，不包括在交际活动中所需要的言语自由输入和输出等能力。因此，找到一种适合日本学生的汉语会话教学方式成为对日汉语教师面临的一大课题。

姜丽萍（2008）指出，对外汉语教学中的交际能力主要由语言、语用及综合能力构成。语言能力应处于基础的领先地位，为教学中的第一阶段。

语言能力分为语言知识及言语技能：语言知识是陈述性知识，属于一种理解性和记忆性的静态知识，主要通过课堂讲授获得；言语技能是程序性知识，主要通过课堂训练及实践获得。第二阶段是语用能力，是在社会交往中恰当使用语言的能力，通过课堂训练来培养。第三阶段是综合能力，是在真实场景体验中能够自如、得体地表达自己的思想和观点，抒发自己情感的一种能力。从培养交际能力的角度来看，日本大学传统的汉语教学处于第一阶段。上面我们已经看到日本汉语教学过于注重语言知识，并以写为主，缺乏培养听说等言语技能的课堂训练。因此，我们的汉语教学需要把学生的陈述性知识转化为程序性知识，并需要使程序性知识达到自动化程度，以保证言语输出的流利性，同时需要让学生获得语用能力。

近年来，日本一些专家开始关注这些汉语教学中的问题，并着手探索培养学生综合交际能力的新的会话教学模式。他们通过日本大学和高中进行的日本学生和留学生合作学习的方式，把日本传统汉语教学排斥在外的交际活动引入课堂里，开展培养学生语言得体性和创造性的言语训练。

有关日本学生和留学生合作学习方式的课堂实践，在日本的日语教学研究中研究成果比较多。其课堂特点主要在于以不同国家和地区的留学生及日本学生为对象，不同文化背景和价值观的学生使用共同语言——日语同堂上课，教学内容大多是以了解日本文化和社会情况为主。日本的英语教学研究中，也有一些有关此模式的研究，但数量不如日语教学多，比如有关于日本学生与留学生同堂学习方式的，也有关于利用电视会议系统与国外大学生用英语和日语进行讨论及交换意见进行远距离教学的。日本汉语教学研究中的此类成果比较少见，但是近几年，也有一些学校开始探索留学生与日本学生合作学习的教学模式。这些与中国学生合作学习的教学实践大致分为以下三种。（森山美纪子，2013；森山美纪子，2015）

1. 利用信息通信技术（ICT）的非直接性学习方式

城間真理子（2013）在高中的汉语课堂上利用 SNS（社交网络服务），

以日本大阪和冲绳的日本高中生和中国台湾学生为对象，通过电视会议系统完成设计 T 恤图案等任务。林虹瑛、林俊成（2009）以东京外国语大学和台湾淡江大学的学生为对象，利用互联网和 Skype 完成远距离合作学习课程。一个学期 12 节课之中，5 节课作为合作学习课程进行有关日中文化比较的小组发言等课堂活动。杉江聪子（2012）利用网络交流的日本高中混合式汉语教学，是由讲授式的词汇和语法学习、利用 WBT（Web-based Training）训练 ICT（Information and Communication Technology）技能和日中学生的网络交流来组成的课堂实践。在一年的课程中，前半年进行前两项实践，后半年利用学生构建的"中日学生交流网"或 Skype 与中国学生进行网络交流，做自我介绍和互相介绍学校的各种活动等。

2. 与中国学生直接交流方式

翟啓麗、長谷川由香（2006）在每个学期中的一节课（90 分钟）上邀请中国学生做自我介绍，就家人、爱好、大学生活、打工及饮食文化等话题进行小组活动。権藤早千葉、平川彩子（2010）和洪潔清（2013），每个学期安排 2—4 次课，请中国学生按语言水平分组，进行自我介绍、答疑及写作展示等课堂活动。神道美映子（2014）让日本学生做策划，邀请中国学生进行交流。日本学生做 4 周的筹备，邀请几名中国学生在交流会上就日本学生提出的话题进行分组讨论。

3. 与中国学生同堂学习的课程

寺西光輝（2013b）组织了与中国学生合作学习的汉语阅读课。15 周中有 5 节课以讲授方式授课，9 节课分组与中国学生合作翻译，进行小组讨论，修改日文，最后在全班进行展示。

（二）日中学生"跨文化交际课程"的构建与实践

上述日本学生和中国留学生合作学习的教学实践大多是短期的，以一两次的经验交流为主，或通过网络进行非直接性的交流。我们认为这些课程方式并不能充分培养跨文化交际能力。

为了能够真正培养学生的跨文化交际能力，森山美纪子（2015）提出了一种新的合作学习的课程设计方案，强调以社会建构主义的"以学生为中心""用中学，做中学，体验中学"为核心进行教学活动。该课程名为"跨文化交际课程"，以日本学生和中国留学生的合作学习为主，教学目的是培养学生的跨文化交际能力。

1. 跨文化交际能力的主要因素

跨文化交际能力指的是与不同文化背景的人们进行有效的、恰当的交际的能力。对于跨文化交际能力所包括的具体因素，虽然有不少专家都提出了自己的观点，但是至今尚未形成定论。

森山美纪子（2013）以在西方学者中较有影响的 Chen & Starosta（1998）的与跨文化交际能力有关的三要素和陈国明（2009）的跨文化交际能力的分类为基础，把跨文化交际能力分为情感、认知、行为三个层面（见表6-12）。在此基础上，森山美纪子（2015）提出了合作学习课程，为培养学生全方位跨文化交际能力进行课程设计。

表 6-12　跨文化交际能力的三个层面

情感层面	能否对跨文化交际拥有积极的情感： 对交际的积极性，开放的心灵，移情，互动投入等。
认知层面	能否在认知层面上正确认识自己与互动文化的差异： 理解及尊重异文化的多样性，承认文化差异的存在及文化的多样性，认识到文化之间的异同点等。
行为层面	能否在跨文化沟通过程中采取合适的行为及技巧达成沟通目的： 信息技巧，自我表露，行为弹性，互动经营等。

2. 课程目的

跨文化交际课程由日本学生与中国留学生同堂上课，通过一系列的合作学习活动培养学生与不同语言、文化背景的人顺利进行跨文化交际的能力。我们认为，日本学生和中国留学生合作学习的方式是提高目的语能力与跨文化交际意识的有效教学方式。学生在课堂上运用目的语进行讨论，互相了解彼此之间文化、社会的差异，然后通过口头发言及表演等方式来完成各种任务，能够让学生尽量使用目的语来提高自己的目的语运用能力，同时能够亲身体验、实践跨文化交际。

3. 课程方式

我们的跨文化交际课程在外语教育中心开设的第二外语"中国语会话中级1、2"课（选修课），以及留学生教育中心日语预科班开设的"日中比较研究"课上进行，对象为日本学生与中国留学生。该课程一学期15节，每周1节（90分钟）。

日本学生都学过一年以上的汉语，但是学生之间的语言能力有很大的差距：有些学生在中国留过学，汉语水平达到了一定的程度；有些学生汉语能力较弱，没有与中国人交谈过。而中国留学生的日语能力都达到了一定的水平，基本上能够自如地与日本人交谈。

我们的课堂活动以小组活动为主。小组由3—5名日本学生及1—3名中国留学生组成，可以按照每次活动的内容进行重组。学生在小组内或者课堂上进行口头发言时，使用语言原则上为目的语。在共同准备口头发言或表演的内容时，由教师把课堂时间分成两部分并指定使用的语言。

4. 课程设计

（1）第1节课：课堂说明。

日本学生与中国留学生分别上课，进行课堂说明，让学生理解该课程的教学方式、目的、内容及课程评价标准等。

（2）第2—4节课：自我介绍、语言游戏等。

通过游戏性较强的活动来缓解学生的紧张情绪，形成良好的课堂氛围。比如，用目的语做自我介绍，唱日文和中文歌，做日本和中国的儿童游戏等。

活动步骤：准备讲稿→分组，互相修改文章、纠正发音→口头发言。

（3）第5—7节课：小组会话。

小组会话活动首先由学生自己决定或者由教师提出与日常生活有关的

主题，学生针对同一个主题（如我的爱好、想给同学们推荐的好东西、好地方等）用目的语写文章；然后，同小组的中国留学生及日本学生互相修改文章，互相纠正发音；接下来，学生用目的语展示自己写的文章之后进行答疑；最后，每个小组的代表轮流在全班同学面前用目的语进行口头发言并接受提问。

（4）第8—10节课：与跨文化交际有关的学习活动。

这是应用跨文化语用理论（Cross-cultural Pragmatics）的课堂活动。语用能力是交际能力的组成部分，为了能够在社会交往中恰当使用目的语，需要获得交际中所需要的语言规则知识。语言策略能力对语用能力的培养是必不可少的。

该活动的具体内容是让学生对他们自己写的日中对话进行分析，对比日中语言使用规律的差异，学习跨文化交际中所需要的交际文化。2014年，我们对"表示拒绝的言语行为"的日中交际策略差异进行了分析、对比。活动步骤如下：

①让学生按照设定的对话情境用母语写一段有关拒绝言语行为的对话；

②以小组为单位进行分析，对比日语和汉语的对话；

③分析日中语言中拒绝策略的使用情况，总结日中之间的语用特点和规则，每个小组在班上进行演示；

④每个小组背日中对话，进行角色扮演。

该活动对日中言语行为进行对比，分析在不同的文化语境中实现特定言语行为的常用策略、选择的文化因素，让学生理解说话人和听话人之间的权利距离、社会距离、言语行为的强加程度等因素带来的影响，以及减少威胁面子行为（Face Threatening Act，简称FTA）时等不同语言的语用策略。该活动也有助于避免二语习得中的语用迁移和语用失误。

（5）第11—15节课：用PPT进行演示，对比不同国家和地区的文化（准备4节课，最后1节课发言）。

学生首先通过讨论决定每个小组最后发言的题目，然后按照题目进行分组。在准备阶段，学生对口头发言的内容进行调查、撰写讲稿、翻译、互相纠正发音、制作PPT或者进行角色扮演练习等。学生针对日中之间的音乐、年轻人的语言、饮食文化、恋爱观等主题搜集资料，对各方面的信息进行比较。每个小组用PPT或者角色扮演方式进行演示后，学生进行提问，同时对其他小组的发言进行评估，最后通过学生投票选出该活动的最佳小组和最佳学生（日本学生和中国留学生各一名）。跨文化交际课程通过上述的一系列课堂活动，能培养出在初级综合课上无法获得的语言得体性和创造性。该课程的教学模式如图6-8所示：

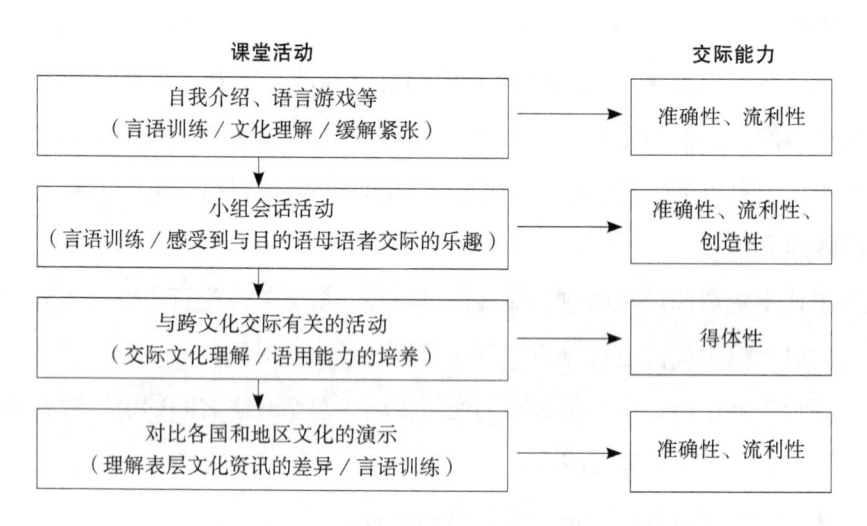

课堂活动	交际能力
自我介绍、语言游戏等（言语训练／文化理解／缓解紧张）	准确性、流利性
小组会话活动（言语训练／感受到与目的语母语者交际的乐趣）	准确性、流利性、创造性
与跨文化交际有关的活动（交际文化理解／语用能力的培养）	得体性
对比各国和地区文化的演示（理解表层文化资讯的差异／言语训练）	准确性、流利性

图6-8 跨文化交际课程的教学模式流程

5. 针对日本学生的课程评价

该课程成绩由日本学生和中国留学生各自的成绩构成。

日本学生的课程成绩根据下面的Can-do一览表（见表6-13）设定的学习目标来进行评价。该课程不考试，以学习者在实际目的语活动中表现出的课题执行力作为评价标准。最后的课程成绩按照表6-13中①至⑦的得分，加上出勤情况等得出。

表 6-13　课程成绩评价标准（Can-do 一览表）

序号	内容
①	能把自己想表达的内容（日文）用词典翻译成中文
②	能主动用汉语问中国留学生问题或者跟中国留学生说话
③	能回答中国留学生的问题
④	能把自己想表达的内容背下来，用汉语以适当的速度正确地表达出来
⑤	能较好地教中国留学生日语发音，帮他们修改文章等
⑥	能积极地参与课堂活动
⑦	能在课堂准备活动和课下时间主动与中国留学生进行交流

六、日本汉语教学今后的课题

郭春贵（2014）指出，日本汉语教学界一直重视语法研究而忽视教学研究，不少教师对教学的态度是"为了教汉语而教汉语，学生学与不学是学生的事"。日本汉语教师比较保守，从未充分考虑学生的需求和兴趣。这种教学态度导致不少学生选了一个学期入门课后，因为缺乏兴趣而半途而废，以后再也不选汉语课，这样一来，下一个学期的选修课就流失了大量的学生。

面对不少大学公共汉语教育中出现的种种问题，我们应该反思自己的课堂教学，认识到其不足之处，同时积极地学习和借鉴国外外语教学最先进的理论和思路，进一步提升自己的教学实践，最终提高日本汉语教学的质量。要达到这一目标，首先需要改变教师对课堂教学实践的认识和态度。

现在，日本的汉语教学界出现了一些采用合作学习方式及利用 ICT 或利用真实材料等的教学方式，在一些教材编写中也能看到应用交际理论的新颖思路。这些都是新的进步。为使日本汉语教学得到进一步发展，我们对课堂教学研究要具有自主性，不断提高自主学习意识，积极主动地探索更加有创意的、有开拓性的教学模式。

∷ 参考文献 ∷

陈国明（2009）《跨文化交际学》，上海：华东师范大学出版社。

陈　楠、杨峥琳（2015）基于学习策略的汉语教材练习本土化研究，《世界汉语教学》第2期。

古川裕（2008）日本"中国语"教学的新面貌——中学汉语教学和大学汉语教学的衔接问题，《云南师范大学学报》（对外汉语教学与研究版）第2期。

郭春贵（2005）日本的大学汉语教育问题，《世界汉语教学》第4期。

郭春贵（2014）从日本汉语教育实践反思对外汉语教育，《北京广播电视大学学报》第3期。

侯红玉（2016）日本高中汉语教育研究，《海外华文教育》第5期。

姜丽萍（2008）《对外汉语教学论》，北京：北京语言大学出版社。

姜丽萍（2014）《课堂活动设计指南》，北京：北京语言大学出版社。

津田量（2010）日本汉语教材综合研究及分析，《汉语学习》第2期。

林虹瑛、林俊成（2009）用沟通式教学法来进行远距跨国交流课程，第六届全球华文网络教育研讨会论文。

刘海燕（2017）《日本汉语教学历史研究》，北京：中国传媒大学出版社。

涩谷周二（2005）日本学生汉语学习难点和重点的调查报告，《汉语学习》第1期。

森山美纪子（2013）日中学生跨文化交际课程的教学实践及其调查分析，《东海大学学报·外国语教育中心》第33辑。

杉江聪子（2012）利用网络交流的日本高中混合式汉语教学模式构建初探，第八届中文电化教学国际研讨会论文。

田中慎也（1999）日本国大学外语教学现状及课题，庞秀成、刘莉译，《吉林教育科学·高教研究》第3期。

王健昆（2001）在文化特征与民族性格影响下的汉语学习，见陈绂主编《对日汉语教学国际研讨会文集》，北京：中国社会科学出版社。

杨金华（2005）关于改进日本学生本科低年级会话课的研究报告，见王德春主编《对外汉语论丛》（第四集），上海：学林出版社。

张　英（2001）日本汉语教材及分析，《汉语学习》第 3 期。

Chen, G.-M. & Starosta W. J. (1998) *Foundations of Intercultural Communication*. Boston: Allyn and Bacon.

Oxford, R. L. (1990) *Language Learning Strategies: What Every Teacher Should Know*. New York: Newbury House.

胡玉華（2009）『中国語教育とコミュニケーション能力の育成』，東京：東方書店。

胡玉華（2014）タスクを取り入れた中国語授業の試み，『中国語教育』第 12 号。

洪潔清（2013）コミュニケーション能力の向上を図る交流型授業づくりの試み，『千葉大学言語 教育センター 言語文化論叢』第 7 号。

権藤早千葉、平川彩子（2010）留学生の日本語クラスと中国語クラスとの合同授業の試み，『日本語教育方法研究会誌』第 2 期。

城間真理子（2013）コミュニケーション力と協働力の育成をめざして－高校中国語教育での実践報告－，『中国語教育』第 11 号。

神道美映子（2014）オープンエデュケーション時代に教室活動ですべきこと－モティベーションを高めるタスク－，中国語教育学会第 12 回全国大会予稿集，大東文化大学。

杉浦謙介（2012）東北大学のドイツ語教育と課題，『東北大学の初修外国語教育』，CAHE TOHOKU Report39。

田中慎也（2007）資料 1　わが国の大学を中心とした外国語教育に関わる要請，『国家戦略としての「大学英語」教育』，東京：三修社。

趙葵欣（2012）どう教えるのが効果的か——日本人中国語学習者を対象とした実証研究——,『中国語教育』第 10 号。

張立波、趙秀敏、井上浩一、浦山きか、川口ひとみ、崎原麗霞、水津有理、叢莉蔓、髙橋康徳、福田翔、森山美紀子、李偉（2016）日本における大学中国語教育の充実を目指して —教育関係共同利用プログラム"中国語教育強化講座"の取り組み—,『東北大学高度教養教育・学生支援機構紀要』第 2 号。

翟啓麗、長谷川由香（2006）日中合同授業〜日本人中国語学習者と中国系日本語学習者による〜,『拓殖大学日本語紀要』第 16 号。

寺西光輝（2013a）中国語入門クラスにおけるコミュニケーション活動の導入－"地図作り"の実践,『椙山女学園大学教育学部紀要』6。

寺西光輝（2013b）中国人留学生と日本人学生による協働学習－中国語文献のピア・リーディングを通して－,『中国語教育』第 11 号。

森山美紀子（2015）異文化間コミュニケーション能力養成を目指す留学生と学ぶ中国語会話授業の実践,『中国語教育』第 13 号。

森山美紀子（2019）中国語初級テキストの練習問題における学習方略の分布状況,『異文化交流』第 19 号。

姚艶玲（2008）中国語初級学習者の学習動機と学習状況,『研究資料集』No. 16。

六角恒廣（1999）『漢語師家伝』, 東京: 東方書店。

（〔日〕森山美紀子，日本東海大学教授）

第三节　日本汉语教学模式（二）

与中国国内的汉语教学相比，日本汉语教学较为突出的特点是"注重翻译"。这里的"注重翻译"主要有两个含义：一是在教学过程中，部分采用"翻译法"[①]的教学技巧[②]；二是教学目标不止于培养"听说读写"四项技能，同时还培养学生的"翻译技能"。基于此，本节将"翻译法的教学技巧"与"翻译技能教学"结合形成的汉语教学模式称为"日本汉语教学模式"，并围绕这一模式展开讨论。

本节首先在"综述"部分介绍翻译法的基本情况与相关论述；其次，在"模式构建的理念"部分介绍日本汉语教学模式构建的理念，包括语言教学与翻译教学的关联性与连续性，及其在日本汉语教学中的表现等；再次，在"模式的构建"部分介绍日本汉语教学中较为常见的初级汉语教学过程及汉语整体教学模式；最后，在"应用"部分介绍通过口译训练方法进一步加强听说技能教学的日本汉语教学模式未来发展方向。

一、综述

在"日本汉语教学采用何种教学法"这一问题上，学界至今仍未达成统一的看法。刘海燕（2017）指出，目前日本汉语教学处于直接法与翻译法并立的状态[③]。而胡玉华（2009）则认为，日本汉语教学所采用的是相对直接法。

[①] "翻译法"还有几种不同的名称，如"语法翻译法""传统法""古典法""阅读法"等（刘珣，2000；章兼中，2016），本节一律采用"翻译法"这一名称。

[②] "教学法"一词可以包括 approach、method 与 technique 三个层面（王俊菊、修旭东，2003；胡玉華，2009），而这里的"教学技巧"专门指 technique 层面的教学法。

[③] 严格来说，日本所采用的"翻译法"来源于日本古代"中国学（汉学）"中被称为"汉文训读法"的文言文特殊读法，这种"翻译法"不同于外语教学界通常所说的翻译法（Grammar-Translation Method，以下简称"G-TM"），其实在日本，G-TM 并未被广泛使用。（平賀優子，2005、2008、2014）

另一方面，就日本初中级汉语教学而言，在初级阶段主要使用日语而后在中级阶段更多使用汉语，这一点更接近于王顺洪（2008）提出的"双语法"。

但日本汉语教学存在一个普遍现象，即几乎所有汉语教师多多少少都在使用来源于翻译法的教学技巧（胡玉华，2009）。翻译法最核心的教学技巧无疑是"作为语言教学、练习和评测手段的翻译"。虽然采用这些技巧并不等同于采用翻译法[①]，但由于这些教学技巧都来源于翻译法本身，因此，下面简单概括总结翻译法的基本特点与相关论述。这有助于我们在应用部分解读日本初级汉语教学的基本流程及其特点。

（一）翻译法的基本特点

关于翻译法的特点，刘珣（2000）做了如下总结：

（1）以理解目的语的书面语言、培养阅读能力和写作能力以及发展智力为主要目标，不重视口语和听力的教学。

（2）以系统的语法知识为教学的主要内容，语法教学采用演绎法，对语法规则进行详细的分析，要求学生熟记并通过翻译练习加以巩固。

（3）词汇的选择完全由课文内容所决定，用对译的生词表进行教学；句子是讲授和练习的基本单位。

（4）用母语进行教学，翻译是主要的教学手段、练习手段和评测手段。

（5）强调学习规范的书面语，注重原文，阅读文学名著。

（二）翻译法教学过程中进行翻译的目的

翻译法教学过程中会有两种翻译：一是将外语译成母语；二是将母语译成外语。但这两种翻译的目的不尽相同，下面就此问题做出进一步说明。

首先，两种翻译具有共同的目的，即"巩固所学的语法规则"。徐子亮、吴仁甫（2013）认为："以翻译的方法巩固语法规则的学习，主要表现为：①注意将教学中展示的例句翻译成母语。②用翻译母语句子的练习来巩

[①] 即我们通常所说的 approach、method 层面的翻译法。

固所学的规则；练习和作业也围绕语法进行，如作文不是以训练表达为目的，而是为了熟悉语法规则，如词尾的变化等等。"

周小兵（2017）有关翻译法教学过程的说明中也有类似的表述："①先教字母的发音和书写；②然后系统地进行语法教学，用先讲规则后举例的演绎法，边讲边译，并用互译的方法巩固对语法规则的学习和掌握；③最后阅读课文，顺序是用母语介绍课文内容，逐词翻译，朗读课文，用互译法巩固。"

其次，将外语译成母语的翻译还有两个特殊的目的：一是获得语法规则知识（章兼中，2016）；二是检查对目的语的理解是否准确（奥水優，2005；荒川清秀，2009）。其中，日本汉语教学比较重视第二个目的，下面是日本教师所做的相关描述：

中国で留学生を教えている教員の、「日本人は会話力はおとるが、読解力はすぐれている」という評価は、他の外国人に比べれば当たっているが……書き手の意向や意図まで真に理解できているのかどうか確かめる必要がある。日本人留学生の理解度のチェックが十分に行われているかどうか疑問である。……授業で中文日訳をさせると逐字訳はしているが、語と語、句と句の意味的、文法的関係、さらには語とそれが含まれている句や文、句とそれが含まれている文との意味的、文法的関係が読み取れていない、あるいは無視をした訳文が少なくない。文章中に用いられている語彙を訳出しただけで、文意は理解されていない答案である上に、日本語の目で読んだとしかいえない訳文が目立つ。（奥水優，2005）

（在中国教留学生汉语的教师经常说"日本学生口语较差，但阅读水平较高"。我也不否认，与其他国家留学生相比，的确如此。……但同时我认为，我们也有必要确认日本学生是否真正领会到了文章作者的想法、意图。其实，我怀疑中国教师对日本留学生的汉语理解程度没有进行充分的确认。……我在课上让学生做中日翻译时,发现他们虽然做到了逐词翻译,但并没有理解,甚至无视词与词之间、分句与分句之间的语义、语法关系,以及某个词与包含该词的整个分句或句子之间、某个分句与包含该句的整个句子之间的语义、语法关系。实际上,他们也只不过是在翻译文章中出现的词语,而并没有理解语义,而且学生的译文大多也都是用日语的语感来阅读汉语的。)[①]

最后,将母语译成外语这一翻译过程还有两个特殊目的:一是检查对语法规则的掌握情况(张亚军,2013);二是培养目的语写作能力。对第二个目的还需要做进一步的说明。我们看到"写作"一词时,第一个想到的可能是文章的自由写作,而在汉语教学中,"写作"往往还包括单个句子的造句练习[②]。翻译法教学首先培养的很可能是属于后者的"写作"能力,然后在中高级阶段,同样通过将母语译成外语的方式,最终培养出"自由写作"的能力[③]。

综上所述,将外语译成母语的翻译与将母语译成外语的翻译分别有以下三个目的(见表6-14)。

表6-14 翻译法教学过程中进行翻译的目的

将外语译成母语的翻译	将母语译成外语的翻译
(1)巩固语法知识的学习 (2)获得语法规则知识 (3)检查对目的语的理解是否准确	(1)巩固语法知识的学习 (2)培养目的语写作能力 (3)检查语法规则的掌握情况

---

① 笔者译,下同。
② 日本汉语教学中,以造句练习为主的"写作课"也并不罕见,据三宅登之(2002)的介绍,东京外国语大学也是如此。
③ 在「研究者のための『中文作文』の試み」(平田昌司,2002)一文中,由蔡毅执笔的"中文作文"基本教学方法纪要指出:"翻译则是作为一种'强迫训练',因为不会写的句子,写作时可以避开,翻译却无法绕过去。"从这个意义上看,简单的翻译可以用于"造句练习",高难度的翻译则可以用于"超出自由写作难度的写作练习"。总而言之,翻译可以覆盖从易到难的各个写作训练阶段。

（三）从古典翻译法到近代翻译法

"古典翻译法"是指最传统的、不重视语音和听说技能教学的翻译法；而对古典翻译法加以改进，在一定程度上克服这些缺点的翻译法称为"近代翻译法"。

翻译法自产生之日起始终处在不断的发展和变化之中。至 20 世纪中期，翻译法积累了丰富的经验，吸取了其他教学法的长处，无论是在理论方面还是在实践方面，较之古典翻译法都有了很大进步，逐渐发展成为近代翻译法。有的国家称其为"译读法"[①]，有的国家仍然沿用"语法翻译法"来称呼它。（章兼中，2016）

近代翻译法在强调阅读领先、着重培养阅读和翻译能力的同时，也加强了听说能力的培养；教学从语音开始，在以语法为主线的前提下，注意语音、词汇、语法的综合教学。（刘珣，2000）

至于古典翻译法与近代翻译法的具体差别，我们可以参考章兼中（2016）对近代翻译法基本原则的描述：

（一）语音、词汇、语法教学相结合

……近代翻译法主张外语教学从语音教学起步，先教字母的发音，讲解音素的发音方法，在单词、词组、句子中操练发音。与此同时，还讲解一些语音知识，配合语音教学还进行字母、单词、句子的书写训练。语音阶段结束后，进入以课文为中心，语音、语法、词汇综合教学阶段……

（二）阅读领先，着重培养阅读和翻译能力，兼顾听说训练

译读法（即近代翻译法）旨在培养学生阅读和翻译能力……近代翻译法不绝对排斥口语训练。但口语训练需在阅读理解、翻译课文的

[①] 日本正是如此，称其为"译读法"或"文法译读法"。但实际上，日本的"译读法"和"文法译读法"都不同于外语教学界通常所说的翻译法。

基础上进行。

……

（四）依靠母语，翻译既是教学手段，又是教学目标

……只有学生能把外语课文确切地译成母语时，才算真正理解外语课文。……在分析课文基础上进行逐词、逐句翻译；然后进行切合原意的翻译，以培养学生理解和翻译外语课文的能力。

综上所述，近代翻译法有别于古典翻译法的特点可以归结为以下几点：

（1）吸取其他教学法的长处；

（2）首先进行语音教学，然后进入语音、语法、词汇综合教学；

（3）兼顾听说训练；

（4）翻译是教学手段，也是教学目标（因此要求学生进行切合原意的翻译）。

同时，前文所引周小兵（2017）的教学过程也反映了近代翻译法兼顾语音教学的特点。

（四）近代翻译法与翻译能力的关系

我们看到，近代翻译法的教学目标中增加了"翻译能力"这一目标。但首先要强调的是，翻译法的首要目标仍然是阅读能力，而与此相比，翻译能力只不过是翻译法教学的附加产物。章兼中（2016）就近代翻译法的教学提出了下面四个步骤：

（1）译述大意；

（2）讲解语言材料，对课文进行语言分析和逐词、逐句翻译；

（3）切合原意翻译；

（4）直接阅读、直接理解外语课文。

其中，切合原意的翻译有利于培养学习者的翻译能力，但由于翻译法的首要目标是阅读能力，因此其后还有"直接阅读、直接理解外语课文"的教学步骤。关于这个步骤，章兼中（2016）做了如下说明：

真正的阅读外语能力不仅表现在对内容的确切理解上，而且还表现在速度上。凡是快速度地（哪怕是中等速度）阅读外语都是不经翻译直接阅读，直接理解原文的。因此，以培养阅读为主要目标的近代翻译法必然重视直接阅读、直接理解能力的培养，并把它当作阅读翻译教学法的第四个步骤。

可见，在近代翻译法当中，其首要目标仍然是第四个步骤所强调的"阅读能力"，而第三个步骤所涉及的"翻译能力"很难说是翻译法最主要的目标。

（五）翻译学界与外语教学界对近代翻译法中翻译的评价

虽然近代翻译法开始要求切合原意的翻译，但既然学生翻译能力的培养不是近代翻译法的首要目标，我们在翻译法教学过程中就无法对译文质量抱有过高期待。在此情况下，近代翻译法也无法回避翻译学界与外语教学界对翻译方面的一些批评。在翻译学研究中，作为语言教学的方法进行的翻译被称为"教学翻译"，这与翻译工作者所做的"职业翻译"[①]截然不同（勒代雷，2011）[②]。近代翻译法中的翻译虽然偶尔也考虑意义的传递，但主要仍属于字词对应层次，由语言教师来教授的"翻译"则往往混淆"教学翻译"活动与"职业翻译"活动，没有教好翻译应采取的正确方法（勒代雷，2011），因此经常遭到翻译学界的激烈批评。

日本英语教学界也有学者认为，学界对翻译法的批评中，有不少都是针对那些机器般的逐词翻译以及生搬硬套的译文提出来的（門田修平等，2010）。还有学者认为，学界对翻译法的批评中，最主要是针对其陈旧的授课方式，即进行翻译时只关注语言形式，不对只考虑字词对应而意思不通的

[①] "职业翻译"一词可以理解为"意义对等翻译"。
[②] 染谷泰正等（2013）对"教学翻译"与"职业翻译"的定义是："教学翻译"是为学习者自己或教师存在的、不考虑译文质量与语言的交际目的的翻译；"职业翻译"则是为第三方读者存在的，是以意义内容的传递为目的的翻译。

译文加以改进，也不考虑学生是否深入理解外语原文[①]（染谷泰正，2010；染谷泰正等，2013）。

近代翻译法虽然在语音和听说技能教学方面有较大改进，但在上文中提到的译文质量与翻译方法论等方面仍有需要改进之处。

二、模式构建的理念

（一）汉语教学是否包括翻译技能教学

汉语教学是否包括翻译技能教学这一问题直接影响汉语整体教学模式的构建。如果汉语教学不包括翻译技能教学，那汉语教学中的翻译只不过是语言教学的手段；然而，如果将翻译技能教学看作汉语教学的一部分，那我们就可以说，汉语教学中的翻译既是教学手段也是教学目标。日本汉语教学属于后者，这一特点是日本汉语教学模式构建的基础。

（二）语言教学与翻译教学的关联性与连续性

在欧洲，翻译教学一直被认为是"在学员已经获得语言交际能力的基础上进行"（刘和平，2011）的教学，这一点与外语教学截然不同。也有人明确指出："翻译教学只能在语言学习结束后，即到了研究其表达方式时开始。……在教授语言的同时不能教授翻译。"（塞莱丝柯维奇[②]，1990）因此在欧洲，语言教师没有资格教翻译（塞莱斯科维奇、勒代雷，2011），翻译教师也不教外语（赛莱丝科维奇，1979）。

然而，上面谈到的其实都是"职业翻译"教学，而且在上世纪的有关讨论中，其教学对象也多是欧洲地区的多语人才，即除了自己的母语之外，还掌握两三种外语，且能与母语者一样完全理解该语言的学生（塞莱斯科维奇、勒代雷，2011）。当然，这样的翻译教学设想无法直接套用在亚洲的一

[①] 正如上文所述，将外语译成母语的翻译可以体现出学生的理解水平。这就意味着，我们在教学过程中将外语译成母语时，不对逐词翻译进行改进就会失去促使学生深刻理解原文内容的机会。

[②] 即 Danica Seleskovitch，与下文中塞莱斯科维奇、赛莱丝科维奇为同一人。

般外语学习者身上。日本汉语学习者通常都达不到能够完全理解汉语（且与母语的理解水平相等）的境界。

后来，欧洲翻译学界的学者也开始关注外语教学的问题。他们首先放宽了外语语种方面的要求，提出"我们不能要求学翻译的人必须懂几种语言"，同时也指出，"在多语种突飞猛进的形势下，我们认为有必要探讨一下语言知识的水平问题和如何提高语言水平的问题……我们也应该想到对那些后天习得某个非通用语的学生进行培训"（塞莱斯科维奇、勒代雷，2011）。勒代雷（2011）还指出："从教学程序的角度讲，语言的基础教学和教学翻译没有区别，理想的情况下，教学翻译可以为学生未来学习名副其实的释译打下基础。"我们从这些讨论中可以看到语言教学与翻译教学之间的关联性与连续性。

（三）日本的外语教学与翻译教学

在日本，语言教学与翻译教学之间存在一定的关联性与连续性可以说是被大多数人所接受的较为普遍的看法。在此背景下，外语教师与职业翻译工作者互相靠拢，出现了教师既可以教外语又可以教翻译、外语教学包括翻译技能教学等特点[①]（后者在汉语教学中的具体情况详见图6-9）。

首先，从外语教学角度而言，日本汉语教师十分重视学生的翻译技能[②]，

[①] 日本学術会議（2012）也明确指出了日本高校外语教学中口笔译的重要性，同时还指出：一、外语教学中的翻译不能停留于机器般的逐词翻译；二、高校外语教学应在本科阶段建立起学习者能够顺利进入职业翻译训练的外语基础。外语教学包括翻译技能教学这种情况在非目的语环境下较为常见，就汉语教学而言，赵金铭（2009）也指出："在国外，'译'的教学依然占有相当地位。"中国外语教学也不例外。《普通高等学校本科专业类教学质量国家标准》中"外国语言文学类教学质量国家标准"有："学科基础包括外国语言学、外国文学、翻译学、国别与区域研究、比较文学与跨文化研究，具有跨学科特点。……专业核心课程分为外语技能课程和专业知识课程。……外语技能课程包括听、说、读、写、译等方面的课程。专业知识课程包括外国语言学、翻译学、国别与区域研究、比较文学与跨文化研究的基础课程，以及论文写作与基本研究方法课程。……英语专业核心课程：综合英语、英语视听说……英汉/汉英笔译、英汉/汉英口译……日语专业核心课程：基础日语、高级日语……笔译理论与实践、口译理论与实践……"

[②] 早稻田大学长谷川良一教授早在1966年就在他的演讲中提出日本汉语教学培养翻译人才的重要性："现在在日本的翻译人才绝大部分都依靠中国方面，日本各方面的代表团访问中国的时候，带翻译人员的太少。这种现象太不合理，应该早日改变。"（長谷川良一，1995）

条件允许时,可以从大学三年级开始开设口译或笔译课[①]。下面是日本某大学三年级下学期口译课的情况。

　　社会に出てから出くわすであろうビジネスシーンを設定し実際に通訳と翻訳などの実践練習を行うことで、各ビジネスシーンに相応しい日本語・中国語表現・語彙の習得を目指す。応用として通訳シーンが多い、医療通訳、司法通訳の内容を取り入れ、逐次・同時通訳などの実践練習を行う。また、通訳・翻訳する際の問題点と通訳者・翻訳者を使う立場での問題点なども模索する。

　　（本课程将设定学生进入社会后有可能会遇到的商务情境,并在此场景下进行口笔译实践训练,帮助学生学习适用于各个商务情景的日语与汉语两种语言的表达与词汇。本课程作为拓展训练,还将进行口译工作中较为常见的医疗口译、司法口译等领域的交替传译、同声传译实践训练。此外,本课程也试图探索口笔译过程中可能会遇到的问题,以及使用口笔译译员时可能会遇到的问题等。）

该大学还开设了电影字幕翻译课。我们通过这个例子,可以知道日本汉语教学中的翻译不仅仅是作为语言教学手段的"教学翻译",还包括医疗口译、司法口译、字幕翻译等专业性极强且带有一定职业翻译性质的翻译技能训练[②]。
"日本中国语检定协会"实施的"中国语检定"考试也非常重视考生的

[①] 三浦信孝(1997)认为,开始学外语的第三年就开始进行翻译训练有相当大的困难;但仅就日本汉语教学而言,早在1882年"神户商业讲习所"就为三年级学生开设了翻译课(六角恒廣,2002)。

[②] 其实,中国也有极少数学校为日本留学生开设翻译课(荀春生,1979;蔡振生,1995;陈田顺,1999;朱俊华,2011),但在多数情况下,中国汉语教学中的翻译仅限于日汉翻译,而不是日汉/汉日互译,而且任课教师也只关注语言形式上的字词对应,而几乎不考虑教学翻译与职业翻译之间的关联性与连续性,更不关心职业翻译工作中的实践问题。这一点与日本汉语教学中的翻译有很明显的不同。其原因就在于中日"汉语教学"的范围界定不同,也就是本节讨论的"外语教学是否包括翻译技能教学"的认识上的不同。

翻译能力,且在日本大学汉语教学中也有一定的影响力[①]。此项考试的特点是从最低级"准 4 级"到最高级"1 级"都设置了翻译题。下面是协会官网上的考试介绍以及各级别认定标准与考试内容(见表 6-15)。

　　現在、日本の外国語学習では、「読む」「聞く」「話す」「書く」能力、いわゆる四技能の習得が求められています。しかし、一つの外国語を運用するためには、この四つの能力ではまだ足りません。……「中検」は、学習者の外国語能力をより正確に測るため、特にこの「訳す」能力を重視し、それを測ることに力を入れています。

　　(目前,日本外语教学要求学习者掌握"听""说""读""写"四项技能。然而,我们运用外语时仅仅有这四项技能仍是不够的。……"中国语检定"考试为了更加准确地测试出学习者的外语能力,尤其重视"翻译"能力,并致力于对翻译能力的精确测定。)

表 6-15　"中国语检定"考试各级别认定标准与考试内容

级别	认定标准与考试内容
准 4 级	**完成汉语学习的准备阶段** 已掌握学习汉语所需要的基础知识。 (大致相当于在一般高等院校作为第二外语学习半年及以上,或在高中学习一年及以上,或在汉语专门学校[①]、课外班等学习半年及以上水平) 考试覆盖内容及范围: ·约 500 个基础词语与约 80 个日常问候语[②] ·单词、语句的发音,含有数量的表达,可以听懂日常生活中基本的问答与问候表达 ·单词、语句的拼音 ·最基本的语法点与单句造句 ·简化字的书写
4 级	**掌握汉语的基础知识** 能听并能说简单的汉语。 (大致相当于在一般高等院校作为第二外语学习一年及以上水平)

[①] 部分大学制订汉语课程教学目标时,将中国语检定考试作为参考,如:中国語検定試験で言えば、「4 级」程度を目指します(本课教学目标相当于中国语检定考试"4 级"水平)。

续表

级别	认定标准与考试内容
4级	考试覆盖内容及范围： • 约1000个基础词语 • 可以听懂并理解日常生活中基本的问答与较长对话或文章内容 • 单词、语句的拼音、声调 • 基本的语法点及使用该语法点进行单句造句 • 对较长文章进行内容理解 • 日中翻译（书写主观题）
3级	具有可通过自学来提升语言应用能力的水平（已掌握汉语的一般知识） 能阅读、书写基本的汉语文章。 能进行简单的日常会话。 （大致相当于在一般高等院校作为第二外语学习两年及以上水平） 考试覆盖内容及范围： • 约2000个基础词语 • 可以听懂并理解日常生活中基本的问答与较长对话或文章内容 • 单词、语句的拼音、声调 • 基本的语法点及使用该语法点的单句与复句造句 • 对较长文章进行内容理解 • 日中翻译（书写主观题）
2级	掌握实务汉语基础的水平 能读懂包含复句在内的、难度稍高的汉语文章，并能写出相当于中国语检定考试3级试题程度的汉语文章。 能就日常性话题用汉语进行会话。 考试覆盖内容及范围： • 使用涉及日常生活各方面以及社会生活基本领域的汉语 • 可以听懂并理解日常会话以及长篇文章内容 • 对长篇文章及该文章中个别词语进行阅读理解 • 可以正确运用语序、词语，并对含有惯用语的语句进行释义 • 可以将长篇文章中指定词语的拼音标记转换为汉字进行书写，并运用指定句子进行中日翻译（书写主观题） • 日中翻译（书写主观题） • 使用指定词语书写主题作文（书写主观题）
准1级	具有可以立即从事汉语工作的能力（已掌握汉语的全面知识） 基本掌握社会生活所必需的汉语，能进行一般性文章的日中、中日翻译，具有简单的口译能力。

续表

级别	认定标准与考试内容
准1级	考试覆盖内容及范围： • 使用涉及日常生活与社会生活各方面的报纸、杂志、文学作品、实用性文章以及包括时事用语在内的难度稍高的汉语 （初试：笔试） • 可以听懂并理解长篇文章内容 • 可以对长篇文章中指定句子进行听写（书写主观题）[3] • 对长篇文章及对该文章中个别词语进行阅读理解 • 可以正确运用词语，并对含有惯用语的语句进行释义 • 可以将长篇文章中指定词语的拼音标记转换为汉字进行书写，并运用指定句子进行中日翻译（书写主观题） • 翻译较长的日语文章（书写主观题） • 使用指定词语书写主题作文（书写主观题） （复试：口试） • 日常会话、简单的日语与汉语的交替传译、汉语演讲
1级	**具有高水平的汉语运用能力** 具有高水平的汉语阅读与表达能力，能进行复杂的汉语和日语（如致辞、讲演、会议、会谈等）的双向口译和笔译。 考试覆盖内容及范围： • 使用涉及日常生活与社会生活各方面的报纸、杂志、文学作品、实用性文章以及包括时事用语在内的高难度的汉语 （初试：笔试） • 可以听懂并理解长篇文章内容 • 可以对长篇文章中指定句子进行听写（书写主观题） • 对长篇文章及该文章中个别词语进行阅读理解 • 可以正确运用词语，并对含有惯用语的语句进行释义 • 对长篇文章中指定句子进行中日翻译（书写主观题） • 翻译较长的日语文章（书写主观题） • 使用指定词语书写主题作文（书写主观题） （复试：口试） • 高难度的日语与汉语的交替传译

注：①日本《学校教育法》所规定的一种教育机构，主要以职业教育为主，其定位接近于中国的专科学校。

②日本中国语检定协会从未对外公开具体的词汇大纲、语言点大纲等。其原因主要为避免公布大纲而对日本汉语教学产生较大影响，使汉语教学内容本身受到束缚等（一般财团法人日本中国语検定协会『中国语の環』编集室，2004；一般财团法人日本中国语検定协会，2022）。日本中国语检定协会理事长内田庆市曾表示：我们的结论是教学在先，考试在后，考试不占主导地位，今后也要坚持"考试不指导汉语教学"等基本立场（内田庆市，2022）。由此可见，日本中国语检定考试与日本汉语教学的关系与中国主流的HSK"考教结合"理念相比，具有较大差别。

③此处考试内容指听力考试中的听写题类型。

其次，从翻译教学角度而言，有不少职业翻译工作者也走进大学进行语言要素教学与听说读写技能教学，并在此基础上进行翻译技能教学（古川典代，2005a、2007；永田小絵，2006；関光世，2011）。在教学过程中，他们将原来只用于职业翻译培训的训练方法与翻译工作实践中的方法策略应用到外语教学中，由此极大丰富了汉语教学的方法与手段。在日本汉语课堂的教学实践方面，先驱者是神户松荫女子学院大学的古川典代教授。古川典代（2007）提到：

> 我自己在大阪外国语大学汉语系毕业以来，已从事将近二十年的汉语翻译（口译和笔译）工作，积累了一定的业务经验。有句话说得好，"活学活用"，我尽量利用这些工作基础，把实践和经验引入到教学中，为翻译学校的学生、大学汉语本科生以及研究生上中日翻译课。
> ……
> 为了使教学方法更加丰富多样化，我在初级班也积极采取"翻译训练法"——如"跟述"[①]"综述大意"及"快速反应"等方法。这样可以使课堂学习别开生面，学生对汉语学习产生新的乐趣。

职业翻译工作者进行外语教学的优点在于其翻译水平很高。如前所述，没有翻译工作经验的语言教师用翻译法的教学技巧进行教学时，有时译文质量与翻译方法论不很理想，会遭到翻译学界的批评（勒代雷，2011）。职业翻译工作者参与外语教学可以在一定程度上解决这些问题，实现从"教学翻译"到"职业翻译"、从"语言要素教学"与"听说读写技能教学"到"翻译技能教学"的良好过渡。这既是翻译法教学技巧运用上的改进，同时也是汉语整体教学质量的改进。

值得关注的是，这些职业翻译工作者在汉语教材研发方面也做出了很大

[①] 仅就跟述训练而言，在此之前，中西正樹（2002）也进行过类似的课堂实践。

的贡献。長谷川正時（2004、2005、2006、2009），古川典代（2005b），長谷川正時、長谷川曜子（2007），塚本慶一（2008），長谷川正時、古内一絵（2013），大森喜久恵（2020、2021a、2021b）等教材，都是采用口译训练方法编撰的汉语教材。

Cook（2010）提出"TILT（Translation in Language Teaching）"[①]概念后，在语言教学中应用翻译的这种教学法尤其受到了翻译学界与外语教学界的关注。日本翻译学会（日本通訳翻訳学会，JAITS）也自2017年至2019年间专门组织团队进行了 TILT 研究项目。

综上所述，在日本，汉语教学包括翻译技能教学，翻译不仅仅是"教学手段"，同时也是"教学目标"。但是日本汉语教学采用翻译法的教学技巧进行语言要素教学、听说读写技能教学，或开设翻译课时，与近代翻译法的理念也并不相同，其最终目标并不是通过翻译获得阅读能力，而是追求学习者包括听说读写译在内的语言能力得到全面发展，并掌握实际翻译工作中所需要的最基本、最基础的翻译能力。

三、模式的构建

日本大学初级汉语教学中，学完语音基础（声调、韵母、声母、拼写规则）后较为常见的教学过程见表 6-16。

在实际教学中，每周学一课。如果每周有三学时的汉语课，那么第一学时为复习检查、生词教学、语法教学，第二学时为课文教学，第三学时为听说训练[②]。第一、第二学时一般由日本教师来教学，第三学时则由中国教师来教学[③]。

[①] "TILT"亦作"Translation and Interpreting in Language Teaching"（染谷泰正等，2013）。
[②] 因此实际上，表 6-16 中"组织教学"的环节也出现在"课文教学"与"听说训练"环节前。但为了避免烦琐，表 6-16 中未列第二、第三个"组织教学"环节。
[③] 由于中日教师之间在教学内容上有较为明确的区分，且在不同时间各自教授自己负责的教学内容，因此日本大学基本上没有所谓的"汉语综合课"。日本大学的汉语课大部分都命名为"中国语1、2、3……""中国语Ⅰ、Ⅱ、Ⅲ……""中国语入门、中国语基础、中国语发展、中国语应用、中国语会话……"等。

表 6-16　日本初级汉语教学过程

学习场景	大环节	具体环节	教师语言	学生语言
课上	组织教学	问候语： 你们好！ 早上好！ ……	汉语	汉语 （"老师好！""早上好！"等）
		其他语言： 我们现在开始上课。 我们今天学习第 × 课。 ……	日语	——
		点名： 多数情况下，教师每节课都要点名	汉语	汉语 （"到！"）
	复习检查	小考： 以听写与汉日互译为主	听写题用汉语	——
	生词教学	发音练习1： 学生跟着教师念第一个词	发音示范用汉语 发音纠正用日语	汉语
		讲解： 教师讲解第一个词（包括对译）	日语	——
		（重复上述过程）		
		发音练习2： 学完所有生词后集中练习发音	发音示范用汉语 发音纠正用日语	汉语
	语法教学	语法讲解	日语	
		发音练习1： 教师点名，学生发音（念完一句，同一个学生接着翻译）	点名用汉语 发音纠正用日语	汉语
		翻译例句	正误判断、纠错、指导切合原意的翻译等用日语	日语
		发音练习2： 每学完一个例句或语法点，所有学生齐声练习发音	发音示范用汉语 发音纠正用日语	汉语
		（重复上述过程）		

续表

学习场景	大环节	具体环节	教师语言	学生语言
课上	课文教学	发音练习1：教师点名，学生发音（念完一句，同一个学生接着翻译）	点名用汉语 发音纠正用日语	汉语
		翻译课文	正误判断、纠错、指导切合原意的翻译等用日语	日语
		课文中的语法点讲解	日语	——
		（重复上述过程）		
		发音练习2：学完所有课文后集中练习发音	发音示范用汉语 发音纠正用日语	汉语
	听说训练	对话部分教学：其过程类似于"课文教学"	语言使用情况类似于"课文教学"	语言使用情况类似于"课文教学"
		两人一组练习对话	——	汉语
		听力练习：以听写与选择题为主	汉语（或播放教材音频）	——
课下	上节课复习	为下次小考做好准备		
	综合练习	做课本上的练习题（其中包括日译汉的翻译题）①		
	下节课预习	准备下节课语法例句与课文的翻译	——	——

注：①日本本土汉语教材很少另配练习册。

从表 6-16 中可以看到，日本初级汉语教学过程采用了来源于近代翻译法的"读后听说""运用演绎法的语法教学""生词与课文的翻译"等教学技巧。但与近代翻译法相比，日本初级汉语教学更加重视语音和听说技能教学。例如：不仅生词、语法与课文教学中都有两次发音训练，上述教学过程还取消了近代翻译法中最后一个"直接阅读"环节，而代之以"听说训练"。

基于以下原因，这里不再展示中高级汉语课教学过程。

（1）中级汉语课的教学过程与初级基本相同，其差别只在于中级有时将语法教学与课文教学进行合并或更换顺序。

（2）高级汉语课基本上不再使用汉语课本，而是直接使用中文书或影视作品等真实语料，这些材料的使用方法也因教师而异，因此无法展示较为常见的教学过程。

（3）有的学校从中级阶段（大学二年级）开始，只开设分技能课，不再开设综合性质的汉语课[①]。

（4）有的专业第一外语必须选英语，汉语只能是第二外语，在此情况下，该专业学生只学一年汉语，上二年级后不再继续学习。这样的专业本身并不设置中高级汉语课。

最后，从语言要素与语言技能的角度来看，日本汉语整体教学模式如图6-9所示，其中与中国汉语教学不同的是作为"语言应用技能教学"的翻译技能教学。[②]

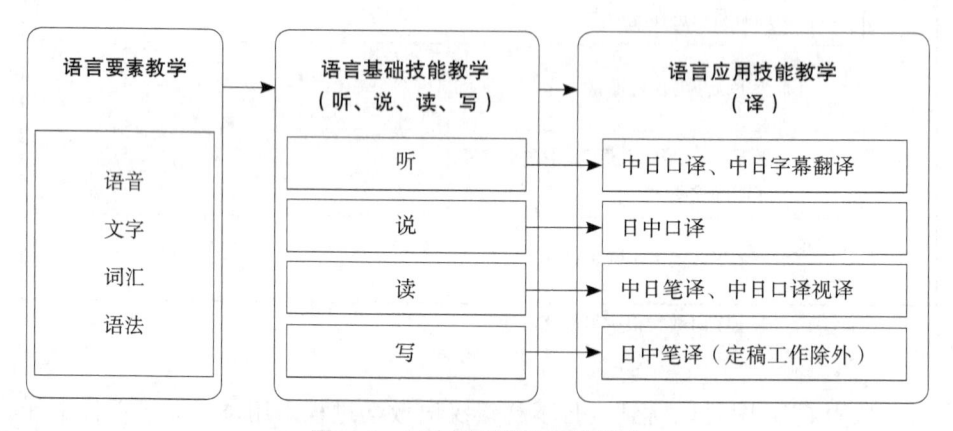

语言要素教学	语言基础技能教学（听、说、读、写）	语言应用技能教学（译）
语音 文字 词汇 语法	听	中日口译、中日字幕翻译
	说	日中口译
	读	中日笔译、中日口译视译
	写	日中笔译（定稿工作除外）

图6-9 日本汉语整体教学模式

---

① 此处不用"综合课"一词是因为日本大学一般没有"综合课"这一概念。
② 虽然《国际中文教育中文水平等级标准》（中华人民共和国教育部、国家语言文字工作委员会，2021）提出了"听说读写译"五种语言基本技能，但迄今为止在中国国内翻译技能教学方面由于多国籍混合编班、翻译师资问题等种种客观原因，仍未见较大改变。

四、应用

（一）应用口译训练方法的意义

我们在日本汉语教学中应用翻译时，还需要对口译训练方法给予足够的重视，从而进一步改进和补充现有的汉语教学模式。胡裕树、何伟渔（1984）指出："成年人学外语，有利也有弊。利者，理解力强，语法观念强；弊者，模仿力差，记忆力差，反应不快。这些利弊在教学过程中都会表现出来。"

我们发现，上面提到的"模仿""记忆""反应"均属于口译训练的训练内容或强化项目。此外，口译训练方法也适合日本汉语学习者的特点。永田小絵（2006）指出：

> 「特に言いたいことのない」学生や「単に外国語を学ぶことが好き」な学生にとっては、オリジナルテクストの内容を精確に伝達することを目標とする翻訳・通訳という作業は、自らの意見を述べることを強制されることのない、リラックスして取り組める課題でもある。外国語学部で翻訳や通訳を学びたい学生が多いのは自分の意見を言わずに済むことも一因ではないだろうか。
>
> （对那些表示"没有什么想说的"的学生，或者学习目的只是单纯喜欢学习外语的学生而言，以准确表达原文内容为目标的口笔译行为是一种不用被强迫发表自己的意见、心理负担较轻的学习任务。无须发表自己的意见这一点也许是外语学院不少学生希望学习口笔译的原因之一。）

因此我们认为，口译训练方法对提高学习者的听说能力是大有帮助的。

（二）口译训练方法的种类

口译教材经常提到的口译训练方法有以下 8 种。

1. 复述训练（Reproduction[①]）

指听录音后原封不动地重复[②]。其做法与中文水平考试 HSK（口语）初级与中级的第一部分相同。这种训练在听说训练阶段的目的是以"听后说"的方式帮助学生实现从输入到输出的转换[③]。复述训练与"跟着老师读"的课堂活动不同，它要求学生在单位时间内重复原话。（见表 6-17）

表 6-17　复述训练设计

阶段	训练方法	音频材料示例与要求
听说训练阶段	初期训练：词语的复述	示例[①]： 代表　领导　百忙之中　欢送会　无微不至　关心…… 要求：每个词之间的间隔为 1 秒钟。发音时长超过 1 秒钟的成语等，后面需要间隔相应长度的无音部分。
	中期训练：句子的复述	示例[②]： 从这儿一直往前走，第一个路口往右拐就是邮局。 本次列车从长春开往北京。 要求：每个句子后面需间隔相应长度的无音部分。
口译训练阶段	后期训练：以增强记忆力为目的的复述	示例[③]： 除了聊天儿、发信息，微信还有各种各样的功能。比如，购物、打的、买机票、订酒店、预约餐馆儿、支付现金等。 要求：每个句子后面需间隔相应长度的无音部分。

注：①例词来源：絹川浩敏、胡玉華、張恒悦（2010）『新コミュニカティブ中国語 Level2』，郁文堂。
　　②例句来源：斉霞（2017）『改訂版　口が覚える中国語　スピーキング体得トレーニング』，三修社。
　　③例句来源：張恒悦著、古川裕監修（2019）『巨大中国の今　中級中国語ディベートへの招待』，朝日出版社。

2. 时差复述训练（Lagging）

指听录音后故意延迟一段时间，而后原封不动地重复。例如：听完第一

[①] 小松達也（2005）等部分口译教材将复述训练称为 Retention，将概述训练称为 Reproduction。
[②] 杨惠元（2019）指出，"听后模仿能力"是听力技能中的微技能之一。
[③] 玉井健等（2002）认为，句子复述训练的意义在于学习者脑内的句法处理上。此外，胡玉華（2009）考虑到日本汉语学习者在语音方面的弱势，强调不依靠汉字，只凭声音进行复述的重要性。

个词语和第二个词语后，重复第一个词语；听完第三个词语后，重复第二个词语。其目的是帮助学生增强记忆力。（见表 6-18）

表 6-18　时差复述训练设计

阶段	训练方法	音频材料示例与要求
听说训练阶段	（无须采用此训练方法）	（无须采用此训练方法）
口译训练阶段	初期训练：词语的时差复述	示例： 代表　领导　百忙之中　欢送会　无微不至　关心…… 要求：词语之间的间隔不能短于复述该词语的长度。就上面的例子而言，听到"欢送会"后要复述"百忙之中"时，"欢送会"与"无微不至"之间的间隔不能短于"百忙之中"的长度。
	后期训练：句子的时差复述	示例：与复述中期训练相同。 要求：类似于词语的时差复述。

3. 概述训练（Retention）

指听完录音后进行概括总结并口述其主要内容。其做法与中文水平考试 HSK（口语）高级第一部分相同，目的是以"听后总结"的方式提高学生汉语语篇理解能力[①]，以"总结后说"的方式提高学生汉语成段表达能力。（见表 6-19）

表 6-19　概述训练设计

阶段	训练方法	音频材料示例与要求
听说训练阶段	初期训练：对话体语篇的概述	示例：（略） 要求：如果需要限定概述所需时间（例如要求在 1 分钟内概述），则每段语篇后需要间隔相应时长的无音部分，并设置结束提示声音。
	中期训练：叙述体语篇的概述	示例：（略） 要求：与概述初期训练相同。
口译训练阶段	后期训练：包括真实语料在内的高难度语篇的概述	示例：（略） 要求：与概述初期训练相同。

---

① 杨惠元（2019）指出，"概括总结能力"是听力技能中的微技能之一。由于学生的"概括总结能力"会有较大的个体差异，因此在训练初期到后期的每个阶段，有必要时可以先用母语语篇进行概述训练，然后再进入汉语语篇的概述训练。

4. 跟述训练（Shadowing）

跟述训练又称"跟读训练""影子练习"等，宋协毅（2011）将其定义为："所谓的跟读训练，就是在听别人说话时，以比对方慢一二秒的速度，用跟对方完全同样的语音语调和同样的词语将对方的话出声复述下来，并加以理解。"

在听说技能训练阶段，其目的是以"边听边说"的方式同时提高学生汉语听说能力，以"边听边说"的方式进一步提高学生的汉语处理速度[①]。但考虑到"边听边说"技能的特殊性，建议在初期训练之前使用母语音频进行热身，让学生习惯听说并用的状态。（见表 6-20）

表 6-20　跟述训练设计

阶段	训练方法	音频材料示例与要求
听说训练阶段	热身训练：母语音频的跟述	示例：（略） 要求：（无）
听说训练阶段	初期训练：语速 180—190 字 / 分钟[①]的慢语速语篇的跟述	示例：（略） 要求：（无）
听说训练阶段	中期训练：语速约 230 字 / 分钟左右的中等语速语篇的跟述	示例：（略） 要求：（无）
口译训练阶段	后期训练：语速约 260 字 / 分钟的较快语速语篇的跟述[②]	示例：（略） 要求：（无）

注：①此处的字数也可以理解为音节数。下同。
　　②部分口译教材建议使用语速更快的音频做跟述训练。据笔者统计，神崎多實子等（2014）中的有些新闻节目材料音频语速达到约 330 字 / 分钟。

5. 快速反应训练（Quick Response）

指听单词或句子，立刻出声翻译。其目的是在理解语义的前提下，以

[①] 染谷泰正（1996）明确指出，跟述训练最主要的目的无疑是掌握目的语的各种韵律特征。然而，韵律特征主要是语音教学方面的问题，因此在听说技能训练中，跟述训练的目的仍然是"通过听说并用的方式掌握快速处理语言输入与输出的能力"。关于跟述训练的有效性，详见門田修平（2012、2015）。

"中译日"的方式提高学生汉语听力反应速度（处理速度）[1]，以"日译中"的方式提高学生汉语口语产出速度。（见表6-21）

表 6-21　快速反应训练设计

阶段	训练方法	音频材料示例与要求
听说训练阶段	初期训练：词语的快速反应	示例：与复述初期训练相同。 要求：与复述初期训练基本相同。音频中不能出现动词"是"、能愿动词"会""能"、副词"很""挺"、助词"的""了""呢"等不表示具体概念的词。词语难度较高时，每个词之间的间隔可以延长至2秒钟[1]。译词长度较长的个别词语后面需要间隔相应长度的无音部分。比如"党中央"一词，其日语译词较长，应为「中国共産党中央委員会」，因此快速反应音频材料也需要进行个别处理。
	中期训练：句子的快速反应	示例：与复述中期训练相同。 要求：与复述中期训练基本相同。有时无音长度方面需要个别处理。
口译训练阶段	后期训练：在语篇中的句子的快速反应（详见下文）	示例：（见下文） 要求：与复述中期训练基本相同。

注：①在初级汉语教学中，藤田由香利（2015b）建议使用词语间隔为3秒钟的音频进行训练。

在后期训练阶段，需要考虑原文中的上下文语境，并且需要保持译文之间的连贯性。示例如下：

  A：我在香港主管三个领域：第一个是环境，第二个是交通运输，第三个是城市基础设施建设。

  B：环保也好，交通也好，包括基础设施建设，这些工作都跟经济发展有很密切的关系……[2]

---

[1] 杨惠元（2019）指出，"快速反应能力"是听力技能中的微技能之一，但并没有要求翻译。藤田由香利（2015a、2017）的研究证明，汉译日快速反应训练有助于提高学生的听力水平。
[2] 例句来源：国家漢辦／孔子学院總部、株式会社スプリックス（2012）『HSK公式過去問集6級』，スプリックス。

B 的发言中,"环保也好,交通也好,包括基础设施建设,这些工作"为已在 A 的发言中出现过的旧信息,因此翻译 B 的发言时,在考虑上下文的前提下,就无须再做逐词的翻译。此处可以简单概括为「どれをとっても」(不管是哪个领域)。参考译文如下:

A:私は香港で環境・交通運輸・インフラ建設の3つを管理しています。

B:どれをとっても、経済発展ととても密接な関係にありますね……①

6. 听写训练(Dictation)

指听后书写。其做法与日本中国语检定考试准 1 级与 1 级中的听力第二部分相同,目的是在增强学生听后记忆力的同时,提高其书写能力[2]。(见表 6-22)

表 6-22 听写训练设计

阶段	训练方法	音频材料示例与要求
听说训练阶段	初期训练:词语的听写填空	示例:(略) 要求:停顿时间足够长[1]。
	中期训练:句子的听写	示例:(略) 要求:停顿时间足够长。
口译训练阶段	后期训练:以一定记忆力为基础的句子的听写	示例:(略) 要求:音频中无不自然停顿[2]。

注:①关于停顿时间问题,详见刘颂浩等(1995)。下同。
②杨惠元(2019)指出,"边听边记能力"是听力技能中的微技能之一。

---

① 此处为笔者所译,与原书『HSK 公式過去問集 6 級』中的译文不同。
② 在实际教学中,听写训练往往成为"只为方便教师检查学生已学知识的掌握程度,并测试出学生现有听力水平的方法",而不是"主要为了提高学生听力(包括听后记忆力)与书写能力的技能训练方法"。这样的训练目的的变化导致我们考虑系统的听说训练模式时,听写训练的定位难以明确,因此在表 6-25 中,暂不对听写训练进行定位。

7. 视译训练（Sight Translation）

指边看原稿边翻译。首先，中日有稿口译中会有以下四种情况（见表6-23）：

表6-23　有稿口译的种类

翻译方向	口译人员手中的原稿种类	口译过程中所需汉语技能
中译日	原语[①]发言稿（中文）	听、读、译
中译日	原语发言稿的译稿（日文）	听
日译中	原语发言稿（日文）	说、译
日译中	原语发言稿的译稿（中文）	读、说

注：①原发言人或原作者所用的、译者进行翻译前的语言（Source Language、Source Text）。

视译训练一般是指其中只有原语发言稿时的口译训练。但是实际上，完全没有接受过视译训练的人在担任交替传译工作时，即使手上有已经翻译好的原稿，也会因为一心念译稿而不小心念到原发言人还没说到的地方，陷入无法挽回的尴尬境地。因此无论是上述哪种类型的有稿翻译，都需要一定的训练。（见表6-24）

表6-24　视译训练设计

阶段	训练方法	音频材料示例与要求
听说训练阶段	（无须采用此训练方法）	（无须采用此训练方法）
口译训练阶段	热身训练：有译稿时的口译	示例：（略） 要求：（无）
口译训练阶段	初期训练：有准备的、只用原语发言稿的视译	示例：（略） 要求：（无）
口译训练阶段	后期训练：无准备的或应对脱稿情况的视译	示例：（略） 要求：（无）

可以看出，这些训练的方法与汉语听说技能训练关系不大，因此在表6-25中，暂不对视译训练进行定位[①]。

8. 口译笔记训练（Note-taking）

指口译工作时所需要的特殊笔记训练。此项训练虽然与杨惠元（2019）指出的听力微技能"边听边记能力"有关，但是由于笔记方法特殊，不宜在听说训练阶段引入，因此在表6-25中，暂不对口译笔记训练进行定位。

（三）听说技能教学中，系统应用口译训练方法的教学模式

我们可以发现，上面几种口译训练方法中，听写训练除了听力技能外还涉及书写技能，视译训练则涉及阅读技能，因此我们考虑技能训练的系统性问题时，也不能只从听说技能训练角度考虑这两种训练方法的意义与定位。此外，时差复述训练的重点在于口译工作中所需要的记忆能力，口译笔记训练则纯属口译专业技能，因此本节也不讨论这两种训练方法在听说技能教学中的意义与定位。还有一些训练方法的后期部分也属于口译技能训练，这些也不在我们的讨论范围之内[②]。

基于上述认识，剩下的训练方法有：初期和中期的复述训练（分别为词语和句子的复述）、初期和中期的快速反应训练（分别为词语和句子的快速反应）、初期和中期的跟述训练（分别为慢语速音频和中等语速音频的跟述），以及初期和中期的概述训练（分别为对话体语篇和叙述体语篇的概述）。在综合考虑它们之间的难度，以及与听说技能发展关系的基础上，我们提出应用口译训练方法的听说技能教学模式，见表6-25。

[①] 英语教学界有不少学者认为视译训练有助于提高阅读能力，如鳥飼玖美子（1997）、門田修平等（2010）、長沼美香子等（2016）。

[②] 本节介绍的口译训练方法中，瀧澤正己（2002）将视译训练与口译笔记训练看作口译专业技能训练，宫本節子（2007）则将视译训练、口译笔记训练与概述训练看作口译专业技能训练。

表 6-25　应用口译训练方法的听说技能教学模式

阶段	训练顺序	训练种类	教材音频与汉语技能的关系 汉语音频	教材音频与汉语技能的关系 日语音频	强化项目
听说训练阶段	①	词语的复述训练	听　说	—　—	输入到输出的转换
听说训练阶段	②	词语的快速反应训练	听　—	—　说	提高处理速度
听说训练阶段	③	句子的复述训练	听　说	—　—	输入到输出的转换
听说训练阶段	④	句子的快速反应训练	听　—	—　说	提高处理速度
听说训练阶段	⑤	语篇的跟述训练	听　说	—　—	输入+输出+速度
听说训练阶段	⑥	语篇的概述训练	听　说	—　—	输入+总结+输出

首先是通过"①词语的复述训练"来实现从输入（能听）到输出（能发音）的转换，并在能听、能发音的基础上，通过"②词语的快速反应训练"进行快速理解、处理（听后立刻就能听懂）和快速产出（需要说的时候能立刻说出来）的训练。句子层面③和④的训练也是同样的步骤。这些训练结束后，通过"⑤语篇的跟述训练"（包括训练初期和中期）来进行同时快速处理输入与输出的综合性训练。最后，通过"⑥语篇的概述训练"（包括训练初期和中期）来获得输入后经过总结再输出的高层次技能。

在表6-16展示的教学过程中，这些训练方法既可以穿插在课堂中进行，也可以让学习者自己在课下进行；并且汉语初级阶段（大学一年级阶段）可以采用①—④的训练方法，中级阶段（大学二年级阶段）可以采用⑤—⑥的训练方法。学生拥有了这样的听说技能基础之后，在大学三年级上口译课时也会拥有极大的优势，可以更加顺利地进入专业性更强的翻译技能训练。

这一教学模式不仅可以应用于日本汉语教学中，也可以应用于其他国家的汉语教学中。考虑到在《国际中文教育中文水平等级标准》指导下的各国中文教育的现状，学习者不仅需要掌握"听、说、读、写"四种技能，也需要在中等四级后掌握包括口译在内的翻译技能。在此背景下，我们相信本节所介绍的教学模式也会拥有更大的价值和应用空间。

∷ 参考文献 ∷

蔡振生（1995）十年翻译课的再思考，《世界汉语教学》第 4 期。

陈田顺主编（1999）《对外汉语教学中高级阶段课程规范》，北京：北京语言文化大学出版社。

古川典代（2007）对日汉语教学法的一个新的提示——"软诱导方式教学"和"翻译训练法"，见《第八届国际汉语教学讨论会论文选》，北京：高等教育出版社。

胡裕树、何伟渔（1984）教日本人学汉语，《语言教学与研究》第 3 期。

教育部高等学校教学指导委员会编（2018）《普通高等学校本科专业类教学质量国家标准》，北京：高等教育出版社。

勒代雷（2011）《释意学派口笔译理论》，刘和平译，北京：中国对外翻译出版有限公司。

刘海燕（2017）《日本汉语教学历史研究》，北京：中国传媒大学出版社。

刘和平（2011）《口译技巧——思维科学与口译推理教学法》，北京：中国对外翻译出版有限公司。

刘颂浩、林　欢、高宁慧（1995）听写及其运用，《汉语学习》第 4 期。

刘　珣（2000）《对外汉语教育学引论》，北京：北京语言文化大学出版社。

塞莱丝柯维奇（1990）语言教学中的翻译问题，刘和平译，《语言教学与研究》第 3 期。

塞莱斯科维奇、勒代雷（2011）《口译训练指南》，闫素伟、邵炜译，北京：中国对外翻译出版有限公司。

赛莱丝科维奇（1979）《口译技巧》，孙慧双译，北京：北京出版社。

宋协毅（2011）《新编汉日日汉同声传译教程——从即席翻译到同声传译》（第二版），北京：外语教学与研究出版社。

王俊菊、修旭东（2003）外语教学法基本概念及其关系的再思考，《山东外语教学》第 5 期。

王顺洪（2008）《日本人汉语学习研究》，北京：北京大学出版社。

徐子亮、吴仁甫（2013）《实用对外汉语教学法》（第 3 版），北京：北京大学出版社。

荀春生（1979）对日本留学生的翻译课教学，《语言教学与研究》第 2 期。

杨惠元（2019）《汉语技能教学法》，北京：北京语言大学出版社。

张亚军（2013）《怎样教外国人学汉语》，北京：华语教学出版社。

章兼中主编（2016）《国外外语教学法主要流派》，福州：福建教育出版社。

赵金铭（2009）教学环境与汉语教材，《世界汉语教学》第 2 期。

中华人民共和国教育部、国家语言文字工作委员会（2021）《国际中文教育中文水平等级标准》，北京：北京语言大学出版社。

周小兵（2017）《对外汉语教学入门》（第三版），广州：中山大学出版社。

朱俊华（2011）日本留学生汉译日语可能动词句问题探析，《辽宁教育行政学院学报》第 2 期。

Cook, G. (2010) *Translation in Language Teaching: An Argument for Reassessment*. Oxford: Oxford University Press.

荒川清秀（2009）『体験的中国語の学び方—わたしと中国語、中国とのかかわり』，同学社。

一般財団法人日本中国語検定協会編（2022）『中検公式ガイドブック 準 4 級・4 級』，アルク。

一般財団法人日本中国語検定協会『中国語の環』編集室編（2004）「上野惠司理事長に聞く 試験をする団体から学習を助ける団体へ」『中国語の環』(66)。

一般財団法人日本中国語検定協会「試験概要」，http://www.chuken.gr.jp/tcp/outline.html（2021 年 2 月 17 日）。

一般財団法人日本中国語検定協会「認定基準・出題内容」，http://www.

chuken.gr.jp/tcp/grade.html（2023年3月3日）。

内田慶市（2022）「中国語教育と検定試験」,『中国語教育』(20)。

大森喜久恵（2020）『NHKラジオ ステップアップ中国語「通訳式トレーニングでレベルアップ」2021年1月号』, NHK出版。

大森喜久恵（2021a）『NHKラジオ ステップアップ中国語「通訳式トレーニングでレベルアップ」2021年2月号』, NHK出版。

大森喜久恵（2021b）『NHKラジオ ステップアップ中国語「通訳式トレーニングでレベルアップ」2021年3月号』, NHK出版。

門田修平（2012）『シャドーイング・音読と英語習得の科学』, コスモピア。

門田修平（2015）『シャドーイング・音読と英語コミュニケーションの科学』, コスモピア。

門田修平、氏木道人、野呂忠司（2010）『英語リーディング指導ハンドブック』, 大修館書店。

神崎多實子、梅田純子、大森喜久恵（2014）『聴いて鍛える中国語通訳実践講座 ニュースとスピーチで学ぶ』, 東方書店。

胡玉華（2009）『中国語教育とコミュニケーション能力の育成 「わかる」中国語から「できる」中国語へ』, 東方書店。

輿水優（2005）『中国語の教え方・学び方—中国語科教育法概説—』, 日本大学文理学部。

小松達也（2005）『通訳の技術』, 研究社。

関光世（2011）「大学の中国語教育における通訳トレーニングの実践例とその効果に関する考察」,『京都産業大学論集 人文科学系列』(44)。

染谷泰正（1996）「通訳訓練手法とその一般語学学習への応用について」,『通訳理論研究』(11)。

染谷泰正（2010）「大学における翻訳教育の位置づけとその目標」,『外国語教育研究』(3)。

染谷泰正、河原清志、山本成代（2013）「英語教育における翻訳（TILT: Translation and Interpreting in Language Teaching）の意義と位置づけ」, http://someya-net.com/99-MiscPapers/TILT_Symposium2013.pdf（2021年2月17日）。

瀧澤正己（2002）「語学強化法としての通訳訓練法とその応用例」,『北陸大学紀要』(26)。

玉井健、西村友美、田中深雪、船山仲他（2002）「シンポジウム：シャドーイングの有効性をめぐって～外国語教育と通訳教育の視点から」,『通訳研究』(2)。

塚本慶一監修（2008）『シャドーイングで学ぶ塚本式 仕事の中国語トレーニングブック』, アルク。

鳥飼玖美子（1997）「英語教育の一環としての通訳訓練」,『月刊言語』26 (9)。

中西正樹（2002）「『捨てる技術』としてのシャドウイング」, 日本中国語学会中国語ソフトアカデミズム検討委員会編『日本の中国語教育——その現状と課題・2002——』, 好文出版。

長沼美香子、船山仲他、稲生衣代、水野的、石塚浩之、辰巳明子（2016）「サイト・トランスレーション研究の可能性」,『通訳翻訳研究への招待』(16)。

永田小絵（2006）「獨協大学外国語学部言語文化学科の中国語教育における通訳訓練法の応用」,『外国語教育研究』(24)。

日本学術会議（2012）「大学教育の分野別質保証のための教育課程編成上の参照基準 言語・文学分野」, http://www.scj.go.jp/ja/info/kohyo/pdf/kohyo-22-h166-3.pdf（2021年2月17日）。

長谷川正時（2004）『通訳メソッドを応用した中国語短文会話800』, スリーエーネットワーク。

長谷川正時（2005）『通訳メソッドを応用したシャドウイングで学ぶ中国語文法』，スリーエーネットワーク。

長谷川正時（2006）『通訳メソッドを応用したシャドウイングで学ぶ中国語難訳語500』，スリーエーネットワーク。

長谷川正時（2009）『通訳メソッドを応用した中国語中級会話700』第2版，スリーエーネットワーク。

長谷川正時、長谷川曜子（2007）『通訳メソッドを応用したシャドウイングと速読で学ぶ中国語通訳会話』，スリーエーネットワーク。

長谷川正時、古内一絵（2013）『通訳メソッドを応用したシャドウイングで学ぶ中国語基本動詞93』，スリーエーネットワーク。

長谷川良一（1995）『中国語入門教授法』，東方書店。

平賀優子（2005）「『文法・訳読式教授法』の定義再考」，『日本英語教育史研究』(20)。

平賀優子（2008）「日本英語教授法史におけるOllendorffの教授法の位置づけ」，『日本英語教育史研究』(23)。

平賀優子（2014）「訳読・音読へと続く『素読』の歴史的変遷」，『慶應義塾外国語教育研究』(19)。

平田昌司（2002）「研究者のための『中文作文』の試み」，日本中国語学会中国語ソフトアカデミズム検討委員会編『日本の中国語教育——その現状と課題・2002——』，好文出版。

藤田由香利（2015a）「通訳訓練法を用いた中国語のリスニング力向上のための一考察〜シャドウイングとクイック・レスポンスの導入〜」，『杏林大学外国語学部紀要』(27)。

藤田由香利（2015b）「中国語教育における初学習者を対象とした通訳訓練法による調査　クイックレスポンスでの語彙増強を図るための一考察」，『杏林大学外国語学部紀要』(28)。

藤田由香利（2017）「中国語教育における通訳技術訓練法導入研究〜日本語母語話者の中国語学習初期におけるクイックレスポンス導入の効果〜」，杏林大学博士学位論文。

古川典代（2005a）「中上級学習者への通訳トレーニングメソッド応用とその展望」，『関西大学中国文学会紀要』（26）。

古川典代（2005b）『中国語シャドーイング入門　聞くと話すが同時に身につく』，DHC。

三浦信孝（1997）「通訳理論から外国語教授法へ」，『月刊言語』26（9）。

三宅登之（2002）「東京外国語大学における中国語教育の現状と課題」，日本中国語学会中国語ソフトアカデミズム検討委員会編『日本の中国語教育――その現状と課題・2002――』，好文出版。

宮本節子（2007）「通訳入門　1年次生対象の通訳訓練の効果と問題点」，『相模英米文学』（25）。

六角恒廣（2002）『中国語教育史稿拾遺』，不二出版。

（〔日〕太田匡亮，日本大阪大学讲师）

第四节　韩国汉语教学模式

韩国作为海外汉语教学最大的课堂教学"版图"之一，其教学模式必然呈现多元发展态势，各类中小学教学单位、辅导中心和孔子学院，以及有代表性的韩国大学传统的汉语课堂教学也都各有特点，我们很难找到一个有规律的、能涵盖韩国各类汉语教学领域的普遍性教学模式来加以研究。尽管如此，按照各类学习者的划分和教学模式发生的机制，从几个不同角度来描述不同的韩国汉语教学模式，也有一定的应用借鉴价值。

教学模式不是教学方式和教学方法的简单叠加，而是一种处于动态变化的教学理念的常态化表现，这种"动态"变化呈现出的"常态化"或本质化的特点，形成了该地区、该教学单位在某一教学领域或教学任务中所表现出的经常性的教学模式。教学模式至少涉及教学目标、教学对象、教材文本、教师主体等四个基本要素（见图 6-10），即使其中有三个要素完全相同，而只要剩余的一个要素发生改变，那么整个教学模式都会随之发生改变。简言之，同一教学对象、同一教材文本和同一教学目标下，换一位教师，原有的教学模式就会马上发生改变，甚至是根本性改变。而韩国汉语教学模式在这个复杂的系统中也有其自身的发展动因。

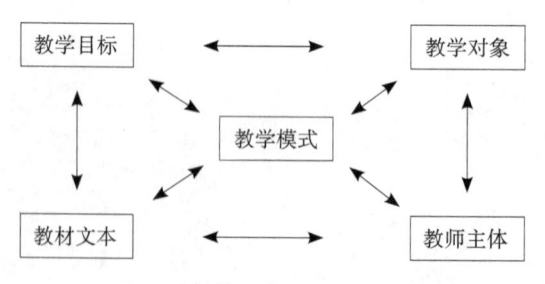

图 6-10　韩国汉语教学模式基本要素

在如此复杂的动态系统中分析韩国的本土汉语教学模式，尽管有很多因素的变化是不可测的，但是在现有的研究中做一些静态分析的描述，也可以找到一定的科学规律。

一、韩国汉语教学模式研究现状

在韩国，汉语教学是主要的外语教学，学界针对汉语语法、词汇、语音等汉语本体领域的研究也较为深厚。中文专业大学教师的研究背景以语言本体和文学为主，因此大多与教学相关的研究成果也是从语言个别要素出发的。这势必导致对于教学法和教学模式等课堂教学实践的研究相对来说比较薄弱，有关课堂教学的研究主要探讨中学的初级汉语教学，针对大学或成年学习者的实践性研究则较少。이준식、강용중（2009）针对提高交际能力的大学基础汉语课程教学模式研究也说明了目前没有共同教案和成形的教学模式，教师的自由度很大，实际教学模式由教师和教材决定。有部分学者也意识到了这种教学不利于培养真正的交际能力。为了突破并改善现状，翻转课堂、混合教学模式等新型外语教学模式和具体教学方法在韩国也在不断尝试，有些韩国学者对这些教学模式也进行了实践性的探讨（감서원，2018；이시찬，2018；정주연，2019）。但目前的研究内容仍然限于商务汉语（김옥희，2018）、一部分写作课程（이시찬，2018；정주연，2019）和个别语法项目的教学方法等微观要素，能够反映实际课堂普遍教学面貌的研究极少。

只要略做调研就不难发现，韩国大学中文系的汉语教材一般只研发到初中级水平，中高级阶段的汉语课程仍然使用一些读本或文学作品，这样的教学局面容易使学习者失去学习兴趣。授课方式以教师讲解为主，自然就减少了学习者的课堂参与度，有时会成为培养交际能力的障碍。因此，有些教师为了脱离语法翻译为主的填鸭式教学方法，开始将中国电影和童话故事融进汉语课堂。这些方式也可以说是韩国高校的一种汉语教学模式的新尝试或新建设。

这两年，황지유（2019）、강창구（2020）、김명순（2020）等进行了一些教学模式具体运用实例的研究。황지유（2019）、강창구（2020）等基于交际法、整体语言教学法、故事教学法等理论，分别使用《不来梅的音乐家》《灰姑娘》等世界童话名著，设计了实际课堂教学模式，并在课后的问卷调查中发现，大部分学习者对这些新模式给予了肯定的评价。除了童话故事之外，有些课堂积极使用中国电影和电视剧，比如，이효희、이장패、박창언（2019）根据故事教学法和角色扮演的方法，使用中国电视剧《欢乐颂》探讨商务口语教学方案；김명순（2020）在视听课中使用中国电影《和你在一起》，向学习者提供了解中国文化的机会。这些研究很难说是韩国成年汉语教学的整体情况和普遍面貌，但都是为了改善现在韩国高校汉语教学的情况而持续进行的努力和尝试，也是韩国汉语教学模式的一种客观反映或侧写。

相反，韩国中学的汉语教学根据韩国教育部制定的通用教学大纲进行教学，使用教育部指定的教材，而且这几年在全国实施 CPIK（Chinese Program in Korea）志愿者项目的背景下开展汉语教学，已经形成了通用的教学模式。下面通过讨论韩国中学汉语教学中最为普遍的教学模式，来管窥韩国各个层次的汉语教学模式。

2011 年 11 月，韩国国立国际教育院和中国孔子学院总部签订了韩中教师交流协议，次年正式启动 CPIK 项目。中国孔子学院总部主要负责选拔中国志愿者教学团队，中方志愿者教师成员一般由汉语国际教育专业的硕士研究生组成，他们以辅助教师身份同韩国教师共同参与课堂教学。该项目规定中韩教师合作授课，宗旨在于向韩国中学提供中国志愿者教师，使韩国学习者直接接触原汁原味的汉语，以提高中学汉语教学的质量，激发韩国中学生对汉语的兴趣，并提高他们对中国文化的认同度。2012 年至 2019 年的 8 年间，已有 2303 名志愿者教师被聘用，他们被派到韩国各地的中学和部分小学。于是，中韩两名教师共同参与同一个课堂进行教学的情景也不断出现，在韩国中学汉语课堂中逐渐形成了合作教学模式。关于 CPIK 项目教学模式的研究，韩国共有 5 篇论文，而中国则有 60 多篇，相对来说更加活跃。这是因为来到韩国的中方志愿者教师一般为汉语国际教育专业的硕士研究生，他们回到中国后，以自身教学经历为题撰写毕业论文的情况比较多。大部分研究采用问卷调查或访谈的方式，分析实施合作教学模式的实际情况并对此提出一些改进方案。问卷调查对象一般为韩方教师和中方志愿者教师以及学习者。这些论文介绍了具体教学案例，并结合教学大纲或所使用的教材，根据其教学内容，探索了合作教学模式的具体实践方案，对实际教学成效进行了分析。

2012 年和 2013 年属于 CPIK 项目的起步阶段，这一时期主要探讨研发合作教学模式具体实践方案的必要性。박이랑（2012）、이난용（2012）、장채리（2013）通过问卷调查和访谈发现，合作教学模式受到学习者的普遍青睐，而且大部分学习者认同合作教学模式的教学效果；同时，他们也指出了在合作课堂上没有明确的教学体系、在课堂教学中中方和韩方教师角色不明、在实际教学中总有种种困难或障碍等问题。박이랑（2012）结合面向中方志愿者教师和韩方教师的问卷调查结果，并参考韩国中学汉语教材，总结了课前、课中、课后的合作教学模式与项目表，并提出了改进方案。이난용（2012）主要针对文化教学，提出中方志愿者教师在课堂上联系教材的文化内容可做的教学活动，由此探索中方教师发挥优势的一些方案。但这两篇论文只是提出了在部分教学中可行的一些设想，依然没有提出如何真正反映课堂教学的具体方法，对整个课堂中的中韩教师角色如何合理分配也没有深入触及。장채리（2013）通过针对两所韩国高中学生和教师的问卷调查以及课堂实地考察，进一步描述了两所学校中韩双方教师角色的分配情况。合作教学中，中方志愿者教师主要负责纠正发音训练和口语能力训练，而韩方教师则主要负责讲解语法、回答学生的问题，以及营造学习气氛和维持纪律等管理整个课堂的教学操作，但各个课堂中韩教师的参与度有所不同。苏盼

（2015）、张婧雯（2019）将合作模式分为韩主中辅型、中主韩辅型、中韩分工或共同合作型等三类。据张婧雯（2019）的调查，目前韩主中辅型占比为63%、中主韩辅型占比为11%、分工合作共同主导的占比为26%。其中，第三类是最理想的平行模式，即由中方志愿者教师使用直接教学法教授生词，进行操练以及文化讲解，由韩方教师使用语法翻译法进行语法讲授和课文讲解。这样做既保证了中方教师存在的意义，又能最大限度地提升课堂效果。论文也指出了该模式的实施需要双方教师的默契配合。但是实际上，很多课堂教学还是以韩方教师为主，中方志愿者教师的参与比较被动，仅起到"播放器""复读机"的效果，也就是只有领读的作用（장채리，2013；刘亚敏，2017；余晓亮，2018）。此外，韩方教师习惯用韩语授课，而中方志愿者教师不懂韩语，因此在课堂上往往有被孤立的感受，甚至有些中方志愿者教师使用"罚站"一词来比喻自己的课堂处境。部分课堂即使在中方志愿者教师的主导下进行练习，也无法把握好教学节奏和内容，因为练习的方法比较单一，仅限于围绕着已学过的句型做替换练习，不利于培养学习者的交际能力，这跟中方志愿者教师缺乏实际教学经验有直接关系。

김민영（2018）除了指出具体教学行为和实践中的表面问题以外，还指出了中韩双方教师对合作教学模式的认识和教学理念方面的不足。中方志愿者教师被派到各学校之前接受的培训与实际课堂教学存在较大差异。因此，该研究进一步提出了根本性的解决办法，主张中韩双方教师共同参加有关合作教学模式的培训，同时建议教育部门建立检查和评价体系。中国国内的研究则从中方志愿者的角度，指出中韩教师缺乏合作意识的问题，这里当然也包含中方教师定位不清的问题。因为中方志愿者教师的身份是研究生，在尚未毕业且不会韩语的情况下，工作和生活方面都需要韩方教师的帮助和照顾，在课堂话语权上自然就显得不足；加上CPIK项目协议中，中方志愿者教师已经被明确定义为"辅助教师"，这些因素都直接导致中韩教师在课堂上角色分配的不平衡，有时候甚至成为领导和被领导的关系，难以实现真

正的合作。同时，一些研究提出了中方志愿者教师需要提高课堂教学技巧、熟悉韩语课堂教学用语等反思性的建议。除了双方教师问题以外，一些研究还提到培训机构的培训内容要有所改善等意见（刘亚敏，2017；余晓亮，2018；张婧雯，2019）。

除了这些针对教学的研究以外，임규섭（2015）专门探讨了 CPIK 项目对中韩交流和未来中韩关系的影响，指出了项目的有效性和持续发展的必要性。因此，中韩双方教师对现有的合作模式还需要不断探讨和完善。

二、韩国汉语教学模式的理论基础

韩国汉语教学模式的发展虽然不同于英语教学在韩国的发展，但是也受到了西方主流第二语言教学理论的影响，从而形成了不同教学阶段的多种教学模式。

（一）交际法（Communicative Language Teaching）

英国语言学家威尔金斯认为，语言的本质不是结构与词汇，而是表达意义的系统，其基本功能是社会交际。因此，他提出以功能意念为纲的外语教学体系，从而产生了语言教学的交际法。可见，交际法的出发点始于对结构主义的反驳。功能主义学者强调语言技能和以意义为主的交际能力，主张语言教学的焦点要放在交际能力的提高上，而不是单纯地掌握语言结构。为了提高实际语言运用能力，交际法主张将实际生活中的语言材料当作教学资料，课堂教学中要不断进行"有意义的协商"。

Brown（2001）基于诸多以交际能力为中心的教学法研究中反复出现的核心概念，概括了交际法的核心特点:(1)课堂教学中要把语言的结构层面和使用层面放在焦点进行教学;(2)根据学习者的实际需要，提供真实自然的课堂教学活动;(3)不仅追求语言运用的正确性，也强调语言表达的流畅性;(4)强调培养学习者的自主性;(5)教师不是知识的传递者，而是促进学习活动的激励者，并要对学习者的需求进行分析。

20世纪70年代交际法出现以来，各国外语教学界和外语课堂都在提倡交际能力的培养，全球化时代的来临更强化了学习语言的核心在于"交际"的思想。交际法跟其他教学法不同，难以概括出一个特定的方法或者模式，实际上，能够提高交际能力的所有方法都属于交际法。交际法对韩国的汉语教学模式和教材编写都产生了很大的影响。

（二）整体语言教学法（Whole Language Approach）

整体语言教学法是1986年由美国语言学家古德曼倡导的，他主张听说读写四项语言技能是不可分割的整体，要使学习者掌握语言知识和听说读写技能，具备综合的语言运用能力。学习者学习语言是为了满足现实中的真实需要，进行有意义的交际，解决实际生活中的问题。他不仅把语言看作整体，也将语言与文化、社会相结合，强调语言在语境中的使用。Bampfield et al.（1997）提出了综合四项技能教学时要考虑的要素：学习语法、词汇、发音的新内容时，要包含四项技能中的几项或全部；每个单元都要设计四项技能的练习；合适的技能训练顺序为听—说—读—写；一般情况下，听和说是同时发生的，因此这两项技能最好一起训练；运用共同话题，并设计个别技能的活动，进而开展有机的综合教学。Brown（2001）提出了7个综合教学的必要性和理由：（1）"听和说""读和写"就像硬币的双面，两者是不可分割的整体；（2）相互作用，不仅意味着给对方传递信息，更意味着收到从对方传来的信息；（3）文字语言和语音语言，在很多情况下是互相关联的，如果忽视了这些关联性，则无法充分理解语言所具有的特殊性；（4）对于学历相对较高的学习者来说，结合文字语言和语音语言的学习方法，可以有效激发其内在动机；（5）综合技能的语言学习法有助于将语言学习的焦点放在内容上，而语言形式层面是次要因素；（6）在很多情况下，熟练掌握了一项技能有助于另一项技能的掌握，两者可以互相促进，比如，学习者可以通过"听"来学"说"，也可以基于"阅读"学习"写作"；（7）整体语言教学法主张，我们自然使用的语言不是由一两项技能构成的，我们的思维、情感和行动都跟语言联系在一起。

整体语言教学法的特点在于实现学习者主导的课堂，摆脱过去以教师讲授为主的单向教学模式，教师作为协助者参与课堂，帮助学习者开展自主学习。整体语言教学法的课堂教学活动，与交际法、基于内容的教学法、任务型教学法等有相似之处，但它们最大的不同点是教学材料的选取。整体语言教学法选取报纸、传单、故事等贴近实际生活的、未加工的原始材料，尽量避免使用为教学而编写的人为的教材。

（三）故事教学法（Story-telling）

"Story-telling"就是"讲故事"，故事在文学、电影、动画片、广告、游戏等语境中广泛存在，这类教学法在教学界不仅仅应用于外语教学，在数学等自然科学和历史等人文科学领域也在进行尝试。美国全国英语教师委员会（National Council of Teachers of English）将"Story-telling"定义为通过声音和行为，给听者传递故事信息。（김의숙、이창식，2008）

故事教学法基于整体语言教学法，通过讲故事使学习者自然地理解整体语言内容，但不把个别词语和语法当作分析对象。该教学法认为，反复输入故事内容并分享故事内容及对故事的看法，可以全面提高学习者的听说读写能力。从整体语言教学法的角度，故事教学法要使用不经过任何加工的原始材料，但在实际课堂教学中，教师根据学习者的水平，可以调整难度，以避免学习者失去学习的动力和兴趣（강창구，2020）。

故事教学法具有如下教学价值：（1）激发学习兴趣；（2）提高学习者参与课堂教学的积极性；（3）在语境中增加词汇量，并增强学习者对词汇的理解能力；（4）通过故事语境自然而有效地认识语法结构；（5）提高语言四项技能的运用能力和实际交际能力。

故事教学法在韩国汉语教学中并不常见，但是一些教师在其课堂中有运用这种教学法的教学意识，并在一定程度上付诸实践。

综上所述，这些理念改变了过去把语言局限于词汇、语法、句子本身的教学法，注意到了句子在语境中的功能，同时强调对语言四项技能的全面培养，最终达到提高交际能力的目标。教学法和教材、教学模式是不可分割的关系，现在交际法已经不只是一种外语教学的方法，而更是外语学习的一种导向。教材与教学模式里所反映的实际教学要素和方法是多元的，语言的结构和功能，以及情境和任务的设计要吸收各种教学法中有利于培养交际能力的要素，合理采纳和设计这些要素才是教材编写和教学模式建设中至关重要的工作。

三、主要教学模式评介

韩国汉语课堂教学模式研究可以根据其教学对象分为中学模式和大学模式。中学汉语教学属于国家义务教育体系之内，有统一的教学大纲及教学政策，因此，其教学模式也具有一定的典型性。相反，韩国大学汉语教学模式很难描述其整体教学面貌，这里有大学没有统一教学大纲和教材、教师的自由度较大、教学相关研究相对薄弱等多种原因。下面通过几个能够反映韩国实际汉语课堂教学现状的教学案例，从影响力大、使用率高的经典教材出发，侧面介绍韩国的实际教学模式。

（一）合作教学模式

协同教学（Team Teaching）、协作教学（Collaborative Teaching）、合作教学（Cooperative Teaching）等说法都是指合作教学模式。该理念最早始于20世纪60年代指导儿童的一种教学方式，由被誉为协同教学之父的美国华盛顿大学夏普林教授提出。当时美国十分重视特殊教育，提倡每个孩子要享有同等的教育权利，因此在课堂上由具备不同教学技能的教师来承担教学任务，由此便产生了合作教学模式。其模式是：由两名以上的教师组成一个教学团队，按照共同的目标和计划来设计授课内容，然后再进行教学。组成一个团队的教师既可以共同教学，也可以分别授课。各位教师在课堂中的地位可以是同等的，也可以分主次。

韩国国立国际教育院发布的 CPIK 教师手册中,明确说明中方教师志愿者作为中学正式汉语课堂的辅助教师,同韩方教师实行合作教学(Co-teaching)。

具体合作方式如下:

(1)课前,双方教师共同讨论将要教学的内容和方法,对于研发和运用教学资料等问题进行充分协商。

(2)课中,双方教师互相弥补,深化说明,分配角色,激励学生积极参与课堂。

(3)课后,分析优缺点和得失,就已结束的课堂进行反思及评价,并商讨下一节课程。

下面是张婧雯(2019)以《多少钱?》一课为例构建的理想合作教学设计,从中可以看出双方在合作中的实际情况。

课前:商讨教学内容与计划		
(1)确立任务与分工 　　中方教师:负责生词和课文的发音练习、句型的操练,以及游戏、课件的制作 　　韩方教师:负责重点生词的讲解、生词和课文的翻译、游戏介绍、课件修改 (2)拟订并熟悉提纲 (3)准备教学用具 　　中方教师:负责准备人民币和商品的卡片 　　韩方教师:负责购买零食和拍卖锤		
课中:		
(1)导入	观看视频	中方教师:播放视频 韩方教师:提醒学生认真观看视频并回答问题
(2)展开	生词	中方教师:使用 PPT 讲授生词的发音并领读 韩方教师:辅助解释"要""多少""斤"等无法直观表示的生词含义和用法
	课文	中方教师:领读课文一遍 韩方教师:解释句意及语法 中方教师:再次领读课文
	游戏 (角色买卖剧场)	韩方教师:游戏说明 中方教师:游戏主持

续表

（3）总结	句型	中韩双方教师共同使用中文提问，帮助学生复习重点句型
	整理	韩方教师做总结
课后：教学反思 中韩双方教师共同对合作感受及问题进行认真交流，评价合作效果和不足，以便吸取经验教训，完善合作教学			

由此可以看出，合作教学模式的实施还需要进一步的完善，只有合理分配中韩教师的职责，才能更好地体现中方志愿者教师的价值。同时，应多开展以学习者为中心的活动，从而在发音、口语、文化领域提升教学效果。这些研究也指出了双方教师探索听说读写综合教学中具体教学方案的必要性。

（二）故事教学模式

在故事教学法视域下，最为广泛使用的教学模式是 Ellis & Brewster（1991）的教学模式，他们将故事教学过程分成三个阶段：讲故事前阶段（preparation activities）、讲故事阶段（story-focused activities）、讲故事后阶段（follow-up activities）。

下面是강창구（2020）以《灰姑娘》一课为例构建的故事教学模式设计。

讲故事前阶段	A.介绍童话：提供标题、封面、作家等信息，通过提问方式使学习者预测故事内容	a.灰姑娘为什么哭了？ b.灰姑娘怎么能参加新年舞会？ c.灰姑娘穿上了什么衣服？ d.魔法师一定要让灰姑娘几点前回来？ e.灰姑娘能不能跟王子跳舞？ f.灰姑娘跟王子跳舞的时候穿上了什么鞋？ f.王子爱上灰姑娘了吗？ g.灰姑娘现在心情怎么样？
	B.生词学习：学习者跟教师念三遍生词并写一写，教师可以给学习者纠正发音，使用母语确认学习者的生词掌握情况	邀请、参加、王子、姑娘、可怜、举行、干活儿、帮助、殿下、开心、方法、女儿、合适、眼睛花、穿不进去

续表

阶段	活动	内容
讲故事阶段	A.讲故事：教师使用PPT等方式展示故事相关插图，并通过丰富的表情和手势引起学习者注意；在讲故事过程中，可以用提问的方式引导学习者参与，比如：处于同样的情况，你会怎么做？主人公的感受会如何？……	
	B.问答：听三遍以后，提问故事内容，从而确认学习者是否了解了故事内容的细节；如果学习者无法回答问题，可以重新讲述部分故事内容	
	C.学习重点句型和语法：展示重点句型，让学习者跟读，也可以做一些替换练习	【让】 a.夫人不让我去。 b.让我试试。 c.你不想让我们参加舞会，是吧？ d.她们不停地让她干活儿。
	D.跟读故事：通过反复朗读故事，提高理解程度，并练习发音，以提高表达能力和流畅性	
讲故事后阶段	A.问答活动	a.灰姑娘为什么在12点之前匆忙跑出宫殿？ b.王子最终找到自己的心上人了吗？
	B.复述：同时提高表达能力和听力能力	
	C.听写或填空：从短句开始（以免使学习者失去兴趣），同时提高听力能力和写字能力	a.（　）我的眼睛花了？（难道） b.（　）威廉王子爱上你们中的一个，就太好了。（要是） c.漂亮的姑娘（　）能没有漂亮衣服呢？（怎么）
	D.造句：使用学到的生词造句	a.【一定】你一定会是舞会上最美丽的姑娘！ b.【所有】所有的魔法都会消失的。
	F.排列完成句子：HSK三、四、五级考试题型，有助于掌握句子结构	王子、您、要、的、就是、人、找、殿下 →您就是王子殿下要找的人。
	G.排列句子：HSK三、四级考试题型	a.国王有令 b.参加在皇宫里举行的新年舞会 c.邀请全城所有的贵族小姐 ※答案：a-c-b
	F.角色扮演：让学习者背诵台词，扮演故事中的人物，以提高语言表达能力	

从这个设计可以看出：

（1）"讲故事前阶段"是导入阶段。听故事之前，通过生词学习、人物及背景介绍或相关视频观看活动，使学习者预测故事内容，以此激发学习者的兴趣，激活学习者之前的背景知识及经验。

（2）"讲故事阶段"是开展阶段，教师开始讲故事，引导学习者积极展开讨论。这时教师可以使用多样的辅助材料，以及丰富的表情和手势，从而引起学习者的注意。

（3）"讲故事后阶段"是总结阶段，教师检查学习者是否理解了故事内容。这时可以采用听写或完成句子、生词或句子排序等方法，此外，还可以开展复述故事、扮演人物角色、讨论故事的教训等活动。

（三）"程序教学法"影响下的教学模式

我们先来看三套主流韩国汉语教材，其基本信息如表6-26所示：

表6-26　三套主流韩国汉语教材

教材名称	《掌握汉语》	《美味汉语》	《新攻略汉语》
编写者	韩国大学教师（从第3册起，由两名韩国教师和一名中国教师合编）	韩国私立培训机构（仅第5册由中韩教师合编）	在中国本土教师编写的《汉语口语速成》的基础上，由韩国专家进行改编
出版信息（入门册）	2008年第1版第1次印刷 2018年第26次印刷	2005年第1版第1次印刷 2012年第2版第1次印刷 2018年第119次印刷	2000年第1版第1次印刷 2005年第2版第1次印刷 2019年第3版第1次印刷
教材构成	共6册（每册含练习册）：入门级1册、初级2册、中级2册、高级1册	共6册（另出版练习册）：入门级2册、初级2册、中级2册	共7册（每册含练习册）：入门级1册、初级2册、中级2册、中高级1册、高级1册
编写说明	①强调汉语的韵律特点 ②培养日常交际能力 ③注重听说读写四项语言技能的综合运用，尤其是强调听说能力的集中训练	①入门级：强调声调与汉字等汉语的特点 ②初级上：掌握汉语的基本语序 ③初级下：以日常口语为主，培养听说读写四方面的语言技能，建议背诵90个重点句子 ④中级上：基于36个日常情境，教授常用口语表达，培养听说读三方面的语言技能 ⑤中级下：理解中国人的思想和文化，并培养听说读写四方面的语言技能	①强调交际能力的培养 ②在原版《汉语口语速成》的基础上，另加练习册，增设了替换练习、小测验、简体字书写练习

下面是三套教材的第 3 册中体现的教学程序。

（1）《掌握汉语》：**词语→操练重点句子→课文→语法→替换练习→练习→文化**。

（2）《美味汉语》：重点句子介绍→课文 1 →词语→语法→课文 2 →练习→文化。

（3）《新攻略汉语》：**词语→课文→语法→替换练习→练习→文化**。

虽然这三套教材的教学程序不完全一致，但也可以发现一些共性。基于三套教材中体现的教学程序，可以推导出如下韩国汉语教学模式：

第一步 词语	→	第二步 课文	→	第三步 语法	→	第四步 练习	→	第五步 文化

首先，词语一般放在课文的前面，主要为学习者理解课文服务，先熟悉词语可以减轻学习者对新课文理解的负担；第三步是语法环节，对于课文中出现的语法进行讲解；第四步是练习，与前三步相结合以巩固所学内容，在具体的练习方法和内容上体现着各教材的教学理念和具体教学法；最后一个环节是文化，在非目的语环境的教学中，教材的文化环节是了解目的语文化的重要途径之一。

《掌握汉语》和《美味汉语》还有以句子为主的环节，但其设计意图稍有不同：《掌握汉语》设计重点句子的目的在于使学习者熟悉汉语句子中的重音，而《美味汉语》更加强调目标句，即给学习者设定学习目标。《掌握汉语》和《新攻略汉语》都设置了替换练习环节，这也是突出以句型为主的教学方式，这两套教材的替换练习都设计在语法环节之后，有助于学习者开口熟悉刚学的语法结构。

观察三套教材练习设计中体现的主要教学法，可以看出韩国汉语教学模式在教材中的典型形态。

（1）《掌握汉语》

主教材：听力练习—写作练习—阅读练习—口语练习。

听与说	写与说	读与说	想与说
①听录音选择恰当的图片 ②根据录音内容判断对错	使用所提示的词语完成句子	①阅读短文回答问题 ②概述阅读内容	①看图表达 ②与搭档进行对话

练习册：词语—听力—语法—阅读—写作。

词语	听力	语法	阅读	写作
①完成词语表（词语、拼音、释义） ②填词语完成句子	①听录音完成句子 ②根据录音内容选择正确答案	①改正句子 ②填词完成句子	汉译韩	韩译汉

（2）《美味汉语》

主教材：汉译韩—填句子完成对话—排序完成句子—使用重点语法韩译汉。

练习册：词语—口语—语法—语段。

词语	口语	语法	语段
①完成词语表（词语、拼音、释义） ②填词语完成句子 ③根据录音内容判断对错	①填句子完成对话 ②韩译汉完成对话	①汉译韩句子 ②韩译汉句子 ③改正句子	①语段翻译（汉译韩） ②填词完成语段 ③韩译汉（使用所提示的词语）

（3）《新攻略汉语》

主教材：根据语段内容组织对话—使用所提示的词语进行对话—听录音回答问题并描述录音内容。

复习课：听力—阅读—口语—写作。

听力	阅读	口语	写作
①根据录音内容判断对错 ②根据录音内容回答问题 ③概述录音内容	①阅读短文回答问题 ②阅读对话判断对错	①介绍旅游景点 ②使用"着"描述自己的房间 ③与搭档进行对话	①选词完成句子 ②参考韩文完成汉语译文 ③韩译汉

练习册：替换练习—测试—汉字书写练习。

替换练习	测试	汉字书写练习
	①完成词语表 ②排序完成句子 ③录音听写句子（提供韩语释义）	

（四）"语法翻译法"影响下的教学模式

韩国汉语教材较为注重语法知识的输入，实际课堂教学模式也是如此，但这些语法知识很多还是从汉语自身特点出发的（《掌握汉语》的练习册设有语法知识填空题），存在问题主要有以下几个方面：

（1）注重语言对比，从学习者学习的难点出发，但系统的对比分析不够充分，听说法、翻译法的比重较大。

（2）设计了针对听说读写各项语言技能的练习，从练习内容看，知识性的练习和应试类的练习比较多，本质上难以让学生做到"有意义的表达"。

（3）虽然有意识地注重听说读写，培养全面的语言技能，进而使学习者具备实际交际能力，但是练习方法和实际操作未能将各项技能有机联系起来，很难服务于交际能力的培养。

（4）任务的设计、教学法的研究尚未反映到实际教材中。

听说法、语法翻译法跟交际能力的培养并不是完全矛盾的关系，但如何运用这些方法提高交际能力还需要进一步的研究。比如，替换练习都是以句子为单位的，可以提供一小段对话来做替换练习，让学习者学会在特定语境中使用的交际语言。

四、韩国汉语教材所引发的教学模式在内在机理上的改变

主流教材的编写者必然希望教师的教学模式能够体现自己的教材编写思路，换言之，教材必然在一定程度上引发或"策划"出新的教学模式。从课文内容到练习设计，几乎每个环节都会影响教学模式的形成。

教学模式与教材编写、课程设置这三者之间有着密切的关系。教学模式是根据所设置课程的教学目标和教学条件形成的一种程序和教法，并在教学实践中不断反思和完善。基于通过实践导出的教学模式，编写出相应的教材后，又可以通过教材的使用来推广其中所体现的教学模式。

以《掌握汉语》《美味汉语》《新攻略汉语》为代表的三类汉语教材，可以反映出韩国汉语教学模式多元并存的情况。这三套教材的覆盖范围包括大学专业课程、非专业通选课、韩国部分孔子学院及各种私立培训机构，在韩国成人汉语教学中使用较为广泛。这些教材的第 1 册基本上都出版于 2010 年之前，在韩国汉语教学界使用时间均已超过 10 年，首次出版以来销售量一直排在前列，是韩国主流成人汉语教材。

（一）三套主流教材对比分析

从编写者的角度比较，可以看出这三套教材有比较鲜明的差异。《掌握汉语》是由韩国大学中文专业的三名教师合编的，其中第 1 册和第 2 册由两名韩国本土教师编写，从第 3 册开始，韩国国内的中国教师参与了编写工作。随着语言难度的提高，需要母语者教师来保证其语言的规范性，这也是世界外语教材编写工作中颇为普遍的模式。这种模式同样也体现在《美味汉语》的编写中。《美味汉语》由韩国著名的汉语教学机构——JRC 中国语研究所编写。在韩国，私立培训机构的层次和形式五花八门，从一对一小型课到大型课，从电话课、网课等在线课程到线下课程，这种私立培训机构在韩国汉语教学中的作用不亚于正规机构。韩国诸多私立培训机构除了汉语之外，也提供英语和日语等其他外语教学服务，而 JRC 中国语研究所是一家专门研究汉语教学的机构，因而具有区别于其他机构的专业性。从《美味汉语》每册的前言中可以看出，第 1—4 册由韩国教师编写，第 5 册则采取中韩教师合编的模式。《新攻略汉语》是韩国最为典型的从中国引进的教材，该教材原版是北京语言大学出版社的《汉语口语速成》，于 1999 年首次出版，2005 年出版第 2 版，2015 年北京大学出版社出版了该教材的第 3 版。

韩国版《汉语口语速成》——《新攻略汉语》于 2000 年在韩国首次出版，之后又分别于 2005 年和 2019 年出版了第 2 版和第 3 版。截至目前，这套教材仍在韩国本土汉语教学课堂中广泛使用。鉴于 2000 年左右同时期出版的几种从中国引进改编的教材陆续被淘汰的情况，该教材在教学中的有效性在一定程度上得到了韩国汉语教学界的普遍认可。

这三类教材的共同点是：词语只服务于学习者对课文的理解，这些教材基本上在词语部分都采取词典式的解释，但是因为没有例句，其效果甚至还不如直接使用词典。韩国属于汉字文化圈国家，对韩国学习者更不能使用词典式的词语解释方法，因为即使是中韩同形词，在语义和用法上也未必具有共性，韩国的汉字词与汉语词语之间在词语的色彩、搭配、使用条件等方面均存在差异，汉语教学中应加以重视，从而帮助学习者正确地输出。

韩国汉语教材中的很多内容具有语法解读和词语工具书的双重功能，从这一现象中我们可以得出以下两点结论：其一，韩国学者对汉语的研究程度并不浅薄，语言知识方面的研究并不落后；其二，在汉语学习中，韩国学习者大多通过自学的方式来弥补课堂学习的不足，自学可以强化输入并有利于陈述性知识的掌握，对应试有直接的帮助，但这并不能提高语言输出能力，更谈不上培养交际能力。这说明韩国的汉语本体研究和在教学中培养学生实际语言技能之间存在着巨大的差距。在今后的汉语教材编写和教学研究中，必须要加强在上下文语境、特定情境中的词语用法的讲解，教学理论与理念要得到实际教学的运用和印证。

（二）教材编写对教学模式的"牵引力"

1. 语法目标的影响

韩国汉语教材偏向于系统讲授语法知识，语法解说的专业性较强，因此，练习设计的知识性和机械性较强。《掌握汉语》第 1、2 册的练习册中所设计的语法知识填空题就是一个有代表性的实例，这种过多地使用语法术语的方式较为传统，学习者难以获得运用语言作为工具的能力。换言之，这种做法离培养学习者语言技能的实际运用能力和交际能力还有一段距离。可见，韩国汉语教材虽然在理念上提倡交际能力的培养，但是在做法上尚未实现，理念和做法不太一致，还有很多提升空间。当然，系统解说语法知识和机械性或控制性的练习与交际能力的培养并不矛盾，但是这些练习和解说不能是"主"，而应作为"辅"的角色。

2. 成熟练习模式的影响

以句型替换练习为主的教学也是韩国汉语教材的共同特质。《掌握汉语》《新攻略汉语》中的替换练习方式是语法翻译法以后产生的听说法的教学方法。从中国引进的教材在本土化改编的过程中，添加了替换练习，这一做法保证了学习者能够开口说出汉语句子。但如果仔细观察可以发现，不管是初级还是高级教材，一般都是以句子为单位，练习句子中词语的替换，这样的单句练习可以使学习者掌握句子结构，但是很难保证掌握这个句子或词语的正确用法，因为这类练习完全脱离了上下文语境。交际能力要求具备在语境中组织对话的能力，要摆脱以句型为中心的观念，因此这类练习需要进一步发展为以语境为中心的替换练习。

（三）教材和教学设置双重影响下的教学模式

韩国汉语课程设置和中国国内课程设置之间存在较大的差异。中国一般是分技能教学模式，一门综合课加上听、说、读、写四门技能课。此外，部分院校设置的视听说等课程同时进行两个以上技能的综合教学，但整体上还是分技能教学模式。而韩国汉语教学模式可谓是综合教学模式，强调听说读写全面培养，以期提升语言交际能力，其中较为突出的是听说能力的培养。从各个教育机构的主要课程名称看，主要有大学中国语、实用中国语、中国语会话，以及初、中、高级中国语等。从教材使用情况也可以看出，无论是大学非专业课程、专业课程，还是孔子学院、私立教学机构，除了个别大学使用自编教材以外，所设置的课程和在课堂上所使用的教材基本上没有区别。例如，私立教学机构研发的《美味汉语》和大学教授研发的《掌握汉语》《SMART 汉语》均在这些会话课或者实用汉语课堂上使用，一律强调听说读写语言技能和交际能力的培养。从中国引进改编的教材中，使用时间较久、范围较广的《新攻略汉语》《北京大学汉语口语》，也是在原版基础上进行的本土化改编，反映出韩国汉语综合教学中突出口语教学的需求。从教材编写者对教材的定位和编写理念说明中，也可以看出韩国汉语教学的普遍模式和教学目标。

五、韩国学习者的应试心理等动机也产生了新的教学模式

HSK 考试是为测试汉语学习者所达到的汉语水平而设计的，在实际教学与学习过程中往往也会起到"以考促教""以考促学"的作用，在社会上往往被视为判断学习者汉语水平最为客观的依据。但无论是何种情况，考试本身只是一种手段，而不能是汉语学习的目的。过于追求考试高分，会影响真正语言能力的培养，甚至会出现高分低能的情况。在当今时代，真正的语言能力不是语言知识的积累，而是语言的实际运用能力。韩国汉语教材的理念在于交际能力的培养，同时注重听说读写等语言技能的全面培养。但是这些理念没有反映到实际的教材编写工作中，甚至韩国市场上的多数教材，无论是韩国本土教师编写的还是在从中国引进改编的，即使教材的定位不是应试教材，也会在编写或改编过程中考虑到学习者将来要参加考试的现实需要。因此，有些教材在使用说明中会提到："为了帮助学习者熟悉 HSK 考试四级题型并方便复习，设计了 HSK 听力、阅读、写作题练习。"有些教材虽未明确说明设计了 HSK 考试题型的练习，但实际上，听录音判断正误、选出正确答案、选词填空完成句子、排列词语完成句子等练习，大多还是典型的 HSK 考试题型。

韩国延世大学孔子学院中国研究所 2015 年发布的《首尔地区汉语教学机构基本状况调查》对韩国私立教学机构的开课状况进行了调查，结果显示，韩国汉语语言类课程设置一般都以会话和 HSK 课程为主。其中，会话

课程与 HSK 课程的开课率分别为 100% 和 93%，而写作课、阅读课、翻译课的开课率则分别为 42%、41% 和 7%，均不足 50%。其他课程还包括部分中学生和儿童课程，还有留学准备班，商务、旅游、航空专业等特殊目的汉语，CPT、TSC、OPIC 等各种考试准备班，以及根据兴趣爱好而设置的电视剧、电影、新闻等视听类课程。这也反映出韩国学习者重视 HSK 成绩、韩国汉语教学离不开 HSK 考试的整体面貌。在某种程度上可以认为，HSK 考试是韩国汉语学习者的主要学习目标，也是促进学习的手段和动力。为这些会话或综合汉语课程所编写的教材自然会考虑学习者未来参加 HSK 考试的需求，进而设计与 HSK 考试有关的内容，这也是教材作为教学产品反映学习者需求的一种表现。

教材要反映学习者和教师的需求是理所当然的事情，但我们需要研究和思考这些对考试高分的追求和以实际语言运用能力为目标的教学之间，到底应该如何平衡。考试分数和实际运用能力不应是相互矛盾的关系，但如果教学结果出现了两者不均衡的现象，也很难说这种教学是有成效的，韩国汉语学习者群体中不难发现这种高分低能的情况。很多高校对专业学习者的毕业要求为通过 HSK 六级，很多公司用是否通过 HSK 四级来判断应聘者有没有汉语能力，所以 HSK 四级往往成为不少非专业学习者开始学习汉语的动机和最终的目标，一旦达到这个目标，他们就会停止学习。韩国汉语教学工作的目标也应该是高分高能，因此应在实际课程教学模式设计和教材编写工作中，合理而有效地设计教材并安排教学内容，并对此进行理论研究和实践总结。除了针对教材、课程、教学内容的研究之外，还应研发考查学习者真正语言运用能力的考试等。在韩国，TSC 考试目前是仅次于 HSK 的汉语能力评价手段。TSC 考试是专门测试汉语口语能力的考试，旨在直接评价学习者的实际语言交际能力。该考试目前在很多领域中广泛使用，这意味着人们在一定程度上意识到了 HSK 考试成绩不能完全代表学习者真正的语言交际能力。除了工作目的以外，韩国学习者中也有不少人为学术目的而学习汉语，这些学习者在通过了 HSK 六级以后依然在学术研究上感到困难，从这一点上看，我们也要考虑建立培养学术目的学习者的更高层次的汉语能力标准，以促进高端人才的培育。

六、结语

过去韩国的英语教学主要是为了应对高考，学习者为了在高考中获得高分而学习英语，因此学校一般进行以阅读和语法为主的教学。大学期间，学习者则是为通过各种公务员考试而继续学习以阅读为主的英语，或准备以听力和阅读练习为主的 TOEFL、TOEIC 等考试。在这样的情况下，难以培养出真正的英语交际能力以及听说读写全面运用的能力。后来人们批判开不了口的英语是"死"的，教学界也开始不断反思，呼吁重视语言实际交际能力的教学，同时研发可以直接评价口语能力的考试方式，强化口语能力的课程设置，为促进英语运用能力而不懈努力。目前学校教育体系已吸收交际法，改革教学大纲并开展以交际能力培养为目标的课堂教学，这种教学模式已成为当代韩国语言教学的主要潮流。目前，不仅在韩国英语教学课堂，在韩语作为外语教学的课堂上也普遍采用培养听说读写四项技能的综合教学。外语教学以培养实际交际能力为目标，上课材料和教学内容都要立足于实际生活中的交际，而在日常交际中听说读写四项技能缺一不可，只靠一项技能不能进行有效沟通。该模式需要设计语言四项技能的具体训练，再加上词语、语法知识等具体的教学内容。目前韩国国内的主流教材各有其特色与侧重点，从中不难看出韩国整体教学模式的面貌。

目前，韩国有 30 多万人长期固定学习汉语，每年参加汉语水平考试的有 5 万多人，另外还有 100 万左右不固定的短期汉语学习者。可见，汉语在韩国已经成为仅次于英语的第二外语。同时，韩国汉语学习者大都有学习英语的经历，汉语不是他们的第一门外语，英语教学中的成败经验可在一定程度上为其提供参考。因此，韩国本土汉语教学模式和教材编写不能忽视对以往韩国英语教学发展历程的回顾与反思。

∷ 参考文献 ∷

刘亚敏（2017）韩国"CPIK 项目"高中汉语"双人双语"协作教学模式探析——以忠清南道礼山女子高中为例，华中科技大学硕士学位论文。

苏　盼（2015）中韩教师协同教学模式研究——以韩国大邱第一女子商业高中为例，华中师范大学硕士学位论文。

余晓亮（2018）韩国 CPIK 项目汉语协作教学调查研究，重庆大学硕士学位论文。

张婧雯（2019）韩国高中初级汉语综合课合作教学模式研究，辽宁师范大学硕士学位论文。

Bampfield, A., Lubelska, D. & Matthews, M. (1997) *Looking at Language Classrooms.* Cambridge: Cambridge University Press.

Brown, H. D. (2001) *Teaching by Principles: An Interactive Approach to Language Pedagogy.* New York: Addison Wesley Longman.

Ellis, G. & Brewster, J. (1991) *The Storytelling Handbook for Primary Teachers.* London: Penguin Books.

김의숙, 이창식 (2008)『한국 신화와 스토리텔링』, 서울: 북스힐.

이준식, 강용중 (2009) 의사소통기능 제고를 위한 기초중국어 교수 모델 개발, 중국학연구 50.12: 217-254.

박이랑 (2012) 고등학교 중국어 협력수업 모형 개발 및 적용: 서울시 공립 고등학교 중국어 원어민 보조교사 활용실태 분석을 기반으로, 한국외국어대학교 교육대학원 석사학위논문.

이난용 (2012) 중국 원어민 교사를 활용한 팀티칭 수업연구: 문화교육을 중심으로, 경희대학교 교육대학원 석사학위논문.

장채리 (2013) 현장 연구를 통한 고등학교 중국어 팀티칭 수업 실천 방안 고찰, 이화여자대학교 교육대학원 석사학위논문.

임규섭 (2015) 중국어원어민 보조교사 초청 활용 (CPIK) 사업에 대한 만족도 및 상대국에 대한 인식 변화 연구 - 사업에 참여한 한국학생 및 중국교사의 경우, 한중사회과학연구 13.1: 298-333.

감서원 (2018) 翻轉課堂在對外漢語教學中運用的再思考, 열린정신 인문학연구 19.2: 97-108.

김민영 (2018) 초·중등 한·중 교사 협력형 교육연수 시스템 개선방안, 중국문화연구 41: 297-318.

김옥희 (2018) 플립러닝 기반 비즈니스 중국어 수업 적용 사례 연구, 학습자중심교과교육연구 18.20: 641-660.

이시찬 (2018) '중국어작문' 수업 사례 분석 - Blended Learning 교수법을 중심으로, 중국문학연구 71: 85-111.

이효휘, 이장채, 박창언 (2019) 스토리텔링과 롤 플레이 기법을 통한 비즈니스 중국어 말하기 교육방안 탐색 - 드라마〈Ode to Joy〉를 중심으로, 예술인문사회융합멀티미디어논문지 9.5: 273-280.

정주연 (2019) '중국어작문' 교수 모형 설계 및 수업 사례 분석 - 블렌디드 러닝을 중심으로, 동아인문학 48: 241-263.

황지유 (2019) 동화를 활용한《중국어강독》수업 방안 연구 - 대학의 경우를 중심으로, 중국학논집 61: 255-277.

강창구 (2020) 스토리텔링을 활요한 중국어 교육 방안 - 동화〈灰姑娘(신데렐라)〉를 중심으로, 인문학연구 59: 671-701.

김명순 (2020) 영화를 통한 중국문화 습득에 관한 사례 연구 - 영화『투게더』를 중심으로, 한중인문학연구 69: 33-54.

([韩] 黄兰雅，韩国启明大学讲师)

第五节　法国"相对字本位"教学模式

目前学界谈到"字本位",便会提到徐通锵先生提出的"字本位"理论和法国白乐桑教授提出的"字本位"教学法。两个领域的"字本位"从产生以来就一直受到争议,往往还夹杂在一起。关于二者的关系,陆俭明(2011)认为"二者其实只是术语相同,实质有别",并指出:"徐通锵先生是就汉语本体及汉语语法研究说的,认为'字是汉语句法的基本结构单位'或'字是汉语基本结构单位',而语素、词、句都是印欧语的东西,不适合汉语(徐通锵,1991、1994、1997、2004、2008)。白乐桑先生则是就汉语作为第二语言教学说的,更确切地说,是就汉语书面语教学说的。"王若江(2017)认为,虽然二者之间有共同之处,但"字本位"教学法不是在理论的基础上产生的,主张暂且将法国"字本位"教学法与理论剥离开,就事论事,客观地评价这一方法。白乐桑(2018b、2018d)认为:"值得注意的是徐通锵创立的'字本位'本体理论与笔者汉语教学论的'字本位',是在互不知情的情况下同时独立发展起来的。……两者在根本原理、方法论原则上的相对一致性使它们互相促进。尽管如此,两者的基本关注点有差异。前者以语言学为参照范围,后者以汉语学科教学论为参照范围。"鉴此,我们认为徐通锵的"字本位"理论是就语言学领域来说的,白乐桑的"字本位"教学法是就汉语教学领域而言的,本节主要研究白乐桑在法国汉语教学中运用的"字本位"教学。为了更好地区分徐通锵的"字本位"理论,我们采用白乐桑所提出的"相对字本位"这一说法。

一、"字本位"教学综述

(一)国外研究综述

白乐桑是"相对字本位"教学法的创始者,他一直致力于法国汉语教学，并始终将"相对字本位"教学理念贯穿于汉语教学中。其"相对字本位"主张的是"汉语教学二元论"，即从字和词两个方面来考虑汉语语言教学，口语中以词为单位，书面语中以字为单位，由字带词（白乐桑，1996、2017、2018b、2018d；白乐桑、宇璐，2018）。这一教学法主要用于初级汉语教学，既注重汉字的教学，同时也注重口语交际，但交际是在由高频字构成词的基础上展开的。具体来说，"相对字本位"主要体现在：

（1）强调根据字频和字的构词能力来选择汉字，在此基础上层层构词，即选字在先、构词在后。在词的基础上，再组合成句子、语篇。

（2）汉字的教学，不仅教汉字的意思、发音，也教笔画、笔顺、部首，同时还解释字源，更重要的是拆分部件并用法语为部件命名，以便帮助具有不同认知特点的学生增强记忆和学习汉字的兴趣。此外，还通过汉字讲授中国文化。

（3）"集中汉字教学"[①]，并进一步区分主动字和被动字。主动字既要认读也要书写，被动字则只需认读，不需书写。法国官方发布的汉字门槛[②]如下（白乐桑，2018b、2018d）：

汉语作为第一外语：805 字门槛，其中包括 505 个主动字
汉语作为第二外语：505 字门槛，其中包括 355 个主动字
汉语作为第三外语：405 字门槛，其中包括 255 个主动字
中文国际班：1555 字门槛
104 个高频汉字偏旁门槛

白乐桑（1993）介绍了法国人学习汉语的动机（一是汉字，二是中国传统文化），并认为汉语在小学被视为一门"启蒙"语言、一个开发智力的工具。或许这可以帮助我们理解，为何从 1989 年《汉语语言文字启蒙》（以

[①] 集中学习的汉字控制在已设定的汉字门槛，不同层次汉字门槛字数不同。
[②] 即高中会考汉字教学目标。

下简称《启蒙》）在法国出版至今,"相对字本位"教学一直是法国汉语教学的主流,并受到法国汉语学习者的认可。这表明该教学理念在法国有其针对性和适切性,同时也很好地诠释了教材、教法的"本土化"。

(二）国内研究综述

"字本位"教学引进中国后,受到国内对外汉语教学界的关注,对其研究主要集中在两个方面:一是"字本位"在教材中的体现,二是"字本位"在教学中的运用。

1. "字本位"在教材中的体现

《启蒙》作为以"字本位"理念为指导的汉语教材的代表,一直受到研究者的青睐。1992年,《启蒙》教材编写者之一张朋朋就介绍了《启蒙》的"字本位"编写原则和教材特色,并指出《启蒙》抓住了汉语的特点,打破了"词本位"的框架,是按照汉语的本来面目来教汉语,并把语言的教学和文化的介绍有机地融为一体。刘社会（1994）、王若江（2000、2004）等也对该教材进行了分析总结,其中王若江（2000）还通过字词比来分析《启蒙》,发现与国内两套汉语教材（以"词"为本位）相比,《启蒙》字词比最高。这是因为以"字"为本,会以字的复现率、积极的构词能力为出发点;而以"词"为本位,字处于从属地位,汉字利用率便很低,为了词的常用性,就不能过多考虑学习汉字的数量问题。这为我们认识"相对字本位"教材提供了一个新的思路。王若江（2004）进一步考察分析了三部法国汉语教材,指出"相对字本位"教材并非只重汉字不重口语,通过"语文分离"编写模式,可以既学习读写又学习听说。

胡双宝（2002）、张春新（2004）对《说字解词》（白乐桑,2002）进行了评介,二人评介的视角不同:胡文主要从教材角度来看,认为《说字解词》最大特点是"识字与口语并重",突显了"字本位"教学对"词"和"口语"的重视;张文主要从对外汉语教学词典编纂方面来看,认为《说字解词》分三个级别对所构成的词进行释义,能够针对不同使用对象,考虑不同使用者的实际需要，并肯定了"词典与教材相结合"的创举。

2."字本位"在教学中的运用

有些学者立足"字本位"，来探讨如何使其更好地为对外汉语教学服务。吕必松对白乐桑所言的汉语教学危机的根源十分赞同，发表了一系列关于汉字在汉语教学中的作用的文章（吕必松，1999、2006a、2006b、2008、2010b、2012、2014），还提出了"二合的生成机制"与"组合汉语"理论，以及基于此理论的组合汉语教学法。这一教学法有三个特点：一是采取汉字本位；二是推行随文学语；三是逐步将口语教学与书面语教学分流。郦青、王飞华（2004）以"字"为汉语的基本语法单位，在语音、汉字、词汇、语法、方言，以及民族的思维方式与思维习惯等各个层次上做了探讨。王骏（2005）探讨了"字本位"方法在文字、词汇和句法教学中的运用，认为教学中利用"字本位"，实质就是利用汉语强理据性这一优势方便学生认识、记忆、掌握汉语；同时对于欧美学生来说，领会"字本位"的特点就是领会汉语和印欧语在语言构成上"形合"和"意合"的本质差异，有助于学生的学习。盛译元（2011）对"字本位"教学法的理论基础、性质特点、课堂教学步骤进行了较为系统的总结和深入的分析，提出"字本位"教学法实施过程中的三个核心问题：区分"字本位教学法"与传统汉字教学法之间的差异；汉字分级是汉语教学法的重要基础；为"字本位教学法"的实施创造教学条件，更好地为汉语教学服务。需要指出的是，这些学者并非完全针对白乐桑所提出的"相对字本位"，更多是基于汉语本体中的"字本位"理论来研究的，如吕必松所提出的"组合汉语理论"，其主张与"相对字本位"就有所不同。吕必松主张口语教学和书面语教学都使用汉字，用汉字可以直接进行语音教学，但"相对字本位"的口语教学则主张采用拼音进行词汇教学。

近年来，逐渐涌现出一些以法国的"字本位"教学为选题的硕士学位论文，从教材分析、字词教学、与其他教学法的比较、"法式字本位"教学法理论体系构建等方面进行了论述，如史亿莎（2012）、田峰（2012）、王凡凡（2012）、郑钰（2015）、于霄（2017）、宋雪（2018）等，此不赘述。

综上所述，学者们从不同角度对"字本位"教学法在汉语中的特殊地位进行阐述，对推动汉语教学发展具有积极意义。

二、法国"相对字本位"教学模式

"相对字本位"是白乐桑于20世纪80年代在法国提出并逐步系统发展的适合初级汉语学习者的一种教学模式，强调汉语教学有两个基本单位——字和词，书面语中以"字"为基本教学单位，口语中以"词"为基本教学单位。之所以称为"相对字本位"，是为了与"绝对字本位"相区别。"绝对字本位"过分强调新字的形成，却不考虑实际的使用价值，忽视实际的交际功能，如"行彳亍""木丬片""皮及殳""甲田曰"等字（白乐桑，2018a）出现在初级汉语教材中，其代表人物是法国巴黎第七大学前中文系教授李先科。

"相对字本位"教学模式主要运用在法国基础教育（小学、初中、高中）的汉语课程中，汉语作为法国基础教育阶段外语学习中的一种，学生可根据自身兴趣选择作为第一外语、第二外语或第三外语来学习。

（一）教学目标

法国的汉语基础教育阶段有国家颁布的教学大纲，教学大纲中明确规定了教学目标，重视日常交际功能，并将文化教学纳入语言教学大纲中，与其他语言要素（语音、词汇、语法）具有同等重要的地位。

语言方面，一是实现学生在不同语言能力方面知识的获得，二是使学生通过对语言与文字功能以及不同语言内部逻辑的思考，获得一种培训自我的能力。

文化方面，尽管2002年文化教学就被正式纳入语言教学体系，但由于高考缺少相关内容的规定，因此教学效果并不理想；直到2013年，文化概念首次被评估，才使文化教学有效纳入语言教学中，在新高考方案中推出了四个文化概念：神话和英雄、空间和交流、政权所在地与政权形式、进步的理念（白乐桑，2018a）。

在整个教学目标中，汉字是共同的内容，汉字能力目标包括：分析字形、熟悉部分字的原形、书写汉字、读音能力、掌握每个汉字所包含的一个或多个意义、对所学的汉字进行组词、掌握最常用的词语组合、主动书写汉字的能力、在字典里查找汉字的能力。

（二）课程及课时安排

根据蒋向艳（2007），蒋向艳、陈捷（2010），刘琳（2015）等对法国不同地区中学汉语教学情况的调查，法国中学汉语课程以综合课为主，其原因主要是课时有限，各中学汉语课时平均为每周3小时。法国斯特拉斯堡市 Jean Sturm 中学汉语课时如表 6-27 和表 6-28（转引自刘琳，2015）所示：

表 6-27　Jean Sturm 中学汉语二外周课时

年级		课时
4e	（初三）	3 小时
3e	（初四）	3 小时
2ndes	（高一）	2—3 小时（单周 3 小时，双周 2 小时）
1er	（高二）	2—3 小时（单周 3 小时，双周 2 小时）
Terminal	（高三）	2—3 小时（双周 3 小时，单周 2 小时）

表 6-28　Jean Sturm 中学汉语三外周课时

年级		课时
2ndes	（高一）	3 小时
1er	（高二）	3 小时
Terminal	（高三）	3 小时

（三）"相对字本位"教学模式特点

"相对字本位"教学模式并非只强调汉字教学，其最大特点就是以"二元教学论"（即书面语和口语）处理字词关系，在汉语教学中采取"分步走"的形式：读写分步、主被动字教学分步、汉字辨认与书写分步、口头与笔头分步。

1. 书面语中以字为教学单位，以字带词

（1）汉字是汉语教学的基本单位。"相对字本位"教学模式认为，尊重汉字的特殊性、按照汉字本身的规律和特点进行教学是提高汉语教学效率的有效方法。在汉字教学中，学生需要掌握汉字的结构成分、汉字的书写和汉字的字源。

（2）汉字分级是汉字教学的基础。将汉字定量并根据不同水平分级是"相对字本位"教学模式的重要一环，选取和分级的标准是基于汉字在口语和书面语中的频率、汉字的构词能力、文化及汉字字形方面的考量。

（3）在分级的基础上进一步区分主动字和被动字：对于主动字，要求"四会"，即会听、会说、会读、会写；对于被动字，只要求学生认识，不要求会写，书面表达可用拼音代替。

（4）部件的辨认和命名也是"相对字本位"教学模式中的内容之一，汉字部件的选择参照使用频率最高的汉字，通过对部件的辨认和命名，可以帮助学生记忆整个汉字。

（5）以字带词，层层构词。"汉语中常用汉字是有限的，约三千多个，但构成的词是数以万计的"（张朋朋，1992），如"店"可以构成"书店、饭店、肉店、鞋店、水果店"等。

（6）由字扩词再组句成章，以"滚雪球"的方式加强字的复现，学生根据已学的字来猜新词的意思，提高阅读理解能力。

2. 口语中以词为单位

口语教学在"相对字本位"教学模式中占有一定地位，主要特点表现为：

（1）当字词发生冲突（词常用、构成词的字不常用）时，就在口语教学中先教拼音。如"咖啡"一词，在教学中采取分步策略，先学"咖啡"的拼音，掌握"咖啡"的意思，并能听懂、会说。

（2）用"目的语"分级释词。"这种做法不仅可以改变学生双语简单对译的学习方法，训练学生用'目的语'思考，而且它还是调动学生利用头脑中贮存词语进行口语训练的一种有效方式。"（王若江，2004）例如：

交流：①和人说话，叫人知道自己的想法、东西，同时也知道他人的想法、东西。②把自己有的给对方，对方也把他的给自己；两方都把自己的想法告诉给对方。③两方或几方互相把自己的给别人或介绍给别人。（转引自胡双宝，2002）

可以看出，对一个词语采用阶梯式分级释义，可以让不同水平的学习者都能表达他们的想法，增加学习者的开口率。

（3）"滚雪球"式的短文练习，也可提高学生的口语表达能力，"激发学习者被动理解能力的同时，培养他们的主动表达能力"（白乐桑，2018a）。

（四）教学程序

"相对字本位"教学模式在教学程序上将口语和读写分开，以便更好地实现教学目标。可先从听说训练开始，再进行读写教学；也可调换顺序，但听说和读写不能同步进行。

1. 读写教学

读写教学中以字为教学起点，由字构词，由词成句再到文，形成字→词→句→文的顺序。

（1）汉字教学

史忆莎（2012）介绍了白乐桑进行汉字教学的具体操作，整个课堂教学分为四个阶段。

第一阶段，首先讲一个成语故事，故事讲完后，请同学们用自己的话简单说出这个故事所讲的道理。这一阶段是为了给学生营造一个与母语文化不同的意境,为接下来的学习做好准备,可称之为"教学组织"阶段。

第二阶段,汉字学习。这是汉字教学的主要阶段,分为以下几个环节。

首先,将汉字的原始形式画在黑板上,目的是让学生试着猜字义,这其实也是对汉字字源的学习。

其次,学写汉字。这一环节的教学步骤为:整体示范—提问—拆分部件—猜意义—书写汉字。教师先示范整个汉字的书写,学生则观察笔画的顺序和方向,随后给学生几秒钟的时间观察汉字的空间位置,然后请个别同学来书写;之后,对汉字的部件进行拆分,说出部件的名字,根据部件所表示的意义再次猜词义;最后练习写汉字,教师先领着学生一起用手指在空中书写,然后学生自己在田字格上练习。

最后,复习汉字。复习的步骤为:呈现汉字—读汉字部件—空中书写。以此来加深学生对所学新字的印象。

第三阶段,声调的学习。第一步,教师选取书、瓶、笔、报这四个具体的物品呈现在学生面前,进行声调辨别和发音练习,这四个物品分别代表阴平、阳平、上声、去声四个声调。第二步,将四声与四种不同的颜色对应,让学生通过联想颜色而发出准确的声调。

第四阶段,交际与文化学习。每节课的最后几分钟,请学生用简单的语言描述教师所带的中国物品。

由此可见,汉字教学的内容主要涉及字形结构、发音和意义。整个课堂教学中,教师大部分时间是用学生的母语向学生解释,以便使学生更好地理解。

(2)词汇教学

汉字教学后,学生的学习任务转入词汇的学习,按照"以字代词"的方式,词汇的学习在汉字的基础上展开。学生理解字义后,引导学生将刚学过的新字与已经学过的字进行组词。如"中"字,可以组成"中国、中华、中原、中间、中庸"等词语；再如"看"字，带出"看到、好看、看书、看法、看看"。让学生在学习词汇的同时，掌握词语的组合规则，学会扩展词语，理解汉语语义，以便今后能够识词辨义，具有独立阅读的能力。

（3）短文教学

短文教学采用"滚雪球"的方式，其核心思想就是提高字的重现率，由扩展的词组句成章，培养学生阅读能力。如《启蒙》中的一篇短文：

有一天我去日本东京看一个很有名的作家，那个作家看样子是西方人，他说他们国家是一个王国，在地中海，国王是黑人。他们国家人口不多，有不少火山，男人的想法、做法和女人不一样，生日的时候男人喜欢买酒杯，女人喜欢买插花，男的去图书馆看书，女的在家看书，女人生孩子的时候，男人去买花生，大人、小孩都来喝喜酒。他们国家天上没有飞机，地上没有火车，工人们冬天不工作，老人都想去中国。他们那儿外国东西不贵，可是人们不喜欢买外国东西，喜欢买本国的，大家都很爱国，你想一想这是哪个国家？（白乐桑，2013）

这篇短文共200多个汉字，采用高频、构字能力强的字以重复出现的方式编成短文，如"人"构成"西方人""黑人""男人""女人""大人""工人""老人""人们"；再由词组句，"那个作家看样子是西方人""国王是黑人""男人的想法、做法和女人不一样"等；最后生成短文。这篇短文一个生字都没有，其目的是"真正做到阅读理解，而不是查生词练习"。

2. 口语教学

与认读教学不同，口语教学中以词为教学单位，注重培养学生的交际能力，对汉字不做要求，可以使用拼音，从而使口语的学习不受汉字的束缚。如在《启蒙》中使用的饮料名称，"可乐"二字属于高频字，既需要学习拼音，也需要学习汉字，故用汉字和拼音标出；"咖啡"二字字频较低，但在口语中又是学生经常用到的词，为了不影响口语学习，故用拼音标注。

我国学者张朋朋所编的《新编基础汉语·口语篇：口语速成》（2001）也充分体现了口语教学中以词为单位的教学模式。

（1）课文及词表节选（转引自郑钰，2015）

◆ Xuānsheng nín qù nǎ gè guójiā?
   先生，　您去哪个　国家？

◇ Wǒ qù Zhōngguó.
   我　去　中国。

◆ Nín shì Zhōngguórén ma?
   您　是　中国人　吗？

◇ Shìde, wǒ shì Zhōngguórén.
   是的，我　是　中国人。

Xiāngsheng	sust	señor
qù	v	ir
nǎ	pro	cuál
gè	m	(palabra de medida)
guójiā	sust	país
Zhōngguó	sust	China
rén	sust	persona

（2）句型练习节选（转引自郑钰，2015）

（1）S　V　O
   Nín qù nǎ gè guójiā?
   您　去哪个　国家？
   Wǒ qù Zhōngguó.
   我　去　<u>中国</u>。

Fǎguó	sust	Francia
Déguó	sust	Alemania
Jiānádà	sust	Canadá
Yìdàlì	sust	Italia

（2）S　V　过　O
   Nǐ qù guo Zhōngguó ma?
   你去过　<u>中国</u>　吗？
   Wǒ (méi) qù guo Zhōngguó.
   我（没）去过　<u>中国</u>。

Yìndù	sust	India
Yìnní	sust	Indonesia
Tàiguó	sust	Tailandia
Hánguó	sust	Rrpública de Corea

（3）S　Adv　V　V　O
   Nǐ xiǎng qù Zhōngguó ma?
   你　想去　<u>中国</u>　吗？
   Wǒ hěn xiǎng qù Zhōngguó.
   我　很　想　去　<u>中国</u>。

Fēizhōu	sust	Africa
Yàzhōu	sust	Asia
Běiměizhōu	sust	América del Norte
Nánměizhōu	sust	América del Sur

"相对字本位"教学模式的口语教学主要是通过句型的反复操练和替换练习，达到实现基本交流的水平。比如教"桌子"这个词，依白乐桑的建

议,将听说和口语分开,教学顺序如下:

第一步,用事物或图片展示"桌子",教师领读,学生跟读。

第二步,用已学过的词进行句型操练,如:"你们班有几张桌子?"为降低学生听力的难度,教师可以追问:"八张?""十张?"还可以问:"桌子长不长?""桌子贵吗?"。目的就是让学生开口说话。

第三步,口语练习之后,教师可教学生写"桌"字,教学方法如前所述。

总而言之,读写教学与口语教学分而教之,不可同步进行。

综上所说,"相对字本位"教学模式可以归纳成如下的流程图(见图6-11):

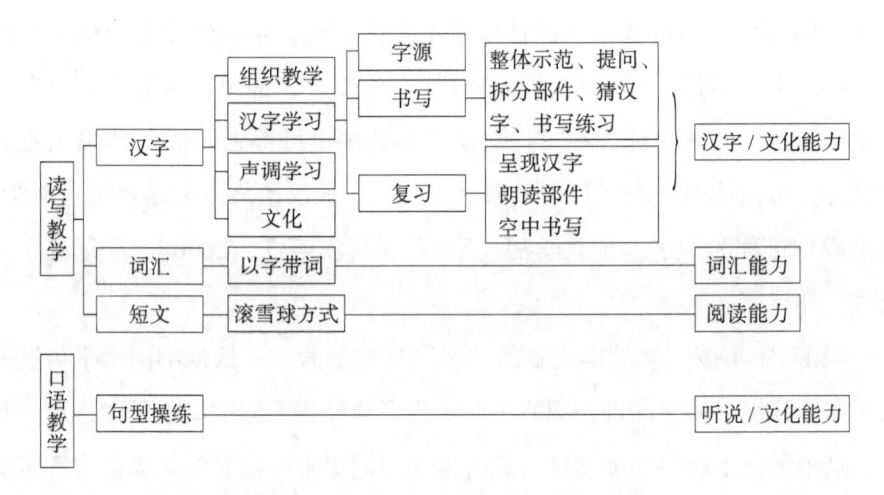

```
                    ┌─ 组织教学 ─┬─ 字源 ─┐  整体示范、提问、
                    │            ├─ 书写 ─┤  拆分部件、猜汉
         ┌─ 汉字 ──┼─ 汉字学习 │        │  字、书写练习     ┐
读写     │         ├─ 声调学习 ├─ 复习 ─┤                    ├─ 汉字/文化能力
教学 ────┤         └─ 文化     │        │  呈现汉字          │
         │                      │        │  朗读部件          ┘
         │                      │        │  空中书写
         ├─ 词汇 ─── 以字带词 ──────────────── 词汇能力
         └─ 短文 ─── 滚雪球方式 ─────────────── 阅读能力

口语教学 ─── 句型操练 ──────────────────────── 听说/文化能力
```

图 6-11 "相对字本位"教学模式流程

三、"相对字本位"教学模式的理念

"相对字本位"教学模式遵循分步走的策略,读和写分步,听说和阅读分步,将实现汉语语言能力目标分为三条线:听说能力、朗读及阅读能力、书面表达能力(写作)。听说能力以"词"为基本教学单位,读写能力以"字"为基本教学单位。其理念基础就是"尊重汉语的特殊性"和"以学生为中心"。

白乐桑（1996）指出："不承认中国文字的特殊性以及不正确地处理中国文字和语言所特有的关系，正是汉语教学危机的根源。"汉语的特殊性体现在汉字上，教学中冷落汉字的做法"抹杀了汉语的特性，忽略了要传递的基本知识，也违背了教学法上的经济原则"（白乐桑，2018d）。与拼音文字不同，汉字不能见字知音，但汉字可以拆分为不同的偏旁、部件，有些汉字的偏旁、部件具有表意功能，由此可以"望字生义"。给每个汉字释义，通过汉字可以发展学生扩词、猜词的能力，从而培养学习者独立阅读理解和书写（汉字和写作）的能力。通过汉字，学习者还能了解中国的文化，因为部分汉字本身就具有文化性。此外，口语教学与读写教学相分离，口语教学中的词可使用拼音，以保证口语走在读写前，培养学生的口头表达能力。白乐桑正是以"尊重汉语的特殊性"为理念，提出"相对字本位"这一教学模式的。这一理念在其《启蒙》简介中也可得到印证："本教材在总体设计上力图体现汉语字与词关系这一特点，循汉语之本来面目进行教学，故本教材可称为'字本位教学法'。"（转引自王若江，2000）"汉语之本来面目"即汉字。

"相对字本位"教学模式下的"字"是定量的，并根据不同水平为这些汉字划分等级，循序渐进，螺旋上升。为了使汉字不影响口语教学进度，每一级别中区分主动字和被动字，充分考虑不同级别学习者的认知能力和接受能力。此外，据史亿莎（2012）介绍，白乐桑受法国哲学家和教育家安东尼奥·德拉加朗德里的启发，认为处理汉字的时候要综合考虑视觉倾向、听觉倾向、运动觉倾向这三种思维倾向，并通过教学实验证明思维倾向不同的学生，在记忆汉字时选择的方式不同：视觉倾向的学生，汉字原形溯源能帮助他们记忆汉字；听觉倾向的学生，为汉字各部件命名能帮助他们记忆汉字；运动觉倾向的学生，演示汉字的笔画笔顺，以及笔画的运行方向，能帮助他们记忆汉字。汉字的教学也体现了对学习者学习风格的关注，学习风格一般指学习者对学习方法的定性或偏爱，是学习者通常在教学过程中喜欢采用的学习方式（夏惠贤，2002）。学习者所表现出来的学习风格各不相同，而采用与学习风格吻合的方法可促进学习者的学习，便于学习者利用其学习风格的优势获得学习上的成就。"相对字本位"模式中的汉字教学所采用的字源法、部件命名法、笔画笔顺书写法可充分满足不同风格倾向学生的学习需求。整体来看，从汉字定量分级到主被动字区分，再到汉字的多种教学方式，这些都充分体现了"以学生为中心"的理念。

四、"相对字本位"教学模式对汉语国际教育的启示

（一）提高本土汉语教师在国别化教材编写中的参与度

吴中伟等（2017）指出："一本成功的TCFL教材，需要编撰者非常熟悉当地的语言文化，准确把握当地学习者的学习难点，深刻理解当地的教育制度和教育传统。"《启蒙》作为采用"相对字本位"教学模式编写的教材，能够在法国引起反响，是因为其编写者做到了这几点。白乐桑（2017）提出："认为汉字难学的其实不是西方人，而是中国的文字专家。在西方人眼中，更多的时候，汉字是与美和神秘，而不是与难学联系在一起。"与此同时，白乐桑非常熟悉法国的教育制度和教育传统，《启蒙》上册中的400个汉字正是"四百常用汉字表"（1985年的指导性文件）中的字。历史上，法国的汉语教学也一直重视汉字教学。《启蒙》适合法国的汉语教学，可以说是"教材国别化""教材本土化"的一个成功案例。要想真正做到"教材国别化""教材本土化"，需要编写者了解当地学习者的特点，了解所在国、所在地的语言文化。唯有当地汉语教师才能真正了解这些内容，因此国别化教材的编写离不开本土汉语教师，需要本土汉语教师的深度参与。

（二）鼓励学校及教师进行教学改革试点

随着汉语国际教育的不断推广，学习汉语的人数和国家也在不断增加。为了保证汉语教学效果，我们需要研究各种教学方法、教学模式，并以此为基础进行教学改革，从而推动汉语教学向前发展。

汉字在汉语教学中的重要性不言而喻，但就目前国内外的汉语教学来看，汉字教学还未受到足够的重视，主要体现在对"语""文"关系的处理上，亦即白乐桑所说的"字""词"关系。国内学者张朋朋在北京语言大学与苏黎世大学分别进行了"语文分开、语文分进"教学模式的教学试验，均取得了明显的教学效果（张莉娜，2006）。《48小时汉语速成·基础篇》（2010a）是吕必松编写的一套以汉字为基本教学单位的速成教材，经过教学实践，吕必松（2012）指出："学完本书，可以在日常生活和工作中用基本标准的汉语进行一般性口语和书面交际，能够较为熟练地书写汉字。因为较为系统地掌握了汉字的字形结构和表义、表音特点，并且具备了利用汉语拼音识读汉字的能力，所以为更快地学习书面汉语和口头汉语打下了坚实的基础。最多90个课时就能达到这样的水平，恐怕其他任何教材都无法相比。"虽然已有学者对"语文分开""字词分离"的教学模式进行了教学实验，并取得较好的效果，但似乎并未得到太多回应。对于这种教学模式，我们不妨选取一些学校，组织教师进行试点，通过最终的教学效果来检验它是否有利于教学，是否有利于学生的汉字学习，是否有利于学生语言能力的提高，而不是固守现有的教学模式不敢进行尝试。

（三）加强教学中主动知识和被动知识的区分

在法国，中学汉语课程中明确区分主动知识和被动知识，包括主动汉字和被动汉字、主动词汇和被动词汇、主动语法和被动语法、主动文化和被动文化。这给我们的启示是，教师在教学中，应根据学生的实际水平对学生所学知识进行主被动区分，主动性知识要求学生听说读写同时掌握，而被动性知识则不做此要求。例如，在零起点汉语教学中，学生学习"谢谢！""我吃橘子。""他买馒头。"对于来自汉字文化圈国家的学生来说，"谢谢""橘子""馒头"这些词的书写与听说尚可同步进行；但对于非汉字文化圈国家的学生来说，在这一阶段让其进行书写是不合适的。因此在汉字教学中，对于非汉字文化圈国家的学生来说，"谢""橘""馒"这些字可列为被动汉字，只要求学生能够听说，不要求会写。语法教学亦是如此，在初级汉语教学阶段，把字句是教学的重点和难点，通过课堂上教师的讲解和操练，学生基本能够掌握把字句；一旦离开课堂，进入真实的交际环境中，学生还不能自如地运用把字句。因此在初级阶段不妨将其列为被动知识，允许学生口语表达慢于理解。需要说明的是，被动知识并不是非重点知识，而是在技能发展上不平衡，有先有后，发展不同步。

五、结语

"相对字本位"教学模式在法国的土壤中成长起来有其优越性，但任何一种教学模式都不是完美无缺的，"相对字本位"教学模式也有一定的局限性。第一，"相对字本位"教学模式主要用于初级汉语教学，为了保证学习者能够理解所学内容，在汉字及文化教学中，主要使用学习者的母语进行教学，这不利于学生听说能力的发展。第二，由于课时有限，口语教学实际上很难达到真正交际的目标，只是简单的句型操练。尽管如此，我们不能否认该教学模式的成效及其带给我们的启示，而应寻求弥补不足之道，推动汉语国际教育更好地向前发展。

:: 参考文献 ::

白乐桑（1993）法国汉语教学史浅论，《中国文化研究》第 2 期。

白乐桑（1996）汉语教材中的文、语领土之争：是合并，还是自主，抑或分离？，《世界汉语教学》第 4 期。

白乐桑主编（2002）《说字解词》，北京：北京大学出版社。

白乐桑（2013）法国汉语教学的现状、教学标准、学科建设，《孔子学院》第 3 期。

白乐桑（2017）对外汉语教学中的"庐山现象"，《国际汉语教育（中英文）》

第 4 期。

白乐桑（2018a）《法国汉语教育研究》，北京：北京语言大学出版社。

白乐桑（2018b）汉语教学的根本选择，《国际汉语教学研究》第 4 期。

白乐桑（2018c）《跨文化汉语教育学》，北京：中国大百科全书出版社。

白乐桑（2018d）一元论抑或二元论：汉语二语教学本体认识论的根本分歧与障碍，《华文教学与研究》第 4 期。

白乐桑、宇　璐（2018）汉语教学与巴别塔的诅咒——一门学科的崛起、动态发展与构建，《民俗典籍文字研究》第 2 期。

胡双宝（2002）识字与口语并重的汉语教材——评白乐桑主编《说字解词》，《汉字文化》第 4 期。

蒋向艳（2007）法国阿尔萨斯地区中学的汉语教学，《云南师范大学学报》（对外汉语教学与研究版）第 3 期。

蒋向艳、陈　捷（2010）法国巴黎中学汉语教学状况及分析，见《第九届国际汉语教学研讨会论文选》，北京：高等教育出版社。

郦　青、王飞华（2004）字本位与对外汉语教学，《西南民族大学学报》（人文社科版）第 6 期。

刘　琳（2015）法国汉语教学情况的调查研究——以斯特拉斯堡市"Gymnase Jean Sturm"中学为例，西北师范大学硕士学位论文。

刘社会（1994）评介《汉语语言文字启蒙》，《世界汉语教学》第 4 期。

陆俭明（2011）我关于"字本位"的基本观点，《语言科学》第 3 期。

吕必松主编（1999）《汉字与汉字教学研究论文选》，北京：北京大学出版社。

吕必松（2006a）二合的生成机制和组合汉语，见张普等主编《数字化汉语教学的研究与应用》，北京：语文出版社。

吕必松（2006b）谈谈基于"字本位"的组合生成教学法，见《识字教育科学化论文集粹》，北京：中国轻工业出版社。

吕必松（2008）再论汉字教学与汉语教学，见张普等主编《数字化汉语教学进展与深化》，北京：清华大学出版社。

吕必松（2010a）《48 小时汉语速成·基础篇》，北京：北京大学出版社。

吕必松（2010b）汉语教学为什么要从汉字入手？，见潘文国主编《英汉语比较与翻译 8》，上海：上海外语教育出版社。

吕必松（2012）我们怎样教汉语——兼谈汉字教学在汉语教学中的地位和作用，《汉字文化》第 1 期。

吕必松（2014）汉语教学一二三，《汉字文化》第 4 期。

盛译元（2011）国际汉语教学"字本位教学法"相关问题研究，《汉语国际传播研究》第 2 期。

史亿莎（2012）试论白乐桑的"法式字本位"教学法，南京大学硕士学位论文。

宋　雪（2018）《汉语语言文字启蒙》和《滚雪球学汉语》中的字词教学思想研究，中央民族大学硕士学位论文。

田　峰（2012）从两种字本位教材的比较看字本位教学法的发展，山东大学硕士学位论文。

王凡凡（2012）法国"字本位"汉语教学研究，山东大学硕士学位论文。

王　骏（2005）"字本位"理论和对外汉语教学，《云南师范大学学报》第 1 期。

王若江（2017）对法国"字本位"教学法的再思考，《国际汉语教学研究》第 3 期。

王若江（2000）由法国"字本位"汉语教材引发的思考，《世界汉语教学》第 3 期。

王若江（2004）对法国汉语教材的再认识，《汉语学习》第 6 期。

王若江（2005）法国十九世纪初中期汉语教材分析，《国际汉语教学动态与研究》第 4 期。

吴中伟、耿　直、徐婷婷（2017）汉语教材建设的发展趋势和相关理论问题，

《国际汉语教育（中英文）》第 1 期。

夏惠贤（2002）多元智力理论与个性化教育，华东师范大学博士学位论文。

徐通锵（1991）语义句法刍议——语言的结构基础和语法研究的方法论初探，《语言教学与研究》第 3 期。

徐通锵（1994）"字"和汉语研究的方法论——兼评汉语研究中的"印欧语的眼光"，《世界汉语教学》第 3 期。

徐通锵（1997）《语言论——语义型语言的结构原理和研究方法》，长春：东北师范大学出版社。

徐通锵（2004）《汉语研究方法论初探》，北京：商务印书馆。

徐通锵（2008）《汉语字本位语法导论》，济南：山东教育出版社。

于　霄（2017）白乐桑"法式字本位"教学法与《滚雪球，学汉语（中级）》，四川外国语大学硕士学位论文。

张春新（2004）《说字解词》读后，《辞书研究》第 3 期。

张莉娜（2006）从《新编基础汉语》看"语文分开"的初级对外汉语教学模式，四川大学硕士学位论文。

张朋朋（1992）《汉语语言文字启蒙》一书在法国获得成功的启示，《语言教学与研究》第 1 期。

张朋朋（2001）《新编基础汉语·口语篇：口语速成》，北京：华语教学出版社。

郑　钰（2015）"法式字本位"教学法与其他对外汉语教学法的对比研究，四川师范大学硕士学位论文。

（李小聪，桂林理工大学讲师）

第六节　拉丁美洲汉语教学模式

"拉丁美洲"是一个文化韵味十足的概念。区别于南美洲、北美洲等地理概念,"拉丁美洲"是指美国以南主要以西班牙语、葡萄牙语等为官方语言的美洲国家和地区,包括墨西哥、智利、巴西、秘鲁、古巴、哥斯达黎加、巴拿马、哥伦比亚、委内瑞拉、厄瓜多尔、玻利维亚、阿根廷、多米尼加等30多个国家和地区。"拉丁美洲"虽然也指代一个地区,但主要以文化而非地理位置等因素作为地区的标识(靳呈伟,2013)。

中国与拉美国家相距遥远。追溯历史,16世纪的海上"丝绸之路"曾为中拉交流发挥了巨大作用。1874年,《中秘通商条约》在天津签订,这是中国和拉美国家之间开展合作的第一个法律文件。此后,中国人的足迹遍及整个拉美地区,中华文化开始在拉美生根发芽。近年来,拉美国家大多与我国交往密切,是中国经济贸易和外交发展中重要的合作伙伴。伴随着中国经济的飞速发展和国际影响力的大幅度提升,以及"汉语热"在全世界范围内的升温,拉美国家的国际汉语教育也已如火如荼地展开。截至2020年,中国已经在24个拉美国家设立了43所孔子学院、7个孔子课堂和1个区域中心,注册学员累计达5万人(胡昳昀、赵灵双,2020)。这些教学机构开展现代汉语教学及与中国文化相关的课程教学。此外,该地区还有海外侨社侨团开办的"华侨中文学校"、中国台湾开办的"华语文学校",以及开展汉语教学的当地教育机构。总之,拉丁美洲对汉语学习的需求呈快速增长趋势。

本节首先对拉美地区国际汉语教学的特点进行分析,以此为基础,重点介绍目前拉美地区较为典型的六种国际汉语教学模式。

一、拉丁美洲国际汉语教育状况综述

由于历史、地理、文化、社会经济发展水平、国家体制与意识形态等方面的原因，拉美国家与中国存在诸多方面的差异。从国际汉语教育的视角分析，呈现如下特征。

（一）母语文化与汉语言文化有较大差异

由于殖民历史，拉美国家的母语已经西化，该地区的官方语言有西班牙语、葡萄牙语、英语、法语等。汉语教学作为该地区的外语教学，无论是语言文字形态还是文化及社会价值观，都与学习者母语存在着巨大差异。该地区的汉语教学与亚洲的汉字文化圈国家不可同日而语。拉丁美洲的汉语教学需要关注的特殊之处有以下两个方面：

（1）从语言形态上看，该地区的语言与宗主国相比，出现了变种方言，对汉语教学影响比较大的方面是其发音速度快。受其习惯性的说话速度影响，拉美人的汉语发音很难做到准确无误，教学中存在的"流利性与准确性"的矛盾比其他地区更加突出和尖锐。

（2）从学习者文化心理上看，由于当地人普遍认为汉语"很难"，加上他们思维感性化、爱新鲜、持续力差等特点，绝大多数学习者开始学习时热情高涨，但后续耐力不足。该地区普遍存在零起点班人数很多但保持率较低的现象，而且放弃继续学习的理由往往归结为"汉字难学"。这给汉语国际教育在该地区的可持续发展带来了一定的困难。

（二）学习者个性鲜明，学习风格独特

在拉美国家，虽然学习者背景不尽相同，但总体而言，都比较热情好动、自由随性。一方面，他们乐于参与课堂活动，开始学习时积极主动、反应迅速，容易形成良好的互动氛围；另一方面，活泼的个性容易使得他们上课注意力不集中，而且随时会接电话，偶尔还会玩手机。拉美学生的学习理念是轻松快乐式的，不愿意承受压力，更没有预习和复习的习惯。复习对他们来讲是不可思议的学习方式。拉美学生的思维方式十分感性，认为自己理解了还没有记住的话，一定是问题超出了自己的解决能力。除此之外，拉美学习者的特点还体现为：

（1）时间观念不强。相对于中国人来说，拉美人的生活方式自由散漫，在他们的学习观念中，有约束的教育环境是绝对不受欢迎的。因此在汉语课堂上，学生经常会迟到，上课时也会随意走动，学生上卫生间或喝水不跟老师打招呼。在作业方面，学生的练习量普遍不够，而且也不愿意做课外作业。不了解这些特点，中国教师往往会觉得学生不尊重老师。

（2）拉美学生对汉语的发音不太追求标准完美，认为差不多就可以了。此外，拉美学生偏重动手实践，喜欢教师在课堂教学时插入很多活动和游戏，愿意参加各种文化活动。他们在课堂上勇于表现自我，但对重复性的学习活动不感兴趣，对语法错误也不够重视。

（3）学习方法上，拉美学生不喜欢死记硬背，有的学生甚至认为背诵课文的要求很奇怪或不太合理，对于抄写生词一类的作业也毫无兴趣，觉得太枯燥乏味。他们更喜欢听中文歌曲、看网络中文视频或电影、与懂汉语的同学交流、看汉语书等。

拉美学生这种学习习惯和文化心理与中国学生差别巨大，若把中国式的教育模式施加给崇尚自由随意的拉美人，教学效果和质量一定不如人意。因此，教师或教育工作者应深入了解他们的文化习惯、文化心理和学习方式，在两种文化中找到一个平衡点，调整汉语教学模式，适应本土汉语课堂需要；应通过语言的教学和中国文化的介绍，使拉美学生逐渐理解汉语语言和文化背后所代表的思维方式，从而跨越教与学过程中的文化鸿沟。

（三）学习者背景差异较大，教学层次、类别多样化

拉美地区大部分国家的汉语教学时间相对较短，大多属于普及型的非学历汉语学习班。学习者在年龄、职业、学习动机、基础知识等方面差异较大：有的出于对中国文化的好奇或兴趣，有的想将来到中国留学或旅游，有

的想在中资企业找工作,还有的是为了满足父母的心愿,等等。如此就形成了既有面向不同年龄学习者的大、中、小学各级别的汉语教学班,也有面向社会人士的各种汉语兴趣班(口语、书法、翻译、文化体验——武术、舞蹈、太极拳、太极扇、中国画、舞龙舞狮、跳绳等)。

从课程设置来看,汉语教学在拉美正式教育体系中占比很小。无论是大学还是中小学,汉语课程仍属于非学历教育和学分制课程。学生的学习动机以兴趣和工作需要为主,大部分教育机构采用的是兴趣班形式,也有的是选修课形式,只有少数机构采用必修课的形式。

(四)教育发展不平衡,教学条件相对落后

拉美地区受新自由主义的影响,在 20 世纪 80 年代进行了高等教育"自由化"改革,教育市场逐渐开放,高等教育从传统的精英教育向大众化转型。拉美高等教育学者罗德里格·阿洛塞那在《拉丁美洲高等教育改革和发展困境》一文中提到,20 世纪后期入学人数不断增加,拉美各地区出现了"开办大学潮",除极个别知名大学外,绝大多数教育机构由于高等教育管理能力不足、缺少合格师资、基础设施薄弱等问题,出现了教学质量不佳、学生辍学情况严重、人才培养与社会需求严重不符等现象。联合国教科文组织 1995 年发布的《高等教育变革与发展的政策性文件》指出,包括拉美地区在内的发展中国家存在高等教育起点低、教育资金短缺、教育质量监控体系脆弱、国际化背景下人才短缺等高等教育危机。(胡昳昀、刘宝存,2018)

此外,由于经济发展条件所限,拉美中小学教育的发展程度也极不均衡。私立学校教学质量优于公立学校,后者的办学条件,包括教学设备设施、教学手段、师资水平等相对落后。目前发达地区普遍拥有的多媒体、网络等教学条件,在拉美很多国家的公立学校都难以全部实现。同时,由于西班牙语、葡萄牙语等语言在中国国内为"小语种",掌握这些语言的中国汉语教师、志愿者相对储备较少,教师资源比较匮乏;相应的,中西双语教材种类也比较单一,本土化师资、教材更是稀缺。

二、拉丁美洲汉语教学模式分述

鉴于拉丁美洲汉语教学资源的特殊性，广大公派教师及志愿者和其他教育工作者在教学实践中逐步摸索出了一些行之有效、针对性较强的汉语教学模式。其共同特点是：基本做到了汉语教学目标与该地区学习者动机、风格及教学条件相适应，同时具有拉丁美洲特色。这些教学模式主要有：任务—活动型教学模式、短期沉浸式教学模式、主题式教学模式、多模态教学模式、情景体验式教学模式、基于网络的线上教学模式等。

（一）任务—活动型教学模式

任务—活动型教学模式是目前第二语言教学界任务型教学模式在中南美洲与加勒比国家和地区（巴拿马、多米尼加、厄瓜多尔等）汉语教学实践中的创新应用，其理论基础、程序设计、教学组织等具有任务型教学模式的一般特点，同时在活动中进行游戏化设置，把教材内容进行生活化应用。任务—活动型教学模式满足了该地区大部分学习者的内在学习动机、个性特征及学习风格的需求，能充分发挥其爱参与活动、能歌善舞、善于表现自我等特质对汉语学习的正向促进作用，使汉语教学贴近学习者生活，可以保持学习者的学习热情和持续动力。此模式常用于高校学生、社会上成人学习者或较规范的高中及以上汉语学习者。

1. 理论基础

任务—活动型教学模式是以汉语交际任务为载体、以课堂活动为手段、以提高汉语交际能力为目标的具有普适性、可操作性的教学范式。其理论基础是任务型教学理论。

任务型教学理论强调"任务"的设计，主张以完成任务为中心来组织和安排课堂教学和课外练习，强调语言在实际交流中的应用。所谓"任务"，Ellis（1994）认为是以意义为中心的语言运用活动。课堂任务类似真实生活中的社会交际实践，具有交际目的而非仅仅有教学目的的活动才能称为任务。国际汉语教学课堂上的"任务"不同于一般的练习,"任务"具有明确的目的性、开放性、互动性和交际性等特征。任务型教学就是以具体的任务为学习动力,以完成任务的过程为学习的过程,以展示任务成果的方式(而不是以测试的分数)来体现教学的成就。

任务—活动型教学模式强调在听说读写语言实践活动中发展学习者的语言运用能力,提倡学生进行参与、体验、交流、合作、探究等学习活动。这里的活动是指有特定意义的活动,既包括学习大脑思维外显行为的活动,又包括使用目的语进行各种各样的交际活动——把文字活化为有声有色的新话语的活动,把教材内容活化为实际生活,把教学活动活化为交际活动等。

2. 教学目标

任务—活动型教学模式的教学目标是:培养学生综合应用语言知识完成真实交际任务或模拟任务的能力,促进学生的团队协作、交流互动,促进学生思考、决策,为他们提供在真实或接近于真实的环境中进行交际和使用汉语解决问题的机会,从而使汉语语言学习摆脱单纯的语言项目练习,成为有语境的、有意义的、有交际目的的语言实践,在这些实践活动中提高学生运用汉语进行交际的能力。

根据拉美学习者的特点,任务设计在遵循活动生活情境化这个基本原则的同时,特别强调游戏情节的植入,使语言学习、情境应用和游戏化的互动表演融为一体,彰显学习活动的趣味性和实用性,充分发挥学生热情奔放、善于表演、乐于参与的优势,有效规避枯燥机械的练习。精心设计出有助于提高交际能力的、妙趣横生的课堂活动是该教学模式的核心所在。

3. 操作程序

任务—活动型教学模式的操作程序如图 6-12 所示:

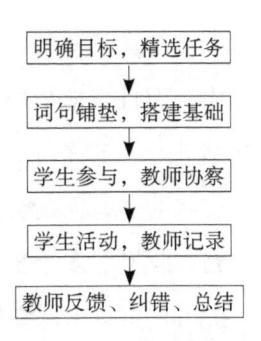

```
明确目标，精选任务
      ↓
词句铺垫，搭建基础
      ↓
学生参与，教师协察
      ↓
学生活动，教师记录
      ↓
教师反馈、纠错、总结
```

图 6-12　任务—活动型教学模式操作程序

（1）明确目标，精选任务，精设活动

任务—活动型教学模式以学生"能做某事"为目标要求。每次上课前，教师不仅要自己心中有非常明确的任务型教学目标，而且还要清楚地告知学生。在此基础上展开教学内容讲练，做好语言铺垫和交际活动的准备工作。

Willis 在《任务型课堂教学结构》（1996）一书中明确指出：任务的选择和实施需要具有意义性和实用性的特点。任务—活动型教学模式中，从内容方面而言，教师首先要精选那些与学生日常生活、工作、学习密切相关的"任务"；从形式方面而言，可以选择真实性、跨学科和多维度三种任务形式。真实性任务能够更大程度培养学生学习的兴趣，而且具有多方向迁移的优点。跨学科任务可以让学生综合利用数学、科学、物理、自然及艺术等各个学科的内容，在提高语言学习能力的同时还能培养综合学科方面的知识。多维度任务一般内容比较丰富，实现的过程需要较长一段时间。教师在选定任务时，必须充分考虑当地的文化习俗，结合学生的学习特点来设计出丰富多彩的趣味活动，让学生参与其中，从而巩固、发展学生的汉语言语技能，进而提高其交际能力。

比如餐厅点菜，就需要依赖真实世界任务本身的需求与流程进行，如阅读菜单、招呼服务员、询问同伴口味、询问菜品分量与味道、点主菜、点主食、点饮料等，都是和当下真实世界的任务密切相关的。

再以汉字书写为例，中国人觉得遵循从左到右、先上后下的顺序非常自然；但母语为西班牙语的学习者，会自然遵从西语的书写方法，即在书写的时候为了讲求美感大都一气呵成。而且当地学校要求学生写花体，起笔的位置一般是一个弯曲，从弯曲起笔进行一笔连写，于是学生就养成了讲求连贯性与艺术性的写字习惯。这对汉字的书写无疑会造成很大影响。教师在设计活动时，可以从笔画变形、增删、改换等多个角度让学生做"火眼金睛"练习，促使其快速选出、剪出、拼出直至写出课堂所学的汉字。

还是以汉字学习为例，教师可以从汉字的结构与构字部件出发，设计出多种游戏，如找朋友拼汉字、猜半边字、听笔画写汉字、背上互写对方猜等，这类活动可以帮助学生分析汉字的结构，强化笔画和部件意识；也可从汉字形与义的关系出发设计游戏，如字配图、画中猜字等，这类活动主要是测验和训练学生对汉字意义的掌握情况。

（2）为任务完成做储备

为保证每位学生都能顺利参与活动，教师不仅要精心设计各种趣味活动，更需要通过循序渐进的教学为活动开展做好铺垫。具体而言，活动前要给学生输入必要的语言知识，通过各种形式的操练，确保学习者熟练掌握，在学生能熟练运用的基础上再开展交际性活动。比如，学生要完成"去机场接人"这个任务，就必须有"航班信息、时间表达、衣服、颜色、被接的人长相"等语言知识和技能的储备。

（3）确保任务公平

为了让学生将自身的真实水平和实际能力充分展现出来，避免因为教学任务中的无关因素（如缺乏必要知识等）而影响评估，教师分组时必须要做到各组成员水平相当、任务难易度相近，以保证这些教学任务对全体学生而言都是公正公平的，使学习者愿意参与其中，通过意义构建、信息沟通、交流互动实现任务目标，并在此过程中提高其运用汉语进行交际的能力。

（4）分小组解决任务问题

分组解决问题的过程中，教师要确保"角色明确、责任到人"。组织者、协调员、记录员、解说员等角色应分配到人，并定期交换角色。这样不仅有助于促进大家团结协作、共同思考、优势互补，而且也有助于发展学生多方面的能力，促使每个人都能在自己原有的基础上有所提高。

（5）及时准确反馈

一组或某个学生展示时，教师要对其他学生做出明确要求，比如让其他学生就展示的内容、优点等做好记录，以备点评和小组间的评比。为了避免语言石化现象，对于学生明显的错误，教师应在不打击学习积极性的前提下予以指明和纠正，并对各组任务完成情况给出详细清晰的评价，同时还要注意将学生的表达与最佳的表达进行对照，通过及时准确的反馈形成汉语学习方面"比学赶帮超"的良好氛围。

4. 实现条件

任务—活动型教学模式要达到理想的教学效果，必须满足以下几个基本条件。

（1）教师充分准备，围绕交际任务精心设计活动

充分准备的起点是了解每一个学生的特点和需求，包括学习动机、学习风格、个性特征、家庭状况和知识储备等。了解的方式可以是问卷调查、当面访谈，以及 Email、WhatsApp、Facebook、LinkedIn、Twitter 等。

设计活动时要紧紧围绕交际任务这个核心来统筹计划。教师首先根据课文内容，补充真实语料，引导学生建立交际任务，同时展示必要的语法结构和词汇用法；然后组织学生对语言点进行反复操练，并引导学生在语境中设计任务方案。交际任务的选取要依据学生的不同水平和教材内容，还要考虑当地的文化和习俗（比如狂欢节时可让学生制作带有汉字的南瓜灯，新年时让学生制作他们敬佩的伟人的"布衣像"并给其他人介绍其生平和贡献等），从而把中国文化和本土文化有机融合起来，促进学生交际能力的提高。

教师在设计任务活动时还要考虑学生的接受程度。任务太难或者过量会导致学生记忆超载，并产生焦虑情绪；太容易则会令人感觉索然无味。这些

都会影响任务的挑战性与学生技能水平之间的平衡。因此,在给学生布置任务时,要选择既有适当难度系数又不会给学生太大压力的任务。教师在充分了解学生已有基础的情况下,按照学生的实际水平,尽量选择贴近学生能力的任务。

(2)确保任务链密切相关

任务链是指一个一个小任务连成的序列活动环节。任务—活动型教学模式在实施过程中,除了遵循"以学生为中心""做中学"等原则,设计任务—活动时遵循意义性、实用性、趣味性、激励性、挑战性原则外,还要特别注意遵循"任务链密切相关,环环推进"的原则,即怎样使设计的任务在实施过程中达到教学上和逻辑上的连贯与流畅。

Nunan(1997)提出了"任务依属原则",即课堂上的任务应呈"任务链"或"任务系列"的形式,每一任务都以前面的任务为基础或出发点,后面的任务依属于前面的任务。这样,每一课或每一教学单元的任务系列构成一列教学阶梯,可以使学习者一步步达到预期的教学目标。任务的顺序可以多种多样,如从接受性技能到产出性技能,或从预备性任务向目标性任务过渡等。

在实施过程中,前面的任务要为后面的任务做好铺垫,不可跨度过大或范围过宽。仍以"去机场接人"为例,第一个小任务就是询问航班信息,学习者需要掌握航班怎么表达,是国内的还是国际的;第二个小任务是调查清楚航班抵达时间、是否正点等,学习者应该掌握时间表达法;第三个小任务是了解被接人的特征,如穿什么衣服、个子高矮等,学生要能够流利地说出他的衣着、相貌等信息。只有完成这三个小任务构成的任务链,学生才能够完成"去机场接人"这个任务。

(3)确定教学设施和活动场地

开展课堂教学或文化活动时需要考虑当地拥有的基本设施、场地是否可用或者是否允许使用,比如墙上是否允许张贴字画、标语,是否有网络连接等，以保证教学任务的顺利完成。此外，还要考虑当地的文化心理，避免出现无意间伤害学生自尊心、侵犯学生隐私等造成学生情感上不悦的情况。

5. 教学评价

任务—活动型教学模式的评价方式为"基于任务的形成性评价方式"和"基于任务的形成性评价方式+期末测试"。

第一种基于任务的形成性评价方式是主要评价方式，又分为传统式和网络式两种。传统式一般采取教师评价、学生自评和组间成员互评的方式，每一评价方给出评语和分值，按一定比例折算后作为本次任务活动80%的成绩。此外还有网评方式，根据学生网上讨论区发帖回帖的次数、答疑室发言的次数、浏览资源的次数等数据，教师给出另20%的成绩。两项分数相加为一次任务的最终成绩。

另一种评价方式是，在没有网络评价资源的情况下，教师采取"基于任务的形成性评价方式+期末测试成绩"。其中，基于任务的形成性评价占80%，期末测试占20%。

（二）短期沉浸式教学模式

沉浸式教学产生于20世纪60年代的加拿大魁北克省，因其效果显著而被诸多地区和国家学习借鉴并不断发展。它以二语习得的语言输入假说、海姆斯的语言交际能力理论为理论基础，主张使学生"浸泡"在目的语环境中。在教学过程中，教师全部使用目的语进行教学，旨在使学习者在日常学习中通过沉浸在第二语言中自然习得目的语，培养学生的"双语双文化"能力。沉浸式汉语教学是指用汉语作为直接教学语言的教学模式，学生完全沉浸在汉语中，教师不仅用汉语教授汉语这门语言，而且用汉语教授其他学科。

沉浸式教学模式可以从不同视角进行分类。根据学习者沉浸时间的早晚，可分为早期沉浸、中期沉浸和晚期沉浸；根据沉浸式课程所占比例，可分为完全沉浸、部分沉浸；根据沉浸方式，可分为单向沉浸、双向沉浸。随着汉语国际教育的推广和深入，沉浸式教学模式得到了越来越广泛的应用。

该模式在拉美地区主要是针对已经会说汉语或基本会用汉语进行口头表达的华裔子弟，以及部分从中国留学回去的本土汉语学习者。由于受学时、教材和授课教师所限，拉美国家的沉浸式教学模式大多采取部分沉浸的方式。此模式不仅适合中小学生，也适合成人学习者。

1. 理论基础

沉浸式语言教学模式的核心理念就是要让学习者浸泡在全目的语的环境中，用目的语进行学习、思考和生活，在不知不觉的使用过程中最终习得这门语言，实现能用目的语进行交际的终极目标。沉浸理论也以信息加工中人的目标、兴趣、动机对信息内化过程的影响为理论依据。它特别强调语言的实际性和活动性。因此，教师要设计出丰富多彩的语言实践活动，让学生沉浸其中并产生愉悦的沉浸体验，促进他们加快习得目的语的进程。

2. 教学目标

教师根据教学内容，采取生动活泼、形式多样的教学方法，运用目的语讲授学科知识，持续帮助学习者掌握两种语言文字及相关学科知识，形成运用目的语进行简单交际的技能，使学习者的语言能力、学科知识和思维能力都能得到全面发展，助力其健康成长，并为未来的进一步提高奠定坚实的基础。

3. 操作程序

沉浸式教学模式的操作程序如图 6-13 所示：

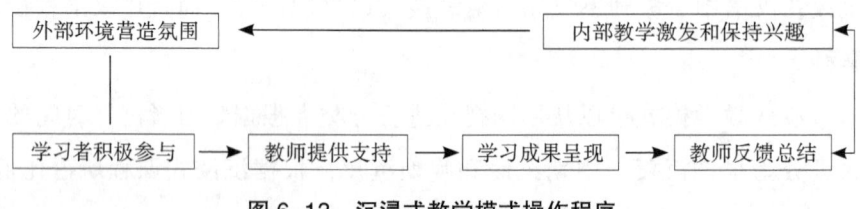

外部环境营造氛围 ← 内部教学激发和保持兴趣
↓ ↑
学习者积极参与 → 教师提供支持 → 学习成果呈现 → 教师反馈总结

图 6-13 沉浸式教学模式操作程序

（1）为沉浸式汉语教学创造理想的"浸泡"环境

首先，在教室的布置上，通过富有中国元素的装饰品让学生一走进教室就有置身于中国的感受。中国地图、长城／天安门的图片、中国灯笼、中国结、风筝、剪纸、京剧脸谱等带有中国文化元素的东西等都可以成为教室的装饰品。建议每星期更换一次室内标语，可以用中国的名人警句、各国谚语等，但尽量选用不太复杂的汉字和词语，以便于学生记忆和习得。此外，最重要的就是营造语言环境，有标准发音的音像制品应适时连续播放。

（2）积极互动，循序渐进

沉浸式教学模式提倡以学生为中心的教学原则，鼓励学生大胆提问、积极参与共同讨论，鼓励师生互动，不断提高学生的语言水平和学习的主动性。培养学生每天用学过的内容进行日常对话交流，让学生产生"我可以用汉语表达自己思想"的成就感，遇到不会说的也会主动询问和学习。

在课堂教学过程中，教师时刻围绕提高交际能力的目标，用学生听得懂的语言，遵从"由易到难、从简单到复杂、从已知到未知"的顺序来组织实施教学。开展交际性活动时，围绕"实用、有趣"这两个基本点，激发学生的学习积极性，形成你追我赶、共同提高的学习氛围，不断提高学生的语言水平和汉语交际能力。

比如，针对拉美学习者汉字掌握不太好的现实情况，开展不同级别、不同水平的汉字比拼活动。针对低年级学生注意力不能长时间集中的特点，将时间分解成小块，教师每天上课前在教室门口的小白板上写两三个汉字，称之为"进门密码"。这些汉字多是近两天学的新字或是比较难写、容易出错的汉字，学生每天上课前要说出"进门密码"方可进入教室。此外，还可以开展"汉字推销员、你写一半我补全、汉字变脸、汉字炸弹、汉字字谜"等游戏活动，不断激发学生的积极性，使他们在原有基础上大幅提高书面汉语的交际水平。

除了语言学习以外，每周还要安排一些影视鉴赏、中国书画、茶艺等课程，最大程度地为学习者提供"浸泡"的环境。

4. 实现条件

（1）没有干扰的安静环境

认知心理学认为，在正常情况下，我们注意到的信息数量和类型是具有高度选择性的。过度的感觉线索作用于我们，或者如果试图在记忆中对过多事物进行加工，我们就会产生信息超载。（索尔索，1985）沉浸式教学模式要求教师必须合理分配时间和注意力，排除外界干扰，保证学生全身心投入学习活动中。

（2）挑战和技能的平衡

沉浸体验是一项复杂的心理体验，涉及很多因素，其中挑战和技能保持平衡是沉浸体验产生最重要的条件。这种平衡不但能促进参与者高效地完成任务，而且能促进参与者进一步提高技能，在更富有挑战性的层次上达到新的平衡。这样，在挑战和技能之间会形成一个不断延续的良性循环，每次循环都会带来新的挑战和新的提高。若挑战高于学习者的技能水平，学习者容易产生焦虑；若低于其技能水平，学习者会感到厌倦。这两种情绪都不利于学习者技能水平的提高。

沉浸式教学模式还重视参与者的主体作用。能激发沉浸体验的情景应该是学习者认为重要的、有意义的，但必须以不产生焦虑为前提。这也说明良好沉浸体验的产生需要教师首先考虑到学生已有的能力水平和接纳新内容的能力。因此，在教学过程中，教师要始终关注每一个学生的接受能力及其在活动中的表现，对于学习能力稍弱、基础较差的学生，教师应及时提供帮助，避免其产生焦虑或压力；安排小组活动时，要按能力分配任务，确保学生在轻松自然的环境中习得汉语，提高其运用汉语进行交际的能力。

（3）明确的学习目标和及时持续的反馈

沉浸式教学模式特别强调学习者在每一步都要有一个明确的目标，以激发学习者的学习动机。兴趣是动机的主要因素，是现有认知结构对刺激做出的正面反应，它能激发并保持学习者的好奇心。Csikszentmihalyi（1990）

指出，在沉浸体验中，我们需要时刻掌握自己的进程，好像音乐家时刻都能听到自己演奏的每个音符并意识到它是否正确一样。在一个没有反馈的环境里保持沉浸体验很困难。学习的过程也是内化外来信息的过程，反馈是一种刺激，也是一种信息的不断强化。很多专家（祖晓梅，2014；吴雪峰，2017）阐述了语言学习中反馈的重要作用，认为没有反馈的学习过程不是完整的。反馈包括教师反馈和同学反馈，同时沉浸理论进一步要求学习中的同步反馈，即学习者必须随时意识到自己的进程，从而不断调整学习目标和学习计划，由此产生沉浸体验。

5. 教学评价

拉美地区沉浸式教学模式的教学评价从评价内容、方式到评价结果，所有的行为都是为了促进学习者汉语交际能力的进一步提升。

评价内容着重于口语和书面表达的正确性、得体性和流利度。评价方式有口头访谈、书面问答、听说读写相结合的混合式测评等。沉浸式教学模式全部采用过程性评价，最后的结果采取过程性评价的总和除以评价次数。

（三）主题式教学模式

主题式教学模式（Theme-based Instruction）是指一种以内容为载体，以语言知识为主体，围绕一个或多个有意义的主题开展的教学活动。目的是让学习者在高动机的环境下，通过活动、解决问题等方式进行学习，将语言和内容结合起来，实现语言学习的情景化和生活化。

主题式教学模式作为交际教学理论框架下的一种教学模式，在许多国家的中小学和大学教学中得到了广泛的应用，在拉美地区也不例外。主题式教学模式有以下几个特点（张璐，2019）：

（1）以主题为核心，即教学大纲围绕主题设定而不是围绕语言的形式、功能或情境设定。

（2）真实的教学材料。主题式教学模式使用最地道、最真实的语言材料，这些语料有助于学习者接触到目的语的实际语言，能够将所学内容运用到实际生活中,从而培养学习者语言交际的正确性和得体性。

(3)以内容为导向。根据学习者的需要,选择学习者感兴趣的教学内容,激发其内在的学习动机。让学习者接触到有意义的、符合他们需要及个人爱好的语言材料,可以为二语习得提供最佳的基础。

(4)加大语言输出。学习者运用自己已有的知识来进行学习及表达对新信息的观点或看法。

由此可见,主题式教学模式有别于传统的"以语言知识为纲"的教学模式。它将学习内容合理设计成学生感兴趣的众多主题,主题下面可能还有很多次主题,从而将语言与学习内容完美地结合在一起,使学生不是孤立地单一学习语言,而是在教师创设的各种贴近实际生活的主题或者学生感兴趣的主题下,积极发挥其主观能动性参与到学习当中。该模式以学生为中心,旨在提高其语言交际能力和社会生活能力。

主题式教学模式在拉美地区主要用于汉语口语教学,学习者一般具有一定的汉语基础。

1. 理论基础

主题式教学模式主要以瑞士学者皮亚杰的建构主义学习理论、语言与内容融合教学(Content-based Instruction,简称 CBI)的教学理念为理论基础。建构主义理论认为,知识的获得不应该通过教师的传授,而应该是学习者在一定的社会情境下,通过教师提供的学习资料、自己搜集的材料以及别人的帮助,通过意义的构建而获得。其核心内涵是以学生为中心,以教师为主导,教师和学生的关系不应被简单地划分和割离,两者应充分发挥各自在主题教学活动中的职能,建立起合作的关系。教师不是简单的知识传授者,更多的时候应该是主题活动的组织者、监督者、操控者;而学生不能仅仅作为一个知识的被动接受者,而应该积极地参与到主题的选择和制定,甚至主题的实施过程当中。主题式教学模式就是通过教学主题将教师和学生联结在一起。围绕设置的教学主题,教师为学生提供丰富的学习情境,学生通过主题体验、意义协商、情感交流、形成概念、积极实践，将主题内容构建为自身的语言知识及能力。

CBI 的语言学理论基础首先来源于克拉申的输入假说和情感过滤假说，即语言教学可理解性过滤假说。语言教学要以可理解性输入为主，同时教学内容也影响学习者对输入材料的吸收程度。因此把可理解性输入跟内容结合起来，学习者不仅在学习语言，而且也在学习他们感兴趣的其他学科知识，以此来提高学习者的学习动机。此外，主题式教学模式中不同主题给学生创设了许多真实的情境，学生在真实的情境下能够更容易理解语言材料，这也符合克拉申的"i+1"原则。在理解的基础上，学生要对教师提出的主题进行分析、判断、整合，并进而给出自己的评论，这便是语言输出部分。真实的、有意义的、学生感兴趣的主题，可以使学生学习到真实的语言材料及实用的语言知识，同时也可以培养他们用汉语表达的逻辑思维能力，提高他们阅读理解汉语文章的能力及思考逻辑等。

2. 教学目标

主题式教学模式的教学目标除了培养学习者运用汉语进行交际的能力之外，还通过对母语和目的语的比较，对比两种语言和文化的差异，从而帮助学习者构建对目的语（汉语）本质的理解和对目的语国家社会及其文化的理解，实现用目的语进行无障碍沟通或达到去目的语国家进行学习、工作的目标。此外，主题式教学模式还要求培养学习者的跨学科意识，用目的语思维去理解和思考自然科学、社会、历史、艺术等多学科的文化内涵。

3. 操作程序

主题式教学模式的操作程序如图 6-14 所示，操作程序框架见图 6-15：

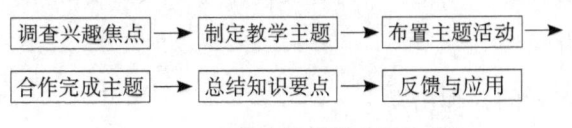

调查兴趣焦点 → 制定教学主题 → 布置主题活动 →
合作完成主题 → 总结知识要点 → 反馈与应用

图 6-14 主题式教学模式操作程序

从图6-15可以看出，所有教学活动的开展都是坚持以学生为中心、围绕主题来展开的。教师从学生的兴趣点入手来选取主题，然后布置活动，围绕主题活动进行知识点归纳。从教学环节中不难看出，教师和学生的关系是团结合作的关系，师生可以共同参与到教学主题的选定过程中。在"布置主题活动"这一环节，以教师行为为主导；而在"合作完成主题"环节中，学生是此环节的主体，教师需要积极配合学生，并给予相应的指导。"总结知识要点"及"反馈与应用"环节，要求教师行为与学生密切配合，最终将主题内容构建为学生的语言能力。

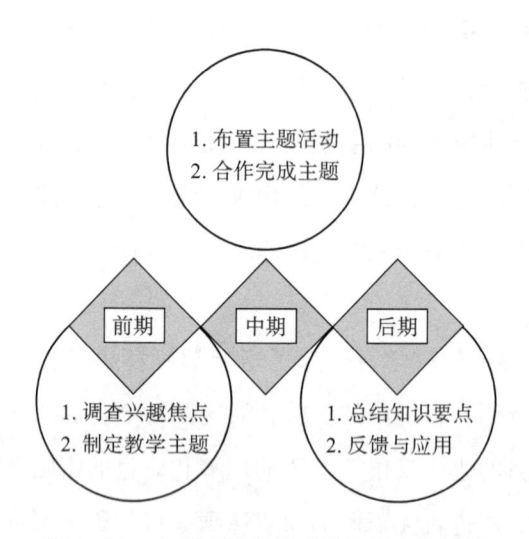

图6-15 主题式教学模式操作程序框架图

以厄瓜多尔成人商务汉语口语班为例，经过问卷调查发现，学生的兴趣焦点排在前几位的小主题是去中餐馆就餐、购物、去中国旅游等等。据此，教师应围绕学生的这些兴趣点来确定教学主题，准备素材，组织内容，安排活动，创建高动机的学习环境，迅速提高学生的汉语交际能力。

4. 实现条件

（1）从学习者的兴趣出发

主题的选择一定要以学生的兴趣及需求作为出发点。正如前文所言，拉美学生思维方式比较感性，相当一部分学生选择学习汉语是出于新奇。为了保持他们学习的"新鲜度"，教师一定要深入了解学生的兴趣，从他们的兴趣焦点出发，通过主题的选定为学习者构建一个知识共享的平台，创建真实、有趣的学习情境。将语言学习与主题教学活动融合在一起，可以激发学习者的积极性和创造性，帮助他们发挥自己的聪明才智，提高他们的语言交际能力。

（2）符合学习者的认知水平和心理特征

主题的选定要适合学生的认知水平，主题的内容要由浅入深、由简入繁，这也符合克拉申的可理解输入"i+1"的原则。如果主题的设定超出了学生的认知水平，学生就可能会出现学习焦虑；如果低于其认知水平，他们可能又会觉得学无所得，进而对汉语学习失去兴趣。因此，在布置主题活动时，一定要考虑学生的已有水平和可能达到的目标。

（3）以实用为核心

主题的选择要贴近学生的实际生活，如在零起点阶段，选取的主题可以是饮食、购物等他们最想获取的、与生活息息相关的主题；到了高级阶段，则可以选取和他们的工作、专业相关的主题，或者和时事相关的主题，他们可以根据主题内容进行讨论、交流，这有利于高级阶段学生汉语思维的锻炼与培养。

（4）根据不同的主题，灵活使用教学方法或策略

主题式教学模式强调学习者在教学过程中的主体地位，教师负责完成主题的创设，学生通过课堂或课下收集的资料，对主题进行总结和分析，小组合作讨论完成主题活动。教师可以根据相关主题内容，适时采取"任务型教学法""交际教学法"等，保证在完成任务活动的过程中学生积极参与、互动、分享、合作、交流，以此实现学生大量的语言输出，提高其语言表达和沟通能力。

5. 教学评价

主题式教学模式的评价体系不同于传统的评价体系。传统教学模式的评

价通常是在教学活动最后终结时对学习者进行测评,给出终结性成绩;而主题式教学模式的评价已经不再是一个单独的部分,它贯穿于整个教学模式的各个环节当中,所有过程性评价的均值为最终的学业成绩。

(四)多模态教学模式

该模式是针对拉美汉语学习者学习连续性较差、升级率较低的实际情况,在借鉴"程式化指导教学"基础上探索出来的。其主要特点是打破传统汉语教学以"教材"为纲的升级、考核办法,坚持实事求是、以学生为中心、以汉语交际能力为核心的原则,以期保持学习者的学习热情,引导更多学习者持续学习汉语并形成一定的汉语交际能力。

多模态教学模式从多模态话语分析理论出发,主张在教学中合理运用多种模态手段,如语言、文字、视频、音频、动作、图像等不同符号系统,刺激学习者的感觉器官参与到语言学习活动中来,以完成意义的获取。这种模式旨在通过各种模态之间的补充、强化、协调组合吸引学习者的注意力,激发学习者学习的兴趣,进而达到最优的教学和学习效果,实现学习者运用目的语顺利进行交际的目标。

根据多模态话语分析理论,汉语教学多模态类型呈现形式主要有:

(1)多媒体模块:包括PPT幻灯片、影视节目、图片、录音(像)及音乐等模态。

(2)黑板模块:包括教师板书、写字、句型操练、语言点讲练、颜色、符号及图形等模态。

(3)实物模块:包括各种可供教师展示的物体,学生可以观、触、嗅的物品模态。

(4)教师肢体语言模块:包括表情、动作、声音、形象、衣着等模态。

(5)听力模块:包括单词、词组、句子、对话、语段、语篇,乃至故事、童话、诗歌等模态。

(6)话语模块:包括问答、阅读、重复、模仿、主题发言、话题讨论、辩论、角色扮演、复述、讲述、评论、演讲等模态。

由此可见，课堂模块、模态种类繁多，形态各异。课堂模态的选择是多模态话语分析的关键，选择是否得当关系到能否取得最佳的交际效果，能否通过适当的模态形式共同体现话语意义。教师要充分运用多模态理念，利用网络及多媒体等各种资源，以及视觉、听觉、触觉等各种手段，创建一个良好的汉语教学课堂，提供真实语言场景，实现有效教学，全面提高学生的交际能力。（陈新，2020）

1. 理论基础

虽然多模态话语分析也从皮尔斯等人的符号学理论中吸取了媒介、对象、解释三位一体的理念，但其主要的理论基础是多模态话语综合理论和韩礼德创立的系统功能语言学。多模态话语综合理论认为，语言在交际双方传递信息时起到最有效的功效，但是除了语言以外，其他符号也可以表达意义。韩礼德（1988）认为："语言是一个具有表意功能的社会符号系统，除语言之外的音乐、色彩、图画、舞蹈等非语言符号系统也具有和语言一样的表意功能，它们也是传递信息、实现交际的一部分。"有学者认为，在传递信息时依靠的是语言环境而不是语言本身，同一交际内容在不同的语境下会产生不同的意义，所以在分析多模态话语时要把语言环境放在首位。这一观点继承并发展了系统功能语言学中的语境观点。韩礼德表示，意义的表达由语言和非语言共同完成，非语言和语言同样具有描述事件、表达观点、组织信息的功能。多模态话语分析理论是以符号学为基础，结合系统功能语言学、批判话语分析等理论共同发展起来的学说。

2. 教学目标

多模态教学模式的教学目标是打破传统沉闷的教学方式，建立起一个更加生动、有趣的学习氛围，让学生在这种环境中不断地突破自我，提升自身的学习能力，实现运用目的语进行交际的目的。

3. 操作程序

多模态教学模式的操作程序如图 6-16 所示：

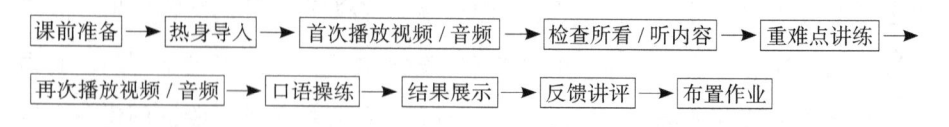

课前准备 → 热身导入 → 首次播放视频/音频 → 检查所看/听内容 → 重难点讲练 →
再次播放视频/音频 → 口语操练 → 结果展示 → 反馈讲评 → 布置作业

图 6-16　多模态教学模式操作程序

该教学模式各环节通常采用的教学模态分述如下：

（1）课前准备环节：教师（教学团队）应集体备课；制作班级教案，确定课堂教学方法、步骤；根据教学对象特点，确定好教学目标、教学重难点等问题；熟悉教学设备并能熟练使用。

（2）热身导入环节：PPT 模态、板书模态、教具模态、实物模态。

（3）首次播放环节：多媒体视频/音频模态。

（4）检查所看/听内容环节：话语模态、PPT 模态、口语模态。

（5）重难点讲练环节：PPT 模态、板书模态、图片模态。

（6）再次播放环节：多媒体视频/音频模态。

（7）口语操练环节：多模态话语、PPT 模态。

（8）结果展示环节：多模态话语、PPT 模态。

（9）反馈讲评环节：PPT 模态、板书模态、图片模态。

（10）布置作业环节：PPT 模态、板书模态。

4. 实现条件

（1）对教师的要求

教师应积极掌握现代教学技术，学会如何通过媒体和网络来准备和制作教学素材，能够将图片、PPT、音乐、影视、网络等多模态的形式纳入到汉语教学中，把单一的语言文字教学拓展为多模态的汉语教学，用色彩、图像、视频等多种模态来表达意义，从而间接提高学生的多元认知能力。教师在运用多模态教学时要结合传统教学法，掌握好时间和尺度，有选择地进行多媒体教学。授课方式力求多元化、立体化、生动化，为多模态话语交际提供多通道话语意义表达方式。此外，在选择辅助教学模态时，要对影响多模态话语选择的因素进行分析，明确各种模态之间的协同互动关系。实际操作时，要注意选择那些具有颜色艳丽、特色鲜明、容易理解、幽默风趣等特点的材料，以吸引学习者的注意力，保持他们的学习兴趣，从而提高教学质量和效率。

（2）现代化多媒体教学设备

随着网络技术的迅速发展，多媒体工具为教学提供了极大的便利。网络平台上提供了大量的语料，包括教学和学习用的视频、动画、图像、音乐等等，可以模拟真实的交际语境，为师生提供教学和学习的实用环境。因此，各教学机构应尽最大努力为教学提供现代化的教学设备，以保证教学质量不断提升。

5. 教学评价

多模态教学模式的评价方式分为师生两部分：对教师部分的考核又分为教师的教学方式和手段、学生的学业成绩；对学生的学业成绩采取"过程考核+期中测验+期末考试"的方式。

需要说明的是，由于各个教学机构的教学条件及要求各不相同，以上考核方式仅是推荐使用的方式（拉美地区许多国家的教育机构采用这种方式），当然也有其他灵活的考核方式。

（五）情景体验式教学模式

该教学模式是体验式教学与拉丁美洲汉语教学实际相结合的产物，是以中华优秀传统文化、实际生活场景等为载体，充分发挥学习者对中国的兴趣在促进学习上的积极作用，把汉语教学融入中国文化氛围和实际生活场景中的一种教学模式。

所谓体验，是主体内在的历时性的知、情、意、行的亲历、体认与验证。体验式教学通过有目的地创设教学情境，激发学生情感，并对学生进行引导，让学生亲自去感知、领悟知识，锻炼能力，并在实践中得到证实和应用。体验教学强调教授学生学习的方法，真正凸显学生的主体地位。教师的作用不再是一味地单方面传授知识，更重要的是利用那些可视、可听、可感的教学媒体努力为学生做好体验开始前的准备工作，让学生产生一种渴望学习的冲动，自愿地、全身心地投入学习过程。

在拉美汉语学习者群体中，有很多人是怀着对中国的好奇而进入汉语课堂的，他们对中国文化、中国人的生活兴趣浓厚。将汉语交际能力教学与文化、情景有机结合起来，可以形成体验式的教学模式。通过经验转换创造知识、形成能力的过程是一个连续的循环体：体验—反思—形成概念—积极实践。学生可以在体验活动中通过语言体验、意义协商、情感交流等方式习得语言。教师的作用在于为学生提供丰富的学习情景，帮助和指导学生构建自己的经验。如电影、视频片段等学习材料，图文并茂，可视可听，有利于引起学生的学习兴趣，帮助他们全方位、多渠道地学习语言文化，并且也可以更深入地理解所学知识。以《快乐汉语》情景剧为例，整个系列围绕一名美国大学生苏珊在中国的学习生活展开，内容涉及中国家庭生活、学校生活及节日习俗等诸多方面。此外，该情景剧还直观生动地展现了中国家庭的家具陈设，以及中国人的衣着服饰、生活习惯和习俗观念等，这些都很容易引起学生的共鸣。

该模式的实施有三种较为典型的方式。

1. 真实性体验教学

也称实际情境教学法。通过教学设计，把学生带进相应的实际环境中学习、应用汉语，重点锻炼他们的听力、口语交际能力。学生在真实的语境中能充分感知、亲身体验、轻松理解新的语言知识。让学生真真正正地参与进来，很大程度上提高了学生的学习兴趣，使他们把对语言的感知、理解和运用结合起来。例如：少儿汉语教学中，教师用手比大、比小、比高、比矮、比快、比慢等，让学生边做动作边说汉语，从而实现音和意义的联系；成人汉语教学中，则可以在学完相关内容后，通过去当地的中国超市购物、在中餐馆点菜、介绍认识中国朋友、机场送行或接机等真实活动，让学生学以致用，在真实情境中体悟领会。

2. 探究式体验教学

汉语教学中，教师通过启发引导、创设情境，激发学生的探究欲望，激活学生的探究思维，让学生在情境中亲身体验、自主感悟、构建和运用语言知识，从而主动获得知识和信息，并运用知识或信息去解决问题，感受到语言学习的乐趣和语言本身的价值。具体方法如：通过听音标调、看物猜词、类比造句、改错等练习，对比、归纳中西句型、句序及语法的差异等。

3. 任务体验教学

通常采用角色扮演、游戏活动等形式，把语言形象化、应用角色化，让学生身临其境地去感受和感知汉语的运用，用汉语完成生活中的一项项交际任务。这种带有情感、伴随动作并且要应对变化、有明确目标的教学方式，有助于把语言知识内化为学生自身的语言能力，真正做到知行合一。这样不仅提高了学生的学习兴趣，还能带给学生学习上的成就感，提高其自主创造能力。

（六）基于网络的线上教学模式

随着互联网时代的迅速发展，线上汉语教学模式应运而生。目前，拉美地区的汉语教学几乎全部由线下转为了线上。线上教学拥有很多优势，比如它打破了时空局限，让丰富的网络资源得到有效利用，同时也大大降低了学习成本，学习者可以不受空间限制，足不出户就能学到地道的汉语。此外，很多网络资源可以下载保存，学习者可以反复学习。线上教学在拉美地区出现得较晚，尚未形成成熟的教学模式，但随着线上教学的不断发展，基于网络的线上教学模式一定会很快形成。

综上所述，经过近些年的探索实践，上述几种教学模式在拉美地区都逐渐显现出其特色和优越性。同时也要看到，随着拉美地区国际中文教育的多元化发展，一种模式很难满足在非汉语语境下的汉语作为第二语言或外语的教学，在教学实践中往往采用一种模式为主、其他模式为辅的综合运用方法。拉美地区国际汉语教学模式的实践也再次印证了一个道理：无论采用哪种教学模式，都应建立在了解学习者学习汉语或中国文化难点的基础之上，并能激发和保持学习者的学习兴趣，让他们的语言交际能力能够不断得到提升。这可以作为教育者衡量一种教学模式优劣的参考。

∷ 参考文献 ∷

陈　茹（2013）智利圣地亚哥中学汉语教学现状研究——以迈普国立中学为例，广东外语外贸大学硕士学位论文。

陈雯雯（2015）巴西华文教育现状探析，《华文教学与研究》第 2 期。

陈　新（2020）基于多模态理论框架的汉语视听说教学模式设计与研究，《云南大学学报》（自然科学版）第 S1 期。

崔永华（2017）美国小学汉语沉浸式教学的发展、特点和问题，《世界汉语教学》第 1 期。

代秀敏（2012）哥伦比亚初级汉语综合课教学现状调查——以波哥大为例，东北师范大学硕士学位论文。

韩广贤（2019）主题式内容型教学模式在英国汉语课堂教学中的应用——以英国德蒙福特大学孔子学院为例，北京第二外国语学院硕士学位论文。

韩礼德（1988）系统语言学的背景，赵建成摘译，《国外语言学》第 3 期。

胡兴莉（2014）海外孔子学院汉语教学模式探析，《教育文化论坛》第 3 期。

胡昳昀、刘宝存（2018）拉美高等教育一体化建设：目标、路径及困境——联合国教科文组织参与区域治理的视角，《比较教育研究》第 4 期。

胡昳昀、赵灵双（2020）中国和拉美教育交流与合作 60 年：进展、问题及策略，《比较教育研究》第 12 期。

黄方方、孙清忠（2011）拉美西语国家汉语教育的现状、问题及策略，《未来与发展》第 11 期。

金娅曦（2013）墨西哥汉语教学现状与反思，《云南师范大学学报》（对外汉语教学与研究版）第 6 期。

靳呈伟（2013）拉美文化多样性的表现、成因及维护，《南京政治学院学报》第 5 期。

梁德惠（2014）美国汉语沉浸式学校教学模式及课程评述，《课程·教材·教法》第 11 期。

孙婉婷（2019）多模态教学模式在初级汉语综合课的应用现状调查研究，沈阳大学硕士学位论文。

索尔索（1985）认知心理学概说，田守铭译，《南充师院学报》（哲学社会科学版）第 3 期。

吴思雨（2019）主题式教学模式在初级汉语教学中的应用研究——以新西兰北岸三所学校为例，上海外国语大学硕士学位论文。

吴雪峰（2017）书面纠正性反馈作用下的英语写作复杂度发展研究，《外语研究》第 6 期。

张德禄（2009）多模态话语分析综合理论框架探索，《中国外语》第 1 期。

张慧晶（2015）拉丁美洲孔子学院发展的现状、困惑及对策，《汉语国际传播研究》第 1 期。

张　璐（2019）汉语视听说课主题式教学模式研究——以中国人民大学本科留学生汉语教学为例，《国际汉语教学研究》第 1 期。

张晰怡（2018）秘鲁中华三民联校汉语教学调研报告，吉林大学硕士学位论文。

周群英、向巧利（2018）沉浸式教学模式下国际汉语教师发展研究，《云南师范大学学报》（对外汉语教学与研究版）第 3 期。

朱永生（2007）多模态话语分析的理论基础与研究方法，《外语学刊》第 5 期。

朱　勇（2007）智利、阿根廷汉语教学现状与发展策略，《国际汉语教学动态与研究》第 4 期。

祖晓梅（2014）纠错反馈对二语习得的作用研究述评，《语言教学与研究》第 5 期。

Arnold, J. (1999) *Affect in Language Learning*. Cambridge: Cambridge University Press.

Csikszentmihalyi, M. (1990) *Flow: The Psychology of Optimal Experience*. New York: Harper & Row.

Egbert, J. (2003) A study of flow theory in the foreign language classroom. *The Modern Language Journal*, 87 (4).

Ellis, R. (1994) *The study of Second Language Acquisition*. Oxford: Oxford University Press.

Halliday, M. A. K. (1978) *Language as Social Semiotic: The Social Interpretation of Language and Meaning*. London: Edward Arnold.

Nunan, D. (1997) Strategy training in the language classroom: An empirical investigation. *RELC Journal*, 28 (2).

Skehan, P. (1998) *A Cognitive Approach to Language Learning*. Oxford: Oxford University Press.

Willis, J. (1996) *A Framework for Task-based Learning*. London: Longman.

（李俊芬，河北科技工程职业技术大学教授）